DOMINGOS MONTAGNER

O ESPETÁCULO NÃO PARA

DOMINGOS MONTAGNER

O ESPETÁCULO NÃO PARA

Oswaldo Carvalho

PROJETO EDITORIAL
Jaqueline Lavôr

© Oswaldo Carvalho, 2022

DIREÇÃO EDITORIAL
Bruno Thys e Luiz André Alzer

PROJETO EDITORIAL E PESQUISA ICONOGRÁFICA
Jaqueline Lavôr

CAPA, PROJETO GRÁFICO E DIAGRAMAÇÃO
Miriam Lerner | Equatorium Design

REVISÃO
Luciana Barros

FOTO DA CAPA
Rede Globo / João Miguel Júnior

Dados Internacionais de Catalogação na Publicação (CIP)
(eDOC BRASIL, Belo Horizonte/MG)

Carvalho, Oswaldo.
C331d   Domingos Montagner: o espetáculo não para / Oswaldo Carvalho. – Rio de Janeiro, RJ: Máquina de Livros, 2022.

352 p. : il. ; 16 x 23 cm

Inclui bibliografia
ISBN 978-65-00-41549-0

1. Montagner, Domingos, 1962-2016 – Biografia. 2. Atores – Biografia – Brasil. I. Título.

CDD 927.92028

Elaborado por Maurício Amormino Júnior – CRB6/2422

Grafia atualizada segundo o Acordo Ortográfico da Língua Portuguesa de 1990, em vigor no Brasil desde 2009

1ª edição, 2022

Todos os direitos reservados à
Editora Máquina de Livros LTDA
Rua Francisco Serrador 90 / 902
Centro, Rio de Janeiro/RJ – CEP 20031-060

www.maquinadelivros.com.br
contato@maquinadelivros.com.br

A Sabrina, Clara e Ana,
meus amores, e a Fátima Pontes,
que me ensinou o significado
das palavras.

Oswaldo Carvalho

AGRADECIMENTOS

Oswaldo Carvalho e Jaqueline Lavôr
agradecem a:

Luciana Lima, Fernando Sampaio e Francisco Montagner,
pela acolhida, pelos causos e pelos cafés.

♦

José Wilson Moura, por ter sonhado a história que
este livro registra.

♦

Mario Canivello, pelos telefonemas que abriram portas.

♦

Carlos Gueller, Paulo Barbuto e demais fotógrafos, por terem
gentilmente cedido suas preciosas fotos.

♦

Gianfranco Ronca Junior, pelo apoio logístico e tecnológico.

♦

Filomena Chiaradia, pelo incentivo desde as primeiras horas.

♦

Paulo Marcio de Oliveira Lavôr, pelo lar paulistano
sempre disponível.

♦

Luiz André Alzer e Bruno Thys, da Máquina de Livros,
por terem posto todo o seu talento a serviço desta obra.

♦

Wender Alves, toda a equipe da Harsco e Alice Cavalcante,
pela confiança.

♦

Beth Ritto, por uma ajudinha providencial.

♦

Juliette Bonhoure, Emmanuel Constant e Bérénice Gaussuin,
pelo abrigo no ateliê Les Béguines de Paris.

♦

Todos os amigos de Domingos que gentilmente
concederam depoimentos para este livro.

SUMÁRIO

CAPÍTULO 1 ★ "Atrás de uma mesa, não" 16

CAPÍTULO 2 ★ Vida de artista 42

CAPÍTULO 3 ★ Tiros no Itaim Bibi 56

CAPÍTULO 4 ★ Pia Fraus pelo mundo 74

CAPÍTULO 5 ★ Palhaço Agenor 100

CAPÍTULO 6 ★ Palhaça Rita 124

CAPÍTULO 7 ★ "È una mierda totale!" 140

CAPÍTULO 8 ★ Os homens-bala 192

CAPÍTULO 9 ★ Serragem nas veias 206

CAPÍTULO 10 ★ Circo eletrônico 226

CAPÍTULO 11 ★ O último teste 246

CAPÍTULO 12 ★ O trapalhão e o cangaceiro 268

CAPÍTULO 13 ★ Nasce um galã 288

CAPÍTULO 14 ★ Tempo de cinema 304

CAPÍTULO 15 ★ O mocinho e o saltimbanco 320

EPÍLOGO ★ "O espetáculo não para!" 345

BIBLIOGRAFIA E OUTRAS REFERÊNCIAS 348

> O palhaço mudou a minha vida. O meu jeito de ver o mundo. No palhaço, um exercício fundamental é se desapegar do ego. O palhaço é sublime. É o top da capacidade artística. Por isso, nem quero ser lembrado como um grande, mas como um bom palhaço.

Entrevista para a revista Status, 8.11.2013

"Atrás de uma mesa, não"

Quando Domingos nasceu, o Anjo Torto que vive na sombra apareceu, mas não disse nada. Geralmente ele vem, marca com um sinal todo artista recém-nascido e dá uns recados. Para uns, ele diz "vai ser gauche na vida"; a outros, incumbe "vai, bicho, desafinar o coro dos contentes". Mas dessa vez viu tudo calado. Preferiu esperar, queria que Domingos vivesse um tanto ao rés do chão antes de se meter diante da ribalta. Metade da vida foi jogador de futebol de botão, contínuo de escritório, professor de educação física.

A outra metade foi acrobata, palhaço e astro da televisão. O Anjo Torto preferiu assim. Então ele nasceu no Tatuapé.

Na madrugada de 26 de fevereiro de 1962, dona Romilda acordou seu Domingos com as contrações. Antes de levá-la ao hospital, seu Domingos precisava deixar o filho mais velho sob os cuidados do padrinho, outro Domingos, que morava nos fundos da casa ao lado. Abriu a porta e gritou para acordar o vizinho. Já estava tudo combinado: o padrinho ficaria com o menino Francisco quando Romilda fosse dar à luz. Ainda dormindo, o garoto foi passado pelo pai por cima do cercadinho que dividia as duas casas na Rua Tijuco Preto. Saíram seu Domingos e dona Romilda apressados para a Maternidade de São Paulo, na Rua Frei Caneca.

O bebê nasceu às nove e meia da manhã. Em casa o esperava a cadeirinha que já tinha sido usada pelo pai e o irmão. Quem a construiu foi o avô, o viúvo Francisco, marceneiro italiano que formou família no Brasil depois que estourou a Primeira Guerra Mundial. O senhor Montanha, como era conhecido, morava com o filho mais velho, Domingos, e a nora, Romilda. E as crianças eram essas, Francisco Montagner Neto e Domingos Montagner Filho. A casa agora estava completa.

Sua infância foi bem como queria o Anjo Torto, tão especial quanto outra qualquer. Nos primeiros meses, Romilda precisava ter com quem deixar Francisco enquanto pajeava o caçula. Aos 4 anos, o menino tinha que gastar energia. Os vizinhos Riccieri e Rita estavam sempre disponíveis – a convivência era tão intensa que Francisco os chamava de Vô e Vó. Dona Romilda sabia que poderia contar com seu Riccieri para levar o menino a um passeio, ao cinema ou para ver um circo que estivesse montado ali no Tatuapé. Naquele início de 1962, porém, o circo mais amedrontava do que divertia – o incêndio de uma lona circense em Niterói ainda era notícia nos jornais e na TV do país inteiro.

A tragédia em Niterói ocorrera apenas dois meses antes de Domingos nascer. Os jornais contaram que Dequinha, um operário da montagem do Gran Circo Norte-Americano, fora dispensado do trabalho e, sentindo-se injustiçado, resolvera se vingar do patrão. Ele e dois comparsas teriam tocado fogo na lona instalada na Praça Expedicionário, no Centro de Niterói, no estado do Rio. Mais de 500 pessoas morreram queimadas, metade delas, crianças.

Os jornais acompanharam em minúcias a trama que se desenrolou na sequência do incêndio. Dequinha foi preso, mas muitos colegas do circo, como o palhaço Treme-Treme, contestaram sua culpa, afirmando que a fiação elétrica do circo era desleixada. Autoridades de todos os estados, de outros países e até o Papa João XXIII manifestaram pesar. A comoção diante da tragédia afastou o público do circo em todo o país, inclusive na São Paulo de dona Romilda. Para os empresários circenses da capital paulista, a tragédia parecia uma pá de cal para um negócio que já andava na corda bamba.

Desde o século XIX, grandes companhias de circo atraíram multidões a espetáculos alucinantes em lonas armadas pelas praças e descampados de São Paulo. Naquele 1962, o cenário era bem diferente. Diziam até que o circo estava morrendo. Os empresários do ramo culpavam teimosamente a televisão, que mantinha as crianças em casa, com os olhos grudados na tela. Alguns chegaram a instalar um aparelho de TV no picadeiro, para que as donas de casa acompanhassem o capítulo da novela antes de o espetáculo começar.

Mas a televisão não era, nem de longe, a única razão daquela crise. O crescimento da cidade e o desmonte da malha ferroviária, que antes facilitava o transporte de equipamentos e de animais pesados, também contavam contra. Manter animais entre as atrações, aliás, começou a ser encarado como uma atitude desrespeitosa, tornando o circo inimigo dos primeiros ecologistas.

Além disso, os circenses antigos nunca frequentaram colégios, aprendiam os truques e acrobacias antes mesmo de saber ler e escrever, vivendo com a família sob a lona. Isso não era uma vergonha: menos de um décimo dos brasileiros tinha acesso à educação no início do século. Mas o cenário mudou rapidamente e, em 1950, mais de um quarto da população já ingressara no ensino formal. Os pais do mundo circense não queriam mais seus filhos zanzando pelo picadeiro. O Brasil se tornara um país industrial e lugar de criança era na escola. E, como a escola não ensinava a se pendurar no trapézio, nem a domar um leão, os truques foram se perdendo e os espetáculos ficaram cada vez mais sem graça.

O incêndio em Niterói só fez agravar a crise que o circo já enfrentava naquela São Paulo dos anos 1960. Além de notar que o público estava com medo de ficar por duas horas debaixo de uma lona, os empresários do ramo passaram a conviver com uma série de normas burocráticas de prevenção ao fogo. De repente, eles eram surpreendidos por uma nova portaria e precisavam trocar a lona por material não inflamável para garantir o espetáculo da semana seguinte. Isso se os alvarás estivessem todos à mão e em dia. A atividade circense estava se tornando impraticável. O Gran Circo Norte-Americano, alvo do incêndio, não suportou o baque e encerrou suas atividades – como muitos outros fariam ao longo das duas décadas seguintes.

Outro incêndio, esse no Tatuapé, não ganhou fama nacional mas assustou a vizinhança de seu Domingos e dona Romilda. O bebê Domingos completava um mês de vida quando um desocupado tentou arrombar com maçarico o cofre-forte da Metalúrgica Padrão, a menos de dois quilômetros de sua casa. De lá dava pra ver a fumaça. Esse fogaréu era mais um sinal de que já tinha passado a hora de as fábricas se mandarem do Tatuapé. O bairro fora um importante polo industrial de São Paulo no início do século XX. Porém, as chácaras dali estavam se transformando rapidamente em casas e prédios, e essa nova vocação residencial urbana ia aos poucos expulsando as fábricas do lugar.

Em 20 anos, não haveria mais indústria na região. Domingos nasceu em um Tatuapé de ruas de terra, chácaras e edificações industriais. Nos 24 anos em que morou ali, viu o bairro se transformar em asfalto, altos edifícios residenciais e comerciais, shoppings e condomínios de classe média alta. A casa simples na Rua Tijuco Preto, número 263, tornou-se uma exceção nanica em meio à selva de pedra que se formou ao seu redor. Antes disso, o menino teve tempo bastante para aproveitar cada metro quadrado das ruas e chácaras do Tatuapé, já que seus pais não eram muito de viajar e a vida se desenrolava por ali mesmo.

Logo que aprendeu a falar, Domingos apelidou de Dico o irmão, que por sua vez o chamava de Mingo. Além de Dico, Mingo tinha a companhia inseparável de João Carlos, seu primo, vizinho e contemporâneo. Com ele ia à aula no Grupo Escolar Visconde de Congonhas do Campo, na Rua Tuiuti, a 300 metros de casa. Com ele jogava pelada, brincava de pique e soltava pipa em um descampado ali mesmo, na Tuiuti. Fizeram catecismo juntos e, após as sessões na Paróquia da Nossa Senhora do Bom Parto, a cerca de um quilômetro de casa, sempre aos domingos, corriam para bater bola no Cruzeirinho. Fundado em 1951, o Cruzeiro do Sul Futebol Clube era o orgulho do Tatuapé, mas o coração de Mingo pulsava mesmo pelo Corinthians.

A pelada podia rolar também no quintal dos Montagner, mas para isso era preciso improvisar uma bola à prova de ruído, feita de jornal amassado, embalado em saquinho de leite. Se tivesse barulho, dona Romilda sumia com a bola. Ela não costumava dar chance para o azar e proibia qualquer brincadeira que pusesse os rebentos em perigo. Por medo de tombo, jamais deu uma bicicleta para Mingo.

Mingo, Dico e João Carlos fabricaram um campo de futebol de botão que deu o que falar. Para a empreitada, contaram com o auxílio luxuoso do Vô Montanha, exímio marceneiro profissional, que armou a estrutura de eucatex e orientou toda a fabricação. As crianças pintaram o campo de verde e o batizaram de Jomindico, a aglutinação de seus nomes. A molecada da vizinhança foi ao delírio, a ponto de o quintal dos Montagner sediar disputadíssimos campeonatos de botão.

Além de ás da pelada e do botão, Mingo revelou cedo a habilidade para o desenho. Se não conseguisse realizar o sonho de ser bombeiro, certamente tentaria a vida de desenhista. Nas festas de fim de ano, as crianças esperavam a exposição da crônica familiar em suas caricaturas. Quando o pai de João caiu de um beliche, não deu outra: chegou o Natal e virou piada pelas mãos do artista gráfico mirim. Qualquer saia justa na família acabava nas folhas de Mingo. Seus cadernos de escola eram sempre ilustrados às margens e ao fundo: escudo do Corinthians, personagens fictícios, frases escritas com tipologia requintada. Só não teve coragem de escrever o nome da coleguinha pela qual nutriu um amor platônico e malsucedido.

Antes de tudo virar asfalto e condomínio, passar o dia em uma chácara do Tatuapé era programa especial nos fins de semana da família Montagner. Anita, irmã de Romilda, morava em uma dessas chácaras com o marido, o verdureiro João, e seus sete filhos. Um dia típico das férias de julho da família, nos anos 1960: seu Domingos saía para o trabalho no Bar e Lanches Garrett, enquanto Romilda levava Dico e Mingo à chácara de Anita. De manhã, a tia colhia as verduras e os meninos iam atrás, catando as folhas rejeitadas para dar de comer aos coelhos. Aos domingos, se juntavam em frente à TV para assistir ao *Circo do Arrelia*.

Àquela altura, Waldemar Seyssel – o nome de batismo de Arrelia – reinava absoluto na programação infantil em São Paulo. Quando, em 1955, aceitou o convite para ser o primeiro palhaço a estrelar um programa de TV no Brasil, Waldemar despertou sentimentos antagônicos em seus parentes. Alguns se deslumbraram com a ideia de ter um astro de TV com o seu sobrenome. Outros se perguntavam sobre o destino da principal fonte de renda da família, desde que seus avós paternos chegaram da França – o circo. Waldemar não queria saber: "Circo não dá mais dinheiro e o futuro está no cinema e na televisão!".

Paulo, seu irmão mais velho, mais tradicionalista, não queria nada com a TV. Ele tinha sido o dono do Circo Seyssel, também destruído por um incêndio, em 1952. Em 1968, depois de um chá de cadeira de sete meses, conseguiu uma audiência com o prefeito Faria Lima, que prometeu subvenção para montar um novo circo. Pretendia reunir o que havia de melhor naquele tempo, resgatando a tradição secular de sua família. Paulo rechaçava a improvisação e a pasmaceira que reinavam nos circos da época. Para isso, buscaria os melhores talentos no Nordeste, na Argentina ou onde quer que estivessem. Além da subvenção da prefeitura, Paulo contava com a imensa popularidade que Arrelia ganhara com a sua exposição televisiva.

Mas tudo isso parecia romântico demais para Waldemar. Se insistissem com a ideia heroica de resgatar o circo, ele e o irmão poderiam acabar vivendo de favores na Casa do Ator. A ideia de seguir na itinerância para manter viva uma tradição não fazia a cabeça de Arrelia. Logo depois do incêndio, ainda em 1952, conseguiu um programa semanal no rádio e foi aos poucos deixando a vida no picadeiro. Apesar da relutância da família, não demorou a provar que tinha tomado sábia decisão: alguns anos depois, empregou o irmão Henrique e o sobrinho Walter em seu programa na TV Record.

Não que Waldemar não amasse o circo, ao contrário. Além de palhaço, ele era um brilhante roteirista, cenógrafo, figurinista e até diretor. Aprendera tudo nas andanças com sua família, mas tinha consciência que o modelo de negócio não se encaixava mais nos novos tempos. Para os jornais, ele reclamava que a invasão da música caipira e dos dramalhões nas apresentações circenses eram as principais razões da crise do setor. Estava errado, a música e o teatro fazem parte da história do circo desde o início e estiveram lá, junto com o malabares e a palhaçaria, em todos os momentos de glória também.

Se no diagnóstico estava equivocado, no prognóstico Arrelia acertou na mosca. Ele defendia que a recuperação da atividade circense só seria possível se fossem criadas escolas de circo, com professores de educação física e artistas veteranos de alta qualidade. Estava certo, mas só depois de alguns anos comprovaria o que naquela altura era apenas uma hipótese.

Milhares de crianças paulistanas corriam para a frente da TV todo domingo para ver Arrelia proclamar o início do seu show de pantomima com o bordão "Como vai, como vai, como vai?". Naquelas férias em que Mingo curtia o Arrelia na TV da tia Anita, os irmãos de Waldemar já tinham se convencido de que fora acertada a decisão de amplificar o público aos milhares. Um sucesso arrebatador: o colorido do picadeiro montado no estúdio não chegava ao telespectador, mas o talento de Waldemar dispensava as cores.

Fã de Arrelia, Mingo de vez em quando espiava a atração que a concorrente TV Excelsior criou em 1966 para lhe fazer frente. Ele ainda não sabia, mas logo Arrelia não estaria mais no ar e a preferência da molecada seria herdada por aquele grupo de iniciantes na Excelsior, os Adoráveis Trapalhões. No ano seguinte, a TV Record contra-atacou com *Família Trapo*, humorístico com elenco formado por astros como Jô Soares, Renato Corte Real e Ronald Golias, o abusado Bronco, que conquistou o coração e a audiência de milhares de crianças.

Ver televisão era o principal programa cultural da família Montagner, e Mingo, apenas mais um entre os milhares de fãs dos Trapalhões e do Golias. Aos 8 anos, começou a assistir também às novelas com os pais. Seguiu com fervor a trama de *Selva de pedra*, da TV Globo, e em 1972 tinha como herói o João Coragem interpretado por Tarcísio Meira em *Irmãos*

Coragem, da mesma emissora. Mas não abandonou a programação infantil: ficou louco pelo seriado *Shazan, Xerife & Cia*, estrelado por Paulo José e Flávio Migliaccio, que a Globo começou a exibir no mesmo ano.

A chácara da tia Anita, sede da programação de férias dos Montagner, ficava a umas oito quadras de casa, na Rua Serra do Japi. Era um passeio corriqueiro. Aventura de verdade consistia em ultrapassar as barreiras do Tatuapé para ir até a Zona Norte visitar a tia Augusta. Irmã de Domingos pai, ela morava em um sobrado cercado de um pomar em Santana. Sobrava espaço para jogar bola, subir na jabuticabeira e comer ovo cru que a galinha acabara de botar.

Em um desses fins de tarde, Dico, Mingo e os três filhos de Augusta estavam na varanda do sobrado e Mingo, no alto da jabuticabeira, o xodó das crianças. Ele esbarrou num muro que o tio acabara de construir e caiu sobre umas folhas de zinco dispostas no chão, assustando a família. Os adultos vieram correndo, apavorados. "Não rasguei a roupa, mãe, vê só, tá limpinha", foi a reação de Mingo ao notar que Romilda olhava para baixo espantada. Estrepolia não merecia tolerância e Mingo conhecia bem as regras, mas, ao menos dessa vez, ele tinha se enganado; sua conduta não havia sido o motivo real da preocupação.

Seu Domingos e dona Romilda eram ambos filhos de mães brasileiras e pais italianos, que aportaram no Brasil para suprir a carência de mão de obra decorrente da abolição da escravatura. Conferiam ao trabalho um valor fundamental, intrínseco à sua identidade cultural, assim como os primeiros europeus a povoar aquele bairro da Zona Leste de São Paulo. O nome Tatuapé é originário do tupi, idioma indígena que os bandeirantes usaram para batizar muitos lugares por onde passaram. Os bandeirantes também foram, no período colonial, uma força de trabalho de enorme relevância para a expansão territorial da dominação portuguesa no novo mundo.

Responsabilidade e afinco no trabalho eram heranças que os pais de Mingo se orgulhavam de transmitir aos filhos, além dos valores cristãos: aos 9 anos, ele fez a primeira comunhão na Paróquia da Nossa Senhora do Bom Parto. Discreto, seu Domingos chamava a atenção por seu porte de 1,84 metro de altura. Deus não tinha feito suas mãos tão grandes à toa: o homem trabalhava até 14 horas por dia. Para ele, menino barbado já precisava dar duro. Mas não tinha nada de sisudo, ao contrário, estampava sempre um meio sorriso no rosto.

Romilda era dona de casa e nunca teve empregada. Fez apenas o curso primário, mas ensinou o fundamental aos filhos. A casa estava sempre limpa, e os meninos não podiam sair sem antes arrumar o quarto. Cozinhava com alegria e Mingo salivava ao chegar da escola e sentir o cheiro da lasanha ou da costelinha de porco preparada pela mãe.

Havia amor, cuidado, respeito e alegria na família. Os pais mostravam autoridade, embora com o caçula tenham afrouxado um pouco: Dico nunca entendeu por que era obrigado a comer bife de fígado e Mingo não. Aos 13 anos, o primogênito já dava expediente no Bar e Lanches Garrett, de seu Domingos, carregando vasilhas e executando outras tarefas simples. Fazia com prazer, porque se sentia importante e também por estar junto do pai, que não via muito em casa. No sábado, seu Domingos e Dico deixavam o Garrett no início da madrugada e pegavam o ônibus para casa. Saltavam na Rua Tuiuti, passavam no boteco do senhor Jardim e pediam quatro baurus, dois pra comer na hora e dois pra viagem. Ao chegar, sentavam-se com Romilda e Mingo enquanto eles degustavam os seus sanduíches. Era a hora que a família achava de ficar reunida, de madrugada, comendo bauru e jogando conversa fora.

O Garrett, um daqueles bares comuns à época, tinha uma seção de charutaria em que se vendiam cigarros e isqueiros, mas também chocolate, chiclete, pilha, baralho e dominó. De vez em quando, seu Domingos ligava para casa e avisava: "Acabou a lasanha!". Mingo tinha que sair correndo para comprar lasanha congelada num pastifício vizinho, depois tomava o ônibus elétrico Sílvio Romero-Praça da Sé e saltava na Avenida Brigadeiro Luís Antônio para entregar a travessa ao pai. Achava contraproducente aquele deslocamento todo, só por um prato de lasanha. Não desconfiava que seu Domingos só queria mesmo era ter o caçula por perto.

Quando jovem, seu Domingos tinha deixado o curso de eletrotécnica e se tornado pizzaiolo para ajudar o pai a criar os irmãos mais novos. Logo que pôde, abriu seu próprio negócio, o Garrett, na Brigadeiro Luís Antônio, importante via que liga o Centro de São Paulo à Avenida Paulista. Cercado de escritórios importantes, o Garrett oferecia almoço de dia e pizza à noite.

Por sua gana de servir bem, seu Domingos gozava da simpatia dos executivos que frequentavam o pedaço. Com isso, conseguiu empregar Dico na agência sede do Banco Real.

Ao completar 15 anos, Mingo passou a dar expediente no Bar e Lanches Garrett. Cuidou da charutaria e, em seguida, do balcão principal, onde servia a clientela que chegava para almoçar. Um ano depois, seu pai convenceu um dos gerentes da Cetenco Engenharia a empregá-lo. De quebra, seu Domingos conseguiu um estágio também para João Carlos. O primo começou a trabalhar na biblioteca da empresa e Mingo virou assistente do seu Eugênio, do almoxarifado.

A convivência com seu Eugênio se revelaria importante para Mingo decidir o que não queria fazer da vida. Não suportava o tédio da rotina: conferir códigos, organizar fichas. Emoção máxima era percorrer os dois quilômetros até a Praça da República para carimbar um documento. Mingo nunca foi insubordinado, mas não via a hora de partir pra outra. Só conseguia se divertir porque tinha o João. Os primos almoçavam juntos no Garrett e corriam para o fliperama da esquina. Jogavam até cinco pra uma e voltavam pontualmente ao trabalho. À tarde, juntos de novo, andavam até a Praça da Sé, dormiam o trajeto inteiro dentro do ônibus elétrico, desciam na Praça Sílvio Romero e iam para a Escola Estadual Professor Ascendino Reis.

Mingo já completava um ano de estágio na Cetenco, quando Dico chegou em casa comemorando: acabara de ser contratado pela Price Waterhouse, importante multinacional de auditoria e consultoria tributária. Aos 19 anos! Então o papo seguiu assim: abraços entusiasmados, comemorações, perguntas de ordem prática, até que Mingo começou a olhar para si. Tudo estava dando muito certo e muito rápido para o irmão. Dico encontrara a sua vocação logo no primeiro estágio no Banco Real. A essa altura, já fora efetivado para o corpo funcional da instituição. Mais: o irmão se demitiria de um empregaço, partindo para outro ainda melhor. Sua carreira parecia um caminho nítido e firme, pronto a ser trilhado.

Mingo era o caçula, tinha o direito de ainda hesitar, mas o momento de fazer uma opção se aproximava. Entre as suas muitas paixões, duas pareciam mais fortes: o esporte e o desenho. Talvez tivesse que escolher entre um e outro. Ainda cheio de dúvidas, confessou ao irmão o tédio que o atormentava durante as horas passadas na Cetenco:

– Não sei bem o que vou fazer da vida, mas uma coisa é certa: atrás de uma mesa eu não vou ficar.

Ficou atrás de uma mesa por mais um ano, executando as tarefas com responsabilidade. Em seguida, matriculou-se em um curso de curta duração da Panamericana Escola de Arte e Design, em Higienópolis. Mas quando chegou a hora de escolher a faculdade, foi pela opção menos atrás da mesa possível: educação física.

Mingo adorava esporte. Futebol era o pão de cada dia, mas ele gostava de todas as modalidades. Aos 10 anos, sua mãe o matriculou na Piscina Popular da Mooca e tia Hilda também inscreveu João Carlos. Foram Mingo e João treinar natação, ele amarradão, o primo de saco cheio. Mal sabiam as comadres que, poucos anos mais tarde, a família seria salva por aquelas aulas.

Era 1972, Dia do Trabalho. A bordo da Kombi da tia Theresa, irmã de dona Romilda, a família cumpriu o trajeto de uma hora e meia até Jacareí, onde passaria o fim de semana prolongado. Eles contrataram um passeio de barco pelo Rio Paraíba do Sul e o entusiasmo não os deixou perceber que o serviço era de quinta categoria. Embarcaram Mingo, João, sua irmã e tia Theresa, além de um outro primo. Os primeiros minutos foram de um pacato silêncio, quebrado apenas pelo som das águas empurradas pelos remos. De repente, impulsionado pelas ondas do rio e pelo peso dos tripulantes, a embarcação empinou. Mingo e João Carlos treparam na amurada e, então, o barco virou.

O simplório condutor contratado para acompanhar a família não sabia o que fazer. Tia e prima ficaram debaixo do barco, agarradas à estrutura, enquanto os meninos conseguiram nadar até a margem e gritaram por socorro. Água fria, e os dois de tênis Conga, calça jeans e camiseta. Foram socorridos e o barco, trazido por uma corda, com a ajuda de Mingo e João, até a margem do rio. Todos saíram ilesos e os nadadores do Tatuapé se tornaram os heróis daquele 1º de maio.

Além do futebol e da natação, Mingo tinha paixão por handebol. Era um craque, tanto que, mais tarde, já adolescente, foi selecionado para o time do Corinthians. Treinava orgulhoso na sede do clube do coração, no

Parque São Jorge, a uma pernada de 25 minutos de casa. Fora do campo, naquele fim dos anos 1970, Mingo trocava o short pelas calças boca de sino, sem bolso, e anéis de prata para compor o estilo.

Quando se matriculou na Fefisa, escolheu o handebol como especialização. A Faculdade de Educação Física de Santo André era destino de esportistas e aspirantes interessados em ter um diploma de curso superior sem abandonar o esporte. E a Fefisa se apresentava como uma boa opção, um curso conceituado e não tão concorrido quanto o da Universidade de São Paulo, para o qual Domingos prestou vestibular, mas não passou. Além disso, Santo André, embora fosse outra cidade, ficava só a 20 quilômetros de casa, e uma linha de trem fazia o trajeto até a faculdade.

Mingo entrou na universidade em 1980, ano em que se alistou para o serviço militar. Seu Domingos esperava algo mais formal, medicina, direito, mas, vá lá, pelo menos o rapaz aprenderia uma profissão. Costumava repetir aos dois filhos:

– Qualquer coisa que você faça na vida, faça bem e, se possível, seja o melhor, tente ser o melhor. Se não for, não tem problema, mas tente.

Em 1981, convocado pelo Exército, Mingo precisou interromper o curso. Não era uma surpresa, os militares não dispensariam o moço de porte atlético. A Fefisa teria que esperar.

Mingo serviu o Exército em um período controverso, embora os rapazes de 19 anos, mesmo nos quartéis, pouco soubessem a respeito das delicadas questões sociopolíticas que rondavam a instituição. Em 1964, o presidente da República, João Goulart, fora deposto por um golpe militar, sob alegação de que o Brasil vivia a iminência de se tornar uma ditadura comunista. O regime de exceção que sucedeu a esse golpe durou 21 anos, com períodos de maior ou menor abertura política. O Congresso Nacional chegou a ser dissolvido. Embora tenha um saldo de violência menor do que o de regimes totalitários contemporâneos em países vizinhos, o governo brasileiro restringiu a liberdade de expressão; perseguiu, exilou, torturou e matou ativistas de esquerda e quem quer que manifestasse dissidência à "revolução democrática" em curso.

Em 1981, quando Mingo foi convocado a servir, o presidente da República era o general João Baptista Figueiredo. Em sua posse, ele jurou seu "propósito inabalável" de fazer do Brasil uma democracia. Figueiredo se manteve no cargo de presidente até convocar as primeiras eleições gerais em duas décadas, em 1985. No entanto, os seis anos de seu mandato foram marcados por sucessivos atos de resistência à abertura política.

Quando se incorporou ao Exército, o jovem Domingos sabia pouco ou quase nada sobre as controvérsias em torno do regime militar vigente no país. Com efeito, o governo mantinha na Polícia Federal um órgão de censura com poderes praticamente ilimitados, o Departamento de Ordem Política e Social. O objetivo maior do Dops era mitigar toda narrativa política que condenasse o regime militar como uma afronta aos valores democráticos. Redações de jornais, estúdios de rádio e televisão, eventos culturais, tudo era controlado de perto e qualquer opinião divergente, censurada sob pretexto de terrorismo ou subversão. Pouquíssima notícia chegava à imensa maioria dos lares brasileiros e quase nada chegou à casa na Rua Tijuco Preto. A informação sofria severo controle também do muro dos quartéis para dentro.

Para Mingo, servir o Exército não era motivo de orgulho, nem de desonra, mas um ato obrigatório e ponto. Ele admirava a disciplina cultivada no quartel e a missão nobre de se preparar para defender os interesses do país em caso de necessidade. A responsabilidade e o senso de hierarquia do Exército não conflitavam com os valores que aprendera em casa. A intensidade do treinamento não o assustava: ele tinha aptidão física e psicológica. O aspirante Filho saía-se muito bem nas provas de esforço e de conhecimento, e seu temperamento era admirado pelos colegas. Além do senso de hierarquia, os superiores identificaram nele um dom natural para a liderança – todos no pelotão o consideravam um modelo a ser seguido.

Cumpriu sua formação militar no Centro de Preparação de Oficiais da Reserva, onde Dico estivera quatro anos antes. Para fazer o trajeto do Tatuapé até Santana, bairro da Zona Norte de São Paulo em que ficava o CPOR, Domingos pegava carona na Honda Turuna de João Pires, amigo do Exército que ele levou para a vida toda.

Na hora de escolher uma especialidade, seguiu novamente os passos do irmão, optando pela infantaria. Como Filho terminou sua formação com a terceira maior pontuação entre os colegas, ganhou a prerrogativa de decidir também em que quartel estagiaria. Poderia ter escolhido o mais concorrido, o 5º Batalhão de Infantaria Leve, em Lorena. Mas optou pelo 37º Batalhão, em Lins, a mais de cinco horas de sua casa. Até então, tinha feito tudo exatamente como Dico e preferiu continuar assim. Aproveitando o respeito que adquirira entre os superiores, pediu também que seu nome de guerra fosse alterado de Filho para Montagner. O mesmo que o de Dico.

Em agosto de 1982, depois de seis meses em Lins, Montagner se formou tenente da reserva e voltou a ser Mingo. Cumprira com a sua obrigação militar e já podia retomar a Fefisa, o handebol e o Pilequinho. Na Fefisa, encontraria a turma com a qual se formaria no ano seguinte e que veria, com maior ou menor frequência, a vida inteira. No handebol, honraria o Corinthians com o título de campeão estadual. E o Pilequinho seria o ponto de encontro de sempre no Tatuapé.

O Pilequinho ficava na esquina de casa. Aberto em 1974, o bar surfou na onda de migração da classe média alta paulistana, consequência da desindustrialização do bairro. Virou moda, vinha gente de toda a cidade provar suas batidas. Mingo não precisava marcar, encontrava sempre os amigos por ali, aproveitava para dar uma xavecada nas moças e tomar uns goles. Não bebia as famosas batidas, dava preferência à cerveja. Por influência do pai, escolhia às vezes um drinque que mistura o vermute Cinzano com o *bitter* Underberg. Para Ivan, barman do Pilequinho, Mingo brincava que era recomendação médica. E pedia de tira-gosto o "manjar dos deuses": bacon em fatias.

O bar era o orgulho de muitos moradores da Rua Tijuco Preto, mas havia quem não gostasse da zoeira, que se ouvia até na Praça Sílvio Romero. Mingo aproveitava o burburinho, embora se irritasse toda vez que um frequentador do bar estacionava o carro bem em frente à garagem dos Montagner, impedindo a entrada do Corcel que Dico acabara de comprar. Quando o motorista não aparecia, formava-se um grupo de cinco ou seis rapazes para suspender o carro e desimpedir a garagem. Uma vez, Mingo chegou a trepar no capô do veículo e pisotear até o dono aparecer. E o dono apareceu, zangado, mas não a ponto de encarar o grandalhão, que contava com a simpatia das pessoas do bar que testemunharam o bloqueio.

Entre 1982 e 1983, os dias de Mingo eram assim: nas horas vagas, família e Pilequinho. Mas não tinha muitas horas vagas. Havia a Fefisa e o handebol no Corinthians. Quando voltou à Fefisa, depois de servir o Exército, a rapaziada do segundo ano já era outra. Nesse novo grupo fez amigos para a vida toda. Um deles foi Edson Fabbri. Mingo o encontrava todos os dias na faculdade. De vez em quando eles se esbarravam também no Parque São Jorge, sede do Corinthians, Mingo treinando handebol, Edson jogando basquete contra o Timão. O santo bateu e logo Edson se tornaria Eds, para os íntimos.

Além de Eds, Mingo fez muitos amigos na Fefisa, entre eles Edu, que também jogava handebol. Fortão, não tinha dificuldade no quesito paquera, mas não era desses que ciscava em tempo integral. Às vezes a turma ficava em Santo André para curtir uma noitada da faculdade, na boate Sunshine ou em outro point da cidade. Mingo não transava drogas e não estava nada interessado na dance music que agitava a noite. Na vitrola de casa, tocava o rock do Scorpions e do The Who. De novidade, no máximo um The Police.

Ia com o grupo ao Parque Ibirapuera correr e fazer ginástica. Participou inúmeras vezes da tradicional Corrida de São Silvestre, que cortava as ruas de São Paulo no dia 31 de dezembro e terminava por volta da meia-noite, no momento da virada. Com Eds e Edu, viajou muito para o litoral. No início, sem grana, se viravam do jeito que dava. Para curtir as praias de Ilhabela, por exemplo, hospedavam-se com Dona Neli, uma simpática senhora que improvisava uma pensão em quartinhos no fundo de sua casa.

O futuro de Mingo tornou-se menos nebuloso. Ele ainda não via o caminho à sua frente tão nítido quanto Dico, mas algo começava a se desenhar com cores mais fortes. Poderia tentar a vida no handebol, mas sabia que a modalidade não era valorizada no Brasil. Como plano B, o canudo que ganharia em breve da Fefisa certamente abriria um leque de oportunidades. Entre as possibilidades que vislumbrava com o diploma de educação física, nenhuma delas seria atrás de uma mesa, em atividades burocráticas. Mingo estava feliz. Descobriu a sua turma e se entrosou.

Era um universitário de educação física como outro qualquer, exceto por um detalhe: tinha uma curiosidade intelectual que extrapolava o universo de conhecimento comum aos colegas da Fefisa. Enquanto os amigos elegiam dois ou três esportes de sua preferência, Mingo mandava bem em todos. Mas também se interessava por política, história, artes... Nas viagens a Ilhabela, no caminho para a praia, passava sempre na banca para comprar a *Folha de S.Paulo*. Quando se acomodava na areia, Eds e Edu pediam logo o caderno *Esporte*. Mingo lia o jornal todo, mas pegava primeiro a *Ilustrada*. E depois já emendava em um livro. Quando certa vez Eds percebeu que o amigo estava lendo em espanhol, levou um susto: "Meu, eu não leio nem em português!".

Não demorou para Domingos se tornar o mais culto entre os estudantes de educação física – o único da turma que assistira à badalada adaptação de Antunes Filho para o teatro do livro *Macunaíma*, de Mário de Andrade. Era até inusitado, mas jamais esquisito, afinal, Mingo não tinha vocação para peixe fora d'água. Ao contrário, sua faceta intelectual não deixava de ser motivo de admiração, até porque não significava um apetite menor pelo esporte. Na hora do vamos ver, também se destacava. Sua habilidade específica era o handebol, mas ele jogava com categoria futebol e nadava muito bem.

Na faculdade, cada aluno deveria passar por avaliações de todas as modalidades disponíveis, independente da preferência. Um colega andava aflito porque faria prova de natação, sem saber nadar de costas. Desesperado, pediu a Domingos que fizesse a prova por ele. Mingo não titubeou: vestiu a sunga, a touca e os óculos do colega, mergulhou e se meteu com os demais alunos na piscina, para despistar o professor. Foi chamado pelo número de inscrição, nadou e foi aprovado com conceito alto. Resolveu o problema do colega e ganhou sua gratidão eterna.

Mingo se interessava por tudo: boxe, ginástica olímpica, filosofia, música, desenho, teatro, cinema, qualquer prazer lhe satisfazia. Uma vez estava com Edson e Edu em Ubatuba, mas só chovia, não tinha praia. Viram um circo e Mingo pensou: por que não? Resolveram os três bisbilhotar uma tenda escura em cuja entrada se lia "Monga, a mulher que vira macaco". No momento em que se transformou e conseguiu se soltar das grades, Monga saiu correndo em direção ao trio. Edson embarcou com tudo na fantasia e, desesperado, fugiu. Nem adiantou o bilheteiro avisar "calma, ela não faz nada!". Ficou esperando uns cinco minutos do lado de fora da tenda, até que Mingo e Edu saíram trincando de rir: "Cagão, é só um truque de espelho".

Entre os colegas da Fefisa, quase não havia correspondentes para o interesse cultural de Mingo. Ele parecia ser o único a seguir à risca o lema do poeta romano Juvenal, *mens sana in corpore sano*. A turma da faculdade se preocupava mais com o *corpore*. Entre uma e outra sessão de esporte, o rapaz curtia desenhar no caderno e chegou até a ser ilustrador profissional para ajudar a pagar a faculdade – a primeira logomarca do Parque Nacional Marinho dos Abrolhos é criação sua. Quando Edson, Edu e outros poucos topavam seus programas cabeça, não era por convicção, mas por amizade.

Nessa turma da Fefisa, porém, havia outra atleta com gosto pelas artes: Silvana Lagnado. No início, Mingo não reparou muito nela, mas, já no último ano de faculdade, os interesses comuns foram ficando cada vez mais evidentes. Silvana tinha viajado para muitos lugares, visitado museus, conhecia a história da arte. Finalmente alguém com quem conversar! Quando deram por si, já estavam dedicando tempo demais um ao outro.

Prestes a terminar o curso na Fefisa, Domingos estagiou na Dalex Sport Center, ensinando natação para crianças e pessoas com deficiência mental. Na reta final, entre maio e outubro de 1983, fez outro estágio, no setor de condicionamento físico para coronarianos da clínica Fitcor, no Jardim América. Para a noite de formatura, Mingo foi dos poucos rapazes a participar da apresentação de dança. Integrou o Grupo 3 com Silvana, já então sua namorada, e outras três moças. O número foi inspirado nas aulas de ginástica olímpica e teve Donna Summer, Bob Marley, Michael Jackson e Liza Minnelli na trilha sonora. Coreografado pelo professor de ginástica Egberto Cavariani, Mingo mais uma vez se destacou. Silvana também. O casal recém-formado estava entrosado e a intimidade se manifestava na dança. Era só um número amador, que seria apresentado uma única vez aos parentes dos alunos, mas foi feito com todo o capricho.

Com o diploma debaixo do braço, o namoro com Silvana e a amizade com Eds e Edu seguiram firmes. Mingo foi efetivado pela Fitcor em abril de 1984. Seu trabalho era preparar exercícios físicos para portadores de doença arterial coronariana. Além dos conhecimentos adquiridos na Fefisa, o novo emprego exigia empatia e generosidade, virtudes que ele tinha de sobra. Paralelamente, Domingos passou no concurso do estado e começou a lecionar na rede pública. Dava satisfação ensinar o gosto pelo esporte a crianças e adolescentes. Querido pela molecada, ele comandava uma aula lúdica, na qual os alunos aprendiam a se exercitar com ritmo, muitas vezes ao som de música.

Silvana, por sua vez, não sabia exatamente o que fazer, agora que estava formada. Sua família tinha situação financeira confortável, ela não precisava se preocupar com o sustento. Porém, não estava em seus planos depender dos pais ou de um marido. A moça era consumidora voraz de cultura e apaixonada por dança. Enquanto buscava a sua vocação, conheceu o professor potiguar Edson Claro, que havia estudado educação física na prestigiada Universidade de São Paulo e, em 1976, feito especialização em dança no Connecticut College, nos Estados Unidos.

Claro estava desenvolvendo um programa de ensino, mais tarde consagrado como Método Dança-Educação Física, voltado para a multidisciplinaridade do processo educativo. Ficaram amigos e Silvana levou Mingo para um curso intensivo que ele ministrou na escola Olimpicus Cursos, em maio de 1984.

Quando Mingo entrou em contato com a pesquisa de Edson Claro, estava mergulhado no esporte, ainda jogando handebol e dando aulas com o máximo de criatividade que o currículo oficial permitia. Sentia vontade de pôr muito mais de si em seu trabalho. Atuou como ilustrador por mais tempo, colaborando com Alfio, irmão de Silvana. Alfio tinha descoberto o surfe, estava apaixonado pelo esporte e viajava o mundo em busca de ondas. O rapaz percebeu que os surfistas havaianos usavam um estilo de roupa bem próprio. Como sua mãe era dona de uma confecção, aproveitou as instalações para testar as primeiras peças de surfwear produzidas no Brasil. Mingo fez alguns desenhos para o que viria a se tornar, pelas mãos de seu cunhado, uma das mais conhecidas marcas do gênero no país, a Hang Loose. Mas a atividade de ilustrador não exigia de Mingo o trabalho físico que tanto prezava.

Na educação física, Mingo sentia falta da criação. No trabalho de ilustrador, achava que suava pouco. O método de Edson Claro apareceu nesse momento como uma seta apontando na direção que Mingo buscava. Ele ficou fascinado diante das possibilidades que aquele trabalho híbrido poderia lhe abrir. Arte e esporte juntos, *mens sana in corpore sano*, talvez fosse essa a sua principal aspiração profissional.

No entanto, mesmo inquieto pelas descobertas, Mingo seguiu com seu trabalho na rede estadual de ensino, na Fitcor e também como ilustrador. Em fevereiro de 1986, foi contratado pela Escola Pacaembu, privada. Ele dava o curso curricular de educação física pela manhã e Edson coordenava os treinos esportivos dos alunos no fim da tarde, após as aulas. Aos 24 anos, saía de casa às seis da manhã e só voltava às dez da noite.

A turma da Fefisa continuou se vendo com frequência, até que aos poucos os subgrupos foram se distanciando. Com Mingo, restaram Eds, Edu e alguns outros. Eds passou muitos domingos no Tatuapé. Chegava de manhã e só ia embora no fim da tarde. Seu Domingos trabalhava o dia inteiro e só aparecia para almoçar. Dico morava fora e às vezes estava, às vezes não. Ficavam Mingo e Eds fazendo companhia para dona Romilda. Ela preparava frango assado e macarronada assistindo ao Silvio Santos na TV. À tarde, os dois davam um pulo no Pilequinho, até Eds voltar para casa. Como o namoro com Silvana ficou cada vez mais firme, a moça foi aos poucos se integrando ao programa família, às vezes acompanhada de uma namorada de Eds.

Domingos e Silvana se casaram no dia 6 de julho de 1986 com um festão. Eds, claro, entrou de padrinho. Como não namorava sério, foi acompanhado de uma prima do noivo. Silvana era filha de judeus praticantes e Domingos, católico, foi muito bem recebido na família – jogava futebol no time da Hang Loose do cunhado Alfio, junto com Eds. No fim do mês, o casal partiu em lua de mel para a Itália. Visitou os museus de Roma, a Fonte de Trevi, o Coliseu e conseguiu até ver de pertinho João Paulo II em seu Papamóvel. Depois, os dois esticaram até Veneza.

Domingos saiu da casa do Tatuapé e os recém-casados foram morar em um espaçoso apartamento na Praça Buenos Aires, no bairro paulistano de Higienópolis. Ficava em uma rua sossegada, em área nobre, mas o rapaz, criado em casa com quintal, sentia-se espremido. Se no início não se importou muito – afinal, a lua de mel se estendeu um bocado –, com o tempo Mingo começou a parecer sufocado. Precisava convencer Silvana a sair dali.

Enquanto não deixavam o apartamento, aproveitaram a vida. Iam muito para o litoral, principalmente ao Guarujá, onde a família de Silvana tinha uma casa. Homem feito, casado, Mingo passou a fumar cigarrilha e ensinou o hábito a Edson. Mesmo tabagista, não deixou de honrar o seu diploma: ao lado da mulher, adorava fazer trilhas em meio às pedras do litoral. Às vezes a maré subia e, não podendo retornar pelo caminho que usaram na ida, voltavam a nado.

Mingo pediu a Eds que lhe ensinasse a andar de moto e comprou uma XL 250 igual à do amigo. De vez em quando, Silvana ia de carro para o Guarujá e ele seguia de moto com Eds na garupa, só para tomar um vento no rosto. Ao passar pelas charmosas igrejas dos centros históricos das cidades litorâneas, Mingo às vezes entrava para uma rápida prece. Seus companheiros se surpreendiam, já que ele não era de falar sobre religião.

No início de 1987, Domingos se demitiu da Fitcor para dar ênfase à carreira de professor. Estava decidido a incorporar elementos criativos em suas aulas. Em fevereiro, fez no Sesc Fábrica da Pompeia o curso intensivo Expansão Cultural de Desporto Escolar, ministrado pelo renomado médico francês Jean Le Boulch, que estava no Brasil a convite da Associação de Professores de Educação Física de São Paulo. O curso durava a semana toda, de manhã e à tarde. À noite, ele corria para encontrar Silvana na Academia Forma e Movimento, onde Edson Claro ministrava mais um curso sobre o seu Método Dança-Educação Física.

Mingo lia muito sobre as interseções entre educação física e arte, queria pôr em prática tudo o que vinha aprendendo. Estava convencido de que a arte seria um instrumento para expandir o conhecimento dos alunos sobre os seus corpos. Depois dos cursos intensivos de fevereiro, ele iniciou o ano letivo cheio de ideias. Nas escolas públicas, suas aulas foram transformadas pelas novas experiências. Na Escola Pacaembu, encontrou receptividade às suas ideias, além de uma infraestrutura adequada para pô-las em prática. Aproximou-se do professor de música Milton Ferreira.

Domingos era o mais novo dos professores, apenas dez anos mais velho do que a média de idade dos alunos. Não demorou a ganhar o apelido Dô, uma comprovação de que se tornara o queridão da turma. Desenvolveu jogos teatrais e dinâmicas de grupo, e se reunia com o professor Milton para elaborar atividades físicas integradas à arte. Os alunos adoravam e alguns manifestaram interesse especial pela proposta da dupla de professores. Em pouco tempo, já havia adolescentes a fim de fazer teatro de verdade ali.

Antes das férias de julho, as irmãs Clarissa, Isabela e Ana Cláudia Petrocchi – que estudavam em séries distintas da Pacaembu – propuseram a Domingos e Milton a produção de uma peça de teatro com os alunos da escola. Os ensaios poderiam acontecer na casa delas e, se a direção permitisse, o espetáculo integraria a cerimônia de encerramento do ano letivo. Os dois toparam na hora. Milton escreveu o roteiro de um musical sobre os dramas de uma adolescente rebelde e fez uma música para cada personagem da trama. Domingos colaborou na composição de uma delas, *Luana*, e se encarregou de coreografar os números. Pediu ao cunhado Alfio que a Hang Loose patrocinasse o projeto. Juntos, os professores assumiram a direção-geral da peça. Durante os ensaios, Margarida, mãe das irmãs Petrocchi, providenciava lanches para a trupe.

Toda a Escola Pacaembu assistiu a *Adolescentes* na festa de fim de ano. O elenco era formado pelas três irmãs e mais cinco garotas; nenhum rapaz. O folheto do espetáculo estampava o desenho de uma adolescente de cabelos crespos esvoaçantes e mochila nas costas – o ilustrador, professor Dô, contou que tinha se inspirado em uma das atrizes, Marcia Crespo, a quem chamava de Dona Crespo. O espetáculo foi ovacionado e comentadíssimo nos meses que se seguiram. Ao voltar às aulas, em janeiro, a trupe resolveu arriscar uma apresentação na Casa de Cultura Mazzaropi, numa sala de 800 lugares. Conseguiram lotar o teatro! O projeto *Adolescentes* se estendeu até 1988, com uma segunda temporada de fim de ano na Pacaembu.

O interesse cultural que uniu Mingo a Silvana ditava grande parte da programação do casal. Viajaram para a Europa, pelo Brasil, conheceram teatros e museus. Assistiam a todas as exposições, espetáculos de teatro e dança. Leitor assíduo do caderno *Ilustrada*, Mingo descobriu que o vizinho de porta assinava o *Estadão*. Combinou então uma troca: entregava o caderno de economia da *Folha* e recebia o *Caderno 2*. Ali se informava sobre a programação cultural de São Paulo e recortava artigos sobre artistas eminentes, como Maiakovski, e.e. cummings, Le Corbusier, Manuel Bandeira, Millôr Fernandes, Miguel Paiva e Alfredo Volpi. Guardava também poemas que ele mesmo escrevia.

Antenado, curtia as novidades, como as tirinhas de Glauco, Angeli e Laerte, o trio de cartunistas que contribuiu para que o quadrinho no Brasil deixasse de ser uma linguagem só para crianças. Cineminha com jantar em uma cantina italiana era a programação básica do casal, que também assistia em casa a filmes em VHS que pegava na locadora – mas só depois da novela. Os dois foram a muitos shows de música brasileira, da estreante Marisa Monte ao consagrado Caetano Veloso. Depois do festival Rock in Rio, em 1985, os até então inatingíveis astros do rock americano começaram a dar pinta também em grandes estádios das metrópoles brasileiras. Mingo quase pirou ao saber que James Taylor traria o seu folk rock para o Palácio das Convenções Anhembi, com o show *That's why I'm here*. Era uma segunda-feira de outubro de 1986, mas ele foi, com a turma toda, compor o coro de 60 mil fãs que cantou os sucessos do ídolo americano.

Outro programa frequente de Mingo e Silvana era o teatro. No fim de 1987, ele leu na *Ilustrada* sobre um fenômeno dos palcos de São Paulo e se interessou. *Ubu – Folias physicas, pataphysicas e musicaes* já estava em cartaz havia mais de dois anos e com sessões lotadas. Os jornais contavam que o elenco incluía acrobatas e artistas circenses que faziam de tudo no palco, o que deixou Mingo curioso.

Ubu foi um fenômeno. Renovou a linguagem cênica que dominava os palcos brasileiros nos anos 1980 e atraiu uma multidão de jovens que olhavam torto para a programação teatral de São Paulo. Vibrante, o espetáculo misturava teatro e circo, e zombava dos tiranos quando a abertura política não estava ainda sedimentada. O diretor Cacá Rosset, no auge da carreira, levou o grupo Ornitorrinco aos quatro cantos do mundo com o seu tresloucado *Ubu*.

O protagonista, Pai Ubu, foi criado pelo dramaturgo francês Alfred Jarry no fim do século XIX. O enredo encenado por Cacá era um mosaico de trechos de peças escritas por Jarry. Pai Ubu é um usurpador atiçado pela esposa a matar o rei da Polônia para tomar-lhe o trono. Uma vez coroado, ele se torna um déspota sem escrúpulos, a ponto de mandar mais da metade da população polonesa para o alçapão. A história era meio absurda: tocava o telefone em plena Idade Média e um porco com dois bumbuns e sem cabeça recepcionava a plateia. "O teatro voltou a ser uma festa", estampavam os jornais.

Naquele 1987 em que Mingo foi com os amigos ao Teatro Ruth Escobar, Cacá já estava aprontando com o seu Ornitorrinco havia quase uma década. Erudito, ele não se conformava com a segregação no teatro dos anos 1980 no Brasil. De um lado, comédias simples e até bobas, com elenco formado por celebridades da TV. De outro, o teatro alternativo para iniciados. Cacá acreditava que, nos momentos mais inventivos da história do teatro universal, nunca houve tal distinção entre o teatrão para o povo e o teatro sério. Ao contrário, Shakespeare se apresentava para plateias formadas por aristocratas, nobres, bêbados, crianças, carroceiros e quem mais chegasse. Para Cacá, o teatro que se comunica com um único segmento cultural não provoca questionamentos, apenas reafirma ideias já assimiladas pela plateia. A energia que circula numa sala de teatro com um público diverso é sempre muito mais intensa. E ele comprovou suas ideias: o público mais afastado lotou todas as salas por onde *Ubu* passou.

Desde quando começou a pensar o espetáculo, Cacá queria ter profissionais de circo interagindo em cena com os atores. Ele já usara elementos circenses em trabalhos anteriores, porém de forma mais decorativa. Em *Ubu*, radicalizou: havia acrobatas voando pelo palco, engolidores de fogo, palhaços, tudo bem integrado à dramaturgia. Não inventou a roda. Circo e teatro têm uma história com muitos pontos de interseção e há quem diga que não há distinção clara entre as duas artes. Ele se inspirou em outro grupo que estava misturando teatro e circo na França naquele momento: Le Grand Magic Circus, de Jérôme Savary. Cacá apareceu como um banho de novidade em meio à caretice que reinava na cena paulistana.

Quando o diretor do Ornitorrinco começou a buscar circenses para compor o espetáculo, o circo vivia uma fase de anemia em São Paulo. Quase não havia lonas pela cidade. Inspirados pelo ideário desenvolvimentista dos anos 1950, os artistas colocaram seus filhos dentro de escolas, longe dos picadeiros e da vida nômade tão característica dessa turma. A corrente tinha se quebrado. Já naquela época, o palhaço Arrelia dera a solução para o problema: escolas de circo, claro! Se lugar de criança, a partir de agora, é na escola, então que aprendam em escolas também a arte ancestral que já ia se perdendo. A ideia, aliás, não era defendida só por Arrelia. A criação de escolas de circo foi um movimento global, iniciado na União Soviética ainda em 1927.

Quando Cacá começou a prospectar artistas circenses para montar sua trupe, descobriu que um certo José Wilson Moura Leite, filho de família circense de Alagoas, estava às voltas com a montagem de uma escola de circo. Cacá e Zé Wilson se conheceram e estabeleceram uma simbiose perfeita. Zé Wilson fornecia a mão de obra de que Cacá precisava e se tornou o preparador circense do espetáculo. E o estouro de *Ubu*, por sua vez, fez a Circo Escola Picadeiro receber uma avalanche de alunos.

Fim de 1987, chegou a data marcada nos quatro ingressos que Domingos comprara para o espetáculo *Ubu – Folias physicas, pataphysicas e musicaes*. À noite, ele e Silvana encontraram Edson e sua namorada em frente à fachada vermelha de armação de ferro do Teatro Ruth Escobar, na Rua dos Ingleses 209, no bairro da Bela Vista. Entraram, desceram ao subsolo e se posicionaram em suas cadeiras. Quando a luz se apagou, o Anjo Torto, aquele que vive nas sombras, tornou a aparecer. Dessa vez ele não ficou calado. Pediu sussurrando ao ouvido de Mingo: "Não pisque". E partiu de volta às sombras.

Na saída da sessão, ninguém quis conversar. Edson ficou pensando com seus botões que precisava filtrar um pouco mais os convites que Mingo lhe fazia, para não entrar em outra furada. Silvana até tinha se divertido, mas não achava que a peça era aquilo tudo que os jornais diziam.

Mingo estava nocauteado. Os artistas que contracenaram com os atores do Ornitorrinco, voando pelo palco e transformando o texto de Alfred

Jarry em festa, eram… atletas! Mingo teve uma epifania de tal forma cristalina que não conseguia ou não queria trocar ideias sobre o espetáculo a que todos acabaram de assistir. Seu desejo de unir o trabalho do atleta com a criatividade do artista tinha se materializado ali, na sua frente. Não seria possível descrever tal emoção. Além do mais, ficaria um pouco ridículo revelar, naquele momento, em um simples jantar pós-teatro com os amigos, que sua vida tinha mudado.

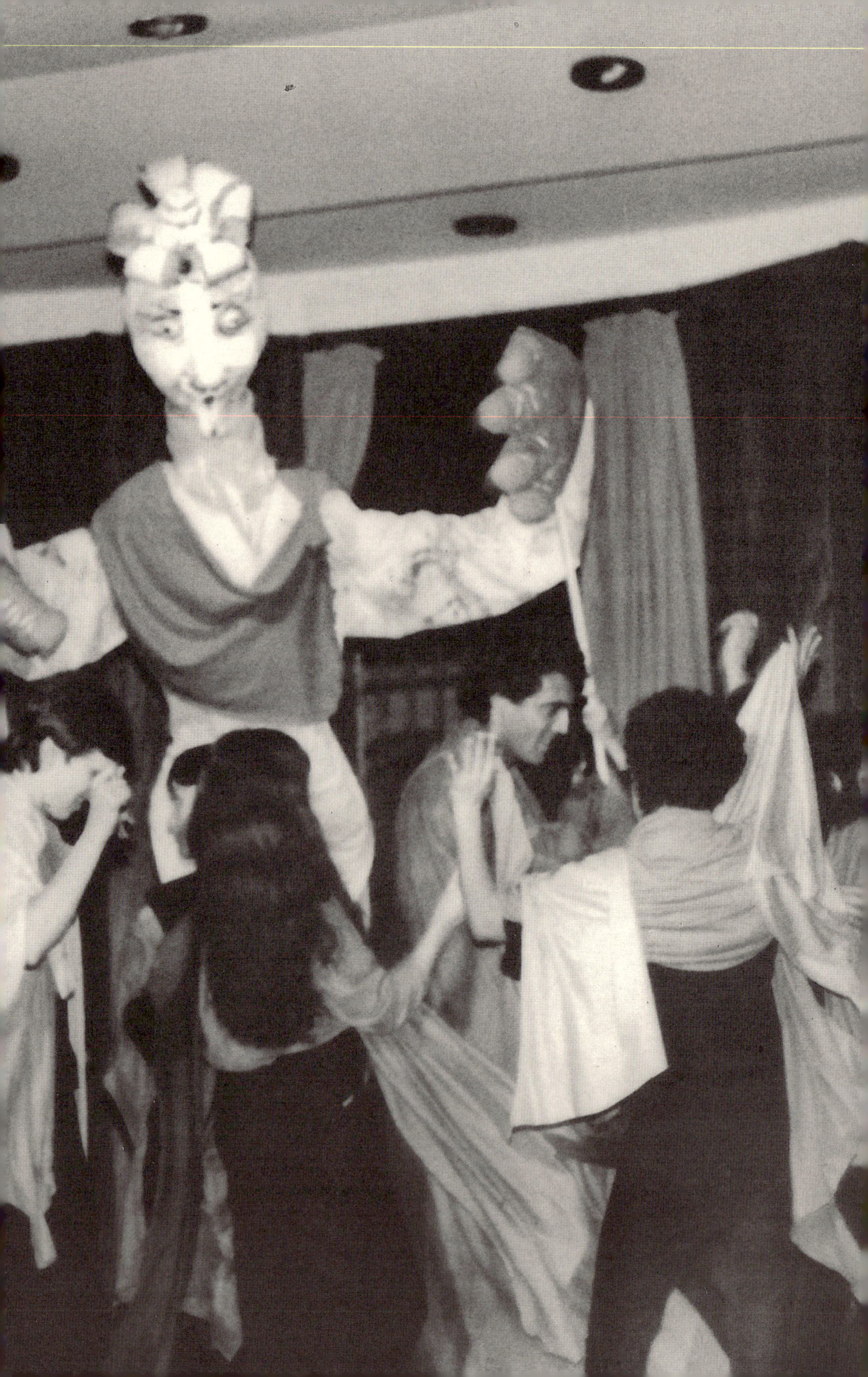

CAPÍTULO 2

Vida de artista

Os sogros de Domingos eram os egípcios Frida e Marcelo Lagnado, de origem judaica, que se estabeleceram em São Paulo em 1957, depois da escalada do conflito entre Israel e Egito pelo controle do Canal de Suez. Os imigrantes trabalharam duro e fizeram dinheiro por aqui. Silvana teve uma infância confortável, estudava no Lycée Pasteur, um dos mais tradicionais da cidade. Os Lagnado adoravam receber os "primos" durante as férias em sua casa no Guarujá – "primos" eram, na verdade, os amigos judeus que já se conheciam no Cairo e vieram na mesma época para o Brasil. Entre eles, Raphael Levy, um dos melhores amigos de Alfio, e Muriel Matalon, amicíssima de Silvana.

Depois de casado, Mingo passou a curtir praia no Guarujá e outros programas com esses amigos ricos de Silvana. Sua origem classe média não era um problema: ele foi bem recebido pela família da esposa, fez amizade com os "primos" e também levava os amigos da Fefisa para o Guarujá. No início de 1988, ainda fascinado por *Ubu*, Mingo lembrou de ter ouvido Muriel contar, em um desses feriados na praia, que fazia curso de teatro.

Ligou para ela, sem saber exatamente o que queria. Estava irremediavelmente encantado pela energia do Ornitorrinco e não sabia mais se o seu lance com o teatro era só uma ferramenta para aprimorar as aulas de educação física. Adorava ser professor e tinha a segurança de um emprego fixo. Aos 25 anos, já havia hesitado bastante na vida. Não mudaria os planos sem ao menos refletir sobre a viabilidade da aventura. Silvana ganhava bem cuidando da administração da Surf Co., a empresa criada por Alfio para gerir a marca Hang Loose. Mas a ideia de viver com o dinheiro da esposa nem passava por sua cabeça, não estava de acordo com os princípios que seu Domingos lhe ensinara.

Muriel fazia curso de teatro com a atriz Myrian Muniz, na Sala Guiomar Novaes, na Funarte, na região central de São Paulo. Myrian era uma das atrizes mais respeitadas do país, embora não estivesse no auge de sua popularidade. Estreou no ano em que Mingo nasceu, em um espetáculo de Augusto Boal, no Teatro Oficina. Participou do elenco de montagens históricas como *Arena conta Zumbi*, em 1964, e de pelo menos um grande sucesso da televisão, a novela *Nino, o italianinho*, da TV Tupi, em 1969. Dirigiu seis anos depois o show *Falso brilhante*, que marcou uma guinada cênica nas apresentações de Elis Regina. Em 1978, após uma primeira experiência como professora, fundou o Curso de Interpretação Teatral, na Sala Guiomar Novaes da Funarte.

Muriel queria ser atriz e, ao saber que uma professora tão especial dava aulas a 20 minutos de sua casa, correu para garantir uma vaga. A prima de Silvana já estava há uns meses no curso quando Domingos ligou, em busca de detalhes.

– Vem, Domingos, a Myrian é maravilhosa, você vai adorar – insistiu Muriel, percebendo que o amigo não tinha muito claro o seu objetivo.

Ele foi. Chegou mais cedo para fazer sua matrícula no complexo arquitetônico histórico do bairro Campos Elíseos, região central da cidade. Ali funcionavam os escritórios do Ministério da Cultura em São Paulo e alguns espaços culturais administrados por instituições vinculadas ao órgão, como a Funarte. O lugar foi referência de agitação cultural desde o fim dos anos 1970. Naquele momento, porém, perdera força, mas ainda mantinha shows do Projeto Pixinguinha, cursos como o de Myrian e outras atividades relevantes.

Matrícula feita, enquanto esperavam o início da aula, Muriel contava para Domingos como era a convivência com Myrian e com o grupo Mangará, formado pelos alunos do curso. Aos 57 anos, a atriz desenvolvia uma metodologia de ensino que estabelecia convivência intensa e intimidade radical entre os atores.

– Teatro para ela é vida, ela não separa uma coisa da outra. Ela me achava ansiosa e quis dar um jeito nisso. Me botou para cozinhar um ovo em fogo baixo. Fiquei lá esperando um tempão e acabei me acalmando mesmo. Foi ótimo! – contou Muriel, rindo.

Myrian era uma grande estrela, mas fazia questão de carregar o piano e esperava o mesmo espírito de cooperação da turma. Todos deviam varrer o palco, lavar a louça e, depois dos ensaios, recolher o material de cena, dobrar o figurino e devolver as cadeiras ao seu lugar. Domingos se sentiu em casa: habituado a não deixar nada espalhado, aprendera cedo com a mãe a não sair sem fazer a cama. Além disso, recebera dose extra de disciplina no 37º Batalhão, em Lins – mas isso era melhor deixar pra lá, Domingos percebeu que naquele ambiente qualquer elogio às forças armadas podia pegar muito mal.

O fato é que Myrian, antes de saber se o rapaz tinha jeito para teatro, encantou-se de cara por sua disciplina. Domingos decorava o texto dos exercícios de interpretação como quem fosse fazer uma estreia no Municipal. Estava sempre disposto a aprimorar o seu trabalho e ávido por absorver o máximo daquela dama das artes cênicas. Sem distinguir o teatro da vida, Myrian oferecia almoços para os alunos em sua casa na Consolação. "Quem come junto fica junto", dizia, enquanto preparava arroz, feijão e bife.

Domingos começou a acompanhar Muriel nesses encontros e, numa tarde, na casa da Myrian, depois de comer, ele pegou um café e foi fumar na varanda. Aproveitou para trocar uma ideia com a mestra. Ele tinha visto no mural da Funarte o anúncio da Oficina de Iniciação ao Teatro de Bonecos, a partir do dia 29 de agosto. Seria a 20 minutos a pé da Funarte, no fim da rua, na sede das Oficinas Culturais Três Rios, administrada pela Secretaria de Estado da Cultura.

– Sabe, Myrian, eu sou desenhista e me interesso também por cenografia. Tô pensando em fazer essa oficina. Se você quiser, posso colaborar com a cenografia das apresentações do seu curso.

Tomaram um táxi para a Funarte, já estava na hora de ir para a aula. Quase chegando, ele pediu para saltar e foi se inscrever na tal oficina de bonecos. No dia seguinte, voltou lá para uma entrevista no processo de seleção para as 30 vagas disponíveis. Com professores como o carnavalesco Joãosinho Trinta e o diretor de teatro Gerald Thomas, aquele centro reunia o que havia de melhor em formação artística em São Paulo no fim dos anos 1980. Organizado por Hugo Oskar, presidente da Associação Brasileira de Teatro de Bonecos, o curso que tinha atraído Domingos seria ministrado por três duplas de artistas, que se revezariam entre setembro e novembro de 1988.

Domingos foi entrevistado para a vaga por Beto Andreetta, que despontava no teatro de bonecos. Ele era um dos xarás da Beto & Beto Companhia, em cartaz com o espetáculo *O Vaqueiro e o Bicho Froxo*, que já tinha circulado com sucesso em São Paulo e em festivais pelo país. Depois de ganhar um prêmio da Fundação Nacional de Artes Cênicas com a peça, a Beto & Beto fora convidada pela ABTB para ministrar um dos módulos da oficina.

Havia muitos concorrentes para as 30 vagas. Domingos chegou com um sorrisão no rosto e ganhou logo a simpatia de Andreetta. Contou sobre as aulas com Myrian Muniz e disse que lecionava educação física e jogava handebol – o esporte preferido de Beto. Papo vai, papo vem, eles descobriram que tinham a mesma idade e muitas outras afinidades. Quem viu achou que eram dois amigos conversando e não uma entrevista de processo seletivo. Domingos foi embora e Beto avisou à equipe da Três Rios: "Esse cara tá dentro". Não foi atendido de imediato. A etapa de entrevistas precisava ir até o fim e, só depois, um colegiado elegeria os alunos. Beto insistiu:

– Passa esse cara, por favor, o resto a gente vê depois.

Aos 26 anos, Domingos dava aulas no ensino médio, estudava teatro e, como se não bastasse, se meteu a aprender a confeccionar e a manipular bonecos. Era uma rotina agitada, mas ele circulava com agilidade com sua Honda XL 250 e fazia tudo num raio de pouco mais de três quilômetros, que incluía a sua casa em Higienópolis. Em todas as atividades, Domingos se saía bem.

Na oficina de bonecos, conheceu Beto Lima, o parceiro de Beto Andreetta. Domingos aprendera noções básicas de anatomia na faculdade e sabia desenhar. Essas duas qualificações eram essenciais para fazer e manipular os bonecos. Além de tudo, o moço esbanjava criatividade – os Betos se impressionaram com seu talento. A oficina era uma farra, Domingos enchia de papel jornal amassado um saco de lixo – material usado para a confecção dos bonecos estofados – e fazia graça dublando as formas humanas que criava. Depois, o aluno e Andreetta paravam nos botecos das redondezas do bairro Bom Retiro e tomavam uma cerveja antes de ir embora.

Beto Andreetta fora introduzido à arte do teatro de bonecos no início dos anos 1980, pelas mãos de dois grandes mestres argentinos, Osvaldo Gabrieli e Ilo Krugli, em um curso que ficava perto de sua casa, no Teatro Ventoforte, no bairro do Itaim Bibi. Lá, Andreetta aprendeu que o teatro de títeres, com longa tradição na Argentina, era no Brasil um nicho ainda a ser explorado. Estava dando certo, o seu espetáculo lotava as plateias. O enredo de *O Vaqueiro e o Bicho Froxo* reúne personagens de diferentes lendas do folclore brasileiro – além dos dois protagonistas do título, havia o Papa-Figo, a Janaína Mãe D'Água e a Miquelina do Jequitinhonha.

Durante o espetáculo, os dois Betos manipulavam os bonecos de todos os personagens e ainda tinham que dar conta da cenotécnica. Com o sucesso, eles já pensavam em contratar um apoio. Foi quando Domingos despontou entre os alunos da Três Rios. A oficina terminou com a encenação do conto *O alfaiate valente*, dos Irmãos Grimm, com bonecos enormes feitos de papel e cola.

Mas não seria o fim da parceria de Domingos com os Betos: longe dali o trio se via com frequência. Domingos tornara-se sócio da dupla e já tinha até uma viagem marcada para fazer o som de uma apresentação em Belo Horizonte. Era o "Companhia" da Beto & Beto Companhia, como eles adoravam sacanear.

No início de 1989, Myrian Muniz propôs à turma do curso na Funarte montar *Maroquinhas Fru-Fru*, musical infantil de Maria Clara Machado, para uma apresentação no fim do ano. A história gira em torno de um concurso de bolos. Myrian decidiu que Muriel faria o papel de Dona Bolandina, confeiteira que não se conforma em perder o prêmio, um colar de pérolas, para a protagonista Maroquinhas. A Domingos ela deu o Zé Botina de Andrade Sapatos, sapateiro que ama Bolandina e por isso aceita participar das suas armações contra Maroquinhas. O ator estreante também confeccionou alguns bonecos incorporados à cenografia e assumiu a arte do material de divulgação do espetáculo.

Ele foi aos poucos encarnando o Botina e aprendendo a se posicionar no palco, sempre com muito estudo e atenção aos ensinamentos do "furacão" Myrian Muniz. A professora tinha um jeito meio caótico, demandava muito dos alunos e mudava a programação do curso o tempo todo, mas isso não o incomodava.

Graças ao novo parceiro, os Betos tiveram a honra de conhecer a célebre Myrian Muniz. Almoçaram todos juntos, no restaurante de José Muniz de Melo, irmão da veterana atriz. Ela também levou os rapazes para comer salada de rúcula no seu restaurante preferido, o Il Sogno di Anarello, cantina italiana que Giovanni Bruno, ícone da gastronomia paulista, mantinha na Vila Mariana.

Início de 1989. Domingos e Beto Andreetta estavam tomando uma cerveja depois de um ensaio de *O Vaqueiro e o Bicho Froxo*, quando Cacá Rosset apareceu na televisão do bar:

– Betão, você viu *Ubu*, desse Cacá Rosset?

– Vi, muito bom, com uma trupe de circo, né? Eu cheguei a fazer uma aula de circo na Escola Piolin, lembra dela?

– Não.

– Faz um tempo já, era lá na Casa Verde. Eu só fiz uma aula, rapaz, o pessoal lá era muito bravo. A professora, Amercy o nome dela, me viu chegar e me mandou fazer um flic. Eu nem sabia o que era isso e ela, "flic-flap, menino, é só você dar um salto pra trás e cair de pé, vamo lá, quero ver se você tem jeito, senão não adianta ficar aqui". Achou que eu tinha nascido no circo, como ela. Adorava contar que estreou no picadeiro aos 4 anos. No dia seguinte eu não conseguia subir o degrau do ônibus pra ir pra escola. Nunca mais voltei lá.

– Ficou com medinho? Não tem vontade de voltar?

– Essa escola fechou.

– Hum... O pessoal do elenco de *Ubu* tem uma escola, né? – lembrou Domingos.

– Circo Escola Picadeiro, fica perto da minha casa.

– Vamo lá?

– Vamo, ué. Você tá com a agenda tranquila, né? – ironizou Beto.

Ao chegar à Escola Picadeiro, Beto deu de cara com Amercy Marrocos, que aos 50 anos passara a dar aulas ali. A madame mantinha o jeito duro de ensinar, o único que conhecia havia décadas e que jamais falhara. Junto com outros filhos e netos de artistas, Amercy integrou o corpo docente da primeira escola brasileira do gênero, a Academia Piolin de Artes Circenses. Acrobata, saltadora, paradista e equilibrista de rola-rola, era filha de Marrocos, que se apresentou em 248 circos pelo país. Depois de estrear aos 4 anos fazendo parada de mão no Duo Marrocos com os pais, formou com as irmãs o Trio Marrocos. Mais tarde, casou-se com o palhaço Mulambo, e integrou o elenco de grandes circos, como Orlando Orfei, Garcia e Vostok.

Domingos e Beto Andreetta chegaram juntos à Picadeiro. O Anjo Torto estava lá, perto do banheiro instalado sob a lona do circo, onde não batia sol. Havia dois adolescentes trepados no trapézio e Zé Wilson gritava para um deles: "Você tem que estar no ponto certo quando ele se soltar, porra, quer que ele caia com a cara no chão, caralho?". O segundo hesitou um pouco antes de se soltar da banquilha – a plataforma suspensa onde os trapezistas permanecem durante a apresentação – e seu Maranhão, acrobata, repreendeu: "Vai voar ou não vai, viado?". A grosseria não intimidou Domingos, ele até achou graça. Zé se virou para a dupla que chegava e reparou no tipo físico de Domingos:

– Opa, chegou o portô de trapézio que faltava nessa escola.
– Você acha que eu sirvo pra portô?
– Claro! Vai lá fazer a sua matrícula e depois a gente conversa.

Matrícula registrada e paga, Beto e Domingos teriam uma hora para almoçar antes de sua primeira aula de trapézio. Estavam deixando a lona quando Fernando Sampaio, outro aluno, saiu do banheiro. O Anjo Torto pôs o pé na frente de Fernando, que tropeçou e chamou a atenção de Domingos:

– Tudo bem? Eu sou o Domingos.
– Opa! Fernando.
– Faz aula de trapézio?
– Não, eu faço curso de palhaçaria com o seu Roger. Sou novo também, comecei não tem um mês.
– Ah, com o seu Roger. É bacana?
– Demais!

Sem notar a presença de Fernando, Beto interrompeu o papo: "Bora almoçar, Domingão".

– Então a gente vai se esbarrar por aí, Fernando.
– Até mais.

O ano de 1989 passou voando, entre as aulas cada vez mais teatrais na Escola Pacaembu, o curso de Myrian Muniz, o treino na Picadeiro e os espetáculos da Beto & Beto. No dia 2 de dezembro, o Grupo Mangará orgulhosamente estreou *Maroquinhas Fru-Fru* na Sala Jardel, no Centro Cultural São Paulo, para uma curta temporada de quatro apresentações. O programa da peça era feito de três folhas de papel A4 dobradas e impressas em preto e branco – concepção gráfica de Domingos. Uma página foi usada para dedicar o espetáculo às crianças próximas do elenco e da produção, entre elas Juliana Montagner, a sobrinha de 2 aninhos, filha de Dico.

O público era formado basicamente por essa meninada e por amigos e parentes do elenco, que saíram de casa prontos para prestigiar o esforço daquela turma de atores iniciantes, sem maiores expectativas. Deixaram a sala surpresas com a qualidade da produção. Por sua vez, Muriel estava encantada com o talento e a entrega do amigo e agora colega de cena. Em uma das sessões, quando ela entrava no palco, escorregou segurando o bolo, que espatifou no chão. Domingos agiu rápido, mostrou presença de espírito, improvisou uma brincadeira com o tombo e ajudou Muriel a se sair bem da situação. Se "teatro é relação", como dizia Myrian Muniz, então seu pupilo já era um ator.

Domingos seguiu estudando teatro com Myrian, mas sabia que havia mais chances de se profissionalizar junto à Beto & Beto. A atriz já tinha uma carreira consolidada e não pretendia que aquele curso na Funarte deixasse o âmbito amador. Com Beto Andreetta era diferente. Dotado de tino comercial, ele pensava estratégias de divulgação e sabia vender espetáculos para programadores de teatros. A companhia não era passatempo, era meio de vida, e Domingos curtiu essa pegada.

O mundo das artes estava se descortinando muito rapidamente para ele. Andreetta já frequentava sua casa e o levava para os programas com a turma do teatro. Juntos, passavam tardes inteiras treinando trapézio na Circo Escola Picadeiro, cada vez mais enturmados com os outros aspirantes a circenses. Silvana se deu muito bem com Adriana Magalhães, esposa de Beto, que tinha um apartamentaço na Consolação, bem pertinho de onde o casal amigo morava. Beto também era casado com uma mulher rica, até nisso os dois se pareciam; volta e meia ouviam a pergunta: "Vocês são irmãos?".

Domingos era ainda o Mingo da Fefisa e o Dô da Escola Pacaembu, mas estava na cara que algo, de fato, mudara. As aulas de educação física com um toque de artes cênicas viraram a coqueluche da Pacaembu. Os adolescentes às vezes passavam a tarde de sábado na casa de Dô e Silvana, esparramados pela sala, preparando apresentações. Celso Reeks, Helena Magon e alguns outros alunos resolveram seguir carreira no teatro por sua influência. Era o professor preferido da escola. Na turma da Fefisa, todos avançavam em carreiras esportivas mais tradicionais e notavam que, com Mingo, era diferente.

Em janeiro de 1990, Edson foi com o amigo ao Teatro Bibi Ferreira, desta vez para assistir à comédia romântica *Dores de amores*. Mingo com Silvana, Edson já com outra namorada. Estrelada por Malu Mader e Taumaturgo Ferreira, casal queridinho do Brasil na TV, no palco e na vida, a peça lotava os teatros por onde passava. Terminou a apresentação e um amigo de Mingo o convidou a subir até a coxia para cumprimentar os atores. Edson foi junto, sem conseguir esconder sua excitação por estar prestes a falar com a grande estrela. Aos 24 anos, Malu era o principal nome de *Top model*, novela das sete da Rede Globo que obteve um dos maiores índices de audiência da história da emissora em sua faixa horária. Edson dava os inesquecíveis beijinhos na atriz quando chegou na fila de cumprimentos Caetano Veloso. O velho Mingo estava definitivamente bem enturmado.

Em março de 1990, o indiano Dadi Pudumjee procurou a Associação Brasileira de Teatro de Bonecos em busca de espetáculos do gênero no país. O teatro de bonecos latino-americano vivia um momento de ebulição e o caça-talentos Pudumjee estava em São Paulo para anunciar um festival que aconteceria dentro de quatro meses na Índia. Ele era um emissário da Unima – a tradicional União Internacional da Marionete, fundada em Praga em 1922 – com a missão de levar para o evento amostras da produção brasileira. Não poderia arcar com o transporte, mas a hospedagem seria por conta do festival.

Beto Andreetta era associado da ABTB e, tão logo soube do convite da Unima, começou a planejar uma forma de custear as passagens. Correu atrás de Pudumjee e o levou para ver *O Vaqueiro e o Bicho Froxo* em um teatro na Vila Prudente. O indiano ficou encantado. Beto então deu um jeito de vender duas apresentações para a Secretaria Municipal de Cultura de São Paulo e avisou a Pudumjee que já dispunha dos recursos para as passagens. O indiano garantiu as hospedagens aos Betos, mais um técnico e, claro, a pauta na programação do festival. Tudo certo para levarem o seu teatro de bonecos ao outro lado do mundo.

Porém, Domingos precisava ficar no Brasil e honrar suas aulas de educação física. Acabou indo Toninho, contrarregra que dava apoio para a Beto & Beto. Domingos não hesitou em negar o convite: o compromisso com os alunos era uma clara prioridade. Mas que doeu, doeu.

No fim de setembro de 1990, Beto Andreetta voltou da Índia cheio de histórias e um horizonte de novas possibilidades para a companhia. Queria encontrar logo Domingos.

– Vem aqui em casa – foi o que o amigo respondeu quando Beto ligou.

Silvana abriu a porta. Domingos estava sentado à escrivaninha, explorando o seu Macintosh IIci. Beto adorou a novidade e se pôs a calcular a grana investida; a máquina devia ter custado mais de 800 mil cruzeiros! Havia poucos microcomputadores Apple circulando no Brasil e a maioria era contrabandeada. Beto não sabia se contava da viagem ou se testava com o mouse as mil e uma possibilidades do Mac.

Empreendimento arrojado do Ministério da Cultura da Índia, o Festival Internacional de Teatro de Bonecos levara artistas de 28 países a Nova Déli, com 69 apresentações durante 15 dias. Beto viu espetáculos do Sri Lanka, Coreia, Holanda, Uzbequistão, Nova Zelândia, Bulgária, isso sem contar os lugares mais óbvios. Ele percebeu que muitos grupos faziam teatro de bonecos sem texto, o que multiplicava ao infinito o seu público potencial.

Mas o mais importante foram os contatos. Andreetta tinha conhecido produtores e programadores do mundo inteiro. *O Vaqueiro e o Bicho Froxo* agradou e ele descolou uma esticada até a Espanha na volta do festival, para reuniões de trabalho. Juntou a curiosidade dos gringos sobre o Brasil com a lábia de Andreetta e, pimba, a Beto & Beto voltou para casa com quatro festivais espanhóis na agenda.

– Domingão, dessa vez vê se consegue ir – pediu.

Domingão não foi. A viagem seria já no fim de novembro, em pouco mais de um mês, e não dava para deixar os compromissos. Além das aulas de educação física, ele integrava o elenco de *...e assim vai o mundo*, uma colagem de poemas de Carlos Drummond de Andrade e Manuel Bandeira concebida por Myrian Muniz. Como da outra vez, o espetáculo faria curta temporada no fim do ano. Muriel dessa vez não participou: estava estudando em Nova York, na célebre Actors Studio Drama School. Mas todos os outros colegas do Grupo Mangará contavam com Domingos.

Os Betos levaram desta vez o técnico de som Marco Boaventura para a turnê espanhola, que tinha como ponto central a nona edição do Festival Internacional de Títeres de Bilbao. *El Vaquero y el Animal Débil*, como era chamada a peça da Beto & Beto nos materiais promocionais da Espanha, participou da programação off do evento. O teatro de bonecos é uma mania entre os espanhóis e há festivais ao longo de todo o ano. Então, depois de Bilbao, os Betos seguiram para apresentações nas Ilhas Canárias e em Logroño.

Novamente, assistiram a espetáculos de vários países e fizeram muitos contatos, inclusive garantindo mais uma pauta internacional para a companhia. A próxima parada da Beto & Beto seria na Suécia, em abril de 1991.

Ao retornar, já perto do fim de 1990, Andreetta foi de novo correndo encontrar Domingos para contar suas peripécias ibéricas. Beto estava impressionado com o grau de profissionalismo do teatro de bonecos europeu:

– Domingão, os caras chegam com a caminhonete, descarregam as caixas, montam tudo em três horas e vão embora, já têm outros compromissos. Os artistas nem veem, eles têm pauta o ano inteiro, não perdem tempo com montagem. E olha que nem cheguei à parte dos bonecos, umas apresentações sofisticadas. Você precisa ver!

– Essas viagens valem mais do que mil cursos, Betão.

– Tô contando com você na Suécia em abril, Domingão, não vai me decepcionar de novo.

– Vamos ver, não posso deixar a escola assim.

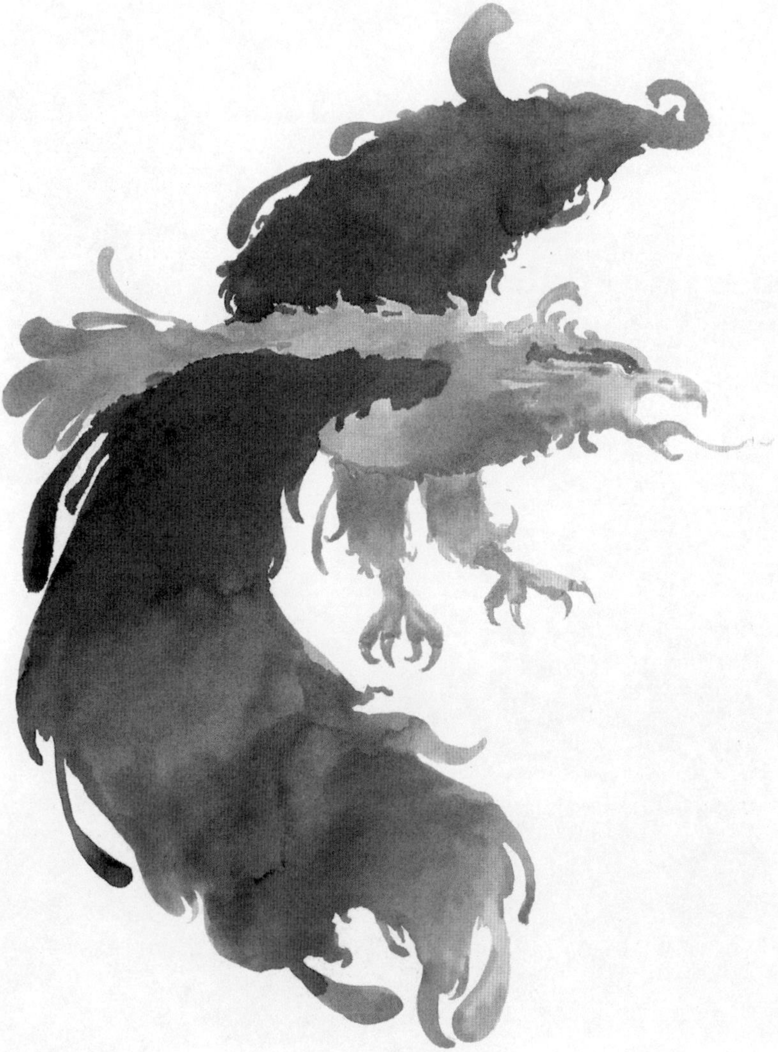

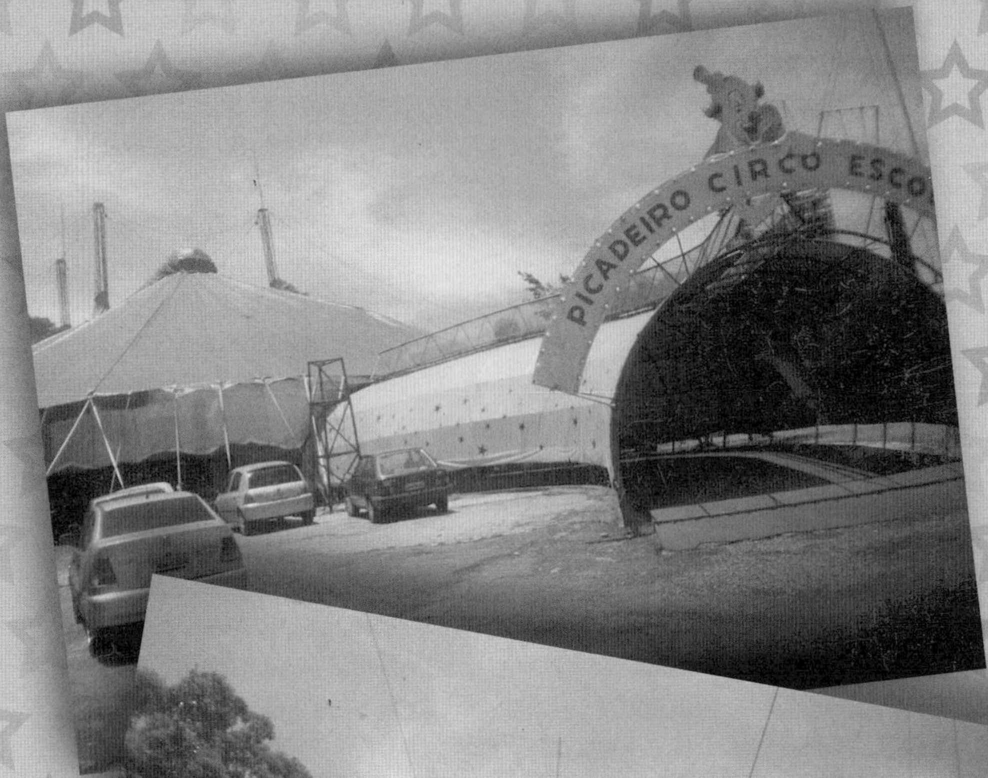
PICADEIRO CIRCO ESCO

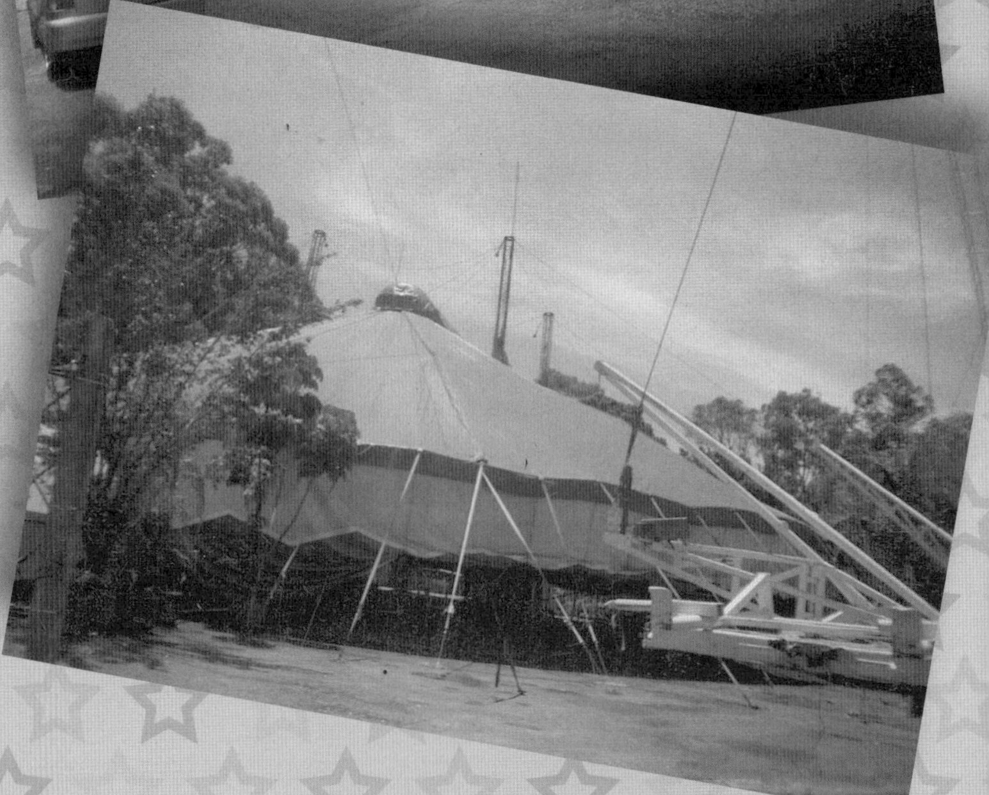

CAPÍTULO 3

Tiros no Itaim Bibi

Outubro de 1984. Já passava de onze da noite quando José Wilson margeava com sua Kombi o Rio Pinheiros na altura do encontro com as águas do Tietê, cansado e angustiado, antecipando o embate que enfrentaria ao chegar em casa. Ele estava cumprindo o trajeto que repetia todas as noites havia algumas semanas, entre Pinheiros e Osasco, a cidade para onde o Rio Tietê corre depois de passar por São Paulo. Zé Wilson morava ali desde 1965, quando ele e sua mãe resolveram parar de circular pelo país.

Desde aquela época, o Circo Royal raramente percorria o interior. Tinha se estabelecido como opção de lazer para as crianças da periferia de São Paulo.

Estabelecido talvez seja uma palavra forte demais para descrever a situação do Royal naquele fim de outubro de 1984. O circo não atraía nem de longe o imenso público de décadas atrás. Zé Wilson estava prestes a consumar o plano sobre o qual trabalhava desde o início do ano: transformar o Circo Royal na Circo Escola Picadeiro. Ele tinha batido boca com sua mãe algumas vezes só por mencionar a ideia. Resolveu não tocar mais no assunto: a decisão estava tomada. Agora, porém, a poucos dias da inauguração, já não dava para esconder o novo empreendimento de dona Benedita.

Não era medo o que Zé Wilson sentia. Aos 35 anos, ele faria o que quisesse e não pediria desculpas, muito menos permissão à mãe. Era respeito. Por ela e por toda a história que carregava. Os pais de dona Benedita inauguraram a tradição circense da família em 1938, ao abrir um circo em Alagoas, pequeno para os parâmetros da época. Quando Zé nasceu, em Maceió, em setembro de 1949, havia 11 anos que a família circulava pelo Nordeste. Todo mundo fazia de tudo, embora os seus tios tenham se especializado em trapézio. O avô de Zé era quem tomava a frente. As primas costuravam os figurinos de dia e atuavam como camareiras à noite. Zé viajou com a família desde que nasceu, sua brincadeira de criança era pular pelo picadeiro e tentar imitar as acrobacias dos parentes. Aprendeu cedo a arte do trapézio, mas jogava nas onze e atacou muito de palhaço.

Dona Benedita era trapezista e adorava se apresentar também como atriz. Naquele tempo as sessões de circo se dividiam em duas partes, a primeira com uma sequência de variedades e a segunda, um espetáculo teatral. Os avós e os tios preparavam a encenação de dramalhões como *Mestiça* e *Ferro em brasa*, que plateias de todo o país aplaudiam desde o fim do século XIX. Um dos mais famosos, *Coração materno*, contava a história de um rapaz que arranca o coração da própria mãe, a pedido da namorada. Era uma lenda antiga que tinha voltado com tudo depois que o astro da música Vicente Celestino compôs e gravou, em 1937, uma canção cuja letra sintetizava a trama. No último verso, o coração da mãe, depois de escapar das mãos do filho assassino, grita para ele do chão: "Vem buscar-me, que ainda sou teu!". Com esse fim melancólico e apelativo, os circenses arrebatavam as plateias sob a lona de cada vilarejo, todos a chorar lembrando cada um de sua mãe.

Na divisão de tarefas do circo da família, dona Benedita se incumbia também de garantir vaga para as crianças em escolas nas cidades em que a caravana passava. Não era fácil, os pais mais caretas não queriam que seus filhos convivessem com crianças forasteiras. Benedita chegava a cada colégio com o nariz em pé, carregando uma bolsinha com uma cópia da Lei nº 301, de 13 de julho de 1948, promulgada pelo presidente Eurico Gaspar Dutra. O documento assegurava que os filhos de artistas de circo que acompanhessem seus pais em excursões pelo interior do país "serão admitidos nas escolas públicas ou particulares locais". Se precisasse, ela quebrava o pau, mas a lei tinha que ser cumprida.

Zé Wilson era ainda rapazote quando o pai, José da Silva Leite, se separou de sua mãe e foi viver como se não tivesse família. A mãe criou os filhos sem pai, com a ajuda do cunhado Jota Mariano, garantindo sua educação com o dinheiro que ganhava no circo, à base de muita bronca e, se precisasse, de uns puxões de orelha. Internou Zé Wilson aos 15 anos no colégio Jackson de Figueiredo, em Aracaju, mas ele não suportou a rotina sedentária. No ano seguinte, foi passar férias no circo e não voltou mais.

Quando Zé Wilson chegou em casa em Osasco, já tarde da noite, dona Benedita o esperava para uma conversa. Sua vontade era dar um puxão de orelha, mas àquela altura isso já não tinha muito cabimento. Ela tentou se acalmar e começou bem devagar:

– Tá bom, meu filho?

– Tudo bem. Cansado só.

– Tinha uns mosquetões e uns aros na sala, precisei tirar pra limpar a casa, tá? Está tudo lá na garagem. Tudo novinho, no plástico ainda. Vai voltar com o Royal, finalmente?

– Não tem mais Circo Royal, mãe. As oficinas no Centro Cultural São Paulo acabaram e agora não tem mais Royal. Mês que vem vou abrir a Circo Escola Picadeiro.

– Pra que insistir com essa história, Zé? Você ganha muito mais indo andar com o circo! O que vai ser quando os seus alunos aprenderem os segredos da família?

Zé estava cansado de topar com plateias vazias, noite após noite, nas excursões do Royal. A demanda de público para espetáculos circenses ficava cada vez mais escassa. Por outro lado, o empresário tinha detectado outro tipo de interesse pelo circo. Não era tão tangível quanto uma plateia cheia de crianças comendo pipoca, mas ele sentia o cheiro dessa demanda e seria capaz de atendê-la com o novo empreendimento. A primeira escola de circo da América Latina, a Academia Piolin de Artes e Técnicas Circenses, fechara as portas um ano antes, depois de cinco anos em atividade em São Paulo. O Governo do Estado, que administrava a escola, alegou falta de verba.

Antes mesmo de a Piolin fechar e deixar essa lacuna, Zé Wilson já era procurado por artistas aspirantes, interessados em aprender suas técnicas, entre eles Mário Fernando Bolognesi, aluno da Escola de Comunicações e Artes da Universidade de São Paulo. Ele formara com Jairo Mattos e outros amigos o grupo Tenda Tela Teatro, e planejava produzir um espetáculo circense sobre o poeta e dramaturgo russo Vladimir Maiakovski, que tinha o circo como grande inspiração. Bolognesi seguia Zé Wilson por onde fosse, inclusive nas últimas incursões do Royal diante de plateias esvaziadas. Entrou na jaula dos leões, montou um número com os colegas para se apresentar no Royal e chegou a circular com a sua própria lona, o Metrópole, pelo interior do Mato Grosso.

Estudioso da história do circo, Bolognesi notava que os empreendimentos remanescentes da tradição, a exemplo do Royal, repetiam números insossos, sem nenhuma preocupação estética. Queria alterar esse cenário de baixa renovação artística e dinamizar o mercado, mas se deparou com os altos custos inerentes à atividade e, junto com seus parceiros, todos quebrados, desistiu. Porém, antes disso, influenciou Zé Wilson a criar a sua própria escola.

A curiosidade apaixonada de Bolognesi era um presságio para Zé. Enquanto as crianças abandonavam as arquibancadas, mais e mais estudantes e pesquisadores o procuravam para conhecer a tradição que ele representava. O interesse da universidade pelo circo tinha sido despertado havia pelo menos uma década, mas agora os pesquisadores queriam dar um passo adiante e experimentar o tema de seus estudos na prática, com os pés sobre o picadeiro. Além do pessoal do Tenda Tela Teatro, ex-alunos da Piolin, como a atriz Verônica Tamaoki, procuraram Zé querendo ter aulas.

Quando a Piolin vivia a sua agonia orçamentária, em 1982, antes de fechar no ano seguinte, um de seus maiores entusiastas, Miroel Silveira, professor da Escola de Comunicações e Artes da USP, convidou Zé Wilson para dirigir a Academia, na tentativa de salvá-la. Porém, Zé não tinha definitivamente o perfil para depender de verbas aprovadas por políticos e burocratas, que pouco entendiam do seu métier. Se um dia fosse dirigir uma escola de circo, seria um empreendimento seu. Pois a ideia evoluiu e Miroel, que desistira de convencer Zé a assumir a Piolin, ofereceu apoio para sua aventura empreendedora. Ele era presidente da Comissão de Circos, ligada ao Governo do Estado, e atuou para liberar o terreno no Itaim Bibi onde Zé pretendia montar a sua escola.

No dia 20 de novembro de 1984, a Circo Escola Picadeiro foi inaugurada, ainda de forma tímida, dentro da programação da Mostra Cultural de Pinheiros, que ocupou o terreno baldio às margens da Avenida Cidade Jardim com teatro, música e circo. Dona Benedita deu o braço a torcer e frequentou o espaço, no início ainda muito aborrecida, até porque os alunos demoraram a aparecer. Casca-grossa, Zé nunca teve vida fácil e não era homem de arregar, mas o desgosto de sua mãe diante do novo empreendimento o entristecia. Era como se, ao interromper as atividades do Royal para compartilhar sua arte com estranhos, ele tivesse lhe arrancado o coração.

Zé tinha vendido um caminhão e uns leões e dispunha de reservas, de modo que não se importou com a baixa taxa de matrícula na Picadeiro, ainda uma escola desconhecida. Quatro meses após a inauguração, em março de 1985, o diretor Cacá Rosset se apresentou:

– Zé, eu acabei de traduzir um texto de teatro francês e estou trabalhando na produção do espetáculo. Eu quero incluir uns números circenses e estou procurando um lugar para ensaiar. Você pode nos receber na sua escola?

– Claro!

O dinheiro veio a calhar. Cacá preparava *Ubu* e desembarcou na Escola Picadeiro com a sua trupe circense, formada por Gilberto Caetano, Cássia Venturelli, Luiz Ramalho e outros. Ocupavam o picadeiro da escola durante cinco horas por dia, treinando monociclo, pirofagia, trapézio, corda indiana, acrobacia, tudo com foco no que iria ser levado ao palco. Durante os ensaios, Cacá Rosset se encantou por Zé Wilson, circense da tradição com abertura para o contemporâneo. Zé já tinha colaborado com a cenógrafa de *Ubu*, a renomada arquiteta Lina Bo Bardi, numa pesquisa sobre brinquedos populares. Ele acabou integrando o elenco e se tornou o preparador circense do espetáculo.

Os ensaios iam bem, mas o volume de matrículas na escola ainda era baixo. Depois de um ano sem fechar as contas, Zé começou a se preocupar. Foi quando estreou *Ubu*, que atraiu uma explosão de público para os teatros. Em pouco tempo, a Picadeiro não parava mais de receber gente interessada em participar do treinamento a que tinha se submetido o elenco da peça. Os cronistas dos principais jornais da cidade saudaram também a criação de uma nova escola de circo, esperançosos de ver ressurgir o espetáculo idealizado da infância. Era a publicidade que faltava ao empreendimento.

Zé Wilson ganhou muito dinheiro, com as mensalidades e também com patrocínio, já que a fama da Picadeiro chamou a atenção de empresas. O Chambinho, famoso petit-suisse da Nestlé, colou sua marca àquele simpático movimento de revitalização do circo em São Paulo. A esposa de Zé, a jornalista Bel Toledo, ocupava-se da administração da escola e se revelou uma boa articuladora dos empreendimentos do marido. Em 1988, ela conseguiu junto à Secretaria do Menor do Estado de São Paulo recursos para implantar escolas sociais de circo em comunidades carentes da periferia da capital.

As coisas iam entrando nos eixos, embora Zé estivesse um pouco preocupado com a turma que frequentava a Picadeiro. Aquela meninada da classe média paulista mostrava muita vontade, mas não era como os artistas que já nasciam dando pirueta no picadeiro. Faltava serragem nas veias, como se diz no circo sobre os artistas filhos de famílias tradicionais. Se existisse um playboy em São Paulo capaz de dar um bom salto triplo e cair sorrindo, segurando uma bela donzela em seu collant, ele ainda não tinha dado pinta na Picadeiro.

O modelo de ensino a que Zé Wilson fora submetido quando garoto não passava perto da psicologia. Era na base da porrada. Sua mãe adotava o método beliscão, mas parecia uma fada se comparada ao tio Jota Mariano. Zé nunca esqueceu do dia em que estava pendurado no trapézio, indo e voltando pelo ar, criando coragem para se soltar e fazer a queda em balanço que seu tio esperava, olhando do chão já com cara de bravo. O garoto se recusou a se soltar.

– Não vai fazer? Então para agora esse trapézio! – ordenou o tio. – Pega a lonja.

Jota Mariano amarrou Zé na corda do sistema de segurança do aparelho. Eram dez horas da manhã e ele ficou preso até quatro da tarde, quando gritou avisando:

– Tio, eu vou fazer a queda!

Mariano desamarrou Zé e explicou com calma todos os detalhes do truque e, olho no olho, concluiu:

– Pode fazer assim que você não cai.

O menino confiou, foi sem medo e não caiu.

Quando abriu a Circo Escola Picadeiro, era essa "pedagogia" infalível que Zé Wilson tinha em mente, e nenhuma outra. Os demais professores da escola também vieram de longas carreiras em circos tradicionais, quase todos membros da terceira ou quarta geração de famílias circenses. Ninguém possuía preparação metodológica ou um plano B para o caso de a forma de ensino tradicional não funcionar. Foi um choque. Os adolescentes de São Paulo não estavam habituados. Muitos abandonavam o curso, assustados, logo depois da primeira sapatada que levavam no alto do trapézio – era o jeito de Zé Wilson para, do chão, chamar a atenção de um aluno que não sabia se comportar lá em cima.

Com mais de 200 alunos matriculados, cada um pagando por mês 50 mil cruzeiros, Zé não se preocupava com a saída dos mais despreparados, de certa forma até curtia aquela "seleção". Com o tempo, foram ficando só os alunos que tinham vocação e fair-play para lidar com os métodos praticados na escola. Entre eles, a turma do *Ubu*. Quando Luiz Ramalho machucou o joelho e precisou deixar o espetáculo, Cacá Rosset buscou o substituto ali, na escola. O escolhido foi André Caldas, ginasta olímpico, que fazia faculdade de educação física na Fefisa – a mesma de Domingos. André jogava rúgbi num campo ao lado da Escola Picadeiro e se encantou pelo circo ao espiar o trabalho de Zé Wilson. Em seu primeiro dia, foi forçado por Zé a dar uns 30 saltos mortais! Mas a grosseria do instrutor não o incomodava, ele achava até divertido. Outra aluna aproveitada por Cacá em *Ubu* foi Monica Alla, que aos 20 anos estava realizando o sonho de criança de trabalhar no circo.

André Caldas não queria outra vida. Passava os dias entre aulas com Zé Wilson e sua equipe de professores, ensaios com Cacá Rosset e apresentações de *Ubu*. Quando viu, já tinha se tornado o faz-tudo da Picadeiro: levava os filhos de Zé para a escola, dava conta de pequenos consertos nos aparelhos do circo, limpava o chão, lavava a lona, estava sempre pronto para o que precisasse. Em janeiro de 1987, André radicalizou: comprou um trailer usado e foi morar no terreno à margem da Avenida Cidade Jardim onde ficava a escola. No dia seguinte à mudança, bebia em um boteco ali perto quando sentiu a entrada de uma forte rajada de vento. O circo tinha desarmado, a arquibancada tombou e a lona voou para longe, quase atingindo os carros da marginal. André, claro, capitaneou a equipe improvisada para resolver a emergência.

André Caldas acabou se tornando professor da escola. Seguiu tendo aulas com os veteranos, mas também ensinava trapézio para os alunos recém-chegados. Aos poucos, trouxe conhecimentos da ginástica olímpica e da educação física para o corpo docente da Picadeiro. Não que fosse bem recebido. Ele até conseguiu abrir um canal de diálogo com Zé, mas com os outros professores era impossível: "Quem esse rapazote pensa que é para ensinar para nós os truques que aprendemos com nossos avós?".

André, certa vez, sugeriu que os alunos que treinavam parada de mão – com as pernas para o ar, apoiando-se no chão com as mãos – não deviam se curvar quando estivessem de ponta-cabeça. Ele aprendeu que manter a coluna ereta facilitaria as manobras que viriam depois. Foi esculachado! Todos, absolutamente todos os circenses da escola faziam desde criança a parada de mão selada, ou seja, mantendo a curvatura do corpo. Na semana seguinte, André apareceu com um livro de educação física para fundamentar a sua recomendação. Pouco adiantou.

Apesar das broncas dos professores, o dia a dia na Picadeiro era muito sedutor. O circo sempre foi um ambiente de diversidade e assim se mantinha sob a nova lona de Zé Wilson. Adolescentes com problemas de convivência na escola regular, rapazes e moças que curtiam o exercício físico mas rejeitavam o aspecto mais convencional do esporte, encontravam ali a sua turma.

Em 1988, os alunos da escola de Zé Wilson já começavam a aparecer na cena cultural de São Paulo, não só nos palcos de *Ubu*. Rodrigo Matheus, recém-formado em teatro pela Faculdade de Comunicação e Artes da USP, foi indicado na categoria Revelação para o Prêmio Mambembe, com o seu espetáculo *Circo Mínimo*. Outro aluno, Hugo Possolo, despontava como ator e dramaturgo.

A convivência na escola era intensa e vacilante. Os alunos das primeiras turmas da Picadeiro tinham profundo respeito e admiração pelos professores com serragem nas veias – os herdeiros da tradição do circo. Por outro lado, viam naqueles senhores circenses, muitos deles nascidos bem longe da grande capital industrial do Brasil, um apego pueril à tradição que atravancava o desenvolvimento do circo. Queriam fazer a tradição dialogar com as formas contemporâneas de arte, com os espetáculos e exposições que viam nos inúmeros centros culturais de São Paulo.

Os professores, por sua vez, ao topar participar da empreitada de Zé Wilson, depositavam naquela geração de artistas a esperança de sobrevivência de uma atividade decadente. Porém, não admitiam que os garotos de classe média ousassem explorar o seu brilho próprio e a sua maneira de fazer circo.

O *Ubu* de Cacá Rosset era visto com muita desconfiança pelos circenses tradicionais. Tratava-se de uma homenagem ao circo ou Cacá estava apenas se apropriando de truques que antes eram patrimônio exclusivo das famílias circenses? Se havia tanta admiração pela história do circo, por que os escolhidos para compor o elenco aéreo de *Ubu* foram André Caldas e sua turma de neófitos? Por trás do oba-oba com a tal revitalização da arte circense, os empresários das antigas viam uma ameaça à sua reserva de mercado.

Quando chegou o momento da primeira apresentação de alunos da Picadeiro, Zé Wilson convidou circenses da tradição para assistir ao espetáculo. Estava orgulhoso de seu empreendimento inovador, queria que os alunos conhecessem os empresários do ramo e oferecer, com isso, uma oportunidade de *networking*. Deu ruim. Antonio Stankowich, dono do circo há mais tempo em atividade no país, chamou o espetáculo de "cirquinho". Outros empresários presentes tiveram reações bem parecidas. Zé ainda não sabia se era ciúme ou ceticismo, mas começou ali mesmo, ao se despedir dos colegas do circo, a pensar em maneiras de aproximar esses dois mundos tão distantes.

Ele percebeu que o entrevero com sua mãe tinha sido só o início de uma relação de amor e ódio entre os alunos da escola e os profissionais da tradição circense, muitos deles os próprios professores da Circo Escola Picadeiro. Em seus primeiros anos, a Picadeiro foi o cenário de um intercâmbio singular. De um lado, circenses de origem pobre, habituados a uma vida de itinerância, vários deles nascidos no Nordeste, em famílias de origens as mais diversas, com muita sabedoria e pouca instrução formal. Do outro, moças e rapazes paulistanos de classe média, com boa formação escolar e a esperteza que a vida numa megalópole ensina, mas sem tempo suficiente de estrada para calejar o corpo e a alma.

O empreendimento de Zé tinha tudo para dar certo e dependia exclusivamente de um entendimento entre essas duas turmas. Para ele, não era só a Circo Escola Picadeiro, e sim o futuro do circo, que estava condicionado ao bom diálogo entre os jovens artistas urbanos e os herdeiros da tradição circense. Uma tarefa nada fácil: Zé se tornou persona non grata em alguns circos tradicionais.

Ele fez vista grossa e seguiu convidando os amigos de longa data para as apresentações da Picadeiro. Organizou peladas com alunos, professores e outros circenses da tradição no terreno da escola, que muitas vezes acabaram em confusão. Conseguiu estender a bandeira branca em determinados momentos e alguns de seus alunos foram contratados pelos grandes circos tradicionais. Enquanto muitos adolescentes entravam e saíam, mantendo constante o fluxo de matrículas, uma turma de jovens aficionados passava anos e anos frequentando e até morando na Picadeiro.

Início de 1989, quatro anos e meio depois da fundação da Circo Escola Picadeiro. Em seu primeiro treino com Zé Wilson, Domingos Montagner subiu na banquilha, agarrou-se à barra do trapézio e tomou impulso. Seus pés se soltaram da plataforma, rumo ao nada. Seu rosto cortou o ar em alta velocidade enquanto ele se balançava, indo e vindo, agarrado ao trapézio.

Não sentiu medo, só o imenso prazer de voar. Percebeu que o seu corpo desenhava movimentos no ar. O Anjo Torto viu tudo de um canto escuro debaixo da arquibancada.

Logo se tornou o trapezista portô que Zé Wilson vislumbrara desde o primeiro dia. Sua especialidade era o petit volant, em que as acrobacias são realizadas mais perto do chão. No trapézio, o portô executa o número em parceria com o volante. Sua função é receber o volante depois que ele dá suas piruetas no ar. Além de garantir o equilíbrio para o parceiro, o portô o impulsiona de volta para cima, dando sequência à apresentação. Domingos era forte, alto e tinha as costas largas. Logo começou a ser procurado para formar duplas com trapezistas volantes – moças e rapazes mais leves, como Monica Alla e Caio Stolai.

Quando dois acrobatas estão voando num trapézio, a integridade física de um depende do outro e a confiança mútua que se estabelece é intensa. Por isso, no circo é fácil fazer amizade para a vida toda. Em pouco tempo, Domingos e Beto Andreetta estavam integrados ao dia a dia na Picadeiro. Além dos volantes com quem fazia dupla, Duma – como passou a ser chamado – conheceu Hugo Possolo, Alê Roit, André Caldas, Rodrigo Matheus, Juliana Neves, Jairo Mattos e outros jovens artistas deslumbrados pela oportunidade de frequentar uma escola como aquela.

Para essa turma, a Picadeiro era muito mais do que uma escola. Eles ficavam o dia naquele espaço, e alguns seguiram o exemplo de André Caldas, passando a morar em trailers estacionados no descampado em volta da lona. Depois do treino, todo mundo costumava dar uma esticada por ali, esparramados pelo picadeiro ou tomando cerveja nos botecos das redondezas.

Domingos ficou amigo de Fernando Sampaio, o rapaz magro, tímido e meio gago que fazia aula com seu Roger, o palhaço Picolino. Um dia, bebendo cerveja no recém-inaugurado Empório Itaim, eles conversaram sobre como cada um chegara à escola. Fernando passou a adolescência sem saber muito bem para que lado levaria sua vida profissional. Chegou a fazer um teste vocacional, mas, para desespero de seus pais, o resultado apontou "desinteresse generalizado". Prestou vestibular para educação física, veterinária, odontologia, direito, biologia e administração de empresas. Optou por se inscrever nesse último curso.

Ubu fora a isca que atraíra Fernando para as artes cênicas – o caso de nove entre dez alunos de Zé Wilson. Antes de ir para a Picadeiro, ele já buscara algum sentido para a vida em outros cursos de teatro e circo. Participou do grupo Tantos e Tortos, com Hugo Possolo e Alê Roit, parceiros que reencontrou na escola de circo. Estudou teatro no colégio Recrearte, na Vila Madalena. Um dia, os alunos combinaram uma ação para divulgar um espetáculo: cada um deles vestiria uma fantasia e sairia pelos arredores da escola para distribuir flyers. Sobrou para Fernando o figurino de palhaço. Ele passou três horas panfletando e se sentiu bem com a fantasia. Procurou então uma oficina de palhaço ministrada por Val de Carvalho no Sesc Pompeia.

Fernando era frequentador assíduo das padarias, onde costumava comer salada dentro do pão, antes de devorar o comercial, prato feito com arroz, feijão e filé. Quando precisou de um nome para se apresentar, a turma o batizou de Padoca – como os paulistanos chamam as tradicionais padarias da cidade. Ao terminar a oficina de Val de Carvalho, disse à palhaça que adorou suas aulas. Foi ela quem sugeriu a Fernando procurar o Picolino II na Picadeiro.

Roger Avanzi, o Picolino II, era filho de Nerino Avanzi, que em 1913 fundou o Circo Nerino, um dos mais populares da história do Brasil. Nasceu em São José do Rio Preto, no interior paulista, cresceu sob a lona e aprendeu a ser acrobata, equilibrista, jóquei, músico, cantor e ator. Quando seu pai quis se aposentar do palhaço Picolino – o primeiro –, ensinou ao filho os segredos e lhe legou o nome. O público acostumado ao acrobata galã estranhou ao vê-lo vestido de palhaço, mas Roger não demorou a fazer do seu Picolino um dos mais consagrados do país.

O Circo Nerino fechou em 1964 e Roger passou a se dedicar ao também tradicional Circo Garcia. No fim dos anos 1970, deixou o Garcia e teve sua primeira experiência como professor de palhaçaria, na Academia Piolin. Na década seguinte, participou do elenco do programa *Circo do Bambalalão*, da TV Cultura, e fez também papéis dramáticos no teatro e no cinema. Foi um dos primeiros convidados de Zé Wilson para integrar o corpo docente da Circo Escola Picadeiro.

A rapaziada que buscava aulas na escola de Zé Wilson só queria saber de circo físico, não havia muita gente interessada em palhaçaria. Aos 67 anos, seu Roger não conseguia encher a turma e chegou a cancelar algumas aulas por falta de aluno. Os cursos de equilibrismo, acrobacia e contorcionismo lotavam, enquanto ele ensinava apenas para quatro ou cinco aspirantes a palhaço. Entre eles, fascinado pelo privilégio de aprender com o mestre Picolino, estava Fernando Sampaio. O rapaz trabalhava na corretora de imóveis do pai e fugia no meio da tarde para fazer as aulas. Voltava correndo para o escritório, suado e feliz. Tinha enfim descoberto sua vocação.

A paixão de Fernando despertou em Domingos o interesse pelas aulas de palhaçaria. Duma quis aprender os truques de bicicleta e monociclismo que Roger ensinava. Apesar da idade avançada, seu Roger não tinha esquecido o circo físico que fizera durante décadas antes de se tornar palhaço. Às vezes observava uma turma de acrobatas quebrando a cabeça por horas para resolver um número de trapézio. Chegava, orientava e arrematava o quadro em cinco minutos. Duma, com seu tamanho, teve dificuldade com o monociclo, mas seu Roger era paciente e, com o tempo, ele aprendeu. Depois Picolino passou a introduzir as entradas de palhaço.

Houve um momento em que nenhum outro aluno apareceu e seu Roger ficou ensinando os esquetes clássicos só para Duma e Fê – era esse o apelido de Fernando na Picadeiro. Acabava a aula e a dupla ficava ali, treinando. Roger explicou a distinção entre o palhaço branco, que prepara a piada, e o palhaço augusto, responsável pelo gatilho do riso. Durante semanas, enquanto ninguém mais aparecia, as aulas de palhaçaria eram encontros reservados a Duma, Fê e seu Roger – de segunda a sexta, às duas da tarde.

Eles não sentiam o tempo passar. Picolino tinha boa didática e um astral sensacional. Duma e Fê chegavam a perder a hora, tarde adentro, dando cansaço no velho, tomando aulas de tapa na cara, aprendendo a cair da cadeira, coisas assim. Veneração era o que Duma e Fê sentiam por aquele senhor que carregava impressa em seus velhos músculos a história da arte circense no Brasil. Os dois rapazes descobriram juntos a paixão pelo circo clássico. Paixão correspondida, pois Zé Wilson e Roger eram fãs da dupla que arriscava ali na Picadeiro as primeiras palhaçadas. Certa vez, Zé Wilson perguntou:

– Roger, o que você tá achando dos meninos de palhaço?

– Anote aí: isso vai dar fruto! – sentenciou Picolino.

Mais tarde, foi a vez de Duma carregar Fernando para as aulas de acrobacia. Por suas características físicas, eles formavam uma perfeita dupla de volante e portô. Zé Wilson observava com o maior prazer. Duma era o aluno preferido: forte e flexível, nem ligava para o jeito rude do professor. O rapaz tinha reverência pela história do circo e, por isso, conseguiu aos poucos ir quebrando o gelo dos demais professores. Ele e Fernando se tornaram amigos do grande acrobata Maranhão, do uruguaio mestre da báscula Dom Romero, da equilibrista Amercy Marrocos, do malabarista Marcos Medeiros e de sua esposa, a aramista Alice Medeiros – e de muitos outros membros de família circense que dividiam seus segredos seculares com os paulistas, em nome da preservação de sua arte.

Quando assistiam à apresentação de um artista do Orlando Orfei, do Spacial ou de outro grande circo de lona, os alunos da Picadeiro se davam conta de que dificilmente chegariam àquela técnica, que se aprende desde criança. Mesmo os melhores acrobatas da Picadeiro, como Rodrigo Matheus e André Caldas, não eram páreo para os artistas com serragem nas veias. Em compensação, aqueles aprendizes tinham como trunfo uma formação intelectual e artística mais completa.

Duma jamais seria um trapezista de altos voos – por seu porte, estava fadado a ser portô. Mas era dos alunos mais determinados a tirar daqueles mestres todo o conhecimento que tinham para compartilhar. Passava horas repetindo um novo movimento até incorporá-lo ao seu repertório. Fez um pouco de tudo: cambalhota, parada de mão, parada de cabeça, cama elástica, malabares... Quando, em 1990, André Caldas se machucou em plena temporada de *Ubu*, Zé pensou em substituí-lo por Duma, mas eles afinal concluíram que seria cedo.

Não eram muitos os portôs na Picadeiro – entre os veteranos, havia Kiko Belluci, o Kikão, e outros poucos grandões disputados pelos trapezistas volantes. Apesar de Duma ser um dos calouros, foi logo requisitado pelos colegas, que queriam contar com a sua precisão para um pouso seguro. Para Zé, era muito útil e dava gosto ter por perto um aparador talentoso, aplicado, paciente e generoso.

Duma acompanhava Zé na cachaça, no futebol, na limpeza da escola e até alimentava os macacos. Vez por outra, o dono da Picadeiro emprestava a lona ou produzia ele mesmo um espetáculo para eventos corporativos, e

Duma se prontificava a ajudar no transporte e na instalação. Queria aprender tudo do ofício, como os antigos, que fincavam o pau da lona, desenhavam os figurinos, davam salto triplo, calculavam o preço do ingresso e cuspiam fogo. Sobre o picadeiro, Duma atuava mais como trapezista. Ainda não se considerava digno de encarar o público como palhaço. As apresentações cômicas da Circo Escola ficavam por conta de Zé Wilson e Jairo Mattos.

Apesar de já estarem acostumados com o temperamento pavio curto de Zé, até mesmo Duma, André Caldas e Fernando Sampaio passaram susto quando o alagoano deu uns tiros para cima, diante de uma aglomeração na escola. Era a noite de mais uma edição da Festa do Cachorro Louco, que atraía uma multidão de universitários ao terreno na Avenida Cidade Jardim, para curtir um show de rock, tomar umas, outras e mais algumas e partir para a azaração.

Não raro ficava gente para fora, mas naquela noite a coisa saiu um pouco do controle. Duma e os soldados da Picadeiro não conseguiram conter a multidão que se espremia diante dos portões, a fim de participar da festa. Zé estava de pileque, não gostou do que viu e não titubeou: pegou a pistola e deu dois tiros para cima. A molecada fugiu e a festa seguiu. Não demorou muito, ele foi cobrado pelas autoridades a apresentar uma série de alvarás de funcionamento, o que impactou não só os eventos, mas também as atividades regulares da escola.

A Circo Escola Picadeiro foi se tornando um laboratório de experimentação do novo jeito de ser circense em São Paulo. Rodrigo Matheus e Hugo Possolo usavam nos palcos o que aprendiam ali, mas não estavam repetindo uma tradição e sim incorporando a arte circense em seus trabalhos autorais. Domingos chegou à escola já como profissional do teatro de bonecos, integrante de uma companhia consolidada e premiada. Não tinha a intenção de fazer do circo a sua arte, mas começou a experimentar, despretensiosamente, algumas parcerias com Fernando. No início pintavam o rosto e usavam nariz de palhaço, mas foram aos poucos abrindo mão desses recursos mais óbvios para criar suas próprias identidades cômicas.

Em pouco tempo, Duma estava imerso no cotidiano da escola. Os treinos terminavam às nove da noite, mas sempre tinha uma esticada no trailer do Maranhão, que fritava um frango a passarinho, ou nos bares do entorno. Fernando já não queria saber de outra vida. Comprou o trailer de um malabarista e se mudou para a Picadeiro. Para abandonar a vida de corretor imobiliário, precisava ganhar dinheiro como palhaço. Já tinha feito panfletagem em porta de loja com pernas de pau e animado festinhas infantis. Pensou em retomar esses trabalhos. Comentou com Duma, que replicou:

– Por que a gente não monta uma apresentação com as entradas do seu Roger e vai passar o chapéu na rua?

Fê topou. Treinaram algumas entradas para mostrar no Parque Ibirapuera. Antes, porém, precisavam tirar uma licença para se apresentar lá. Eles se encontravam de manhã cedo e trabalhavam até o fim da tarde. Ficavam nas áreas em frente ao Planetário e ao Viveiro Manequinho Lopes, onde havia maior circulação. Não era fácil atrair a atenção das famílias, mas com o tempo a dupla aprendeu a projetar melhor a voz. Aos domingos, chegavam a fazer seis apresentações, conseguindo recolher o equivalente a 50 dólares ao passar o chapéu. Sim, era preciso contar o dinheiro em dólar, pois, com o vaivém infernal de planos econômicos, ninguém mais sabia o valor da moeda nacional.

Aos poucos, as apresentações foram se sofisticando – quando decidiram incluir som mecânico, descobriram na última hora que precisavam de uma segunda licença para entrar com carro e conseguir as extensões elétricas. O espetáculo de rua da dupla foi tomando forma, intercalando números aéreos e solos de comédia. Alteravam o roteiro a partir da reação do público e precisavam estar prontos para tudo, até para a invasão do espaço cênico por um cachorro ou um bêbado. As apresentações duravam entre 20 e 40 minutos. Uma das entradas que mais divertia crianças e adultos era *Boxe*.

No circo tradicional, as entradas são números curtos, em que o *clown* branco anuncia que vai realizar uma proeza qualquer, mas é sistematicamente impedido pelo excêntrico. Depois de décadas de atuação, seu Roger sabia de cor o texto de muitas entradas, a maior parte delas criadas em tempos ancestrais. Em *Boxe*, Domingos se apresentava como um boxeador invencível, mas fracassava em sua demonstração de força, por causa das asneiras de Fernando. A entrada usava humor e acrobacia e virou um hit da dupla nas rodas do Ibirapuera. Aos poucos eles criaram outras entradas, quase sempre se valendo do humor físico, em dupla ou com outros alunos do seu Roger, como Patrícia Horta Lemos.

Duma e Beto Andreetta treinavam trapézio na Picadeiro, numa tarde de novembro de 1990. Zé Wilson passou e viu Duma dar um salto perfeito:

– Domingão, você é o meu orgulho! Betão, você nem tanto...

– Ah, vai se foder! – respondeu Beto, indignado.

Embora curtisse o ambiente na escola, Beto sabia que não era acrobata, nem palhaço. Estava ali para brincar, para se inspirar, mas não para fazer do circo uma profissão. Sua onda era teatro de bonecos. Beto Lima, seu parceiro antigo, nem aparecia na Picadeiro, não tinha nada a ver com ele. E o parceiro novo, Duma, cada vez mais amarradão pela arte circense. Beto Andreetta alimentava planos para a Beto & Beto e contava com o amigo para levar a companhia à frente. Domingos se aproximou mais da parceria com os Betos, a ponto de questionar a carreira como professor de educação física. Sua dúvida agora era ir ou não para a Suécia, como técnico de *O Vaqueiro e o Bicho Froxo*, em abril de 1991.

Na Escola Pacaembu, Domingos investia cada vez mais em apresentar os jogos teatrais aos alunos. Ele já não sabia mais se o teatro era só uma forma para aprimorar as aulas. Quando voltou da temporada em Nova York, Muriel Matalon foi jantar na casa de Silvana e Domingos. Disse que pensava em apostar na carreira de atriz e perguntou ao amigo como andavam os projetos. Ele não estava mais no curso de Myriam, mas contou que a via sempre que possível. Revelou que tinha interesse em aulas de dança e falou também da Picadeiro. Ao mencionar a Beto & Beto, ressaltou a pegada business do Andreetta:

– Acho que tem um futuro aí, estou pensando em deixar mesmo as aulas da Pacaembu.

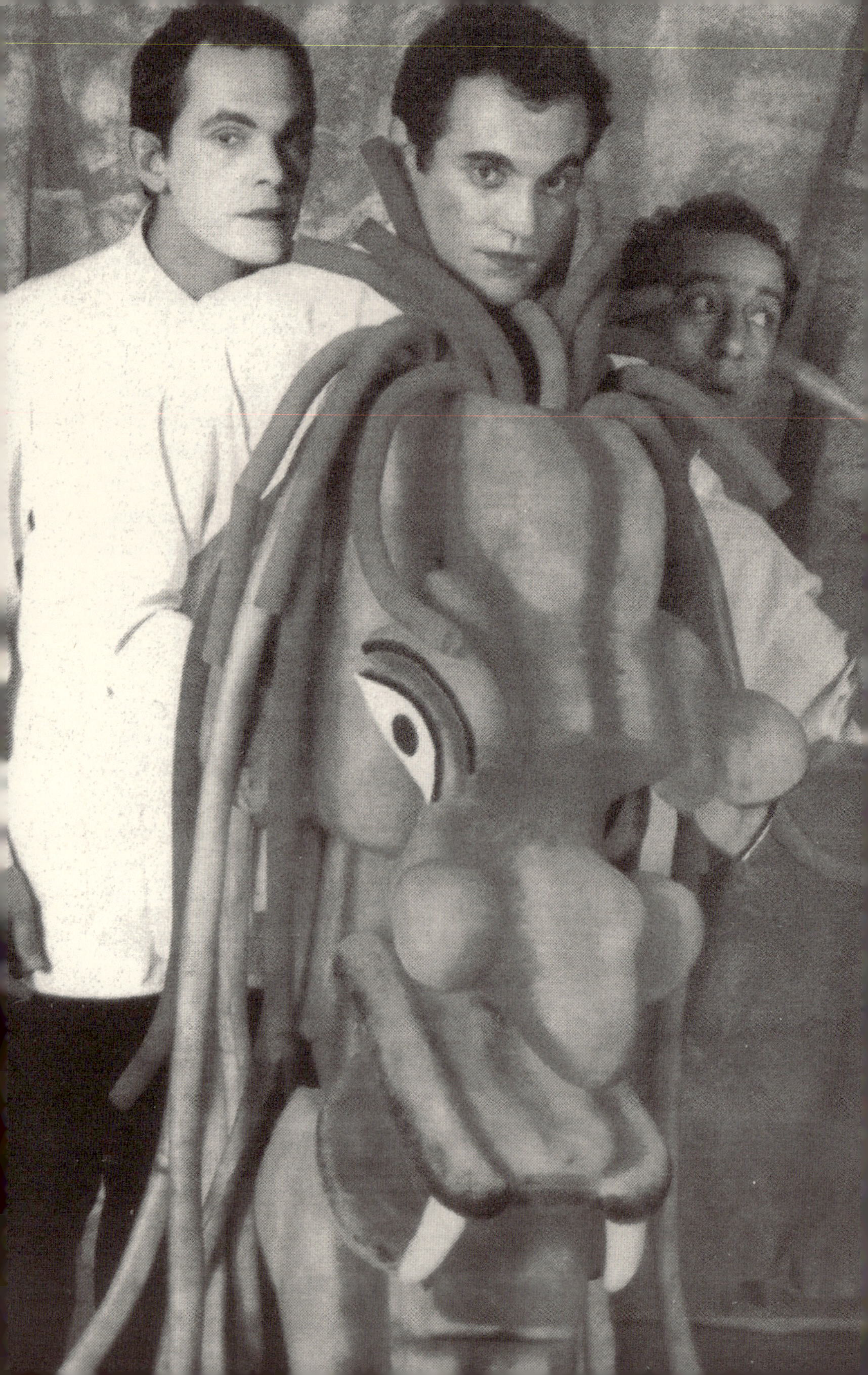

CAPÍTULO 4

Pia Fraus pelo mundo

Beto Andreetta anunciou a boa-nova para Beto Lima e Domingos: conseguiu vender o espetáculo *Olho da rua* para a Oficina Cultural Timochenco Wehbi, um espaço importante de Presidente Prudente, cidade no interior de São Paulo. Era dezembro de 1990 e a estreia seria já no fim de janeiro de 1991.

– Muito bem, mas que espetáculo é esse? – foi a resposta de Domingos.

– Boa pergunta – reforçou Beto Lima.

O artista-empresário tratou de acalmar os parceiros e justificar sua ousadia. *Olho da rua* era um dos nomes que eles tinham considerado para o primeiro espetáculo adulto da Beto & Beto Companhia, com temática urbana. Mas nem mesmo o título estava definido. A peça não passava ainda de um conceito e algumas cenas rascunhadas. Em pouco mais de um mês, seria encenada para o público de Presidente Prudente.

Com o novo projeto, a intenção era fugir da temática regional de *O Vaqueiro e o Bicho Froxo*, para alívio de Domingos:

– Que bom, esse negócio de cultura regional não é comigo.

Beto Lima já tinha lançado a ideia para a nova produção: um mosaico de pequenas histórias urbanas. O cenário não era uma cidade específica, mas um lugar onde todos os seres urbanos vivem as comédias e as tragédias do cotidiano. A partir desse argumento, o trio começou a elaborar a estética do espetáculo e anotar ideias de cenas, tudo o que tinham naquele momento. E a estreia já estava marcada. O Betão devia ter ficado doido.

– Tranquilo, gente, eu conversei com a Adriana e, logo depois do réveillon, nós podemos ir para a fazenda dela em Bauru para compor o espetáculo – explicou Beto, escondendo a sua própria aflição.

A fazenda era para Beto e sua turma um lugar de descanso e de farra, mas naquele janeiro seria diferente: os Betos e Domingos fariam uma imersão para sair de lá com o espetáculo pronto. O grupo não poderia mesmo desperdiçar a oportunidade de se apresentar na importante casa de cultura de Presidente Prudente. Combinado então: os três se dedicariam ao intensivão proposto por Betão para montar *Olho da rua*.

Veio a véspera de Natal e Domingos estava de volta à Rua Tijuco Preto, confraternizando com a família. Os natais eram sempre na casa de seu Domingos e dona Romilda, já que a família de Silvana não comemorava a data. Domingos se fantasiava de Papai Noel para distribuir os presentes das sobrinhas Juliana e Paula, curtia a ceia com a família e dormia ali mesmo, com Silvana, para aproveitar o enterro dos ossos no dia seguinte.

Recostado no sofá, depois do almoço do dia 25, ele foi pego por uma dessas reflexões de ano novo. Percebeu que 1991 seria decisivo. Ele embarcara na criação de um espetáculo com os Betos; não imaginava que ganharia a confiança de dois profissionais das artes cênicas assim tão cedo. No entanto, estava ainda preso à Escola Pacaembu. Silvana lia um livro a seu lado, Dico saiu para passear com as filhas, seu pai descansava no quarto e a mãe lavava a louça na cozinha.

Mingo começou a pensar sobre o futuro. Não era mais adolescente, tinha planos de ter filhos com Silvana e para isso precisava de estabilidade financeira. Deixar a educação física não seria, porém, um salto no escuro. Ao contrário, a Beto & Beto era uma empresa promissora, com prêmios e convites para festivais internacionais. Beto Andreetta não tinha nada de amador: sabia como transformar arte em fonte de renda. Além do mais, ele poderia dar umas aulas particulares se fosse preciso. Mais tarde, a família reunida, Mingo comentou que tinha o desejo de deixar a Escola Pacaembu para se tornar ator profissional.

– Meu filho, por que você não tem uma profissão como todos os outros? – rebateu seu Domingos.

Bem no início de janeiro de 1991, saíram os Betos e Domingos para a fazenda de Adriana, mulher de Andreetta, em Bauru, cidade a mais de 300 quilômetros de São Paulo. Foram de carro, carregando no porta-malas todos os materiais de que precisavam para confeccionar os bonecos. Era um lugar onde já haviam passado muitos feriados. Domingos levava Edson e outros da turma da Fefisa, e lá conheceu amigos de Beto e Adriana, como a artista visual Cecília Meyer. Brincavam de vôlei na piscina, depois se reuniam à mesa para tomar cerveja e jogar Master.

Agora a viagem era a trabalho. Pela primeira vez, os três parceiros ficariam concentrados no processo de criação. Eles já tinham algumas premissas: *Olho da rua* não seria um infantil, nem inspirado no folclore, como *O Vaqueiro e o Bicho Froxo*. A ideia era fazer um espetáculo adulto e urbano. Levaram para Bauru o LP *Caracol*, uma parceria do guitarrista R.H. Jackson com o percussionista João de Bruçó, envolvido com o universo circense. Produzido de forma independente, o disco trazia *samples* de cantos tribais e de samba de terra batida, misturados com música eletrônica e new wave. Os três, além de manipular os bonecos, dançariam no palco ao som das experimentações de *Caracol*.

Uma cena foi feita com técnica de bonecaria japonesa que os Betos conheceram num espetáculo na Índia – os bonecos *bunraku*. Com expressões faciais, figurinos, maquiagem e movimentos iguais aos de humanos, eles não têm cordas e requerem três manipuladores, que precisam ensaiar muito até a perfeita sincronia. Domingos contribuiu com seu conhecimento de anatomia para chegar ao movimento exato dos bonecos. Ele se jogava no chão da varanda e mostrava aos parceiros quais eram os músculos usados em cada movimento humano, para que a imitação com o *bunraku* ficasse perfeita. Repetia tantas vezes quanto precisasse.

Olho da rua foi se tornando um espetáculo contemporâneo, sem texto, que podia ser considerado experimental para o público brasileiro, desabituado com teatro de bonecos para adultos. O figurino era arrojado, meio doidão, e os três manipulavam, além dos bonecos, umas máscaras com longos chifres, tudo com forte apelo visual. O cenário permanecia escuro e a iluminação, concentrada com precisão milimétrica nos atores e nos bonecos – inspirada no Teatro Negro, popular na Tchecoslováquia.

Apesar da nova paixão de Domingos pelo circo, o espetáculo explorou mais recursos da dança. Ele já fazia aula desde os tempos da Fefisa e carregou Beto Andreetta para esses cursos. Com o professor Denilto Gomes, conheceram o butô, que incorpora traços das vanguardas europeias à dança tradicional japonesa – o que também inspirou *Olho da rua*. Domingos era o aluno perfeito: alto, forte, porém muito flexível, aplicado, sensível.

Durante a imersão, os Betos constataram que a chegada de Domingos representava um passo à frente para a dupla. Na fazenda, o trio ganhou mais intimidade. Eles se zoavam no meio do ensaio e sobrou até para o próprio teatro sério que estavam desenvolvendo. As máscaras que manipulavam em cena, empapeladas com esmero pelo trio em Bauru, tinham chifres compridos e pontudos, remetendo a representações medievais da figura do diabo. Na narrativa abstrata criada por eles, os personagens de Beto Andreetta e Domingos eram encarnações do masculino, que disputavam a personagem feminina, incorporada por Beto Lima. Durante os ensaios, de sacanagem, os três começaram a se chamar de bode:

– Agora a cabrita – gritava Beto Andreetta, às gargalhadas, dando a deixa para Beto Lima entrar carregando a tal máscara.

O público de Presidente Prudente assistiu a *Olho da rua* em silêncio, impressionado com a força das imagens que os três conseguiram compor em cena, sem saber o quanto de gargalhada aquele espetáculo cabeça já tinha provocado. O compromisso com a Oficina Cultural Timochenco Wehbi tinha sido honrado e os produtores ficaram felizes com o resultado.

Chegara a hora de Beto Andreetta buscar um espaço para apresentar ao público de São Paulo a nova criação. A ideia não era interromper a turnê de *O Vaqueiro e o Bicho Froxo* – até porque teatro infantil tem demanda maior –, mas sim manter os dois espetáculos no repertório. Ele agendou o Teatro Crowne Plaza por três semanas a partir do fim de março. Tratava-se de uma sala pequena, que atraía um público mais interessado em teatro alternativo, de vanguarda, esses conceitos que ainda vigoravam naquele fim de milênio.

Já não dava mais para equilibrar os compromissos na Escola Paçaembu com o teatro. Domingos tomou enfim a decisão: no dia 13 de março de 1991, demitiu-se da escola e tornou-se artista em tempo integral. Estava livre para apresentar *Olho da rua* no Crowne Plaza. Na noite de estreia, não conseguiu ficar nervoso, de tão feliz. Cada uma daquelas pessoas sentadas à sua frente havia feito uma escolha em meio às dezenas de opções culturais em São Paulo e deixado na bilheteria 1.500 cruzeiros para assistir a *Olho da rua*. Mais: um pouco dessa grana seria paga a ele, por sua colaboração como autor e por sua performance como ator e manipulador dos bonecos. Dava para viver de arte.

Logo na sequência, a Beto & Beto Companhia embarcou para Lund, na Suécia, onde se apresentou no Interdock Festival Internacional de Teatro de Bonecos. Oficialmente, Domingos foi contratado para operar o som e a luz durante as encenações de *O Vaqueiro e o Bicho Froxo*. Porém, era claro que, do alto do posto de criador e ator em *Olho da rua*, ele já tinha a confiança da dupla para dar pitacos na parte artística. Chegou até a alterar a trilha sonora da peça.

A turnê foi um sucesso, e Andreetta não dormia no ponto. Entrosou-se com os produtores do Interdock e descolou um convite para voltar na edição de 1992 do festival. De Lund, o espetáculo seguiu em turnê por outras quatro cidades suecas e ainda fez escala em Portugal para uma última apresentação. Ao chegar em São Paulo, partiram no dia seguinte com destino a São José do Rio Preto, para participar da Quarta Mostra Regional de Teatro Amador. Beto tentava buscar pautas também em várias unidades do Sesc do estado. Estava em adiantadas negociações com o TBC Arte, na capital, para uma temporada de dois meses no segundo semestre de 1991.

Domingos retomou o corre-corre entre a Picadeiro, os ensaios com os Betos e as sessões de espetáculos. Ele cortava a cidade de moto e ficava zangado com a Zona Azul, o sistema de estacionamento rotativo que o obrigava a voltar a cada duas horas ao local onde a tinha deixado. Em julho de 1991, depois de receber uma multa por ultrapassar o período de estacionamento próximo à Circo Escola Picadeiro, escreveu injuriado para a *Folha de S.Paulo* e desancou a Zona Azul. O mais grave, dizia a carta publicada no jornal, era o preço cobrado para estacionar motocicletas, "idêntico ao do automóvel, ocupando $1/5$ do seu espaço".

A temporada de *Olho da rua* aconteceu entre agosto e setembro de 1991. Espaço alternativo, o TBC Arte tinha apenas 123 lugares, mas Beto estava sempre de antena ligada, fazendo contatos importantes. Osvaldo Gabrieli, que fora seu professor e vivia o auge da carreira com o grupo XPTO, apareceu para conferir o trabalho. Durante a temporada, Beto se aproximou também de Walter Roberto Malta, produtor dos espetáculos de alguns dos maiores nomes das artes cênicas do país, como Vera Fischer e Antonio Fagundes.

Em 1991, a Circo Escola Picadeiro já não era mais aquela de 1986. O boom de matrículas depois de *Ubu* ficara no passado. As contas não estavam fechando. Zé Wilson arrendou então o horário de duas às cinco da tarde para André Caldas, seu assistente. A escola, que até então só tinha instrutores vindos do circo tradicional, foi invadida por cinco jovens: além de André, Kiko Belluci, Guto Vasconcelos, Felipe Matsumoto e Luiz Ramalho – dos quais só Ramalho não tinha diploma de educação física.

Novos professores, nova escola. Os rapazes trouxeram técnicas pedagógicas inovadoras e investiram em segurança e conforto para os alunos. Quase todos viajavam o mundo no elenco dos espetáculos da Ornitorrinco, a companhia de Cacá Rosset, e traziam os equipamentos mais modernos do exterior. A estratégia deu certo e o horário dos professores novatos chegou a reunir 90 alunos. O sucesso da nova turma ajudou a Picadeiro a equilibrar as contas, mas acirrou a querela com os circenses tradicionais.

Embora tenha continuado a treinar com Zé, Domingos passou a frequentar também as aulas dos novos professores. Ficou próximo de André Caldas e com ele fez eventos corporativos – grandes empresas pagavam ótimos cachês para ter acrobatas em suas festas de fim de ano e em ações de marketing.

Com o tempo, Caldas sentiu falta de um espaço mais estruturado para receber os alunos. A Picadeiro tinha chão de terra batida, claves de cortiça e colchões de algodão – tudo muito rudimentar. Ele queria profissionalizar o curso e montou com os amigos o Galpão Acrobático Fratelli. Marcelo Castro, Kiko Caldas, irmão de André, e Paulo Vasconcelos, irmão de Guto, foram incorporados à nova trupe. O problema é que o Galpão ficava a poucas quadras da Escola Picadeiro. Zé Wilson não gostou.

Domingos chegou a deixar a Circo Escola para ter aulas com os Fratelli, mas poucas semanas depois voltou para treinar também com Zé e se tornou instrutor de trapézio de voos na Picadeiro, em parceria com o volante Cláudio Costa. Alguns jovens frequentavam simultaneamente as duas escolas, inclusive os irmãos Emiliano e Daniel Pedro, o Nié, que curtiam a infraestrutura do Galpão Fratelli, mas não queriam abrir mão do treino com Domingos.

Zé tinha pavio curto e memória curta. Era um bravo amoroso e, em pouco tempo, esquecera a briga com André Caldas, um de seus primeiros pupilos. O Galpão Acrobático Fratelli funcionou durante um ano no Itaim Bibi e, em seguida, mudou-se para Cotia, na região metropolitana de São Paulo. Com 400 metros quadrados e um pé direito de nove metros, o novo espaço era bem maior que o primeiro, mais propício à atividade circense.

André Caldas e sua turma não sabiam, mas estavam iniciando um êxodo circense para a Zona Oeste da Grande São Paulo. Em busca de galpões mais espaçosos e mais baratos, os artistas se instalaram em Cotia, Embu das Artes e Granja Viana. Em poucos anos uma comunidade de circenses da nova geração se formou ali. Não foi por coincidência que a turma de André capitaneou essa mudança: o Acrobático Fratelli era a face mais visível do Novo Circo que surgia em São Paulo. Eles dividiam com a carioca Intrépida Trupe os holofotes dos programas de variedades da TV do país e conquistaram o mundo no elenco de *Sonho de uma noite de verão*, espetáculo de Cacá Rosset.

Nesse início da década de 1990, outros dois alunos da Picadeiro se preparavam para alçar voos maiores no teatro paulistano: Hugo Possolo e Alexandre Roit criavam a trupe Parlapatões, Patifes e Paspalhões.

Embora adorasse fazer teatro de rua com Fernando Sampaio, Domingos tinha como base o trio com Beto Andreetta e Beto Lima. Só um detalhe ainda o incomodava: não queria mais ser o "Companhia" da Beto & Beto. Toda vez que abria o jornal e via *Olho da rua* na programação de um teatro importante da cidade, ele vibrava, mas algo estava fora do lugar. No fim do ano, bebendo uma cerveja depois de um ensaio, Domingos tomou fôlego e tocou a real para os Betos:

– Amigos, acho que já está passando da hora de a companhia ter um nome. Beto & Beto, além de ridículo, não nos representa mais.

Os Betos, que se inspiraram na dupla de comediantes Bob & Bob, ficaram chocados, achavam o nome ótimo. Por fim, concordaram que tinha caducado com a chegada do terceiro elemento. O desafio agora era encontrar um novo, que funcionasse em qualquer lugar do mundo, já que estava nos planos dos três buscar participações cada vez mais frequentes em festivais internacionais.

No dia seguinte, Domingos chegou ao encontro com os parceiros carregando o livro *Não perca o seu latim*, uma coletânea de expressões organizada pelo filólogo e tradutor Paulo Rónai. Busca daqui, busca de lá, Domingos surgiu com um nome que colou:

– Pia Fraus. "Uma mentira contada com boas intenções", é exatamente o que fazemos – explicou Domingos.

– Nossa, é isso! – Andreetta gostou de cara.

Beto Lima hesitou, mas logo depois se rendeu. Ficou decidido que a partir de 1992 o grupo passaria a se chamar Pia Fraus. A companhia rebatizada era uma novidade no teatro daqueles tempos em São Paulo, mas parecia faltar alguma coisa para arrebatar as plateias e conseguir um espaço mais consistente na mídia. Andreetta pensou em convidar Osvaldo Gabrieli para dirigir uma nova montagem de *Olho da rua* antes de eles embarcarem para uma temporada europeia:

– Eu tive aula com o cara, ele é muito bom. Além disso, está com um puta nome no mercado – argumentou.

E assim foi: Gabrieli deu um belo trato em *Olho da rua*. O espetáculo passou por vários estados brasileiros, pelos principais países da América Latina, pelos Estados Unidos, por boa parte da Europa e até pela Rússia. Beto Andreetta e Domingos ficaram em dívida com suas esposas. Adriana e Silvana se sentiam um tanto abandonadas. Mas não dava para deixar passar mais um convite, levar a vida errando pelo mundo era bom demais.

Betão estava em modo *networking* permanente. Por intermédio de Roberto Malta, aproximou-se dos produtores espanhóis Luis Molina e Elena Schaposnik, diretores do Centro Latinoamericano de Creación e Investigación Teatral, que contribuíram para alavancar a carreira internacional da Pia Fraus. Por onde fosse, trocava cartões, conhecia produtores, olheiros e programadores de festivais.

Domingos, por sua vez, se empenhava em deixar as apresentações prontas para impressionar, cuidando dos detalhes cênicos que faziam a diferença. Pesquisava muito, assistia a tudo e comprava livros e fitas VHS – quando voltava ao Brasil, corria para mostrá-las a Fernando Sampaio, e ficavam os dois assistindo no videocassete às novidades do circo europeu, como o espetáculo *Manicomic*, do trio catalão El Tricicle.

Para manter em alto nível sua performance artística, Domingos tampouco descuidava da forma física: longe da Picadeiro, precisava dar outro jeito de manter o ritmo do treinamento. Beto Andreetta era gentilmente obrigado a participar das corridas pelos bulevares mundo afora.

Beto só conseguia escapar quando a situação chegava ao ponto de ficar esdrúxula. Certa vez, em Amsterdã, Domingos não conseguiu sair para correr porque estava nevando. Deitou-se para dormir, mas não se conteve: arrastou as camas e improvisou uma sessão de ginástica de uma hora e meia ali mesmo, no quarto do hotel.

– Domingão, te dou a maior força, mas dessa vez vou ficar aqui debaixo do cobertor. Tá menos oito graus – enjeitou Beto, impressionado, enquanto Domingos malhava de short e camiseta.

O ano de 1992 passou voando e 1993 prometia seguir na mesma batida. Beto Andreetta desligava o telefone e avisava aos parceiros sobre mais uma apresentação agendada em Santo André, Moscou, Paris, Lima... No início do ano, Duma foi convidado por Zé Wilson para integrar o elenco de acrobatas do espetáculo *O alquimista*, inspirado no best-seller de Paulo Coelho. Chegou a ensaiar com o diretor Walcyr Carrasco na Picadeiro, mas, quando a peça estreou, em novembro, os números de acrobacia foram cortados, pois não caberiam no palco do Teatro Mars. Em agosto, a produção do SBT pediu a Zé que a Picadeiro servisse de cenário para a edição especial de aniversário do *Programa livre*, de Serginho Groisman. Domingos foi captado pelas câmeras cuspindo fogo e voando no trapézio com Monica Alla.

Entre um compromisso e outro, Duma e Fernando davam um jeito de fazer rua. A novidade agora era que o Padoca estava apaixonado pela trapezista argentina Erica Stoppel. Ela veio ao Brasil encontrar a irmã, Adela, que chegara um ano antes para cursar mestrado em psicologia na PUC-SP, acompanhada do marido, o fotógrafo Carlos Gueller. Adela engravidou e Erica então veio ajudá-la a tomar conta do bebê. Chegou interessada em conhecer a Picadeiro, já que não havia escolas de circo na Argentina.

Apaixonados, Fernando e Erica queriam fazer circo juntos. Eles se uniram a um grupo que passava o dia inteiro treinando na Picadeiro: Marco Vettore, Juliana Neves, Alex Marinho, Patrícia Horta Lemos, Margarida Ribeiro, Luciana Cestari, Monica Alla e Paola Musatti. O papo de criar um espetáculo reunindo os números de cada um aparecia constantemente, até que eles estrearam *Nau de Ícaros* em outubro de 1992, num evento beneficente na Organização Social Santa Fé. Duma, amigo de todos ali, atacou de iluminador.

Marco Vettore, que passara pelo lendário Centro de Pesquisa Teatral do igualmente lendário diretor Antunes Filho, se tornou mentor do grupo. Depois dessa estreia um tanto amadora, ele convidou o professor de teatro Sérgio Coelho para fazer um roteiro que desse unidade dramatúrgica aos números. *Nau de Ícaros* ficou mais arrumado e cumpriu uma temporada experimental, ali mesmo na quadra da Picadeiro. O espetáculo narrava as aventuras de marujos em busca de um tesouro, recheado de números de trapézio, perna de pau e malabares. O palhaço Padoca fazia graça de cima do trapézio. Ficaram em cartaz por seis meses, um sucesso, até que o elenco sentiu necessidade de extrapolar os limites da Picadeiro.

Já se contavam às dezenas os pupilos de Zé Wilson que queriam fazer do circo seu meio de vida. Todos eles se banhavam na fonte sagrada da tradição circense para criar suas próprias formas de estar em cena. Ninguém queria reinventar a roda, mas os filhos da Picadeiro iam alterando a paisagem cultural de São Paulo.

Em todo o mundo, escolas de circo fundadas a partir do fim dos anos 1970 provocavam uma ruptura no modo de transmissão dessa arte. Até então, os truques eram ensinados pelos artistas aos seus filhos, criando dinastias circenses que imperaram por dois séculos, num tempo em que não havia entretenimento eletrônico. Agora, as grandes escolas ensinavam os segredos do circo a alunos de origens diversas, o que abalava a cadeia produtiva e transformava radicalmente os espetáculos. Na Austrália, o Circus Oz; no Canadá, o Cirque du Soleil. O circo estava mudando de cara em todo canto.

Alguns alunos mais esnobes achavam que lideravam uma revolução, ignorando o fato de que faz parte da tradição do circo se renovar e se adaptar. Os franceses cunharam o termo Nouveau Cirque, traçando uma linha que separava os artistas tradicionais dos contemporâneos. Porém, na prática, eles estavam cada vez mais misturados em companhias mundo afora. Duma e Fê, sem serragem nas veias, curtiam fazer circo à sua maneira pelas praças de São Paulo. Mas admiravam e reverenciavam os artistas que legaram a sua geração uma história de aventuras e riqueza artística.

Fernando morava num trailer estacionado na Picadeiro e Erica, em outro. O namoro virou coisa séria e a moça se mudou para o trailer de Fernando, quando um acrobata pediu-lhe emprestado o seu, para passar um tempo ali com a família. Eles lotavam a lona da escola e levavam *Nau de Ícaros* para diversos bairros e cidades vizinhas de São Paulo.

Como fora criado dentro da Escola Picadeiro, o espetáculo era agenciado por Bel Toledo, esposa de Zé Wilson, cada vez mais satisfeito com o sucesso de seus pupilos. Certo dia, porém, por inexperiência administrativa, um dos artistas do elenco fechou uma apresentação em Diadema sem falar com Bel. A Secretaria de Cultura da cidade já tinha levado a trupe lá e queria repetir a dose. Quando o orelhão da Picadeiro tocou, os acrobatas combinaram tudo sem avisar o dono da escola. Zé não perdoou, deu uma bronca geral e expulsou Fernando e Erica da Picadeiro. Erica vendeu seu trailer para a família que o ocupava. Fernando deixou o seu por lá, não tinha onde estacioná-lo. E tomou emprestado um apartamento de Marco Vettore.

A trupe se afastou da Escola Picadeiro; mudou-se para um galpão na Pompeia, compartilhado com o artista plástico Boi, como é conhecido José Carlos Cezar Ferreira. O nome do espetáculo batizou a companhia: Nau de Ícaros. Domingos continuou frequentando a Picadeiro, mas ensaiava as entradas de rua no novo galpão com Fernando, que agora tinha um grupo para chamar de seu.

Entre os muitos projetos que os Betos guardavam para a Pia Fraus, Domingos se interessava especialmente em fazer a primeira montagem com bonecos de um texto de Nelson Rodrigues. Porém, o trio adiou o plano, por motivo de força maior. Osvaldo Gabrieli, o grande diretor da XPTO, tinha gostado de dirigir *Olho da rua* e queria continuar a parceria com a Pia. Convidou a companhia para o espetáculo *Babel Bum*:

– Pessoal, eu tenho um patrocínio já engatilhado para fazer algo grande e vou precisar da ajuda de vocês – insistiu, convencendo o trio com seu sotaque argentino.

Quando Gabrieli começou a articular para pôr o bloco na rua, os Betos e Domingos sentiram logo a diferença de ter a marca XPTO associada a um espetáculo. A começar pelo espaço: *Babel Bum* estreou em março de 1994 no Sérgio Cardoso, um teatrão de renome na cidade. Vinte dias mais tarde, Fernando Sampaio fez a sua grande estreia em outro teatro de prestígio, o Paulo Eiró, no bairro de Santo Amaro – o espetáculo *Nau de Ícaros* tinha enfim sido adaptado para palco italiano.

Logo nas primeiras semanas em cartaz, a imprensa deu ampla cobertura para *Babel Bum*. Porém, apesar de Gabrieli ter cumprido a promessa de apresentar a peça como uma parceria, só a XPTO aparecia. A Pia Fraus ficava pequena diante de uma companhia mais estabelecida.

    Gabrieli foi então convidado para a décima edição do Festival Mondial des Théâtres de Marionnettes de Charleville-Mézières, no nordeste da França, em setembro de 1994. A XPTO seria uma das principais atrações do evento e os organizadores prometeram ainda promover uma turnê da trupe por todo o país. Gabrieli sacou da carteira o espetáculo *Coquetel clown*, que encenara originalmente em 1989 com bonecos-palhaços, e propôs ao trio uma remontagem para participar do festival. Mesmo preocupados em retomar o protagonismo da Pia Fraus, os três parceiros toparam o irrecusável convite.

Ali em meados dos anos 1990, adultos e crianças de São Paulo estavam cada vez mais habituados a ir ao teatro e ver o elenco dos espetáculos preencherem os palcos do chão até o teto. O circo, que já não fazia parte da programação cultural da megalópole por décadas, voltara com tudo. Os artistas circenses agora não estavam mais sob a lona, mas sim em teatros fechados, contando histórias. Os jornais falavam em Novo Circo, sob protestos da turma da tradição: quer dizer que nós agora somos o velho circo?

    As companhias circenses de São Paulo, quase todas surgidas sob a lona da Circo Escola Picadeiro, fizeram muitas parcerias nesse período. A Pia Fraus, além da dobradinha com a XPTO, criou espetáculos com os professores do Acrobático Fratelli e também com os Parlapatões. No réveillon de 1995, ainda sob comando de Osvaldo Gabrieli, o trio participou do megaespetáculo high-tech *Ópera mundi – Um sonho bom*, que reuniu trupes circenses de todo o mundo no Maracanã. A XPTO se associou à companhia carioca Intrépida Trupe, à espanhola Comediants e à francesa Plasticiens Volants, num show grandioso transmitido pela TV Bandeirantes dias depois. Coisa fina.

    A Pia Fraus e a Nau de Ícaros não chegaram a criar um espetáculo juntas, mas quebravam o galho uma da outra, sempre que necessário. Quando Marco Vettore fraturou o joelho em uma sessão no Teatro Paulo Eiró, foi Duma quem o substituiu. Depois, um integrante do elenco de apoio da Pia Fraus, Caio Stolai, precisou se ausentar, e Fê Sampaio se apresentou como *stand-in* – termo inglês para ator substituto. A turma da Picadeiro ia evoluindo assim, cobrindo os colegas das outras companhias, passando o chapéu na rua, apresentando-se em bares ou em eventos corporativos. Os novos circenses da praça conquistavam plateias cada vez maiores em São Paulo e mundo afora, mas a verdade é que poucos se garantiam com a renda dos espetáculos. Todos precisavam correr atrás.

Em 1995, a Nau de Ícaros estreou *Os pescadores de pérolas*, em grande estilo, no Theatro Municipal de São Paulo, sob direção do reverenciado Naum Alves de Souza. Nesse período, a companhia iniciou oficinas em seu galpão na Vila Pompeia. No mesmo ano, Fernando Sampaio e Erica Stoppel fizeram as pazes com Zé Wilson e voltaram a frequentar a Circo Escola Picadeiro, embora tenham mantido o vínculo com a Nau.

Domingos e Silvana saíam muito em companhia de Fernando e Erica e o circo estava cada vez mais presente na programação cultural do casal. Foram assistir ao australiano Circus Oz, no Estádio do Pacaembu, e às apresentações dos circos Beto Carrero e Marcos Frota em São Paulo. Ficaram maravilhados quando a trupe de rua francesa Royal de Luxe se exibiu no Vale do Anhangabaú. Duma e Fê se viravam para conferir as atrações internacionais que não davam as caras por aqui. Uma das fontes era o amigo César Guimarães, circense da tradição, dono de uma coleção de fitas VHS que trazia de suas andanças pelo mundo.

Domingos tinha paixão pelos palhaços Charlie Rivel, da Espanha, e Fumagalli, da Itália. Era fã de Philippe Decouflé, coreógrafo francês que misturava em suas apresentações elementos de arte circense e tecnologia. Ele continuava interessado na interseção entre dança, teatro e circo – carregou Beto Andreetta para a Escola de Bailado da Prefeitura de São Paulo, onde treinaram com Ruth Rachou, coreógrafa já quase septuagenária e reconhecida internacionalmente.

Certa vez, Domingos chamou o amigo Edson, da Fefisa, para ver uma intervenção que ele faria na badaladíssima Limelight, boate a cinco minutos da Escola Picadeiro. Eds estava sentado, tomando uma cerveja com alguns colegas da faculdade, quando Domingos apareceu, todo maquiado, descendo do teto. No fim da apresentação, contou para o amigo do susto que levou:

– Mingo, eu quase fui lá te segurar!

Domingos repetiu essa intervenção com a XPTO no Sub Club, no bairro Jardins, e em muitos outros bares e boates da moda de São Paulo. Os empresários da noite também contratavam cada vez mais artistas circenses para divertir os frequentadores com as suas estripulias.

Com a poderosa companhia, Domingos e os Betos tinham trabalho garantido, seja em performances na vida noturna paulistana ou em turnê pela Europa. Porém, estava cada vez mais claro para Osvaldo Gabrieli e Beto Andreetta que não havia espaço para dois caciques na tribo XPTO. Beto começava a disputar com Gabrieli o protagonismo nos contatos com produtores e nas negociações de pauta dos espetáculos. Alheios ao conflito, Beto Lima e Domingos seguiam focados na sua arte.

Em 1995, uma nova turnê da XPTO pela Europa estava programada para novembro, começando pelo Festival de Outono de Lisboa e terminando em Lyon, cidade francesa que abriga o Musée des Arts de la Marionnette. Antes disso, o grupo circulou pelo Brasil com *Coquetel clown*. Por meio de uma parceria com a Prefeitura de São Paulo, Andreetta garantiu uma temporada de dois meses no Teatro João Caetano, na Vila Clementino, que culminava com uma grande apresentação a céu aberto, no dia 21 de maio, na Praça da Paz, no Parque Ibirapuera. Tudo era parte da programação especial *São Paulo passo e compasso*, com patrocínio da vodca Orloff.

A aproximação com a prefeitura levou a XPTO também ao palco do Theatro Municipal, na superprodução *Aquelarre 2000 – La luna*. Concebido por Gabrieli, o espetáculo tinha 170 atores que bailavam, manipulavam bonecos e faziam acrobacias ao som de trechos de óperas clássicas, interpretadas pela Orquestra Experimental de Repertório. Gabrieli se apoiou no talento de Domingos, que assinou a supervisão de acrobacia e participou ativamente da criação do cenário e dos figurinos, além, é claro, de atuar.

Enquanto Domingos cuidava de tudo o que ia para a cena, Beto Andreetta atacava nos bastidores. Aproximou-se do regente da orquestra, maestro Jamil Maluf. Beto soube também capitalizar a honra de se apresentar no Municipal. Correu até o Sesi da Avenida Paulista e entregou convites em mãos à diretora de Difusão Cultural, Maria Lúcia Pereira:

– Não deixe de ir, separamos esse camarote só para você e seus convidados – cortejou Beto.

Maria Lúcia foi ao Municipal ver a XPTO brilhar em *Aquelarre*. Adorou o espetáculo, mas, ao descer para agradecer o convite, só tinha olhos e ouvidos para Gabrieli. Naquela época, a área de cultura do Serviço Social da Indústria tratava os artistas como nenhuma outra instituição brasileira: contrato de um ano e meio, acesso a áreas de ensaio, dinheiro para produção e, melhor que tudo isso, altos cachês com carteira assinada e direito a indenização por demissão no fim da temporada.

Aquelarre ficou uma semana em cartaz no Municipal, em junho, e na sequência a XPTO partiria para Lisboa, onde começaria a turnê europeia de *Babel Bum*. Silvana já havia deixado claro seu desconforto com a agenda de Domingos, que tinha espaço para tudo na vida, menos para ela. Às vésperas da viagem, o casal discutiu e Domingos embarcou brigado com a mulher. Junto à bagagem da equipe XPTO que voou para a Espanha naquele fim de junho de 1995, havia crises. Domingos e Silvana estavam meio terminados e o casamento de Beto Andreetta e Adriana também não ia nada bem. Para piorar, Gabrieli e Beto continuavam em guerra fria.

A ralação da turnê europeia ajudou a trupe a espairecer. Eram muitas apresentações, algumas como atração principal de eventos internacionais. A carga a ser transportada de cidade em cidade também não era pequena e os esforços de divulgação e de *networking* não podiam ser esquecidos. Como se tratava de profissionais responsáveis, as crises não subiam ao palco e *Babel Bum* agradou em todos os lugares.

Em Cádiz, na Espanha, Beto e Domingos conheceram Ana Mondini, brasileira que levara o seu grupo República da Dança para o mesmo festival. Ficaram amigos e combinaram de se ver em Sampa. Em Sevilha, Beto e Domingos estiveram com duas artistas locais e os quatro fizeram uma apresentação juntos.

A trupe chegou então a Lyon, na França, última parada antes de embarcar de volta a São Paulo. Beto Andreetta e Domingos descansavam no quarto do hotel quando tocou o telefone:

– Domingos, pode pedir para o Beto descer? – pediu Gabrieli.

Domingos deu o recado:

– Vai lá, boa sorte.

Quebraram o pau. Beto subiu e avisou a Domingos e Beto Lima que não havia mais parceria entre a XPTO e a Pia Fraus. Voo tenso esse da volta. No aeroporto de São Paulo, ninguém pagou a alta taxa alfandegária exigida para retirar o material cênico de *Babel Bum*. O cenário e os figurinos premiados da peça, que materializavam a exitosa parceria dos dois grupos, foram abandonados no aeroporto, assim como os planos para o futuro em comum.

Andreetta chegou a São Paulo com sangue nos olhos, louco para fazer a Pia Fraus renascer das cinzas, de preferência maior que a XPTO. Mas antes se curvou uma última vez ao ex-parceiro. Procurou Gabrieli para pedir um cantinho no galpão que a XPTO dividia com os Fratelli em uma vila operária na Rua Javari, na Mooca. Foi atendido: Gabrieli compreendeu que a Pia precisaria de um reforço para o recomeço. O diabo não é tão feio quanto se pinta.

Beto Andreetta e Beto Lima já sabiam o que fazer: a peça inspirada em Nelson Rodrigues seria a volta triunfal da Pia Fraus. Domingos não conseguiu ser tão assertivo. O desfecho da parceria com a XPTO não foi legal e, além disso, seu casamento ia mal. Ele só conseguia pensar no que tinha vivido na Europa. De festival em festival, experimentou uma cena teatral pulsante, que poderia lhe trazer mais estabilidade. Também estava encantado com a tradição circense europeia.

No fim do ano, Domingos chamou Betão para um chope. Foi uma noite de desabafo, estavam os dois vivendo crises no casamento. Domingos acabou tocando a real:

– Vou tentar um lance na Espanha.

Passou depois para se despedir de Fê Sampaio, de Zé Wilson e de todos da Picadeiro. Domingos precisava também ter a difícil conversa com Silvana. Havia insatisfação dos dois lados, mas faltou coragem para terminar. Era quase uma década de um casamento que tinha sido feliz e cheio de amor. Resolveram dar um tempo. Com as economias que havia juntado e poucas malas, ele partiu para sua aventura solo na Europa, sem objetivo nem destino certos. Não ficou muito tempo em Sevilha; foi para Paris em busca das origens da tradição circense que o fisgara.

Há quem diga que o circo nasceu na Roma Antiga, em apresentações equestres nas grandiosas arenas como o Circus Maximus. Há quem vá mais longe: vasos de cerâmica da China de três mil anos já traziam desenhos de malabaristas em ação. Porém, apesar das óbvias semelhanças, existe pouca relação entre o circo de hoje e os malabares chineses ou as apresentações nos estádios romanos. O circo moderno nasceu em 1770, à beira do Rio Tâmisa, em Londres, na altura da famosa Ponte Westminster. Dois anos antes, o sargento-major Philip Astley, ex-instrutor do Exército Britânico, inaugurou ali uma arena destinada a apresentações equestres para a elite londrina. Como o espaço ficava a céu aberto, Astley instalou uma lona para proteger o seu seleto público do clima chuvoso da cidade. O show de cavalaria foi um sucesso e Astley repetiu o evento no ano seguinte.

Após a segunda temporada, ainda mais bem-sucedida, Astley percebeu que podia expandir o público de seu show, até então circunscrito à elite londrina. Contratou acrobatas, equilibristas e malabaristas que faziam bicos em grandes teatros da cidade, entretendo a plateia entre uma sessão e outra. A partir desse momento, o show de Astley passou a alternar números equestres e variedades, até terminar com uma pantomima – representação teatral com pouca ou nenhuma fala. Os personagens mais queridos eram o Arlequim e a Colombina, originários da Commedia dell'Arte italiana, na Idade Média, àquela altura já bem conhecidos no Reino Unido. Os ingleses adoravam também as entradas do *clown*, um dos célebres personagens bobos popularizados por Shakespeare dois séculos antes. No circo criado por Astley, o *clown* repetia as proezas dos cavaleiros logo que eles deixavam a arena, mas de forma atrapalhada, para delírio da plateia.

Então a arena de Astley ficou assim: artistas no centro e público em volta, todos protegidos por uma lona, e apresentações com animais que desafiavam os limites do corpo humano, shows de variedades e pequenos esquetes cômicos. Nascia o circo moderno, com sucesso arrebatador. Como esse espetáculo sem texto ultrapassava a barreira linguística, Astley expandiu seus domínios, inaugurando em 1783 o Amphithéâtre Anglais no Boulevard du Temple, em Paris. Se não foi em Paris que o circo moderno surgiu, foi a partir dali que ganhou o mundo, consolidando a natureza itinerante do artista circense. O circo de Astley no Boulevard du Temple inspirou a criação de muitos outros espaços na França, na Espanha e em toda a Europa, chegando aos Estados Unidos e à Rússia.

Ao deixar Sevilha rumo a Paris, Domingos queria estar mais próximo dessa história fascinante, que foi conhecendo mais e mais a cada excursão da Pia Fraus pela Europa. Agora afastado da companhia, ele se interessou pelo mercado pujante que Paris oferecia ao artista circense. Quando chegou, no fim de 1995, a capital francesa era sede de uma das mais importantes escolas e de um dos maiores festivais de circo do mundo.

A École Nationale de Cirque, que Domingos descobriu em sua busca pelas origens do circo, foi criada em 1974 por Annie Fratellini e seu marido, Pierre Etaix. Annie, filha, neta e mãe de circenses, foi a primeira mulher a fazer uma palhaça augusta de que se tem notícia. Ela frequentou o circo desde criança, mas enveredou pelo jazz e se tornou uma grande estrela do cinema francês. Mais tarde, encontrou em seu terceiro marido, o cineasta Pierre Etaix, a paixão pelo circo que a fez retomar a tradição da família. A década de 1970 é um período de retomada do circo na França, a começar pelo filme *I clowns*, em que o diretor italiano Federico Fellini explora o fascínio nostálgico que sente pelos palhaços de sua infância. O filme contou com consultoria técnica do palhaço italiano Nani Colombaioni, mas foi todo rodado na França, com artistas em sua maioria franceses.

Annie e Etaix atuaram no filme, representando a si mesmos. Eles se casaram durante as filmagens e formaram uma dupla de palhaços de sucesso. Juntos, criaram esta que foi a primeira escola de circo da França, em uma tentativa de refrear a escassez de profissionais circenses à época. Annie era, na França, uma espécie de Zé Wilson. Mesmo carregando o nobre DNA da família Fratellini, ela foi grande entusiasta do Nouveau Cirque francês e transformou sua escola em referência no mundo. "São 45 Fratellini em atividade circense, pelo menos um de nós tinha que se dedicar à transmissão desse saber!", repetia em entrevistas.

Domingos passou dois meses em Paris, treinando trapézio na escola de Annie Fratellini, respirando circo o dia inteiro. Assistiu a todos os espetáculos que pôde, dos mais tradicionais, como o Cirque Gruss, aos contemporâneos, como o Cirque Plume. Conheceu também a escola de Jean Palacy em Coupvray, um vilarejo a menos de 50 quilômetros de Paris. Palacy ficou famoso nos anos 1960 como o Rei do Trapézio, depois de se tornar uma das principais atrações de um programa circense da televisão francesa. Com muitas fraturas no corpo por conta de seu ofício, precisou encerrar a carreira e foi ensinar a arte do trapézio. Ele chegou a lecionar na École Nationale de Cirque dos Fratellini e, mais tarde, fundou a sua própria escola.

Já no fim do curso na escola de trapézio de Jean Palacy, no início de 1996, Domingos não sabia bem o que fazer, quando recebeu um telefonema de Beto Andreetta:

– Como é que estão as coisas, Domingão?

– Aqui tá difícil, Betão. Não consegui até hoje meu visto para trabalhar. A escola é muito boa, mas acho que, por ora, já chega de aprender. Não pinta um trabalho interessante. E você, como é que tá?

– Numa pior também. Me separei mesmo da Adriana. Eu e Beto estamos correndo atrás do prejuízo pra levantar o nome da Pia Fraus. Não está fácil. Nessa de colar na XPTO, a gente sumiu. De vez em quando fazemos *O Vaqueiro e o Bicho Froxo*, e estamos produzindo bonecos e cenários para outras companhias também, assim a gente paga as contas.

– Que merda...

– Domingão, o Beto e eu queremos finalmente montar Nelson Rodrigues. Lembra da Ana Mondini?

– De Cádiz?

– Ela mesma. A gente caminhava na orla com ela, lembra? Então, ela topou coreografar o espetáculo para nós, ficou amarradona em trabalhar com bonecos. Vem, Domingão, vamos tocar esse projeto. Nelson Rodrigues em boneco, vai dar o que falar.

– Porra, Betão, mas eu vou ficar onde?

– Cara, eu tô sem casa, tô morando no galpão da Pia. Fica aqui. Vem embora, Domingão!

Domingos tentava se arrumar na Europa, mas sem perspectiva de um trabalho concreto. Queria voltar para casa e o convite de Beto ajudou a convencê-lo. Chegou em São Paulo com saudade da Silvana. Mesmo cheio de dúvidas, ligou para ela e disse que a distância o fez descobrir que era ela, sim, o amor de sua vida. Silvana acreditou pela metade, mas também sentira falta dele e o aceitou de volta. Domingos insistiu que precisava de espaço, que não seria feliz no apartamento em Higienópolis e que talvez fosse esse o verdadeiro problema:

– A gente precisa morar em uma casa, Sil.

De volta ao galpão na Mooca, para levantar uma grana, Domingos e os Betos fizeram performances nas festas que rolavam no Moinho Santo Antonio, point badaladíssimo do bairro. Eles começaram a pensar nas formas dos bonecos inspirados no universo de Nelson Rodrigues. Como estavam os três numa *bad*, os bonecos acabavam saindo com feições tristes, porém belos e originais.

Andreetta e os parceiros ficaram sabendo que a Prefeitura de São Paulo lançara um programa de recuperação dos teatros de bairro. Eles redigiram um projeto caprichado para inscrever o espetáculo na programação e, bingo, foram contemplados: teriam 15 mil reais para estrear em maio, em um teatro na Mooca, a um quilômetro do galpão. Ainda estavam no início de 1996, dava tempo de montar. A encenadora Marcia Abujamra, na época diretora dos teatros de bairro da Secretaria Municipal de Cultura, dirigiu o espetáculo que recebeu o nome *Flor de obsessão* – epíteto com o qual o próprio Nelson Rodrigues costumava se definir.

A seleção da prefeitura foi uma injeção de ânimo para a Pia Fraus. Beto Andreetta aos poucos foi saindo da deprê pós-XPTO e retomando o fôlego para ser o grande empresário de outrora. Telefonema aqui, reunião acolá, a Pia integrou o elenco de acrobatas da festa de entrega do Prêmio Shell, no Memorial da América Latina. Para a nona edição da premiação, os produtores conceberam uma cerimônia diferente, mais teatral. Enquanto as atrizes Marisa Orth e Denise Fraga apresentavam os indicados, os acrobatas do Fratelli, da Aerodianas e da Pia Fraus voavam pelo palco, em um espetáculo multimídia – tudo sob a direção do experiente Chico Medeiros, com roteiro de José Rubens Siqueira, seu parceiro de muitos outros trabalhos.

Durante os ensaios para a festa do Prêmio Shell, os três homens da Pia se aproximaram do roteirista e do diretor da cerimônia-espetáculo, Chico Medeiros. Ele estava montando a peça infantil *Sherazade*, com roteiro de José Rubens Siqueira, e os convidou a criar bonecos para o trabalho. Beto Andreetta pegava todos os bicos que apareciam e não negou esse: a Pia Fraus precisava de dinheiro para se reerguer.

Andreetta descobriu então que a Secretaria de Cultura do estado abrira inscrições para o Prêmio Estímulo. Convidou Chico e José Rubens a concorrer com um projeto da Pia. Porém, como estavam em pleno corre-corre na produção de *Flor de obsessão*, as reuniões para criar o espetáculo foram poucas e meio atabalhoadas.

Enquanto José Rubens trabalhava no novo roteiro, a produção da peça inspirada na obra de Nelson Rodrigues seguiu o seu caminho. Domingos e os Betos prepararam uma encenação sem falas, com personagens sem nome, mas todos facilmente reconhecíveis na dramaturgia rodriguiana. Só a direção de Marcia Abujamra, cerebral demais para o gosto dos três, não estava funcionando muito bem. No meio do processo, o trio trocou a diretora por Chico Medeiros, o novo queridão da Pia.

Desde a primeira reunião no galpão da Mooca, Chico se impressionou com a rara combinação de criatividade e objetividade do grupo. Os três sabiam tudo de Nelson Rodrigues e trabalhavam em perfeita sinergia. O trabalho era prazeroso – às vezes Chico precisava dar um basta no jogo de improvisação, que não tinha hora para acabar. Na Pia Fraus não havia hierarquia, nem organograma, mas, na prática, cada um cumpria uma função bem definida. Beto Andreetta era o agitador dos bastidores, Beto Lima, o esteta, criador de bonecos e figurinos, e Domingos, o diretor de arte, sempre atento ao resultado final da criação coletiva.

Chico adorou quando Domingos sugeriu que a cena final de *Flor de obsessão* se desenrolasse ao som de *La mer*, clássico da *chanson française* que o cantor e compositor Charles Trenet lançou em 1946 – os meses em Paris tinham ampliado o repertório do roqueiro. Chamou atenção do diretor a maneira pela qual Domingos usava a música como fonte de inspiração para encontrar as formas que queria dar à cena.

O espetáculo consistia numa colagem inspirada no repertório de Nelson Rodrigues. O sexo, a morte, o amor e a traição, temas caros ao dramaturgo, eram expostos na relação entre atores e bonecos. Domingos dava um beijo lambuzado em uma boneca de véu e grinalda, encenando a antológica cena de *Vestido de noiva*. Em outro momento, os três atores interagem com três bonecas caracterizadas como prostitutas, em uma orgia cênica entre atores e títeres. Cada vez mais mergulhado no universo circense, Domingos ganhou uma cena de acrobacia: vestido de funcionário público, pendurado sobre cordas, tinha delírios eróticos com duas bonecas manipuladas pelos Betos.

Flor de obsessão estreou em 24 de julho de 1996, no Teatro Municipal Arthur Azevedo. "Da Mooca para a Mooca", dizia a reportagem do suplemento de bairro do *Estadão*. O teatrinho ficou vazio nas primeiras sessões, mas, antes que a tensão se elevasse, o boca a boca atraiu gente de todos os cantos. Jornais, programas de TV e os recém-criados websites queriam conferir os bonecos encenando Nelson Rodrigues. O repórter Cunha Júnior deu a maior moral e foi até a Mooca entrevistar a trupe para o programa *Metrópolis*, da TV Cultura. A temporada, que começou mal, terminou muito bem e *Flor de obsessão* partiu em turnê pelo Brasil. A Pia Fraus estava de volta.

Beto Andreetta não tinha perdido nenhum dos contatos que anotou nas andanças com Osvaldo Gabrieli mundo afora, e agora era a hora de tirar o caderninho da gaveta. *Flor de obsessão* fez uma longa e bem-sucedida carreira internacional, impulsionada pelos programadores espanhóis Luis Molina e Elena Schaposnik. Chico Medeiros pôs o pé na estrada com a trupe. Com seu inglês impecável, o diretor muitas vezes assumiu o papel de divulgador da peça para a imprensa estrangeira. Habituado a dirigir grandes artistas do teatro brasileiro, Chico sempre precisou de muita paciência para lidar com ataques de estrelismo. Na turnê com a Pia Fraus, o que o impressionou foi a leveza, a simplicidade e a maturidade que permeava o relacionamento do trio. Não tinha tempo ruim, as diferenças eram resolvidas com base em conversas francas e objetivas.

Domingos trabalhava, ensaiava, corria, malhava, via um pouco de TV, fazia bonito no palco e depois curtia a noite nos botequins. De dia, assistia à MTV local, sempre atualizado com a cena rock contemporânea. No Brasil, não perdia a novela das oito. Eram dois noveleiros, ele e Beto Lima. Não daqueles que viam diariamente, sem piscar, mas acompanhavam, conheciam as tramas e os personagens. Beto Andreetta não curtia novela, mas tinha que se adaptar ao hábito dos parceiros. Não pôde marcar sessão nenhuma na noite em que foi ao ar o último capítulo de *O rei do gado*, escrita por Benedito Ruy Barbosa e dirigida por Luiz Fernando Carvalho.

Mas nem só de TV era feita a programação de lazer da Pia Fraus em seu tempo livre nas turnês. A trupe conferia as atrações dos festivais de que participava, visitava museus, lagos, castelos e muitos bares. No Brasil, Chico Medeiros aprendeu com Domingos a tomar rabo de galo, drinque que combina cachaça, bitter e vermute. Em Cádiz, na Espanha, Domingos levava a trupe para beber na Casa Manteca, taberna tradicional com fotos de toureiros nas paredes.

Flor de obsessão tinha ótima acolhida em todo canto, o que encorajou Beto Andreetta a inscrevê-la em uma seleção promovida pela escola de idioma Cultura Inglesa. Os projetos vencedores seriam levados ao Reino Unido, em agosto de 1997, para apresentações no Battersea Arts Centre, em Londres, e no Edinburgh Festival Fringe, na Escócia, um dos maiores eventos de artes cênicas do mundo. Feita a inscrição, os três artistas da Pia Fraus torceram para serem contemplados; eles nunca tinham ido ao Fringe. Seguiram fazendo Nelson Rodrigues pelo Brasil afora e começaram a preparar a próxima tacada da companhia.

O Dia das Crianças de 1996 caiu num sábado. Mais de dez mil pessoas apinharam a Praça da Paz, no Parque Ibirapuera, para ver o ensaio aberto do deslumbrante espetáculo *Sinfonia circense*. Cerca de 150 artistas se espalharam entre o palco, o chão e uma pirâmide metálica de 15 metros de altura, base para números aéreos.

A Pia Fraus conseguiu apoio da prefeitura e patrocínio do Pão de Açúcar e da Coca-Cola para produzir um show de grandes proporções. Beto Andreetta convidou o maestro Jamil Maluf – com quem tinha feito *Aquelarre 2000* – para levar a sua Orquestra Experimental de Repertório, que interpretou peças de Tchaikovsky, Strauss e outros compositores clássicos. Ele encomendou a André Caldas a enorme estrutura metálica e reuniu artistas do Acrobático Fratelli e da Nau de Ícaros para acrobacias ao som da música de concerto. A Pia se encarregou dos números de pantomima e dos bonecos gigantes representando animais, com forte apelo visual. Domingos fez as vezes de palhaço, mas também se balançou no trapézio gigante dos Fratelli.

Embora a apresentação oficial tenha atraído um público menor, o evento foi um enorme sucesso. Domingos estava muito entusiasmado pela aproximação da Pia Fraus com o universo do circo, mas os Betos sempre ponderavam que o lance da companhia era teatro de bonecos. O circo podia até ser bacana e tudo, mas se tratava apenas de mais uma entre as milhares de possibilidades.

Nesse momento, Zé Wilson trazia para a Escola Picadeiro o espetáculo *Le cri du caméléon*, que o coreógrafo sérvio Josef Nadj criou para o Centre National des Arts du Cirque, da França. Domingos e Silvana ficaram encantados pela mescla de circo e dança, que ganhou prêmios e lotou plateias pelo mundo. Depois da temporada na Europa, Domingos queria desenvolver sua arte, com o nível de excelência e inventividade que vira por lá. Zé estava investindo no intercâmbio com artistas do exterior. Bel Toledo, sua esposa, tinha boa interlocução com produtores franceses e trouxe artistas como Pierrot Bidon. Zé e Bel ofereceram aos alunos da Picadeiro workshops com estrelas circenses internacionais, como do Circus Oz, da Austrália. O multiartista Antonio Nóbrega também ensaiava seus espetáculos sob a lona da escola. Deslumbrado, Domingos via tudo o que cabia em sua agenda.

Com tantas atrações, ele voltou a treinar com mais frequência na Picadeiro. Certo dia, encontrou a atriz e palhaça Carla Candiotto, colaboradora frequente dos Parlapatões. Assim como Duma, Carla voltava de uma temporada na Europa. Entre idas e vindas, a atriz já contava dez anos por lá. Estudou na Escola de Mímica Desmond Jones, em Londres, e teve aulas com o palhaço Philippe Gaulier, na França. Na Itália, fez um curso com um dos maiores especialistas em Commedia dell'Arte do mundo, Antonio Fava.

A moça era uma especialista em tudo o que Duma mais curtia. Ele pensou em convidá-la para uma parceria com a Pia Fraus. Queria convencer os Betos a voltar a trabalhar com os bonecos de *Sinfonia circense*. Inspirados nos infláveis gigantes da companhia francesa Plasticiens Volants – com quem a Pia Fraus atuara em *Ópera mundi*, no Maracanã –, os bonecos fizeram sucesso entre as crianças do Ibirapuera. E por que não trazer Carla para dirigir um novo espetáculo com os infláveis?

No dia em que foi ao ar a reportagem de Cunha Júnior sobre a estreia de *Flor de obsessão*, a atriz e bailarina Fernanda D'Umbra estava em sua casa em São Paulo, assistindo ao *Metrópolis*, da TV Cultura. Ao chamar a matéria, a apresentadora Lorena Calábria atiçou a curiosidade da moça: "Os personagens viraram bonecos e o texto virou imagem". Corta para o galpão de ensaio da Pia Fraus, fala Beto Andreetta, fala Beto Lima, e Fernanda prestando atenção. Quando a imagem de Domingos entrou na tela, ela teve um frisson: "Que homem lindo!".

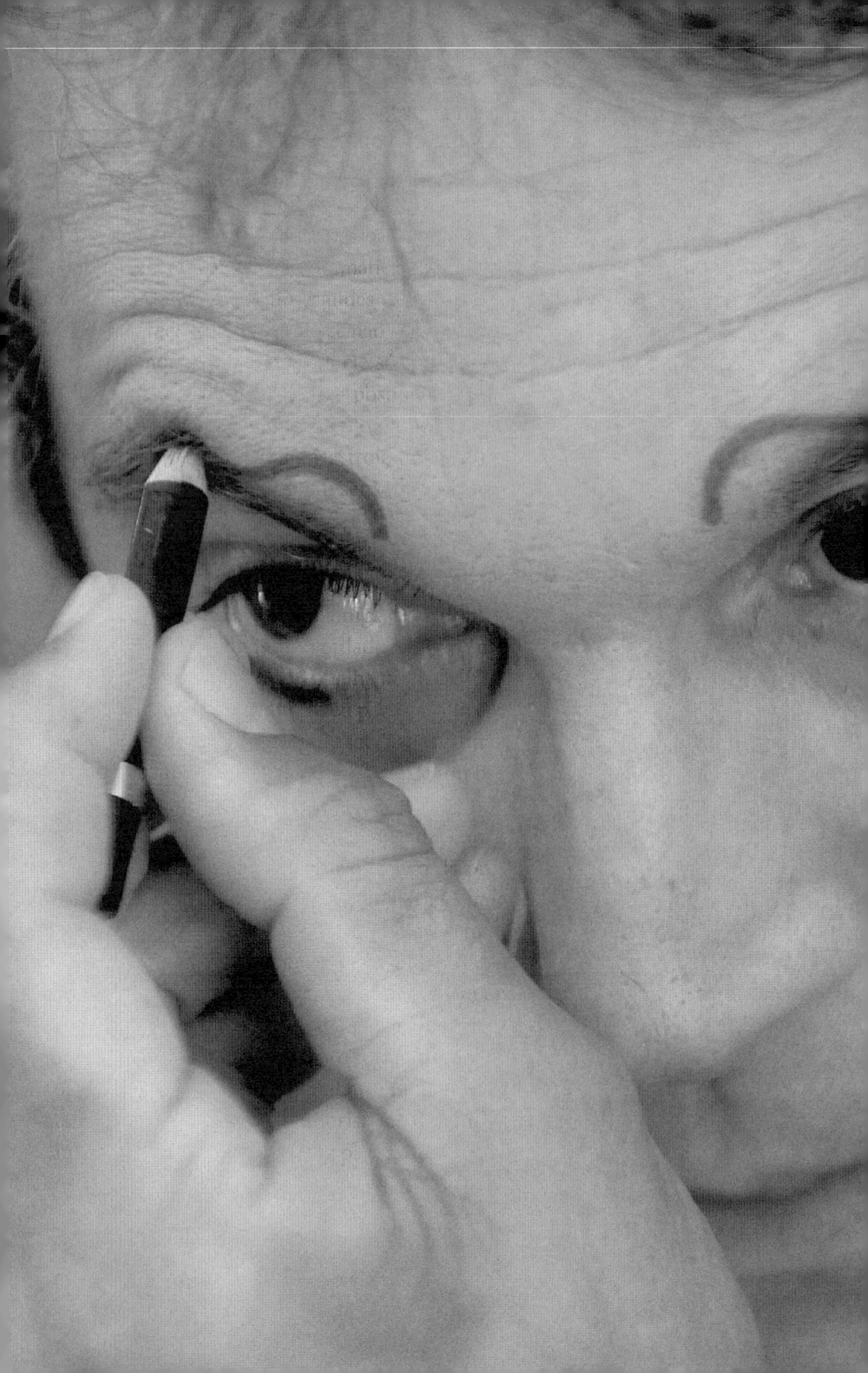

CAPÍTULO 5

Palhaço Agenor

Ninguém mais duvidava, ali pelo fim de 1996, de que o circo voltara com tudo, transformando a paisagem cultural da cidade de São Paulo. A Circo Escola Picadeiro cumpria o seu papel de incubadora e entregava, ano após ano, novos artistas para o mercado do showbiz. Teatros, empresas, poder público, todos estavam dispostos a pagar para ver os circenses urbanos em ação, desafiando as leis da física e deslumbrando crianças e adultos.

Pouco a pouco, o núcleo que surgiu na Picadeiro se expandiu, atraindo artistas de outros estados, de outras linguagens, até formar uma comunidade em plena megalópole urbana no fim do século XX. Eram todos amigos, de alguma forma levando aos palcos do teatro a paixão pela arte circense. A turma do Novo Circo estava se encontrando e percebia que compartilhava, além de um crescente interesse do público, os mesmos desejos, as mesmas alegrias, as mesmas necessidades e as mesmas angústias.

Eles já se viam como uma categoria profissional, e se deram conta de que os circenses da velha guarda eram pouco articulados em suas reivindicações ao poder público. Quando surgiam discussões dessa natureza, uns mostravam ímpeto maior para liderar movimentos, outros menos. Bel Toledo, esposa de Zé Wilson, Hugo Possolo, do Parlapatões, e Rodrigo Matheus, do Circo Mínimo, se revelaram, cada um à sua maneira, mais interessados nas questões estruturais ligadas ao meio circense.

Espaço, por exemplo, sempre foi um problema para os artistas de São Paulo. Eles estavam espremidos no Centro, pagando aluguel caro por lugares pequenos demais para os voos que pretendiam alçar. O Acrobático Fratelli já havia transferido seu galpão para Cotia, na região metropolitana. Tinha 400 metros quadrados e nove metros de altura, nada demais, mas bem melhor do que dispunha no Centro. Começou a ser muito frequentado por gente do circo. Para ficar perto do trabalho, Caldas se mudou para Cotia, movimento seguido por outros amigos que queriam distância da confusão da região central. Em pouco tempo formou-se ali uma aglomeração de artistas circenses. As trupes iam em busca de aluguéis mais baratos e de galpões maiores para ensaiar seus números aéreos. Aproveitavam para ficar perto da natureza.

A Pia Fraus foi uma dessas companhias que alugaram um galpão na Granja Viana, bem perto de Cotia. Em fevereiro de 1997, Domingos convenceu Silvana e eles compraram uma casa em Embu das Artes, a apenas 15 minutos do galpão. Talvez um pouco mais de espaço ajudasse o casal a encontrar a alegria de estar junto, como nos primeiros anos. Eles ainda queriam ser pais, mas Silvana tinha dificuldades de engravidar. Em pouco tempo, ganharam a companhia do pastor alemão Bauer e do boxer Tião, os cães de guarda da casa.

Domingos ficou feliz no meio do verde de Embu, cidadezinha famosa por abrigar uma comunidade hippie nos anos 1970 e que agora, com suas feirinhas de artesanato, começava a receber paulistanos descolados no fim de semana. Em pouco tempo, quase todos os amigos do circo eram vizinhos: Beto Lima, Beto Andreetta e Fernando Sampaio também se mudaram para a região de Cotia, Granja Viana e Embu das Artes. Andreetta estava com uma namorada nova, a jornalista Claudia Paz.

Instalados no novo galpão, os três parceiros da Pia Fraus tinham muito trabalho pela frente. O ano de 1997 chegara para Domingos com nova sede, nova casa, novas amizades, novas parcerias, novos espetáculos e uma guaribada no primeiro sucesso da Pia, *O Vaqueiro e o Bicho Froxo*.

Domingos carregou Beto Andreetta para a escola Estúdio Nova Dança, no Bexiga, onde aprenderia com Adriana Grechi técnicas de consciência corporal por meio da dança e do improviso. A professora estudou dança contemporânea na Holanda e estava de volta a São Paulo, apresentando espetáculos e lecionando.

Quando Domingos e Beto chegaram para a primeira aula, uma jovem da turma os reconheceu: Fernanda D'Umbra, atriz e bailarina que tinha visto a Pia Fraus no *Metrópolis*, da TV Cultura. Os três ficaram amigos muito rápido. Ela contou que estava no elenco da segunda montagem de *Ubu – Folias physicas, pataphysicas e musicaes*, que Cacá trouxera de volta aos palcos.

– Nossa, sou muito fã desse espetáculo, ainda não assisti ao novo, mas vou lá te ver – respondeu Domingos.

Nas aulas, Fernanda continuou impressionada com o bonitão da TV que, além de tudo, sabia dançar! Enquanto Andreetta se atrapalhava com as orientações de Adriana, Domingos pegava tudo com a maior facilidade. Fernanda e Domingos faziam exercícios juntos e passaram a assistir aos trabalhos um do outro, trocavam ideias, tomavam cerveja falando besteira... Duma e Beto ficaram amigos também da professora Adriana – até pensaram em trabalhar juntos.

Na Picadeiro, Andreetta andava mais sumido e Domingos aparecia sempre para ensaiar com Fernando. Duma agora tinha um nome de palhaço: Agenor, inspirado num antigo atendente do bar do pai. Dava muito prazer ser o palhaço Agenor na dupla com Padoca. Ele via no parceiro um artista talentoso, com quem aprendeu a amar a arte da palhaçaria. Engraçado por natureza, dono de caretas inimitáveis, Fernando fazia um excepcional augusto. Para que a dupla brilhasse, Domingos tinha a missão de oferecer a Padoca as melhores oportunidades de piada. Era essa a função do *clown* branco: ser a escada e entregar a piada para o *clown* augusto.

Agenor e Padoca estavam ensaiando uma nova entrada, um número clássico, repetido incontáveis vezes na história do circo, em que homens vestidos de bailarinas se atrapalham tentando executar passos elegantes de balé. Em sua temporada na Espanha, Domingos tinha assistido a uma apresentação parecida, de um trio de palhaços-bailarinas. Propôs a Fernando experimentar, a partir desse mote, com os truques acrobáticos que já dominavam: mão à mão, egípcia, erguidas, truques de cascata. Eles só precisavam escolher alguns temas musicais do balé clássico e elaborar uma coreografia que os permitisse incluir as acrobacias.

Nada tão simples assim. Para avacalhar o balé, era preciso conhecê-lo mais de perto, dominá-lo. Partiram então Agenor e Padoca para as aulas de balé no Estúdio Cisne Negro. Domingos pegou bem rápido, acostumado que estava com a dança. Já para Fernando, tudo era novidade, e demorou um pouco até aprender a dançar.

Em 1997, a Nau de Ícaros transferiu sua sede da Pompeia para a Vila Madalena. O diretor Marcos Vettore se associou a outro membro da trupe, Alex Marinho, para criar ali um centro de formação. O galpão se tornou ponto de encontro da turma do circo e tinha como vizinho ninguém menos que Naum Alves de Souza, dramaturgo, cenógrafo, diretor, artista plástico e professor, considerado um dos maiores nomes do teatro brasileiro. Ele adorou o burburinho e desenvolveu outras parcerias com os circenses.

Naum trabalhava no roteiro de *O pallácio não acorda*, sua nova colaboração com a Nau. Fernando se aproximou dele e também de Paulo Rogério Lopes, jovem autor que desenvolvia um texto para dar unidade dramática aos números circenses roteirizados por Naum. Domingos frequentava o galpão para ensaiar entradas com Fernando e fez amizade com Naum. Ao conhecer o trabalho da Pia Fraus, o dramaturgo contou que foi o criador dos bonecos do programa infantil *Vila Sésamo*, grande sucesso da Rede Globo adaptado do original norte-americano *Sesame Street*, nos anos 1970.

Naum se encantou pela turma circense que saía da Escola Picadeiro para despontar nos palcos de São Paulo. "Força e imaginação concentradas em um único lugar", era como ele se referia ao espaço na Vila Madalena. O interesse pelos bonecos o aproximou da Pia Fraus e ele dirigiu uma nova montagem de *O Vaqueiro e o Bicho Froxo*. Ficou chique, com trilha original e músicas cantadas por Ná Ozzetti. A montagem marcou também a chegada da produtora Marlene Salgado, que passou a cuidar de tudo o que a Pia Fraus fazia. Estreou com pompa no Teatro Cacilda Becker, na Vila Romana, em maio de 1997.

O pallácio não acorda foi um sucesso de público e deu muitos prêmios à Nau de Ícaros. Fernando e Erica Stoppel, ambos no elenco do espetáculo, passaram a viver juntos em Cotia. Ela o levou à Argentina para conhecer seus pais e para participar de uma convenção de malabaristas, onde Fernando foi apresentado a muita gente de circo. Aproximou-se mais de Chacovachi, o famoso palhaço de rua de Buenos Aires, e de Alberto Vaz Medina, acrobata espanhol que estudou na Escola Nacional de Circo, no Rio de Janeiro, e que se apresentava na rua em Buenos Aires havia alguns meses.

De volta a São Paulo, Fernando começou a dar oficinas no galpão da Nau. Uma de suas alunas era Laila, filha da cartunista Laerte, de quem era fã desde a adolescência. Laerte acompanhava as aulas e foi assistir Fernando, que apresentou a grande cartunista a outro fã: Domingos.

Enquanto *O Vaqueiro* voltava aos palcos sob luxuosa direção, Carla Candiotto se reunia com a Pia Fraus para traçar as linhas do novo espetáculo com bonecos infláveis gigantes. Em meio ao corre-corre, uma boa notícia: *Flor de obsessão* foi contemplada pela Cultura Inglesa e iria representar o Brasil no superfestival Fringe, no Reino Unido, em agosto de 1997.

Domingos soube que o Sesc estava selecionando performances para uma mostra de dança:

– Fernando, em agosto vai rolar essa mostra Movimentos Sesc de Dança, na Consolação. Lê aqui, tá rolando uma convocação de "novos coreógrafos, grupos e criadores em busca de linguagens próprias". O que você acha de inscrever o número das bailarinas?

– De dança? Será?

– Por acaso não é balé o que estamos fazendo? – zoou Domingos.

– Duma, em agosto você vai para a Escócia, cara.

– Dá tempo! A mostra vai até 4 setembro, eu volto antes do fim do mês. Dança com circo, acho que vai dar o que falar.

– Vamos então, ué. A gente tem que deixar tudo pronto antes de você embarcar.

Começaram a ensaiar freneticamente, na Picadeiro e na Vila Madalena, arrematando as soluções técnicas e cênicas da apresentação, que recebeu o título *As bailarinas*. Zé Wilson adorava e estimulava os dois parceiros a seguir em dupla. Naum Alves de Souza espiou um dos ensaios e se empolgou com o número – chegou a convidar a dupla para um show de variedades que iria produzir. Agenor e Padoca buscavam um nome para se apresentar em dupla e pediram ajuda a Naum:

– Uma companhia de balé com duas pessoas? La Mínima Cia. de Ballet!

Para ajudar a compor a coreografia, convidaram Juliana Neves, trapezista, bailarina e colega de Fernando na Nau de Ícaros. Juntos eles escolheram os temas *Coppélia*, de Léo Delibes, e *A Bela Adormecida*, de Piotr Ilitch Tchaikovsky, ambos clássicos do século XIX. Juliana se tornou oficialmente a assistente de coreografia do projeto. Em junho, veio a notícia: a apresentação foi selecionada para a mostra de dança do Sesc. E tome ensaio, horas e horas a fio; o número tinha que estar perfeito.

A companhia La Mínima foi convocada para uma audição pela comissão de seleção do Sesc. Ao chegar no salão, tiveram uma decepção. O pé-direito, baixo demais, não comportava o trapézio. O piso era liso, perfeito para um balé "sério", mas inadequado para as acrobacias de Agenor e Padoca.

– Essa perdemos – Fernando resmungou.

O júri, porém, embarcou na gozação e eles foram aceitos.

Chegou agosto de 1997. Antes de mostrar *As bailarinas* no Sesc, Domingos iria representar o Brasil e levar *Flor de obsessão* ao Fringe Festival, em Edimburgo. Agenor e Padoca estavam tranquilos, com tudo pronto para fazer o balé cômico no fim do mês. Seguiram então Domingos, os Betos e o diretor Chico Medeiros, junto com outros artistas brasileiros e a comitiva da Cultura Inglesa, que bancava a participação brasileira no festival. A Pia Fraus partiu cheia de gás para o Reino Unido.

Ao chegarem em Edimburgo, eles se sentiram perdidos em meio às centenas de atrações do festival. Chico procurou então a produção do evento para pedir divulgação da peça, e a resposta foi um calhamaço com centenas de contatos de equipes de reportagem credenciadas para cobrir o festival:

– Se conseguir que pelo menos cinco críticos assistam, você terá público – avisou o produtor local.

Chico, ao se dar conta de que não teria apoio na divulgação do espetáculo, convocou imediatamente uma reunião. Junto com os Betos e Domingos, elaborou um plano de emergência. Passou os três primeiros dias sentado na cama do hotel, disparando telefonemas, enquanto Domingos e os Betos foram para a rua. Procuravam aglomerações e faziam apresentações relâmpago de cenas do espetáculo ou improvisos com os bonecos.

Na primeira sessão, um susto. *Flor de obsessão* até que agradou, mas umas cinco pessoas abandonaram o teatro diante das cenas de sexo entre humanos e bonecos. A peça estava em cartaz no St Bride's Center, antiga igreja católica convertida em centro cultural, e o palco ficava justo no altar da igreja! Ao fim da sessão, um dos jornalistas perguntou a Chico:

– Como vocês conseguiram montar esse espetáculo no país de vocês?

A trupe se assustou, mas continuou com o corpo a corpo na rua e Chico ao telefone. Para completar o trabalho de assessor de imprensa, ao fim de cada sessão, o diretor identificava os críticos presentes no St Bride's e trocava um dedo de prosa. Com o esforço de divulgação à brasileira, na raça, o espetáculo teve sessões cheias e boa acolhida da imprensa especializada.

A Pia Fraus já podia voltar para casa com a sensação de dever cumprido. Mas a aventura ainda seria coroada antes da despedida. Na véspera da viagem de volta, Chico recebeu um telefonema: *Flor de obsessão* recebeu o prêmio de melhor teatro de animação de um dos mais importantes jornais da Escócia, o *The Herald*. Eles sabiam que tinham agradado, mas não imaginavam que, em meio ao oceano de produções do mundo inteiro, estariam entre os melhores. Além de ser um belo afago no ego da turma, o prêmio alavancou a carreira internacional da Pia. Agora, em vez de sair pelas ruas de Edimburgo em busca de produtores, eram eles que atendiam pedidos de interessados em contratar espetáculos da trupe.

De volta ao Brasil, Domingos não pôde descansar. No dia 30 de agosto, teria que incorporar a bailarina de peito cabeludo no Movimentos Sesc de Dança. Partiu com Fernando para o Teatro Anchieta, no Sesc Consolação, para um ensaio técnico. Os dois voando no trapézio e Fernando atrasou dois segundos. Domingos não o alcançou e, para tentar salvar o movimento, esticou o braço, bateu forte com a mão na perna do parceiro e fraturou o dedão. Vida que segue: em poucas horas eles precisariam estar prontos para a apresentação.

As pessoas tinham saído de casa para ver dança contemporânea, umas muito bonitas, outras nem tanto, mas todas com aquele ar sério, quase sisudo, que a arte tinha na São Paulo dos anos 1990. O show grotesco de Agenor e Padoca arrancou gargalhadas do público e quebrou essa expectativa, uma grata surpresa para o público, para os organizadores do festival e para os programadores de espaços culturais ali presentes. Sucesso total.

O circo estava na moda e invadia todos os lugares. A turma da Picadeiro evoluía, encontrando a sua maneira de ser artista circense no mundo. No fim da temporada de *O pallácio não acorda*, Erica foi estudar trapézio em balanço no Canadá, com o professor André Simard. Hugo Possolo convidou a encenadora Neyde Veneziano, uma das maiores especialistas em Commedia dell'Arte do Brasil, para dirigir um espetáculo em homenagem ao lendário palhaço Piolin, estrela maior da era de ouro do circo no Largo do Paissandu. A companhia canadense Cirque du Soleil, que transformou o espetáculo circense em megaprodução high-tech, iniciou testes para integrar artistas paulistanos ao seu elenco. Em 1997, coube ao Acrobático Fratelli sediar e organizar a seleção.

Domingos mergulhava na história do circo brasileiro e desejava resgatar as linguagens mais tradicionais. Propôs que o novo espetáculo da Pia Fraus fizesse, com os bonecos infláveis, uma homenagem ao circo-teatro.

Durante o século XIX, as companhias circenses que circulavam pelo Brasil eram as únicas opções de lazer de muitas cidades distantes do eixo

Rio-São Paulo. Por isso, fazia parte do espetáculo que os circos apresentassem, além dos números de variedades, após intervalo para troca de cenários, uma peça teatral. Esse costume ficou conhecido como circo-teatro. Domingos convenceu a turma, mas a coisa não saiu do jeito que os antigos faziam. Apesar da inspiração, *Gigantes de ar* não era bem circo-teatro.

Bonecos infláveis enormes, os tais gigantes que batizaram o espetáculo preenchiam todo o palco: elefantes, girafas, aranhas e outros bichos fizeram sucesso entre as crianças no Parque Ibirapuera, na *Sinfonia circense*. Em sua direção, Carla Candiotto trouxe um pouco de dramaturgia à italiana. Em uma das cenas, os bichos davam lugar ao humor físico que Domingos estava experimentando. Com o parceiro Caio Stolai, artista convidado para o projeto, Duma formava uma dupla de acrobatas meio palhaços, fazendo graça lá de cima do trapézio.

Gigantes de ar estreou em outubro de 1997. Depois de uma curta temporada, Caio deixou o elenco e Domingos convenceu os Betos a trazer Fernando para substituí-lo. O espetáculo cresceu com a chegada do palhaço Padoca e a cena de humor físico ficou bem mais divertida. Fernando e Domingos incluíram no roteiro o seu balé atrapalhado, e o público rachava de rir. Em turnê no elenco de apoio da Pia Fraus, Fernando deixou a Nau de Ícaros.

Enquanto isso, após a repercussão de *As bailarinas* na mostra de dança do Sesc, Duma e Fê começaram a receber convites de teatros e eventos em São Paulo e no interior. Sempre que sobrava um espaço na agenda, eles corriam para atender. Domingos pediu licença aos Betos e à diretora Carla para excluir o número de balé do espetáculo da Pia Fraus. Em seu lugar, incluiu a entrada *Homens fortes*, que estava ensaiando com Fernando paralelamente à das bailarinas.

Nessa entrada, Agenor e Padoca se atrapalhavam ao tentar fazer uma demonstração de força e habilidade. Duma tinha trazido da França um CD com a trilha sonora do espetáculo *Toiles*, do Cirque Plume, e abriu o número com a faixa *Per fare una bona canzone*, para dar um ar cômico logo de cara. *Homens fortes* era bom, afinal, a dupla não deixaria a Pia Fraus na mão ao excluir o seu balé.

Depois de sair da Nau de Ícaros, Fernando seguiu em cartaz em *Gigantes de ar*, mas fora dos outros projetos da Pia Fraus. Ele estava determinado a ganhar a vida como o palhaço Padoca e buscava parcerias entre os colegas da Picadeiro para se apresentar em teatros, eventos corporativos e até animar raves que pipocavam na cidade. Quando dava, fazia rua com Domingos.

Em março de 1998, telefonou para Fernando o acrobata espanhol Alberto Medina, que ele encontrara na Argentina:

– Estou num ônibus a caminho de Buenos Aires para o Rio. Pensei em dar uma paradinha em São Paulo, passar uns três dias. Posso ficar na sua casa?

– Claro, Albertinho, te esperamos aqui!

Em vez de três dias, Albertinho ficou três meses. Ele se enturmou com os circenses da cidade e fez trabalhos com Fernando. Juntos, criaram a performance *A todo ritmo*, que percorreu o circuito Sesc-SP. Domingos adorou Albertinho e o seu humor físico à europeia.

A Pia Fraus tinha três espetáculos em cartaz e cavava espaços no mundo para apresentá-los. A experiência da Escócia foi um impulso de profissionalismo ao grupo, inclusive do ponto de vista técnico: era preciso ser ágil no transporte e na montagem do palco para atender tantas demandas em tantos lugares, tão distantes uns dos outros. *Gigantes de ar* começava a ganhar o mundo, do Festival de Bonecos de Canela, no Rio Grande do Sul, a Miami, nos Estados Unidos, passando por Bogotá, na Colômbia.

Flor de obsessão foi um sucesso: 1998 seria seu terceiro ano em cartaz, as sessões continuavam lotadas e as críticas positivas ainda pipocavam; enfim, havia fôlego para continuar. O prêmio na Escócia foi um marco para a Pia. O trio adorou trabalhar com Chico Medeiros e queria retomar a segunda parceria, já combinada com o diretor. Mas antes era preciso cobrar do autor José Rubens Siqueira o texto que ele prometera um ano atrás.

Beto Andreetta ligou e, depois de duas semanas, José Rubens finalmente entregou o texto, com o título *Éonoé, uma cosmogonia*.

– Que texto alucinado! – comentou Beto com os parceiros.

Não era nada do que tinham combinado, mas àquela altura ninguém sabia ao certo qual fora a encomenda feita a José Rubens, às pressas, em meio à correria para montar *Flor de obsessão*. Como eles estavam mesmo a fim de experimentar, resolveram encenar aquela piração proposta pelo dramaturgo.

Domingos defendeu que o grupo se dedicasse mais à interpretação e aos números de trapézio e de dança:

– Sem bonecos desta vez.

Ele tinha curtido a experiência de atuar em *Gigantes de ar*, mas precisava trabalhar mais sua expressão dramática e queria ficar em primeiro plano, não atrás dos bonecos. Beto Lima não gostou da ideia, mas Andreetta desempatou a favor de Domingos.

Envolvido com a Nova Dança de Adriana Grechi, Domingos a convidou para preparar as coreografias do espetáculo. Juntos, os três parceiros desenvolveram uma cenografia minimalista, porém arrojada. Duas traves de trapézio elevariam os personagens para filosofar sobre a vida, enquanto escapavam do Grande Dilúvio. Uma rede de amparo instalada sob o topo dos trapézios oferecia, além de segurança, um espaço intermediário para interpretação. O chão do palco foi tomado por areia, onde eram enterrados vasos, enxadas e até um balde velho que Domingos encontrou em sua casa em Embu. Ficou parecendo um picadeiro futurista.

Para atuar em *Éonoé* era preciso saber interpretar, mas também dançar a coreografia de Adriana, além de fazer estripulias circenses. Beto Andreetta se borrava de medo, respirava fundo, subia por uma corda e, a cinco metros de altura, dava seu texto e descia pela corda indiana. Carla Candiotto, a diretora de *Gigantes de ar*, foi cogitada, mas não topou fazer as acrobacias. Beto Lima se recusou a integrar o elenco, concentrando-se na tarefa de direção de arte. Mesmo furioso com o trabalho que julgava não ter a cara da Pia Fraus, Beto Lima fez bonito, tanto que o cenário da peça, mais tarde, recebeu indicação ao Prêmio Shell. Domingos acabou convidando o velho amigo Caio Stolai para reforçar o time circense. Para o papel feminino, Adriana Grechi chamou a bailarina Sheila Arêas.

Quando Domingos se atrasou para uma das reuniões de produção de *Éonoé*, Beto Andreetta estranhou. Ele era rigorosamente pontual e certamente avisaria se tivesse um imprevisto.

Duma saíra de sua casa em Embu das Artes para cumprir de moto o curto trajeto até o galpão da Pia Fraus, em Cotia. Como de hábito, ele desacelerou na Rodovia Raposo Tavares, pois logo em seguida faria uma longa curva até acessar a Estrada do Embu, que o levaria ao galpão. Nesse momento um homem o empurrou da moto. Ao se levantar, meio machucado, Domingos percebeu que havia outros dois apontando armas para ele:

– Sai daqui agora, seu filho da puta!

Foi tudo muito rápido, mas sobrou tempo para Domingos temer por sua vida. Era questão de sorte os bandidos apertarem ou não o gatilho, até porque não havia ninguém por perto. Felizmente, partiram sem atirar, mas levaram a sua Yamaha XT 600 Z Ténéré, supermoto tão comemorada, comprada com muito suor escorrido nos palcos de São Paulo e do mundo. Quem viu Domingos chegar ao galpão da Pia Fraus naquela manhã testemunhou um raro momento: ele chorou de medo. Demorou até passar sua indignação.

Em março de 1998, *Éonoé* não estava ainda bem-acabado, mas a turma resolveu levá-lo ao Festival de Teatro de Curitiba. Armaram o palco de areia e trapézio no calçadão no Centro da capital paranaense. O espetáculo meio nonsense refletia um pouco das circunstâncias em que foi concebido. A trilha sonora tinha Raul Seixas e *Smack my bitch up*, techno da banda The Prodigy, sucesso nas festas rave. O crítico Nelson de Sá, da *Folha de S.Paulo*, destacou como um dos pontos altos "a técnica circense, 'suja' e bela, de Domingos Montagner". Menos bonecos, mais circo: as escolhas de Domingos estavam se mostrando acertadas, ampliando as diferenças com Beto Lima.

Ao voltar de Curitiba, a Pia Fraus se preparava para desenvolver melhor *Éonoé* e estrear em São Paulo. Mas o plano foi atropelado por um convite irrecusável. Beto Andreetta avisou sobre um telefonema que recebera do poderoso Sesc, com uma proposta para montar um espetáculo sobre García Lorca e percorrer todo o estado:

– É uma megaexpedição, pessoal, com grana para tudo o que a gente precisar. Só tem um problema: é pra agosto. Vamos ter que entregar, não dá pra largar – defendeu Andreetta, sem ouvir nenhuma objeção dos colegas.

Éonoé podia esperar.

O Serviço Social do Comércio (Sesc) é uma entidade privada criada em 1946 para gerir os recursos de uma contribuição compulsória, prevista por lei. Todo estabelecimento comercial deve contribuir mensalmente com

1,5% do total pago aos seus empregados e cabe ao Sesc usar os recursos para o bem-estar dos trabalhadores do setor, de suas famílias e do conjunto da sociedade. Parte da arrecadação é usada para oferecer uma programação cultural diversificada, a preços populares ou gratuitamente, em teatros e outros espaços administrados pelo Sesc no país. No estado de São Paulo, o mais rico do Brasil, 1,5% da folha de pagamento de todo o comércio é muito dinheiro.

O fomento das três esferas de governo ao setor cultural era fonte de fervoroso debate durante esses últimos anos do milênio. Os artistas ligados a grupos mais progressistas começavam a discutir os vícios de uma política cultural muito baseada em incentivo fiscal. Até as entidades patronais, como o Sesc e o Sesi, que destinavam fartos recursos à cultura, levavam críticas. Hugo Possolo acompanhava cada reunião; de todos os circenses era ele o mais participativo.

Rodrigo Matheus, veterano de Domingos na Escola Picadeiro, estava voltando de uma temporada em Londres, onde conheceu o Circus Space, espaço livre para artistas circenses sem sede própria desenvolverem suas habilidades. O Galpão Acrobático Fratelli funcionava informalmente como um Circus Space paulistano, já que os Fratelli alugavam ou emprestavam o espaço a dezenas de trupes, que o usavam para ensaios ou oficinas. Domingos deu aulas ali, para novatos como Bel Mucci, bailarina interessada nas artes circenses. Duma percebeu que a moça levava jeito, mas era medrosa, e tentava incentivar:

– Solta essa corda, senão te puxo pelo cabelo! – dizia, fingindo raiva, e os dois davam risada.

A direção de O malefício da mariposa, de García Lorca, acabou ficando compartilhada entre os três amigos da Pia e a atriz Anie Welter, com quem eles tinham trabalhado nos tempos de XPTO. Keila Bueno foi convidada para fazer o papel feminino da peça. Nas primeiras discussões sobre o elenco, Beto Lima e Domingos chegaram a disputar o papel principal e Lima, que tinha sido voto vencido em Éonoé, desta vez levou a melhor. Domingos precisou se contentar em ser uma barata, mãe do personagem de Beto Andreetta.

O malefício da mariposa começou sua turnê pelo estado de São Paulo em agosto de 1998, junto com diversos outros artistas, no ônibus 2 do megaprojeto *Lorca na Rua*, do Sesc. Em 1931, já escritor consagrado, Federico García Lorca saiu com uma trupe pelo interior da Espanha, para representar textos de autores clássicos, em palcos improvisados em áreas sem opção de lazer e cultura. O Sesc se inspirou nessa passagem da biografia de Lorca para comemorar seu centenário de nascimento. Uma expedição foi planejada, com três comboios que saíram da Praça da Sé, na capital, para percorrer, no total, seis mil quilômetros em 75 cidades do estado. Os espetáculos eram encenados em praça pública, todos baseados na obra do grande escritor.

Domingos não curtiu mergulhar novamente no universo dos bonecos em *O malefício da mariposa*. Topou, até porque Beto Lima tinha engolido *Éonoé* a seco. Às vezes ele desabafava com amigos da Picadeiro e isso acabou chegando aos ouvidos de Beto Andreetta, que evitou comentar para não criar tumulto.

Um mês depois, *O malefício da mariposa* cumpriu toda a sua agenda, agradando ao público e aos produtores do Sesc. A trupe já estava livre para aprontar *Éonoé* para o fim do ano. Como o espetáculo tinha uma cenografia aérea, ficou restrito a festivais e grandes eventos ao ar livre. Depois, foi adaptado para teatros fechados. A versão *indoor* reestreou no Teatro Ventoforte em novembro de 1998 – Beto Andreetta estava de volta ao espaço onde fez o seu primeiro curso de teatro, com Ilo Krugli e Osvaldo Gabrieli.

Um amigo de Domingos das antigas apareceu para ver *Éonoé*: Edson Claro, professor que conhecera no tempo da Fefisa, quando ele desenvolvia o seu Método Dança-Educação Física. Edson tinha saído de São Paulo para morar em seu estado natal, o Rio Grande do Norte. Com seu marido, o coreógrafo Henrique Amoedo, desenvolvia um projeto de dança para pessoas portadoras de deficiências, no Departamento de Artes da Universidade Federal do Rio Grande do Norte. Domingos ficou interessado no projeto e pediu que Henrique lhe enviasse a monografia que havia escrito sobre o tema.

Depois da temporada de *Éonoé*, Domingos partiu com Fernando Sampaio no fim de novembro de 1998 para São José do Rio Preto, no interior de São Paulo, onde apresentaria *As bailarinas* no Anjos do Picadeiro, um encontro internacional de palhaços promovido pelo grupo carioca Teatro de Anônimo. Depois do sucesso do primeiro evento, o Sesc tinha topado abrigar a segunda edição em duas de suas unidades: Ipiranga, na capital, e Rio Preto. O Sesc investiu para tornar o evento internacional, convidou vários palhaços do mundo inteiro e instalou os convidados em um único hotel da cidade, com tudo pago. Um luxo.

Fernando reencontrou Chacovachi, o grande palhaço de rua portenho que conhecera em viagem com Erica à Argentina. Também estavam por ali os espanhóis Tortell Poltrona e Donald Lehn, o norte-americano Moshe Cohen e o dinamarquês Kay Bretold. O grande homenageado do Anjos do Picadeiro 1998 era o mestre palhaço Nani Colombaioni, pertencente à quarta geração de uma tradicionalíssima família circense italiana. Nani começou no circo ajudando seu pai, aos 4 anos. Em Rio Preto, estaria acompanhado de seu filho, o também palhaço Leris Colombaioni.

Duma tinha visto Nani pela primeira vez no filme *I clowns*, de Federico Fellini, e sabia se tratar de uma lenda viva da arte circense, dando sopa ali em Rio Preto. Ele leu no programa do festival que a Família Colombaioni daria a oficina *Clownerie* no início de dezembro. Correu com Fê para se inscrever, mas a turma estava cheia. Pediram, mendigaram e conseguiram assistir como ouvintes. A quinta geração da Commedia dell'Arte estava ali, diante de Agenor e Padoca, para compartilhar com o público brasileiro um pouco do que sabia.

Nani começou a dar dicas de como provocar o riso com cascatas e claques. Para demostrar o que estava explicando, o mestre pediu a ajuda dos alunos, ao que foi prontamente atendido por Duma e Fê. Cambalhota daqui, cascata dali, Nani e Leris notaram que a dupla tinha alguma experiência. Passaram a recorrer aos dois sempre que precisavam, durante toda a oficina.

Fê e Duma estavam extasiados. Apaixonados pela tradição do palhaço brasileiro, eles já conheciam bem os truques daqui. Tinham aprendido com Picolino algumas entradas que sua família usou durante dois séculos de circo. Mas com os Colombaioni foi diferente, era outra forma de fazer circo. Eles queriam aprender mais, e chegaram a pegar o telefone de Leris. Depois da oficina, os italianos apresentariam para o público do Anjos do Picadeiro *Espaguete*, uma entrada clássica de palhaço. Duma e Fê, claro, não podiam perder por nada.

Durante o número, Nani oferecia a Leris um prato de espaguete, mas se atrapalhava e caía com a comida, espalhando molho pelo chão. Porém, o tombo de Nani estava real demais. Enquanto o público se divertia, Duma e Fê, que conheciam bem o truque de cair sem se machucar, notaram que não era cascata, Nani tinha caído de verdade, batendo com a cara no chão. Aos 77 anos, ele conseguiu terminar o número sem que o público percebesse. O velho palhaço seguiu para São Paulo e ainda cumpriu alguns compromissos, mas as dores pioraram. Precisou cancelar o espetáculo que faria no Sesc Ipiranga e ficou internado em um hospital da capital paulista. Depois, seguiu para a Itália em uma UTI aérea fornecida pelo Sesc.

Apesar da aflição que sentiam por saber que Nani estava hospitalizado, em estado grave, Duma e Fê se entusiasmaram com o que tinham aprendido. Nani e Leris mostraram graça e poesia construídas em séculos de história. Eles queriam ser palhaços melhores e conhecer mais a história da Commedia dell'Arte. Planejavam entrar em contato com pai e filho e torciam para que Nani se recuperasse logo.

De volta a São Paulo, Duma retomou a turnê de *Éonoé*. A peça teve grande repercussão na imprensa, com ótimas críticas. Todas as TVs queriam mostrar as imagens dos atores subindo os trapézios e dançando ao som do techno do Prodigy, a trilha sonora do fim do milênio. "Quatro toneladas de areia, mais de cem refletores, duas travas de trapézio com mais de seis metros de altura", repetiam os âncoras das agendas culturais das emissoras de São Paulo, com as informações enviadas pelo release da Pia Fraus.

No entanto, mesmo com toda essa cobertura, o espetáculo não engrenou. A trupe chegou a encená-lo dezenas de vezes, porque a Pia Fraus tinha boa reputação e Beto Andreetta já não precisava se esforçar muito para conseguir pautas em teatros. O público até que se impressionava com a grandeza do cenário e a astúcia dos atores. Mas a concepção meio desajustada do espetáculo, sem um alinhamento sólido com o roteirista, transparecia em cena. Nos bastidores, pesavam mais as desavenças estéticas entre Beto Lima e Domingos.

A trupe já não estava mais se divertindo ao fazer a peça, o que em artes cênicas é a morte. Domingos começou a atuar de forma meio exagerada, quase histérica, como quem tentasse salvar o projeto. Não deu: pouco depois da estreia, a turnê minguou, até acabar. O fim de *Éonoé, uma cosmogonia* não foi, porém, motivo de discussões hostis, nem de ofensas. Não havia na companhia espaço para histrionismo, eram três artistas adultos lidando com as frustrações comuns ao meio em que atuavam.

Domingos já tinha aprendido os meandros da cadeia produtiva do mercado de espetáculos. A recente turnê de *O malefício da mariposa*, toda projetada de modo a prestar contas ao Sesc no fim, havia sido uma escola de planejamento e gestão para todos ali. Ele dominava inteiramente as técnicas para, se quisesse, entrar no mercado sem a Pia. Andreetta sabia que a estabilidade oferecida pela companhia a Domingos não seria suficiente se ele não sentisse que ali teria oportunidade de experimentar, se arriscar e criar sua própria forma de fazer teatro.

Não havia desavenças estéticas de Andreetta com Domingos. Ao contrário, achava que o parceiro transformara a Pia Fraus para melhor. Para ele, a força da trupe residia no encontro de três potências criativas. Andreetta se orgulhava da companhia, estabelecida no mercado de São Paulo, com voos internacionais. Não queria perder isso e faria o possível para conjugar os interesses estéticos de Domingos e de Beto Lima. O próximo espetáculo da Pia teria circo e também muitos bonecos.

No início de 1999, satisfeito com a contribuição da Pia Fraus na caravana em homenagem a García Lorca, o Sesc encomendou à companhia um inflável gigante que comporia a exposição *Coração dos outros, saravá Mário de Andrade!*, que ocuparia a unidade Belenzinho a partir de abril. Pouco antes, Beto Andreetta tinha assistido a um espetáculo dentro da piscina do Sesc Consolação. Era uma produção simples, mas ele ficou de olho no potencial da piscina semiolímpica, cercada por uma arquibancada com capacidade para 200 pessoas. Dava para fazer muito mais!

Enquanto discutia com os Betos como aproveitar a piscina do Sesc, Domingos tinha outra tarefa a cumprir com Fernando Sampaio. Eles queriam levar o número *As bailarinas* para o Festival de Teatro de Curitiba em março, mas a apresentação durava apenas 11 minutos, curta demais para os critérios do festival.

Para estendê-la, Duma e Fê criaram um preâmbulo em que Agenor e Padoca chegam de bicicleta de três rodas e interagem com o público, vendem pipoca, como se fossem funcionários do teatro que receberia, "dentro de instantes", as bailarinas. Na sequência, tentam montar o trapézio, sem sucesso, e acabam pedindo a ajuda do público para o trabalho técnico – sempre muito atrapalhados, claro. Depois desses dois atos, o roteiro sugere que as verdadeiras bailarinas não poderão entrar em cena, forçando os técnicos-palhaços a substituí-las. Era a deixa para eles executarem a coreografia grotesca que já sabiam de cor.

A peça ganhou outro nome, *Cia. La Mínima de Ballet*, ficou com 45 minutos e já estava pronta para ir a Curitiba. Depois da oficina com Leris, Agenor e Padoca aperfeiçoaram suas cascatas, suas claques, e definiram melhor os papéis de cada um. Agenor, o branco, preparava a piada para Padoca, o augusto. Ao mesmo tempo, Agenor era o portô, o trapezista que recebe o volante e o impulsiona de volta às alturas. Com seu tipo franzino e cheio de caretas, Fernando era naturalmente mais engraçado e Domingos, o forte, o elegante, quase sempre ludibriado pelas artimanhas do parceiro. O papel de *clown* branco não é fácil, é preciso rara generosidade para preparar a piada para o outro brilhar.

Minutos antes de entrar em cena no Festival de Curitiba, um momento de orgulho, euforia e certa tensão: Cacá Rosset estava na plateia. O grande diretor de *Ubu* assistiria ao trabalho que ele, mesmo sem saber, tinha ajudado a criar. A apresentação foi um sucesso e Cacá se dirigiu à dupla:

– Meus advogados entrarão em contato com vocês para cobrar os royalties – disse, com ar sério.

Antes que o clima azedasse, porém, Cacá revelou a piada: estava se referindo à bicicleta de três rodas com que Padoca e Agenor entraram em cena. Ela havia sido comprada de André Caldas, do Fratelli, que por sua vez a tinha recebido na repartição dos objetos cênicos de *Ubu*. Ou seja, Cacá, o grande Ubu Rei, era o "dono" daquela bicicleta.

Depois da estreia em Curitiba, o espetáculo estendido ganhou o país inteiro; um sucesso por onde passava. A produtora da Pia Fraus, Marlene Salgado, passou a agenciar também a La Mínima. Duma e Fê não tinham descanso, intercalando suas apresentações em dupla com os compromissos da Pia.

Em abril de 1999, tiveram uma notícia terrível: Nani, o pai de Leris Colombaioni, jamais se recuperou da queda em São José do Rio Preto. Faleceu, depois de quatro meses internado na Itália. Desolados, Duma e Fê não desistiram de se encontrar com Leris, o filho de Nani que acompanhava o pai em suas oficinas pelo mundo. Passado o tempo do luto, Duma pegou o telefone:

– Somos uma dupla de palhaços e participamos da oficina que você e Nani deram no Brasil. Sentimos muito pelo seu pai. Gostaríamos de saber se você nos receberia para mostrarmos um pouco do nosso trabalho aí na Itália.

– Claro, venham!

Leris não tinha dado grandes voos na carreira de palhaço longe de seu pai. Quando Nani morreu, ele teve sérias dúvidas sobre a sua própria capacidade de seguir sozinho. Pensou em desistir. O telefonema de Duma e Fê foi um sopro de ânimo. A partir daquele dia, Leris decidiu que não abandonaria seu caminho como o palhaço Ercolino.

No dia 7 de maio de 1999, o manifesto Arte Contra a Barbárie foi publicado no *Estadão*, assinado por uma série de artistas e coletivos de teatro de São Paulo. Pleiteava o "apoio constante à manutenção dos diversos grupos de teatro do país". O texto acusava diferentes instâncias de governo de delegar à iniciativa privada a sua missão constitucional de fomentar a atividade cultural. A Pia Fraus foi mencionada como signatária do manifesto, e Beto Andreetta, citado nominalmente. Na reunião seguinte, após a enorme repercussão, já não havia espaço suficiente para tanta gente. O movimento cresceu e os organizadores estavam animados com a força política que aquele desabafo coletivo poderia adquirir.

Paralelamente, a turma do circo se organizava para debater as necessidades específicas do setor. Rodrigo Matheus era ponta de lança dessa empreitada, junto com Fernando Sampaio, Erica Stoppel e Ziza Brisola. Tinham demandas bem distintas do Arte Contra a Barbárie – não propunham uma reforma estrutural da política cultural do país, e sim pequenas conquistas para o circo.

Havia sobretudo o desejo de ampliar o diálogo entre os vários grupos, artistas, técnicos e produtores que compunham a cena circense dos anos

1990 em São Paulo. Além disso, brigavam para pagar aluguéis mais baratos. A ideia era reunir esforços e subsidiar um espaço próprio, em que todos os circenses pudessem apresentar seu trabalho, compartilhar aparelhos, promover atividades de formação e intercâmbio de experiências.

Em meio à discussão, veio a notícia de que o Acrobático Fratelli iria deixar a sede em Cotia – os membros do grupo tinham se desentendido e iriam se separar. André Caldas estava comprando outro galpão por ali, e aquele espaço dos Fratelli, que todos já frequentavam, ficaria vago. A hora é essa, pensaram. Criaram uma cooperativa ainda meio informal e alugaram o galpão, com o objetivo de cotizar o pagamento e abri-lo aos grupos circenses que chegassem. A associação de artistas ganhou o nome de Central do Circo.

Domingos participou das reuniões do Arte Contra a Barbárie e acompanhou de perto os encontros da Central do Circo. Dedicou-se o quanto pôde a cada uma delas, mas não costumava atacar na linha de frente. Ele se interessava pelas questões coletivas relacionadas ao seu métier e contribuía para o debate. Mas sempre preferiu atuar na construção do espetáculo – para isso, estava disposto a pesquisar infinitamente, ensaiar até as pernas não aguentarem, montar a lona e fazer o que mais fosse preciso.

Beto Andreetta convenceu os produtores do Sesc Consolação a montar um espetáculo na piscina. Mas havia algumas condições: deveria entrar em cartaz em julho e sair em agosto, para não atrapalhar as aulas regulares de natação. O Sesc deixou claro que o projeto também não poderia sujar a piscina com tintas ou maquiagem. Eles teriam pouco mais de dois meses para a montagem, e os ensaios só ocorreriam entre dez da noite e três da manhã.

Além de dar conta de tantas restrições, Andreetta se virava para conciliar os desejos estéticos de Beto Lima e Domingos. Eles prepararam uma adaptação da *Odisseia*, de Homero, com muitos elementos circenses. Setenta bonecos entravam em cena, lembrando que aquela companhia era a Pia Fraus.

Navegadores estreou em 3 de julho de 1999. A imprensa deu ampla cobertura ao espetáculo que marcava o aniversário de 15 anos da Pia. A fila dobrava a esquina, todo mundo queria garantir o ingresso grátis para conferir a encenação que se passava dentro da piscina coberta no último andar. Enquanto o público saía dos elevadores e ia lotando as arquibancadas, os sete atores, exaustos, reuniam forças para se concentrar e entrar em cena.

No texto clássico da *Odisseia*, o herói Ulisses passa por poucas e boas ao voltar da Guerra de Troia, de navio, a sua terra natal, na Grécia. Na trama de *Navegadores*, os protagonistas eram uma dupla de palhaços, formada por Domingos e Fernando Sampaio, já quase um membro honorário da Pia Fraus. Também estavam no elenco os dois Betos, Alessandro D'Agostini e Carla Candiotto.

Uns eram acrobatas experientes, outros não, mas todos tinham que fazer estripulias na piscina. Nos ensaios, a trupe sentiu que faltava um petit volant com veia cômica. Domingos ligou para Alberto Medina, que já havia voltado à Espanha e adorou o convite para trabalhar de novo em São Paulo. Albertinho era ágil, tinha tempo de comédia, sabia agradar ao público e ganhou logo a simpatia de Beto Andreetta. Hospedou-se novamente na casa de Fernando, mas depois alugou uma em Embu para receber a namorada, a equilibrista francesa Nanou Perrot.

A piscina se transformou num belo cenário, com dois trapézios sobre um andaime de nove metros, pernas de pau, peixes de papel prateado espalhados pela água, dois "gigantes de ar" incluindo uma serpente de 20 metros, além de bonecos menores. Beto Lima, responsável por todos os bonecos e figurinos, ornou algumas vestes dos navegadores com lantejoulas, mas elas perdiam a cor no contato com a água e quase não deu tempo de encontrar o material sintético adequado, que solucionaria o problema.

O espetáculo começava com as cortinas fechadas, como se fosse num teatro – isso graças à generosidade do cunhado de Duma, Alfio, que forneceu dois quilômetros de tactel, o tecido de secagem rápida usado nas bermudas da Hang Loose. Domingos mantinha boa relação com o cunhado, mas o casamento não ia bem. Ele e Silvana já estavam praticamente separados: ela passava a semana no apartamento em Higienópolis.

A cinco minutos do início do espetáculo, as arquibancadas lotadas, entraram em cena os sete atores, exaustos, sem entender exatamente como conseguiram armar todo aquele circo em apenas dois meses. Para executar os números no trapézio, a turma tinha que sair da piscina, se secar e garantir que não escorregaria de cima do equipamento de seis metros de altura.

No fim, ofegantes, os navegantes sentiram a aclamação do público fazer tudo valer a pena.

A temporada seguiu, a fila continuou dobrando a esquina. Domingos e Fernando brilharam como a dupla de palhaços navegadores, meio inspirados em Dom Quixote e Sancho Pança. A oficina com Leris tinha amadurecido muito as palhaçadas. Nos ensaios, era Domingos quem puxava a trupe para a repetição exaustiva, a busca da perfeição. Aumentaram as diferenças com Beto Lima, que não fazia muita questão de ensaiar, nem de aperfeiçoar os números. Fernando, por sua vez, era um soldado. Às vezes marcava às seis da manhã para ensaiar com Domingos. Beto Andreetta chegava às nove e os dois estavam lá no galpão da Pia Fraus em Cotia, só para deixar uma virada de trapézio mais redondinha. Não raro iam até dez da noite, parando apenas para comer.

Com o sucesso da peça, Beto Andreetta levou convites para o novo diretor de Difusão Cultural do Sesi, Sílvio Anaz. No fim da sessão, Andreetta o recebeu na arquibancada já quase vazia.

– Beto, o próximo espetáculo do Sesi é de vocês. Pode fazer o que quiser, nem precisa me avisar, e a produção é por nossa conta – foi o que ouviu.

Navegadores correspondia exatamente ao tipo de teatro com que o Sesi pretendia preencher a sua pauta: alta literatura encenada com capricho, sem hermetismo, com forte potencial de comunicação.

O convite do Sesi chegou no momento certo. Apesar do sucesso, *Navegadores* não teria uma carreira tão longa: não havia tantos espaços com piscinas grandes e capacidade para abrigar um espetáculo daquela magnitude. Quando soube do convite, Domingos respondeu de pronto:

– Vamos fazer Dom Quixote, pessoal! Dom Quixote e Sancho Pança palhaços, vai ser foda.

Chegou a dizer que poderia voltar a fazer dupla com Fernando. Mas, peraí, quer dizer que agora os dois Betos foram legados ao segundo plano nos palcos da Pia Fraus? Ficou o impasse. Domingos desistiu de ser mais uma vez o protagonista, mas insistiu com a adaptação do clássico de Cervantes.

O casamento com Silvana chegara ao fim. Sua decisão de voltar para o apartamento de Higienópolis tinha se dado por motivo prático – ela ficava mais perto do escritório da Surf Co. Porém, os dois pareciam estar muito bem assim, distantes. A separação estava ensaiada e o primeiro ato fora cumprido. Continuar seria macular um relacionamento de 15 anos, que tinha sido feliz até não muito tempo atrás. Eles só precisavam conversar e romper sem perder a amizade. Conseguiram: depois do tempo de que todo casal precisa para cicatrizar o corte, Silvana e Domingos voltaram a se ver nos encontros da turma da Fefisa, com cordialidade e afeto sincero.

Beto Andreetta conseguiu programar *Gigantes de ar* para o Festival de Cádiz, em outubro de 1999.

O anúncio fez soar um alarme na cabeça de Domingos: *Gigantes* na Espanha em outubro. Espanha perto da Itália, onde mora Leris. Fernando Sampaio no elenco. Ou seja: Agenor e Padoca a poucos quilômetros de distância de Leris. Será que era a oportunidade para dar uma esticadinha e falar com o mestre? Domingos avisou Fernando, ligou para Leris e marcou o encontro. Eles iriam finalmente reencontrar o palhaço Ercolino e beber direto da fonte da Commedia dell'Arte.

Antes disso, Duma e Fê partiram para cumprir uma agenda da Cia. La Mínima em Natal, nem bem terminara a temporada de *Navegadores* no Sesc Consolação. Eles fariam as bailarinas no evento Na Rua da Casa, na Ribeira, região em processo de revitalização na capital potiguar, e em seguida ministrariam uma oficina para bailarinos com deficiência.

Havia entre Agenor e Padoca uma identificação quase exata de gostos e objetivos: paixão pela história do circo e pela figura do palhaço, desejo de fazer um teatro físico com recursos de acrobacia e rigor com a disciplina no trabalho. O público reconhecia e aplaudia o entrosamento. A dupla com Fernando estava tomando cada vez mais espaço na vida de Domingos.

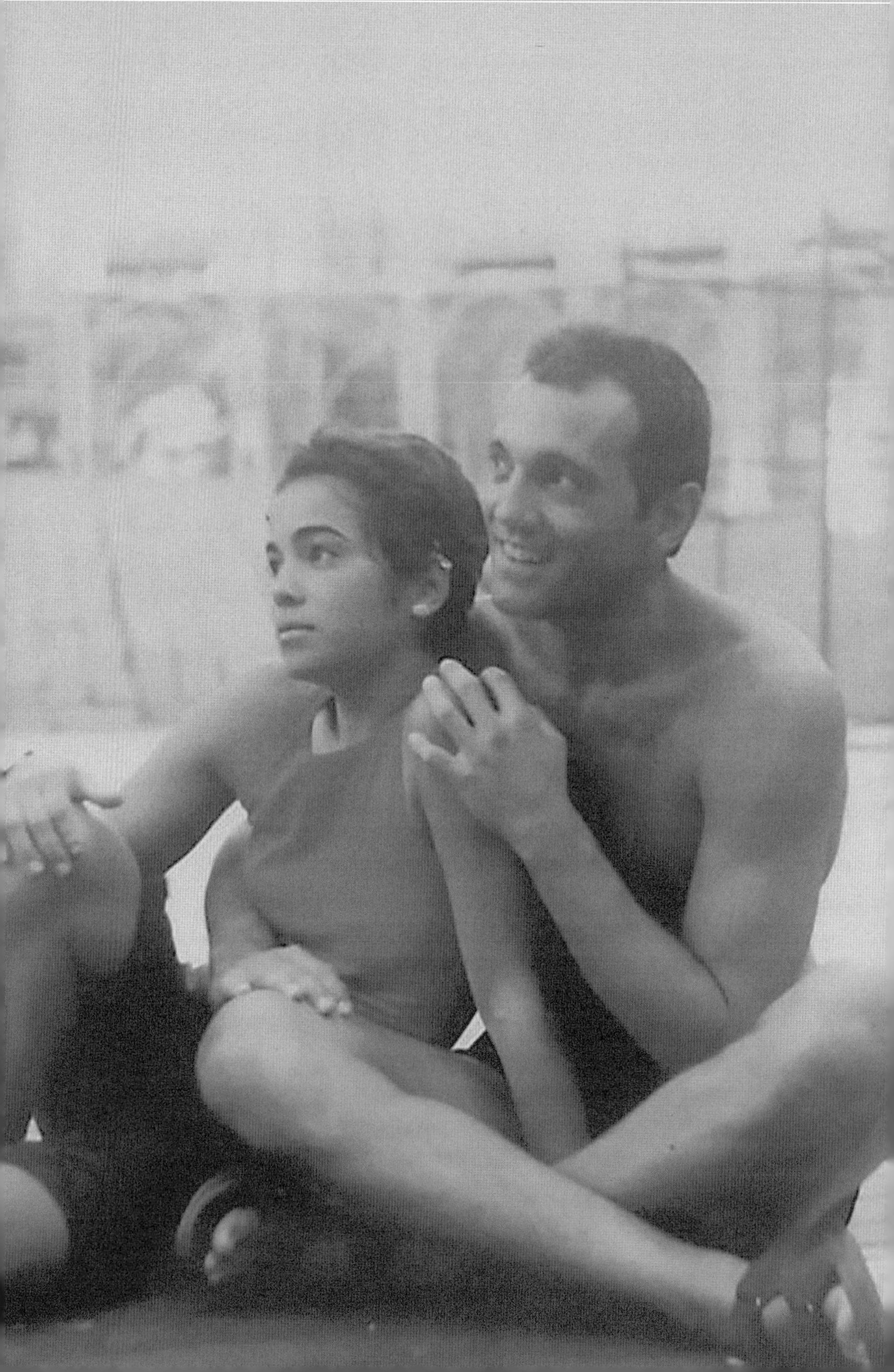

CAPÍTULO 6

Palhaça Rita

Quando a companhia Clowns de Shakespeare estreou *Megera DoNada* em Natal, em junho de 1998, Luciana Lima interpretava o papel de Bianca, a irmã da megera Catarina. Bianca se apresenta como a mocinha ingênua e submissa, mas no fim se revela a verdadeira megera da história. Fora de cena, Luciana namorava o diretor do espetáculo, o paulistano Fernando Yamamoto.

Era uma aposta ousada estrear no B-52, no bairro da Ribeira. Eles estavam fazendo teatro em Natal havia cinco anos e os espaços universitários já não comportavam os espetáculos da companhia, com produções maiores e público crescente. Por outro lado, não conseguiam sustentar uma temporada no Teatro Alberto Maranhão, o maior da capital potiguar. Perceberam que faltava ali um lugar intermediário para abrigar trupes que, como a deles, começavam a se profissionalizar.

A aposta se mostrou acertada. *Megera DoNada* fez 15 apresentações no B-52, um espaço cênico improvisado na Ribeira, região do centro histórico de Natal que experimentava os primeiros impulsos de sua revitalização. A peça foi um marco para a Clowns de Shakespeare. De férias na cidade, a atriz paranaense Adelvane Néia, a palhaça Margarida, foi assisti-la, se encantou com o empenho da turma e viu potencial no trabalho. Ela ofereceu uma oficina sobre a linguagem do palhaço para a Clowns e mais dois grupos de teatro locais, Estandarte e Tambor. Em troca, eles viabilizariam duas apresentações de seu espetáculo *A-ma-la* em Natal.

Durante a oficina, Adelvane propôs que cada ator fosse batizado com um nome de palhaço:

– Luciana, você tem esse jeito ao mesmo tempo sensual e irreverente, me faz lembrar a Rita Hayworth. O que você acha de ser a palhaça Rita?

– Eu adoro esse nome.

Ficou palhaça Rita. A partir da oficina, a Clowns de Shakespeare cresceu, até se tornar uma das mais prestigiadas companhias de teatro do Nordeste. Luciana adorou Adelvane e, no fim da oficina, confidenciou que era sua conterrânea, por mero acaso – seu pai foi militar e Curitiba, a última parada da família até se estabelecer em Natal, para onde Luciana se mudara aos 4 meses.

Apesar do sucesso no teatro, Luciana não estava exatamente feliz. A palhaça Rita, depois de batizada, não teve carreira muito além dos dez dias de duração da oficina. O namoro com Yamamoto também esfriou, até acabar. Aos 24 anos, Luciana fazia faculdade de Comunicação em Natal e estagiava na TV Cabugi, emissora afiliada à Rede Globo. Trabalhava em horário integral, estudava à noite e depois se encontrava com a Clowns de Shakespeare para continuar dando duro até o início da madrugada. Na Globo, começou no departamento de criação, no setor de computação gráfica, mas logo seria transferida para a área de produção. Na Clowns de

Shakespeare, estava também cada vez mais envolvida com a produção. Os compromissos na TV Cabugi, porém, a distanciavam do teatro.

A moça tinha talento para produção e sonhava seguir trabalhando com teatro, mas não havia em Natal um mercado consolidado de artes cênicas que justificasse abandonar uma carreira promissora na publicidade. Nada comparado a São Paulo – de vez em quando, Luciana ia para lá ficar na casa da avó de Yamamoto, e aproveitava tudo o que pudesse da programação cultural da cidade. O agito da megalópole tinha mais a ver com as aspirações de Luciana.

Na Clowns de Shakespeare, estavam todos orgulhosos do sucesso na B-52. Começaram a sonhar com um espaço cultural que pudesse, ao mesmo tempo, estimular a revitalização da área e sediar as criações artísticas do grupo. Descobriram um casarão em ruínas, construído em 1911, e desenvolveram um projeto de reforma que permitisse a sua ocupação por projetos artísticos. Nascia assim a Casa da Ribeira, que se tornaria, mais tarde, um importante centro cultural natalense.

Enquanto o projeto da Casa da Ribeira não saía do papel, o grupo criou o evento Na Rua da Casa, com espetáculos ao ar livre, em frente, a fim de chamar a atenção para o lugar onde queriam instalar o centro cultural. Fizeram duas edições do evento, atraíram um público razoável e despertaram a atenção das autoridades e dos potenciais patrocinadores para o projeto de restauração.

No momento em que a Clowns de Shakespeare iniciou a terceira edição do Na Rua da Casa, Domingos estava em contato com Edson Claro e seu marido, Henrique Amoedo, para desenvolver em Natal uma atividade da La Mínima com os artistas da Roda Viva Cia. de Dança, formada por bailarinos com deficiência. Edson e Henrique coordenavam um projeto de inserção social por meio da dança na Universidade Federal do Rio Grande do Norte. Já se correspondiam com Domingos, amadurecendo a ideia de trabalharem juntos, desde o encontro numa sessão de *Éonoé* em São Paulo.

A mãe de Fernando Yamamoto, ex-namorado de Luciana mas ainda seu parceiro na Clowns, era pró-reitora de Pesquisa e Pós-Graduação da universidade, e vizinha de Edson Claro. Não demorou muito até Edson sugerir a Yamamoto aproveitar a presença da La Mínima em Natal e conjugar as agendas. Luciana não participou das tratativas, mas produziu a apresentação da La Mínima na Rua Frei Miguelinho, em frente ao número 52 – a futura Casa da Ribeira.

Em agosto de 1999, o público de teatro de Natal sabia que em alguns dias começaria a terceira edição do evento Na Rua da Casa, anunciada pelas rádios, TVs, jornais e até pelos blogs mais antenados. O projeto da Clowns de Shakespeare estava crescendo e desta vez receberia grupos de São Paulo! A moçada que produzia o evento na raça se desesperava para dar conta dos detalhes. Sobrou para Luciana a tarefa de receber os trapezistas cômicos da La Mínima Cia. de Ballet.

Dois dias antes da primeira apresentação de *Cia. de Ballet*, Luciana imprimiu a plaquinha em que se lia "La Mínima", que levaria para o Aeroporto Internacional de Natal. Ela se informara com Fernando Sampaio que o equipamento cênico não caberia em um porta-malas comum: os tubos da trave do trapézio demandavam uma carreta. Ao se aprontar em sua casa, no fim da tarde, antes de sair, Luciana lembrou que eram trapezistas os artistas que ela buscaria e, meio sem pensar, caprichou no vestido. Linda com seu cabelo joãozinho, bronzeada do sol do inverno de araque potiguar, ela exibiu a plaquinha no portão de desembarque, imaginando a força dos trapezistas que estavam para chegar.

Fernando Sampaio, franzino, óculos pendurados sobre o pulôver, foi o primeiro a avistá-la e fez um aceno. Deve ser alguém da equipe técnica, Luciana pensou ao acenar de volta. O Anjo Torto, que estava ali escondido atrás de um latão de lixo, deu risada. Domingos veio em seguida: cabelos assanhados, sorrisão no rosto, camisa estampada meio aberta, colar pendurado, mochila no ombro direito e uma barra de três metros no ombro esquerdo. O Anjo Torto se fantasiara de cupido e lançou duas flechas. Apesar do frisson que sentiram, Domingos e Luciana se trataram com respeito profissional. Luciana estava simpática e receptiva como deveria, ou um pouquinho mais. Domingos, amável e sorridente como sempre foi, ou um pouquinho mais.

A terceira edição do Na Rua da Casa foi um sucesso absoluto e o público compareceu em massa para conferir o teatro com pegada circense, último grito das artes cênicas do sul maravilha. A La Mínima deu show com o seu balé, arrancando gargalhadas dos potiguares. Domingos fez amizade com todos da Clowns de Shakespeare. Assistiu com atenção a um ensaio de *Sonhos de uma noite só*, espetáculo em processo de criação, que seria dirigido por Fernando Yamamoto, o ex de Luciana. Logo após o ensaio, no pátio de um prédio abandonado, Domingos procurou Yamamoto para conversar sobre o espetáculo.

– Você precisa ensaiar mais até conseguir cenas com mais vigor – pontuou.

A firmeza e a generosidade do paulistano ecoaram na condução de Yamamoto e fizeram diferença na montagem, que se tornaria um dos maiores sucessos da Clowns de Shakespeare.

Cumpridas as apresentações, Domingos e Fernando iniciaram a oficina com a Roda Viva. Coincidiu de Albertinho estar de férias com Nanou pelo Nordeste, de forma que pôde conferir o trabalho dos amigos como instrutores de dança. Ao encontrá-lo, Domingos o puxou pelo braço e sussurrou:

– Rapaz, eu encontrei aqui em Natal uma moreninha...

Na primeira aula, o grupo definiu coreografias, incluindo o trapézio, para cinco canções dos Beatles. Tudo era novo para todos ali: Domingos e Fernando nunca trabalharam com bailarinos com dificuldade de locomoção, nem os bailarinos da Roda Viva jamais tinham feito nada parecido com a dança meio circense que a dupla propôs.

Domingos aprendeu com a monografia que Henrique Amoedo havia escrito sobre o tema e elegeu um trecho para abrir o espetáculo. Ele e Fernando conversaram bastante com os participantes da oficina, estavam curiosos sobre o tipo de deficiência de cada um. Adriana Barbosa, uma linda bailarina com dificuldade motora, sequela de paralisia infantil, topou o desafio de fazer um número de trapézio. Domingos e Fernando exigiram enorme esforço de Adriana, mas tudo feito de forma leve e prazerosa, sempre com foco no resultado da apresentação. Adriana conseguiu executar o número com brilho e levou essa experiência de superação para sempre.

Juntos, Domingos, Fernando, a coreógrafa Ivonice Satie e os bailarinos da Roda Viva criaram o espetáculo *Em tese nada é real...*, encenado em várias cidades brasileiras, impulsionando o projeto de Edson e Henrique e mostrando aos bailarinos e às plateias do país que tudo é possível. Fernando Sampaio ficou dez dias em Natal e partiu, deixando Domingos por mais cinco dias, para finalizar o trabalho com a Roda Viva.

A faísca que saltou do encontro de Domingos e Luciana pegou fogo, ardeu e resultou em explosão sideral. Luciana não cedeu às primeiras investidas, desconfiou do jeito "dado" do ator paulistano. No fim da temporada natalense, porém, não teve jeito. Ficaram então os dois, perdidamente apaixonados, sem saber o que fazer no dia seguinte, em que estariam separados por três mil quilômetros de distância.

Domingos chegou a São Paulo ainda aturdido com as emoções de Natal, mas precisava se sacudir porque começaria em poucos dias o Circonferência – Festival Sesc de Circo Novo. O Sesc confiara a curadoria do evento à Central do Circo, cooperativa recém-formada pelo Circo Mínimo com as companhias La Mínima e Linhas Aéreas. Ao longo de três semanas, de 1º a 19 de setembro de 1999, foram mais de 30 espetáculos, no palco e na rua, de grupos de cinco estados, além de oficinas e debates.

O superevento abriu com o espetáculo *Linhas Aéreas*, da companhia homônima, formada só por mulheres. Erica Stoppel, mulher de Fernando Sampaio, tinha voltado do Canadá cheia de ideias sobre novas disposições dos aparelhos aéreos, inspiradas pelas aulas com André Simard. Ela queria testar essas técnicas e se associou a Monica Alla, Isabela Graeff e Juliana Neves, todas colegas da Circo Escola Picadeiro, além de Ziza Brisola, sua aluna na Nau de Ícaros, e da bailarina Cinthia Beranek. O Circonferência marcou a estreia da Linhas Aéreas.

Houve palestras sobre formação, técnicas circenses e fomento público ao circo. Mas o tema que incendiou o auditório do Sesc Belenzinho foi o subtítulo do festival: Festival Sesc de Circo Novo. Afinal, o que queria dizer Circo Novo? Que os grandes circos de lona que se apresentavam por todo o Brasil eram o Circo Velho? Ao longo do festival, dentro e fora do auditório reservado aos debates, discutiu-se muito o nome do evento. Os organizadores foram se dando conta de que era precipitado, para não dizer arrogante, autodenominar-se Circo Novo.

Em sua pesquisa, a historiadora Erminia Silva, especialista em história do circo e ela mesma filha de circense, fornecia os elementos para questionar o termo Circo Novo. No fundo, o circo foi e continuava sendo novo, a inovação faz parte de sua história. No Brasil e no mundo, as trupes sempre tiveram que se adaptar às novidades estéticas e tecnológicas de seu tempo, para não perder o interesse do público. Grande ironia: os paulistanos que pensavam promover uma revolução da arte circense não faziam nada além de retomar uma tradição secular. Como é velha a novidade!

Polêmicas à parte, a Central marcou um movimento da nova geração do circo de São Paulo em busca de reconhecimento de sua arte. Apesar das divergências com os tradicionais, os "novos" criaram um ambiente de convivência diária e de aprendizado mútuo, exatamente como imaginavam que os "antigos" faziam. Eles queriam ser circenses com serragem nas veias e a Central do Circo era o mais próximo disso que poderiam chegar

Satisfeitos com o resultado da primeira empreitada, os organizadores prepararam os próximos passos. A partir de junho de 2000, promoveriam diversas edições do *Cabaré da Central do Circo*, evento que reunia as companhias integrantes da cooperativa e outros artistas convidados. Os grupos Circodélico, Companhia Le Plat du Jour, Companhia Circo Nosotros, entre outros, logo se associaram à Central. Com o tempo, outras trupes foram se incorporando, como o Circo Zé Brasil e o Circo Amarillo.

Concluída a programação da Circonferência, Domingos e Fernando precisavam arrumar novamente as malas. Embarcaram com a Pia Fraus para Cádiz, em outubro de 1999. Separado de Silvana, Domingos não podia deixar Bauer e Tião sozinhos na casa de Embu. Ligou para Albertinho e pediu para ele cuidar dos cachorros:

– Fica lá em casa com a Nanou, tem muito espaço.

O acrobata espanhol entregou a casa em que morava e se mudou com a equilibrista francesa para a de Duma.

A Pia Fraus levou dois espetáculos a Cádiz, um deles *Flor de obsessão*, ainda capitalizando a glória de ter sido premiado em Edimburgo. Andreetta estava mais animado por apresentar *Gigantes de ar* pela primeira vez na Europa, e em praça pública! Mas o dia amanheceu chuvoso. Mesmo assim, a trupe partiu com todo o equipamento para a praça. Apesar dos esforços, o vento não deixava os infláveis no lugar, o palco não conseguiu se sustentar e o espetáculo foi cancelado. A Pia Fraus fez *Flor de obsessão* e retornou a São Paulo.

Domingos e Fernando desviaram a rota e partiram para Aprília, na região metropolitana de Roma, Itália. Leris Colombaioni morava em um trailer no terreno onde costumava fincar o seu circo. Ele hospedou Duma e Fê em outro trailer no mesmo local. Depois de comer e descansar um pouco, iniciaram o treino que tinham combinado por telefone. Os brasileiros mostraram o número *As bailarinas* e Leris deu alguns toques, principalmente para aperfeiçoar os perfis de *clown* branco e augusto. O italiano contou que estava treinando outros grupos brasileiros e recebera convite para voltar ao Anjos do Picadeiro.

– Afinal, qual espetáculo vocês querem fazer?

– Nós ainda não sabemos muito bem – respondeu Fernando. – Por enquanto, temos só o título: *À la carte*. E queremos fazer um espetáculo mudo.

– *Senza parole? Ma come?*

Leris seguia a linha de comicidade de seu pai, de palhaços verborrágicos. Foi difícil para ele assimilar a ideia de um espetáculo sem palavras.

– E por que *À la carte*?

– Nós queremos fazer um espetáculo que tenha uma cozinha no palco – explicou Domingos. – Queremos descascar cebola e preparar uma pizza para a plateia. Queremos que as pessoas sintam o cheiro da cozinha.

– Hum... Vocês estão complicando as coisas. Cozinha tem fogo, fumaça, é melhor evitar essas coisas no cenário. Vocês têm alguma ideia sobre o roteiro?

Duma e Fê giraram a cabeça em sinal negativo.

– Então me deixem pensar no que vamos fazer.

Duma e Fê tinham só quatro dias antes de voltar ao Brasil. O tempo era curto para desenvolver um espetáculo. Eles encheram o italiano de perguntas, sobre as origens da família, sobre o circo de seu pai, sobre a sua impressão do palhaço brasileiro. Em um mundo onde o circo-família já quase não existia, Leris era o herdeiro de uma dinastia envolvida com a arte há quatro séculos. A avó de Leris, Catarina Delacqua, vinha do casamento de duas famílias da Commedia dell'Arte, os Delacqua e os Travaglia. Casou-se com Alfredo Colombaioni, pai de Nani e avô de Leris.

O italiano tinha uma postura crítica à nova geração de palhaços, que quebrou a corrente da tradição. Para ele, aquele momento era de entressafra, até os palhaços "das escolas" encontrarem o seu caminho. Sobre os *clowns* brasileiros, comentou:

– Vi vários sem sapato. Palhaço sem sapato para mim é como homem sem cabeça! Há uma tremenda confusão de cores na maquiagem do palhaço no Brasil, não precisa ser assim.

Quando chegou a hora de voltar, muitas perguntas ficaram sem resposta e o novo espetáculo estava longe de ser concluído. Domingos fez uma proposta:

– Leris, nós vamos desenvolver *À la carte* no Brasil, a partir das suas dicas. Depois, queremos que dirija o espetáculo. Você topa?

– Meus queridos, não posso ir ao Brasil para isso, mas se vocês vierem, ajudo com prazer, só vou precisar de mais tempo.

De volta a São Paulo, Domingos continuou falando com Luciana por telefone; precisava dar um jeito de encontrá-la. Não recusava mais nenhuma agenda no Nordeste, fosse na Pia Fraus ou na La Mínima. Certa vez, apresentou-se com Fernando em São Luís, no Maranhão, e aproveitou para esticar até Natal e encontrá-la – mais de 1.500 quilômetros separam as duas capitais, mas para os dois pombinhos era só uma esticadinha.

A Pia Fraus recebera sinal verde do Sesi para produzir o novo projeto e Domingos, finalmente, convenceu os parceiros a fazer algo inspirado em Dom Quixote. Porém, antes de pôr a mão na massa, Andreetta propôs que a companhia participasse da seleção para a programação do Cultura Inglesa Festival, marcado para maio de 2000, no Teatro Augusta. Domingos recuou:

– Mas Betão, você não acha melhor a gente focar e caprichar para o Sesi?

– Vamos fazer as duas, Domingão, dá tempo! Você consegue fazer dois trabalhos ao mesmo tempo, certo? A Cultura Inglesa vai bancar a montagem dos espetáculos selecionados, a gente não pode perder essa!

– Acho que a gente tem que inverter essa lógica, Betão. Primeiro vem a ideia da obra e depois a gente busca um jeito de viabilizar. Não dá pra atender todo edital que aparecer.

— Não é todo dia que aparece uma Cultura Inglesa distribuindo grana assim. Vamos fazer essa inscrição, nem sabemos se vai passar. Depois a gente conversa melhor. Precisamos achar um texto de autoria inglesa. Eu pensei em fazer *Frankenstein*, a autora é britânica, o que acha?

— Porra, Betão, o pior é que eu ainda tô de mudança! — Domingos comprara uma casa perto do imóvel em que ele morara com Silvana, ali mesmo em Embu.

Beto Lima votou com Andreetta e fizeram a inscrição. A Pia Fraus foi contemplada pela Cultura Inglesa e recebeu o patrocínio para montar o novo espetáculo, uma adaptação de *Frankenstein ou o Prometeu moderno*, clássico do terror escrito por Mary Shelley, em 1818. O Sesi podia esperar.

A Pia Fraus convidou Hugo Possolo para escrever o texto da adaptação de *El ingenioso hidalgo Don Quijote de La Mancha*, o clássico de Miguel de Cervantes. Os Parlapatões eram a essa altura um grupo muito respeitado em São Paulo. Hugo estudou jornalismo e história na USP e circo na Picadeiro, e essa mistura lhe deu uma postura crítica e bem-humorada, popular e subversiva, que tornou os Parlapatões destaque na safra da Escola Picadeiro.

Andreetta avisou:

— Só temos duas condições, Hugo: um, estreamos em agosto e você precisa entregar o texto em dois meses no máximo. A gente vai estrear outro trabalho em maio e logo depois precisamos do seu texto pra levantar o espetáculo pro Sesi.

— Porra, dois meses? Tá, então tchau que eu vou correndo pra casa começar. Qual é o segundo problema?

— Precisa ter três Dom Quixote. Aqui na Pia Fraus todo mundo é protagonista. No mais, é com você.

Em maio, *Frankenstein* estreou na programação do Cultura Inglesa Festival, no Teatro Augusta e, em junho, cumpriu temporada de cinco semanas no Centro Cultural São Paulo. A autora Mary Shelley, que começou a escrever o romance aos 19 anos inspirada por um pesadelo, tornou-se personagem do espetáculo da Pia, representada por uma boneca. Domingos e os Betos criaram uma atmosfera que fazia lembrar *Flor de obsessão*, com bonecos, poucas palavras, dança e teatro físico de inspiração circense. A jaula em que Frankenstein, interpretado por Duma, ficava preso era um aparelho aéreo, permitindo-lhe exibir toda sua arte. Ao ver Domingos misturando dança contemporânea, literatura clássica e circo, Bel Mucci, uma de suas alunas no Galpão Fratelli, decidiu: "É isso que quero fazer na vida!".

Com *Frankenstein* ainda em cartaz, Beto Andreetta ligou para cobrar o texto de Hugo Possolo:

– Beto, estou lendo pela terceira vez o livro. Não vou poder entregar tudo de uma vez. Já tenho alguma coisa pronta aqui. Posso ir entregando por partes?

– Sim, mas que diretor vai pegar um texto que não está pronto? Só tem um jeito, você vai ter que dirigir a gente!

Assim foi, e a peça ganhou o título *Farsa quixotesca*. Hugo aproveitou bem o mote de criar três Dom Quixote – percebeu três aspectos do protagonista do clássico de Cervantes e desenvolveu um desses aspectos para cada integrante da Pia Fraus. Como conhecia bem os atores, escreveu inspirado na personalidade deles.

Cada um dos protagonistas tinha o seu Sancho Pança. Beto Andreetta trouxe Albertinho Medina da Espanha para fazer dupla com ele e reforçar a ala circense do elenco. Hugo convidou Marcelo Castro – que acabara de deixar o Acrobático Fratelli e estava montando sua própria trupe, o Fractons – para ser o Sancho de Beto Lima. A dupla de Domingos foi, para surpresa de ninguém, Fernando Sampaio.

Dulcineia, a doce namoradinha imaginária de Dom Quixote, seria interpretada por Keila Bueno, mas ela se machucou durante os ensaios, precisou fazer uma cirurgia e ficar de repouso. Hugo convocou Bárbara Paz, que namorava outro parlapatão, Raul Barretto.

Domingos não gostou de ver a produção de *Farsa quixotesca* atropelada por *Frankenstein*. Ele queria caprichar para arrebatar o público do Sesi e consolidar a parceria. O Teatro Popular do Sesi promovia uma guinada em sua política de ocupação. Depois de priorizar produções de diretores renomados como Gabriel Villela e Bia Lessa, era a hora de abrigar grupos menores. Para produzir *Farsa quixotesca*, a primeira montagem com o novo perfil, a Pia Fraus ganhou 240 mil reais, além de toda a infraestrutura e a garantia de quatro meses em cartaz. Um luxo! Um espetáculo feito às pressas não seria definitivamente a melhor forma de atender a esse convite. Agora era correr atrás do prejuízo, dar o sangue e apresentar o melhor Dom Quixote já visto por Sílvio Anaz, diretor do Sesi.

O DJ convidado para fazer a trilha sonora, Teo Ponciano, embora já tivesse produzido ótimos trabalhos para a Pia Fraus, não conseguia acertar a mão. Teo propôs uma trilha de música eletrônica, acrescentou elementos de percussão, mas não funcionou bem. Correndo contra o tempo, Hugo perdeu a cabeça e descontou no pobre Teo. Domingos percebeu a tensão entre o DJ e o diretor, mas não podia deixar a montagem travar. Esperou Hugo se acalmar e tocou no assunto, como quem não quer nada. Na conversa com Domingos, Hugo conseguiu encontrar um caminho:

– Duma, eu acho que esse espetáculo tem uma pegada rock, não tem a ver com eletrônica. Mas eu não entendo muito de rock, não sei o que fazer – desabafou.

Domingos se empolgou e, no dia seguinte, chegou ao ensaio com um monte de CDs de rock. Entregou para Teo, trocou uma ideia e, no fim da tarde, o problema da trilha sonora estava resolvido.

Durante os ensaios, Domingos e Fernando repetiram o método obsessivo: chegavam ao galpão de manhã cedo, sem hora para ir embora. Beto Lima também manteve o padrão: mandou muito bem na cenografia, na criação de bonecos, mas não era um ator aplicado. Seu desleixo, porém, tinha peso maior dessa vez, pois havia no espetáculo muito mais interação entre os personagens. Quando Lima não tinha o texto decorado, todo o elenco era prejudicado.

Beto Andreetta fez o que pôde com o seu Quixote, mas com a consciência de que a sua função era apenas a de não comprometer o trabalho. Albertinho driblou a falta de um português bem falado, rasgando o verbo em espanhol mesmo. Ele fazia suas cascatas e falava rápido, de propósito, para ninguém entender, e ficava muito engraçado.

Domingos criou um número de petit volant para arrepiar a plateia no encerramento do espetáculo. Albertinho sentia segurança ao ter Duma como portô – eles montaram um número vestidos com figurino feito de tecido fluorescente, com o palco às escuras. Nos ensaios, em meio ao breu, Duma dizia:

– Pode soltar, eu te pego.

Domingos curtia a companhia de Albertinho e Nanou em sua casa em Embu. Passavam horas ouvindo música e tomando cerveja na cozinha. Nanou ia dormir mais cedo e os dois amigos ficavam de papo até de madrugada. Certa vez, a conversa girava em torno das diferenças entre os mercados de teatro brasileiro e europeu. Albertinho adorava São Paulo e os amigos que fizera ali, mas admitia que tinha muito mais estabilidade na Europa. Domingos concordou:

– Sabe o que ia ser foda? Trabalhar com cinema ou TV. As condições de trabalho são bem melhores. E eu adoro!

À parte as preocupações de Domingos com o prazo e com a atitude relapsa de Beto Lima, *Farsa quixotesca* foi um enorme sucesso desde a estreia, no dia 17 de agosto de 2000. O jornalista Valmir Santos, entusiasta do novo teatro circense paulistano, dedicou uma página inteira ao espetáculo na *Folha de S.Paulo*, com direito a uma retrospectiva da carreira da Pia Fraus. Em destaque, um trecho do texto de Hugo Possolo.

Agenor e Padoca roubaram a cena. A cada piada bem encaixada, cada cascata milimetricamente calculada, cada movimento de trapézio executado com maestria técnica e estética, ficava mais evidente o resultado das horas a fio de ensaio. A trupe estava se divertindo em cena e era comum, depois das sessões, todos irem jantar e beber cerveja na Cantina e Pizzaria Piolin, na Rua Augusta.

Beto Lima também levou ao palco o resultado do seu trabalho nos ensaios. Errava as marcas, esquecia o texto... Depois da estreia, Domingos passou de chateado a furioso. Hugo convocou um ensaio para acertar umas marcações. Lima fumou um baseado e chegou especialmente relapso. Domingos perdeu a paciência:

– Porra, Beto, você é dono dessa companhia, cara. Tem profissionais trabalhando com a gente aqui, todo mundo contribuindo pra tudo funcionar direito. Isso aqui não é teatro amador!

Como resposta, Beto soltou um piti e abandonou o ensaio. Naquela noite, no Sesi, Beto Lima deixou também o palco durante os aplausos. A temporada seguiu, os ânimos se acalmaram, mas a tensão permaneceu no ar. Andreetta sentiu que a parceria estava perto do fim quando Domingos se inscreveu para a audição que o Cirque du Soleil realizaria em novembro – a grande companhia canadense chegou a incluí-lo em seu banco de talentos.

A Dulcineia de Cervantes ganhou mais destaque no texto de Hugo e se tornou o fio condutor da narrativa de *Farsa quixotesca*. Porém, Bárbara Paz – a atriz que fazia uma só Dulcineia para três Dom Quixote – precisou deixar o elenco. Quando Beto Andreetta agendou uma temporada em Montevidéu, Domingos convidou então Fernanda D'Umbra, a colega de classe da escola Nova Dança, para substituí-la. Fernanda adorou participar e testemunhou ali o talento e a rigorosa disciplina do colega.

No dia 2 de novembro de 2000, depois de muito namoro à distância, Luciana Lima chegou a Embu das Artes para morar com Domingos. Não tiveram exatamente uma lua de mel, porque havia muito trabalho e Albertinho e Nanou ainda eram hóspedes de Domingos. Antes de levá-la para assistir a *Farsa quixotesca*, Domingos cuidou de avisar a turma. Todos ali tinham enorme carinho por Silvana e conviveram com ela por mais de uma década. Domingos não dourou a pílula:

– Turma, amanhã vou trazer a Luciana aqui. Agora é ela.

A produtora Marlene Salgado, contratada pela Pia Fraus, estava representando também a La Mínima. Essa dobradinha começava a causar constrangimentos, pois às vezes era preciso escolher uma das duas trupes para atender a um determinado convite ou concorrer a uma seleção para um festival. Luciana, que tinha experiência em Natal, assumiu a produção da dupla Duma e Fê. Ao chegar à megalópole, a encantadora potiguar fora incumbida de uma importante tarefa: captar recursos para levar a companhia La Mínima de volta à Itália, onde tinha encontro marcado com Leris Colombaioni.

Uma semana após a sua chegada, a Secretaria de Cultura do Estado de São Paulo abriu o processo de seleção do Prêmio Incentivo Flávio Rangel, com recursos em dinheiro para montagens teatrais. Luciana se sentou com Duma ao computador e, juntos, em seu novo lar em Embu, elaboraram o projeto *À la carte*.

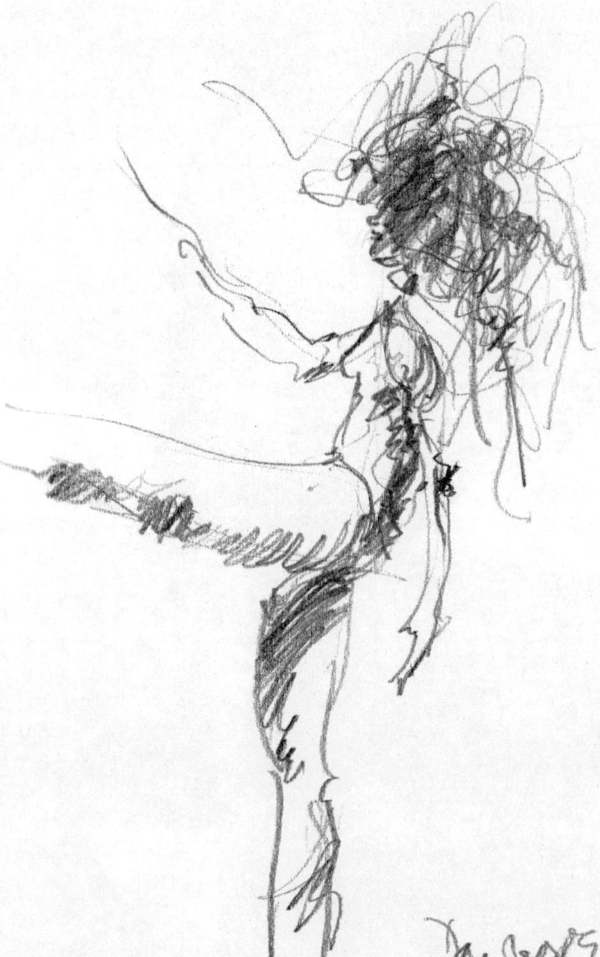

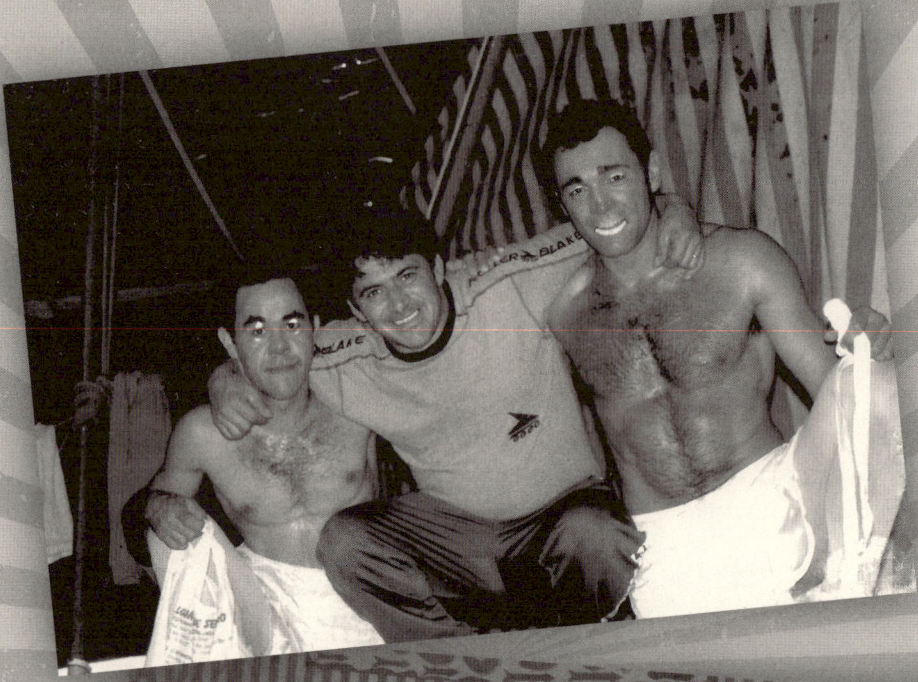
BLAKE
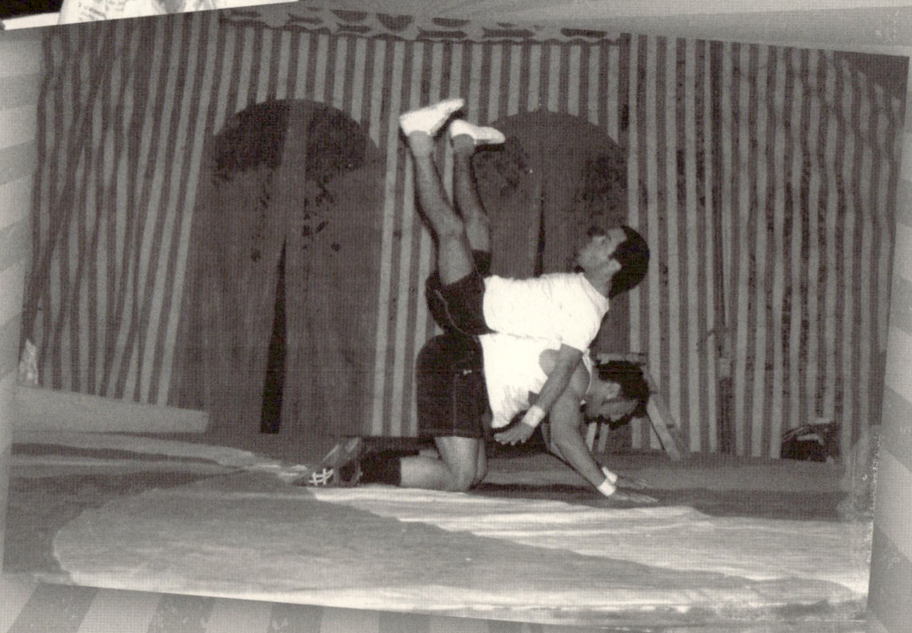

CAPÍTULO 7

"È una mierda totale!"

Domingos e Fernando seguiam fazendo a dupla mais engraçada de *Farsa quixotesca*, com a Pia Fraus. Paralelamente, ensaiavam cascatas, números musicais e de magia para compor *À la carte*, a peça que pretendiam levar à Itália para ser dirigida por Leris Colombaioni. Começaram a ter aulas de instrumentos de sopro para tocar em cena. De vez em quando, eles ligavam para o italiano, contavam um pouco do que estavam produzindo e ouviam uns toques.

A dupla tinha um vasto repertório de esquetes, mas não conseguia chegar a um roteiro que desse unidade dramática ao espetáculo. Foi quando Fernando lembrou de Paulo Rogério Lopes. Aos 35 anos, Paulinho já contava uma quinzena de textos para teatro. Em *O pallácio não acorda*, a peça da Nau de Ícaros com Fernando no elenco, ele fizera exatamente o trabalho de criar unidade narrativa para articular números avulsos. Marcaram com o dramaturgo no Fran's Café Angélica, em Higienópolis, no fim do ano 2000:

– Paulinho, nós queremos fazer um espetáculo de sala, reunindo entradas de palhaçaria clássica. Já tem nome, *À la carte* – explicou Fê.

– Nós pensamos em cozinhar de verdade no palco, mas o nosso diretor, o Leris Colombaioni, não curtiu a ideia. Pensamos então em oferecer um cardápio de entradas, para que o público escolha qual delas o Agenor e o Padoca vão fazer. Sua missão é criar uma narrativa, uma fábula que articule todas essas entradas – completou Duma.

– Bacana, eu gostei muito de trabalhar com circo. Topo, claro!

– Outra coisa: queremos um espetáculo mudo – Fernando arrematou.

– Puta merda!

– Vai que dá, Paulinho – desconversou Domingos. – O mais importante: não crie barreiras para si mesmo. Escreva como se fosse para um desenho animado. Nós vamos quebrar a cabeça e dar um jeito de encenar.

Paulinho entregou o roteiro no início de 2001. O título *À la carte* foi mantido, mas a ideia de oferecer ao público um cardápio de piadas tinha ficado de fora. Em vez disso, Paulinho criou uma história simples, de modo que a dupla pudesse inventar as situações mais diversas para encaixar as palhaçadas. Agenor e Padoca seriam dois palhaços vivendo juntos, em miséria, dentro de um trailer. Com frio e com fome, sua aventura era se virar e conseguir chegar até o fim do dia. Para isso, ora disputavam comida, ora uniam esforços para conseguir resolver os problemas mais triviais.

A cena inicial se passa de manhã, quando os jovens palhaços estão dormindo no trailer. Faz frio, e Agenor tenta roubar o cobertor de Padoca. Depois de muita confusão ao longo de todo o espetáculo, a cena final repete a situação inicial, só que muitos anos mais tarde. Os dois palhaços, já velhinhos, estão vivendo juntos no mesmo trailer. Vendo que o parceiro treme de frio, Agenor lhe devolve o cobertor. Ao ler o roteiro, cada um em sua casa, Fernando e Domingos perceberam que a montagem de *À la carte* era mesmo como uma promessa de parceria para toda a vida. A companhia La Mínima iria durar para sempre.

Naqueles tempos de arte circense em alta, o Dia Nacional do Circo, 27 de março, não passava mais em branco. Em 2001, Hugo Possolo e Beto Andreetta organizaram o Circo Geral para celebrar a data, ocupando o Sesc Pompeia por dois fins de semana de março. O Parlapatões trouxe de volta a homenagem que fizera em 1997 a Piolin, o lendário palhaço cujo aniversário é lembrado no Dia do Circo. A Pia Fraus preparava novo espetáculo, inspirado na fauna brasileira, e o trio resolveu experimentar os bonecos que já tinha confeccionado, em um esquete feito especialmente para o Circo Geral. Hugo e Andreetta convidaram para o evento as companhias Linhas Aéreas, Circo Mínimo, Fractons e La Mínima – Domingos, portanto, atacou em duas frentes.

Ainda em março de 2001, sob direção de Rodrigo Matheus, a Central do Circo abriu a programação do 10º Festival de Teatro de Curitiba, no Paraná. Domingos participou como autor da trilha sonora da produção, que contava com atores e acrobatas do Circo Mínimo, Linhas Aéreas, La Mínima, Circo Nosotros, Le Plat du Jour e Spasso.

Em seguida, Hugo convidou a La Mínima para o elenco do novo espetáculo dos Parlapatões, *Pantagruel*, adaptação de textos do cômico renascentista francês François Rabelais. O protagonista Pantagruel é filho do monarca de um reino invadido e, para se preservar, sai em busca da Ilha de Utopia. Domingos foi escalado para o papel de Panúrgio, um mendigo devoto dos prazeres da vida – comer, beber e trepar – que acaba desviando Pantagruel de sua missão. Ele chegou a ensaiar, descendo pelado de um mastro enquanto declamava um poema em homenagem à Divina Garrafa. Mas precisou abandonar o projeto, porque sua agenda não comportava mais compromissos, além da Pia Fraus e da La Mínima.

Duma e Fê tinham que dar um jeito de voltar à Itália e ensaiar *À la carte* com Leris. No início de abril, saiu finalmente a lista de projetos contemplados com o Prêmio Flávio Rangel. O trabalho de Luciana valeu a pena: a La Mínima recebeu 25 mil reais. Bem menos do que os 100 mil que os Parlapatões levaram para montar *Pantagruel*, mas já dava para comprar as passagens.

Certo dia, Fernando estava com Beto Andreetta acertando uma apresentação de *Farsa quixotesca* quando, distraído, vacilou e entregou uma pista de que iria para a Itália com Domingos. Beto passou o dia pensando: ele era sócio de Domingos, deveria ser o primeiro a saber de uma viagem como essa. Não tinha mais jeito, a trajetória do amigo na Pia Fraus chegara ao fim. Beto percebeu que Domingos estava hesitando e deu um jeito de encurralar o sócio, forçando-o a revelar os planos da viagem.

Beto passou a manhã seguinte ao telefone e conseguiu marcar sete sessões de espetáculos da Pia Fraus para o mesmo período em que Domingos estaria na Itália. Quando o parceiro chegou ao galpão da Pia, ele comemorou:

– Domingão, tamo com a agenda cheia, vem ver. Tem até um shopping no Tatuapé, vamos fazer *O Vaqueiro e o Bicho Froxo* na sua terra!

Longos segundos de silêncio se seguiram, até que Domingos entregou finalmente os planos para o novo espetáculo da La Mínima:

– Betão, em maio eu não vou poder, cara. Vou para a Itália – e falou de *À la carte*, do Leris, da Commedia dell'Arte, e se empolgou tanto que esqueceu, por um momento, que estava encurralado.

– Domingão, tudo bem, cara. Não vou te segurar aqui, claro. Mas vou manter as agendas, não posso te esperar, eu vivo disso. Não será um grande problema arranjar um *stand-in* para você. Só que tenho que dar os telefonemas logo, para travar as agendas dos caras. Posso começar a procurar mesmo?

– Claro, Betão. Desculpe, cara, eu devia ter te avisado antes.

– Tranquilo.

Nas nuvens, a caminho de Aprília, Agenor e Padoca não conseguiam conter a excitação por estarem a poucas horas de iniciar o trabalho com Leris. Não havia em São Paulo palhaços mais apaixonados pela tradição circense do que eles. Ser dirigido por um descendente direto de saltimbancos da Itália Medieval era muita sorte! Do lado de lá, Leris mostrava empolgação pelo interesse que despertara nos brasileiros. Ele já tinha retomado as atividades do Circo Ercolino. O italiano só lamentava não ter a infraestrutura necessária para recebê-los. Leris foi buscá-los no aeroporto e, já no caminho, desculpou-se:

– Escutem, eu ainda não tenho a estrutura que gostaria de oferecer a vocês. Tudo o que tenho é aquele mesmo gramado – explicou Leris, meio constrangido, na língua inventada pelos três para se comunicar, que misturava italiano, português e pitadas de espanhol.

– Nem pense nisso, Leris, para nós o simples fato de estar com você vale ouro – Domingos respondeu.

Chegaram os três ao terreno onde o italiano morava com sua mulher, a artista circense maltesa Mary Dimech, e os três filhos do casal, Wendy, Lenny e Barry. Eles viviam em trailers e se apertaram para acomodar Domingos e Fernando nos 30 dias que se seguiriam. Os trailers ficavam no gramado onde todo ano Leris erguia a lona para a temporada do Circo Ercolino, que atraía o público local e turistas de Aprília.

Mary serviu o almoço e ficou impressionada: como comem esses palhaços brasileiros! Na tradição circense na qual Leris se insere, o aprendiz de palhaço não é um mero aluno. Ele deve se integrar à vida do mestre e de sua família, viver por perto, comer junto e executar tarefas cotidianas. Portanto, aquele almoço a quatro era, além do início de um treinamento intensivo, uma cerimônia de boas-vindas muito especial.

No dia seguinte, apesar da chuva fina, o palhaço Ercolino iniciou o trabalho e pediu que Agenor e Padoca mostrassem o que tinham preparado no Brasil. Eles conversaram sobre o roteiro e fizeram demonstrações das entradas que haviam ensaiado. Estavam tão à vontade quanto era possível naquele primeiro momento. Leris apontou uma câmera para filmar tudo – "pra gente ter um registro desse encontro" –, mas não comentava muito sobre o que via. Para os dois palhaços, foi ficando difícil fazer graça para uma plateia de um homem só, e mais ainda sendo ele um Colombaioni. Passada uma hora daquela audição um tanto constrangedora, Leris encerrou abruptamente o trabalho:

– Hoje paramos por aqui, espero vocês para o jantar.

O ambiente de relativa descontração se desfez imediatamente. Horas mais tarde, cabisbaixos, os palhaços brasileiros se apresentaram diante do trailer grande para jantar. Fernando não sabia para onde olhar, Domingos soube fingir descontração. Jantaram os quatro, trocando poucas palavras, só para não deixar o silêncio pesar ainda mais o ambiente. Depois do jantar, Leris perguntou:

– Querem saber por que eu interrompi o ensaio daquela maneira?

Convidou-os a se sentar em frente à TV e inseriu a fita VHS no aparelho. Os três assistiram às entradas executadas mais cedo. Ao fim da exibição, Leris deu sua opinião, usando o dialeto compartilhado pelos três, da forma mais brusca possível:

– *È una mierda totale!*

Depois de morder, o mestre palhaço assoprou:

– Escutem, queridos, vocês são pessoas extraordinárias, e isso é o mais importante. Vocês têm uma atitude de grande humildade, de respeito por mim, por essa arte, pelo trabalho e por vocês mesmos. Vejo em vocês um desejo imenso de aprender e de fazer. Porém, há alguns conceitos que vocês ainda não conhecem, e nem têm como conhecer. Até aqui, o ensaio não foi bem, mas isso é muito mais comum do que vocês pensam. Pode acontecer com qualquer um.

No dia seguinte, Leris retomou o trabalho, sem deixar espaço para remoer o esfrega da véspera. Havia muito a fazer. O italiano foi mostrando as gags que aprendera com seu pai. Pouco a pouco, começou a esmiuçar as distinções entre os palhaços branco e augusto. Segundo ele, a palhaçaria clássica é composta de um quarteto formado por um *clown* branco, dois augustos e um anão. O branco é forte, aprumado e sabe repetir tudo o que os acrobatas fazem. Os augustos, pobres e maltrapilhos, embora não pareçam à primeira vista, são dotados de uma astúcia que os levam frequentemente a tirar vantagem sobre o branco. Já o anão é a eterna vítima – por exemplo, nas paródias de guerra, o anão é aquele que, na falta de munição para o canhão, é arremessado pelos "soldados" augustos e branco.

Desde o início do século XX, quando o formato de duplas se impôs sobre o quarteto original, elas passaram a explorar o contraste entre dois palhaços augustos. Um deles assumia características da personalidade do palhaço branco e o outro, às vezes, ficava na posição de vítima, como o anão:

– Vejam só: se o Agenor se deita dessa maneira, o Padoca tem que chegar e tentar imitar o Agenor. Mas não consegue, não pode ser uma imitação perfeita, é uma paródia, alguma coisa precisa sempre dar errado.

Leris usou como exemplo de contraste entre augustos a dupla Laurel & Hardy, que protagonizou algumas das comédias de maior sucesso de Hollywood nos anos 1930 e 1940, conhecida no Brasil como O Gordo &

O Magro. Em geral referidos como branco e augusto, Laurel e Hardy são, segundo a tipologia de Leris, dois augustos.

Depois de visitar o Brasil no festival Anjos do Picadeiro, Leris podia assumir uma postura crítica sobre a palhaçaria no país. Ele julgava que os palhaços da atualidade tiveram acesso às recém-criadas escolas de circo, mas não viram com seus próprios olhos os grandes artistas, como George Savalla Gomes, o Carequinha. Essa ruptura se deu em todo o mundo, mas no Brasil, por diversos motivos, a ausência de referência era mais grave do que na Europa. Leris viu palhaços coloridos demais, cópias descuidadas do *clown* norte-americano. Ele percebeu que a experiência oferecida à La Mínima cumpria uma missão importante de formação que ia além daquele encontro – seu pai mesmo treinara artistas brasileiros, das companhias Lume, Teatro de Anônimo e Seres de Luz.

Leris viu em Domingos e Fernando inteligência artística. Os dois já intuíam as distinções entre os diversos tipos de palhaço que ele, aos poucos, apresentou. O mestre sabia que Fernando tinha o tipo físico de palhaço augusto e muito potencial para arrancar gargalhadas. Todos os dias, ele insistia com o Padoca para explorar as caretas que fazia tão bem:

– *La faccia, Fernando, la faccia!*

Aos poucos foi percebendo que Fernando tinha também ótimo timing para a comédia. O italiano considerava o tempo a matéria fundamental de um espetáculo. Pouco a pouco, o roteiro criado por Paulo Rogério Lopes foi incorporando piadas à moda Colombaioni.

Leris tomou a liberdade de cortar cenas de que não gostava. Por exemplo, era previsto um número de magia, que estava na moda em apresentações de circo contemporâneo no Brasil. Segundo o roteiro, a dupla faria uma cena de levitação, ostentando, como os mágicos, os seus poderes sobrenaturais. Leris alterou o roteiro e advertiu que eles não eram mágicos, mas palhaços:

– Se vocês querem fazer um número de magia, que seja, mas vocês não podem apresentá-lo como tal. Agenor e Padoca não podem se dar conta de que aquilo é mágica.

Então eles criaram um número hilário, em que Agenor suspende Padoca no ar para terminar de varrer a sala e Padoca nem percebe, pois está dormindo.

A profissão que os três tinham escolhido não era fácil, exige imenso esforço para arrancar um sorriso do espectador. A principal lição de Leris, Domingos e Fernando já tinham trazido decorada de casa: "*Provare, provare e provare*". Não é à toa, ele explicou, que ensaio em francês é *répétition*. E Agenor e Padoca repetiam, tanto quanto fosse necessário. Não porque Leris pedia: eles trabalhavam assim desde as primeiras apresentações de rua e também nos ensaios com a Pia Fraus. Seguiram então os três, ensaiando, repetindo, "provando", dez, 12 horas por dia, parando só para comer e dormir. À noite, Mary abria o trailer e servia o jantar, e quanto mais ela caprichava, mais eles comiam, e quanto mais eles gostavam, mais ela caprichava.

Durante o jantar, os quatro levavam as cadeiras para fora do trailer. Leris contava os causos da família e se comovia com a curiosidade que despertava nos dois aprendizes. Seu pai, Nani, lutou pelo Exército italiano durante a Segunda Guerra Mundial e, após um ano em campo, feriu-se com a explosão de uma granada e voltou para casa. Quando retomou a atividade circense, suas sequelas o impediram de apresentar os números acrobáticos que aprendera com o avô de Leris. Seu palhaço foi tomando forma a partir dessa impossibilidade, muito baseado nas próprias limitações físicas, manco e com um braço desobediente.

A iniciação de Leris foi bem diferente. Assim como os mestres da tradição circense brasileira, Nani era adepto de uma metodologia de ensino rude. Leris jamais se esqueceria da sua estreia, em 3 de julho de 1958, em Roma. A caravana tinha chegado à capital na véspera e seu pai sentenciou:

– Vamos armar o circo amanhã cedo e, à noite, você entra em cena.

Na manhã seguinte, enquanto instalavam as tábuas de madeira com os pregos reutilizados – o circo não era de lona –, Nani deu umas dicas para Leris sobre o que dizer e o que fazer durante a apresentação. Sua irmã Barbara era trapezista e a missão de Leris era avacalhar o seu número. O pai o batizou naquele dia de Gianduia, em homenagem à máscara da Commedia dell'Arte típica de Torino, onde ele nasceu. Mas o público não entendeu nada e, no dia seguinte, Leris foi rebatizado de Ercolino, o nome de um brinquedo muito popular na Itália, parecido com o João Bobo brasileiro.

Ao ouvir os detalhes da vida de Leris e da história de sua família, ali naquele terreno espremido entre as casas de Aprília, Domingos e Fernando estavam recebendo aulas diárias de história e técnica circenses. Quando iam se deitar, os brasileiros só conversavam sobre Leris e Mary; o casal de italianos, por sua vez, passava a noite falando de Duma e Fê. Era uma convivência prazerosa, plena de afeto.

Domingos ficava de olho em cada gesto de Leris. Fascinado pela forma instintiva como o mestre desenvolvia o jogo cênico, queria absorver tudo o que podia. Ele percebeu que precisava internalizar aquela lógica absurda que fazia a plateia rir, ou seja, aprender a pensar como palhaço. Para trocar uma lâmpada, o certo era girar a escada! À noite, sentados ao redor do trailer, Domingos torcia calado para que Leris se inspirasse a contar os causos da família. A falta de estrutura para os ensaios do trio foi o tema de um desses papos sob a luz do luar – afinal, embora fosse filho de um dos mais respeitados palhaços da Itália, Leris convivera com a escassez de recursos por toda a vida:

– Nós tínhamos uma mesa enorme, que era o único item da nossa cenografia. De noite, ao dormir, para nos abrigar do frio ou da chuva, usávamos essa mesma mesa, coberta por um tapete, resíduo da Guerra. Meu pai não tinha um caminhão, por isso viajávamos muito pouco. Às vezes ele tomava emprestado de um amigo, que sempre desconversava quando meu pai falava em pagar pelo aluguel do caminhão. Ele dizia: "Depois a gente acerta isso", e no fim nunca pagamos.

Duma e Fê jamais reclamaram da simplicidade com que Leris os recebera. Aquele gramado sem estrutura era o estúdio perfeito para os ensaios da La Mínima. Leris percebeu neles uma grande capacidade de abstração – muitos números foram concebidos para um cenário imaginado, que seria montado semanas depois, a muitas léguas dali. E as lições se seguiram, durante 30 dias.

Quando Leris viu que Duma e Fê não emitiam som durante as demonstrações, notou que precisava introduzir a dupla na arte do *grammelot*. Os primeiros saltimbancos, ao deixar a Itália em busca de novos públicos na França e em outros países vizinhos, capricharam na mímica porque não dominavam os idiomas locais. Para emitir um pouco de sentimento pela voz, eles produziam um som sem palavras: o *grammelot*. Durante as temporadas, os artistas iam incorporando aos espetáculos os sons que remetiam ao idioma local, de modo a estabelecer uma comunicação com o público. Até mesmo algumas palavras e expressões populares eram incluídas, em meio a frases sem sentido. Esse recurso se tornou uma característica da Commedia dell'Arte. Hoje em dia, muitos mímicos usam o *grammelot* mesmo em seu próprio país.

Agenor e Padoca não precisariam, afinal, ficar em silêncio total durante a apresentação de *À la carte*, sob o risco de tornar enfadonho o espetáculo. Para isso, era só *provare*, repetir, repetir, repetir, até pegar o tal *grammelot*. Toda vez que Leris apresentava uma cascata um pouco mais difícil, a receita era essa: *provare, provare e provare*.

Alguns números, porém, encontraram resistência maior da dupla de brasileiros. Leris um dia perguntou a Domingos se ele sabia atirar facas. Diante da resposta negativa, o italiano cortou um taco de madeira de uma árvore, pintou o alvo, pendurou na árvore e entregou as facas a Domingos:

– Treine até ficar bom.

Depois de um dia de treino, Domingos apresentou ao mestre o que conseguira. Leris passou então à próxima etapa:

– Agora você precisa atirar as facas em movimento, porque, no palco, o Fernando estará se movendo, como que tentando se esquivar delas – enquanto falava, Leris balançava o dorso pra lá e pra cá.

Domingos tomou um susto:

– Mas, Leris, você quer que eu atire as facas contra o Fernando? Não, isso eu não vou conseguir!

– Não há o que temer, eu vou ensinar a técnica a vocês. Você terá tempo para praticar no Brasil.

– Tá bem, eu vou tentar.

Dias depois, Leris estava ensaiando a dupla para uma cascata com uma escada. Padoca precisava soltar a escada, dando a impressão de que ela cairia em cima de Agenor. Porém, o truque era que a escada tinha um degrau faltando, ou seja, havia espaço suficiente para passar por Agenor sem machucá-lo. Beleza, a cascata foi toda coreografada e a sequência ia bem até o momento em que Fernando deveria soltar a escada. Mas ele simplesmente não conseguia.

– *Porca miseria*, Fernando, solte a escada! – insistiu Leris, sem ser obedecido.

No dia seguinte, a dupla iniciou os ensaios com uma pergunta constrangedora:

– Leris, você se importa se a cena da escada não entrar?

O número mudou e a escada caía não mais em cima, mas em frente a Domingos, diminuindo a quase zero a chance de algo dar errado. Leris estava danado, queria ver a cascata inteira. Mas se enterneceu ao perceber que um palhaço estava sempre preocupado com a integridade física do outro.

Assim, em meio a muito ensaio, macarronada e conversas ao luar, passaram-se 30 dias e Agenor e Padoca regressaram ao Brasil. Cada um deles saiu maior dessa experiência. Fernando entendeu melhor o seu papel de excêntrico da dupla, o dono da piada, e levou para casa a missão de aperfeiçoar o seu talento natural para a comédia. Domingos desenvolveu as ferramentas para cumprir a sua função de augusto-branco. E Leris aprendeu que sabia ensinar: criou, anos depois, sua própria oficina de arte circense.

Depois do último jantar, Leris agradeceu a visita:

– Saibam que as portas desse trailer estarão abertas sempre que vocês quiserem voltar.

A expectativa de Leris ao início da aventura se concretizou. Aqueles dois estranhos vindos do outro lado do oceano eram agora parte da família Colombaioni.

Domingos estava sentado diante do grande amigo Beto Andreetta, ao lado de quem atravessou a década de 1990 aprontando todas com a Pia Fraus. Eram só os dois no galpão da companhia em Cotia. O ar estava carregado:

– Como foram os espetáculos? Espero que a minha viagem não tenha atrapalhado muito.

– Nada, Domingão, deu tudo certo. O Wanderley e o Zetta mandaram bem. Os espetáculos no Tatuapé agradaram, você precisava ver, o povo se divertia muito. E a Itália?

– Foi demais. O Leris é um monstro, depois te conto tudo.

Seguiu-se um daqueles intervalos de segundos eternos, que só foi quebrado pela voz embargada de Domingos:

– Betão, eu realmente senti muito não poder estar aqui para a temporada que você batalhou para a Pia nessas últimas semanas. Eu acho que chegou o momento de parar, cara. Você sabe, eu e o Beto temos as nossas diferenças. E tem essa parceria com o Fernando, eu tô mergulhando de cabeça nessa de ser palhaço. Eu quero ser palhaço e sei que aqui na Pia não há esse espaço para mim. Eu nem sinto que devo exigir isso de vocês.

– Eu entendo, cara.

– Você sabe que eu não tenho absolutamente nada contra você, nem contra a sua maneira de trabalhar. Também gosto muito do Beto Lima e admiro o trabalho dele. Vocês são amigos que eu quero ter sempre por perto. Mas a partir desse ponto eu sinto que preciso trilhar o caminho com o Fernando. Você entende?

Entender, Beto tinha entendido já fazia um tempo, talvez até mesmo antes de Domingos. O difícil ali, naquele momento, era encarar o fato concreto, a despedida materializada em gestos e palavras:

– Domingão, fica tranquilo. Entre nós fica tudo de boa. Não tenho nada do que reclamar, e agradeço pela nossa parceria até aqui. Agora veja, precisamos resolver umas questões. Eu não tenho nada para dividir com você. Tenho esse rádio velho aqui, e só. A nossa marca, que você batizou, não está registrada, mas depois de tanta estrada ela já deve valer alguma coisa. Dos espetáculos do nosso repertório eu não posso abrir mão. O que eu tenho aqui é uma dívida de 18 mil reais. Lembra que o Festival de Curitiba adiantou essa grana pro *Éonoé*?

– Tem isso, é.

– Pois é, precisamos pagar. Te proponho o seguinte: eu acerto a sua parte da dívida, mas você não leva nada e ficamos quites. Fechado?

– Sem problema, Betão.

Ao deixar o galpão, Domingos mirou os bonecos que Beto Lima criara durante sua ausência para o novo espetáculo da Pia Fraus. Coisa caprichada, a companhia estava dando um claro passo adiante:

– Betão, esses bonecos estão lindos. Vocês vão criar um belo espetáculo. Vou conversar com o Beto Lima depois. Desejo a vocês muito sucesso, cara.

Sabe-se nesse métier que o segundo espetáculo, mais do que o primeiro, define a carreira de um artista ou de um grupo. Ao regressar da Itália, a companhia La Mínima arregaçava as mangas para provar que o sucesso *Cia. de Ballet* não fora sorte de iniciante. Eles já tinham meio caminho andado para a montagem de *À la carte*: o roteiro já fora escrito e a oficina com

Leris tinha sido um banho de Commedia dell'Arte que elevaria o espetáculo a um novo patamar. Mas o trabalho não estava pronto e a peça não podia demorar muito a estrear, sob pena de desobedecer às regras do prêmio do governo do estado que a dupla ganhara.

Era o primeiro espetáculo da La Mínima concebido para o palco italiano, um grande desafio. Eles não faziam a menor ideia sobre o interesse que o formato suscitaria, nem sabiam exatamente como aquele teatro meio circense iria funcionar na prática.

Duma e Fê aprenderam muitas cascatas e gags com Leris, receberam do mestre italiano uma dose extra de poesia, sabiam o quanto cresceram como artistas. Mas o novo espetáculo não chegara ainda ao seu formato final; tinham muito trabalho pela frente para deixar *À la carte* de pé. Enquanto isso, seguiram levando *Cia. de Ballet* a todo canto. Certo dia, na Circo Escola Picadeiro, Zé Wilson avisou sobre uma mostra competitiva em Minas Gerais:

– Belo Horizonte será a sede do primeiro festival internacional de circo do Brasil. Estou conversando com as organizadoras. A Picadeiro vai ser uma das realizadoras do evento. Eu tô propondo uma mostra competitiva, a turma do Novo Circo não tá curtindo a ideia, mas eu quero muito que role. Vocês precisam participar.

Zé Wilson tanto insistiu que acabou acontecendo mesmo a mostra competitiva. Duma e Fê tinham um registro em vídeo de uma apresentação do número *As bailarinas* no bairro do Bexiga e correram para aprontar uma cópia em VHS e enviar à produção do festival.

Para *À la carte*, eles estavam preparando um número de tango avacalhado. Como a dupla levava a brincadeira a sério, ensaiaram com o professor Vítor Costa, que mantinha uma badalada escola de tango em São Paulo. Para os números inspirados em magia, recorreram a Célio Amino, dono da Magicorp, empresa especializada em apresentações para eventos corporativos. Inês Sacay assinou os figurinos e Liu Koseki, a iluminação. A direção musical coube ao saxofonista Rogério Costa, do conjunto instrumental Aquilo Del Nisso.

O roteiro sofreu alterações durante a temporada italiana e necessitava de um acabamento. Não que fosse um problema, ao contrário: na La Mínima a criação era coletiva e as melhores ideias deviam sempre prevalecer. Havia, porém, a necessidade de direção de atores que conferisse a unidade dramática pretendida desde quando *À la carte* foi concebida. Carla Candiotto estava em cartaz com a versão da sua companhia Le Plat du Jour para *Chapeuzinho Vermelho*, lotando teatros, mas topou colaborar com os amigos. Carla entrou em *À la carte* para, junto com o autor Paulo Rogério Lopes, dar um trato final no roteiro e um acabamento ao espetáculo. Seu desafio era tornar os palhaços mais ordinários, à brasileira, sem perder a atmosfera de poesia criada em Aprília.

Quando *À la carte* estreou, no dia 25 de junho de 2001, antes de entrar em cena, Domingos notou a presença de vários amigos e parentes na plateia da Sala Paulo Emílio Salles Gomes, no Centro Cultural São Paulo, o CCSP. Um deles chamou sua atenção em especial: Beto Andreetta estava ali, torcendo, mostrando ao Domingão que ele não tinha perdido o amigo. Leris não pôde vir, mas foi lembrado pelas estrelas do show a cada minuto, desde o terceiro sinal até os aplausos. O material de divulgação deixava clara a reverência da dupla pelo circo tradicional e chamou a atenção da imprensa, em tempos de exaltação ao tal Novo Circo.

Um mês após a estreia de *À la carte*, Beto Lima e Beto Andreetta estrearam *Bichos do Brasil*, com vistosos bonecos representando a fauna do país. Com a saída de Domingos, a dupla resolveu voltar às origens: o espetáculo não tinha nada de circo. Eram bonecos divertidos e temas da cultura popular brasileira, bem ao gosto de Lima. *Bichos do Brasil* foi premiado, viajou para mais de 20 países e rendeu um dinheirão à dupla.

À la carte saiu nos cadernos culturais com relativo destaque, nada mau para uma peça em cartaz às terças e quintas, em uma das menores salas do CCSP. A dupla ocuparia o teatro por apenas um mês, mas, graças ao boca a boca, a temporada foi estendida. O público adorava rir de Agenor e Padoca tentando driblar a escassez e a fome entre tombos e pontapés, levitando, tocando tuba e saxofone, dançando tango ao disputar um ovo...

No fim da temporada, Fernando recebeu a visita da cegonha: Erica estava grávida! Foi uma comoção, não era só o primeiro filho do palhaço com a acrobata, era o primeiro bebê da turma!

Ao fim do segundo mês em cartaz no CCSP, *À la carte* ainda tinha fôlego para esticar um pouco mais a temporada. Porém, Duma e Fê precisavam deixar São Paulo para um compromisso em Belo Horizonte: foram selecionados para a mostra competitiva do 1º Festival Mundial de Circo, entre 15 e 29 de setembro de 2001. Co-realização da Spasso Escola Popular de Circo e da Agentz Produções Culturais, ambas de BH, o evento contou com a curadoria da Escola Picadeiro de Zé Wilson. A Funarte apoiou o festival. Era uma demonstração de reconhecimento do Governo Federal ao potencial da renovação que a arte circense experimentava no país e no mundo.

Duma e Fê teriam a oportunidade de assistir a atrações circenses internacionais e de mostrar seu trabalho para produtores estrangeiros importantes, entre eles o diretor do famoso Festival Mondial du Cirque de Demain, Dominique Mauclair. Além de levar *Cia. de Ballet*, a La Mínima queria porque queria apresentar sua nova criação. A programação já estava fechada quando Luciana ligou para as organizadoras, Juliana Sevaybricker e Fernanda Vidigal, pedindo para encaixar a nova peça. Elas deram um jeito e houve duas sessões de *À la carte* num galpão meio escondido, o único com vaga – mas o público encontrou a La Mínima e o espetáculo foi bem recebido.

O festival começou quatro dias após o ataque às Torres Gêmeas, sob o impacto do ato de terror que assustou milhões de pessoas e interrompeu o vaivém dos aeroportos no mundo todo. As atrações internacionais já não estavam mais garantidas – o renomado Cirque du Soleil cancelou sua participação a apenas três dias da estreia. Depois de disparar inúmeros e-mails e telefonemas, Juliana e Fernanda conseguiram substituir o Soleil por algo da mesma grandeza, o Ringling Bros, conhecido pelo centenário slogan "O maior espetáculo da Terra". As demais atrações estrangeiras foram mantidas. Fernando levou uma câmera só para filmar o Acrobat, a renomada trupe australiana que faria a abertura.

O festival foi uma farra! O bufão Leo Bassi, ítalo-americano radicado na Espanha, conhecido por seus espetáculos transgressores, cuidou de deixar claro que nenhum Bin Laden iria estragar a festa dos circenses. Ele andou pelas ruas da capital mineira captando as reações das pessoas sobre o 11 de Setembro, fazendo graça com assunto sério, aliviando a tensão. No mais, eram palhaços, acrobatas, artistas do mundo todo espalhados pela cidade, tendo como ponto de encontro a Casa do Conde, um espaço cultural badalado, além de uma grande lona montada em um estacionamento em frente.

Duma e Fê estavam no paraíso, respirando circo dia e noite. Em pouco tempo ficaram amigos das organizadoras, Juliana e Fernanda, a quem Domingos chamava de Chefas. Não perderam uma atração internacional e se emocionaram ao se apresentarem ao nobre e brasileiríssimo palhaço Xuxu.

A mostra competitiva teria dois dias para as apresentações dos números pré-selecionados e um terceiro em que os finalistas repetiriam a atração, para que fossem enfim escolhidos os grandes vencedores. Na primeira rodada, *Cia. de Ballet* encantou os mineiros que lotaram a lona do festival. Uma dupla de acrobatas chineses apresentou um sofisticado número de tecidos que também seduziu a plateia. No dia da final, embora soubessem que tinham agradado, Duma e Fê davam como certa a vitória dos chineses. Mas a plateia foi ao delírio com o balé grotesco de Agenor e Padoca ao trapézio. Foi uma aclamação.

Logo depois da apresentação, Duma e Fê, ansiosos, foram perguntar a Chacovachi – o palhaço de rua argentino era membro do júri do festival – quem tinha sido o vencedor. Chaco ficou louco para contar, mas avisou que estava proibido de dar qualquer pista sobre o resultado. Ele não queria atrapalhar a surpresa.

Uma horinha depois, Duma e Fê foram anunciados como os grandes vencedores do prêmio de júri popular do festival. Ninguém segurava Agenor e Padoca correndo agarrados ao troféu, dando volta olímpica no picadeiro, em frente à plateia. Na coxia, suados em seus collants de bailarina, a dupla saiu abraçando todo mundo – Zé Wilson, Luciana, Erica de barriguinha, Chacovachi, as Chefas e muitos outros novos e velhos amigos.

Porém, nem tudo era euforia enquanto Agenor e Padoca comemoravam a vitória. Alguns representantes da turma da tradição não engoliram bem e chegaram a ensaiar uma revolta. Felizmente, os ânimos se acalmaram ali mesmo, sob a lona.

Antes de ir embora, mais uma conquista: Dominique Mauclair, o diretor do Festival Mondial du Cirque de Demain, convidou a La Mínima para a edição seguinte do evento, prestes a acontecer, em janeiro de 2002. No fim do ano, outra surpresa: À *la carte* recebeu o prêmio de melhor espetáculo com técnica circense da prestigiada Associação Paulista dos

Críticos de Artes. Orgulhosos, Duma e Fê escreveram uma carta para dar a notícia a Leris, agradecendo por tudo o que tinham aprendido e vivido em Aprília.

No dia 8 de janeiro de 2002, foi promulgada a Lei Municipal de Fomento ao Teatro, nº 13.279, sob aplausos da parte expressiva da classe artística paulistana. Era reconhecidamente uma conquista do movimento Arte Contra a Barbárie, que formulou o anteprojeto de lei e o fez chegar à Câmara em dezembro de 2000, pelas mãos do vereador Vicente Cândido, do Partido dos Trabalhadores. O grupo colheu naquele início de 2002 os frutos de um laborioso esforço de persuasão da sociedade e em especial da classe política. Durante quatro anos, fez corpo a corpo com vereadores e secretários de cultura. O objetivo era denunciar uma política cultural dependente de leis de incentivo fiscal e reivindicar mais ações diretas das três esferas de governo.

Domingos se aproximou da Cooperativa Paulista de Teatro, que reunia boa parte dos atores envolvidos no Arte Contra a Barbárie. Nesse momento, Luiz Amorim, seu presidente, concentrava esforços para aperfeiçoar a prestação de contas da instituição e procurava alguém que pudesse esclarecer questões contábeis e jurídicas para os cooperados. Duma pensou na hora em Francisco, seu irmão:

– Luiz, meu irmão tem uma carreira sólida nessa área. Trabalhou na Price Waterhouse por duas décadas e agora tem sua própria empresa de consultoria. Eu posso convidá-lo para vir aqui dar uma palestra.

Domingos e Francisco se viam com frequência, em visitas aos pais na velha casa do Tatuapé, nas festas de família e nas estreias do irmão ator. Além da forte amizade, Dico era o porto seguro de Mingo para todas as questões contábeis. No dia da palestra, o auditório da sede da Cooperativa Paulista de Teatro, na Praça Dom José Gaspar, ficou lotado de atores e produtores ansiosos por entender melhor a burocracia ligada à atividade. Francisco se preparou para falar a uma plateia de profissionais pouco afeitos ao assunto. Explicou cada detalhe com simplicidade, fez piada com o tema pesado e ganhou a simpatia de todos. Seguiu prestando consultoria à cooperativa por alguns meses, sem cobrar, até que Amorim pôde enfim contratar formalmente uma empresa para gerir a sua contabilidade.

Os grupos de esquerda que assumiram as diversas esferas de poder no Brasil no período posterior à redemocratização implantaram políticas robustas de fomento à cultura. O teatro foi um dos setores mais beneficiados e os artistas de circo se articularam para morder um pedaço desse bolo. Uma das estratégias era batalhar pela legitimação da arte circense, considerada por muitos ainda como uma linguagem menor, desimportante em comparação com o "teatro sério".

Domingos participou de reuniões do Arte Contra a Barbárie, declarava-se progressista e votou muitas vezes em candidatos do PT. Mas ele não queria que a La Mínima dependesse exclusivamente dos programas de fomento à cultura. Entendia que o artista devia buscar, tanto quanto possível, financiar seus projetos com bilheteria. Era preciso estar atento e vigilante para não correr o risco de se acomodar em recursos que, certamente, não durariam para sempre.

– Se ficarmos dependentes de programas do governo, o que faremos quando essa grana parar de aparecer? – ele insistia com os amigos mais chegados e principalmente com Fernando e Luciana.

Frequentador bissexto das reuniões sobre política cultural, Domingos atuava com mais ênfase na Central do Circo, a cooperativa que tinha a La Mínima entre os sócios. Os primeiros *Cabarés da Central* foram feitos sem qualquer tipo de patrocínio e os organizadores se orgulhavam em dizer isso – embora já estivessem atentos às oportunidades de financiamento abertas por diversas instituições de fomento às artes.

Apesar das diferenças de estratégia entre esses dois coletivos, não havia rivalidade. Ao contrário, era grande o trânsito entre um e outro. Hugo Possolo, um dos protagonistas do Arte Contra a Barbárie, apresentou-se com o Parlapatões inúmeras vezes no *Cabaré da Central do Circo*. Do outro lado, Domingos e os demais organizadores da Central acompanhavam as discussões da turma de Possolo e se sentiam representados pelo movimento.

No fim de janeiro de 2002, a companhia La Mínima aterrissou em Paris para levar o Novo Circo brasileiro à mostra competitiva do prestigioso Festival Mondial du Cirque de Demain. Agenor e Padoca enfrentaram as cadeiras apertadas do avião com o corpo dolorido, porque tinham ensaiado à exaustão. Para fazer bonito, eles incluíram um ousado movimento que combinava um desloque de Fernando com uma chave de pé de Domingos – pendurados no trapézio, Fê caía para trás enquanto Duma se pendurava na barra pelos pés e agarrava o parceiro pelas mãos. Não era simples e os ensaios renderam uns tombos. Além de *As bailarinas*, eles fizeram uma entrada de *À la carte*.

Foi uma farra, com vários amigos em Paris para prestigiar a triunfal participação da La Mínima no Demain. Luciana acompanhou Domingos, era a sua primeira viagem à França. Erica, grávida, resolveu não encarar o longo voo. Zé Wilson foi com Bel Toledo conferir a participação dos pupilos no evento icônico. Juliana Neves, que estava morando na Bélgica, apareceu para ver, no picadeiro do centenário Cirque d'Hiver de Paris, a coreografia que ela criara. Para completar, Albertinho e Nanou saíram de Besançon, cidade do leste da França, para encontrar os amigos.

A apresentação foi bonita e muito bem recebida pelo público. A dupla estava ali, entre as maiores estrelas do mundo, mostrando o que sabia para uma plateia seleta, que ditava tendências no mundo circense. No anúncio dos vencedores, uma surpresa estranha: o prêmio ao qual eles concorreram foi dado a uma trupe que competia em outra categoria.

A decepção não durou muito, era preciso aproveitar Paris! A turma tomou um porre para afogar as mágoas e partiu para Torre Eiffel, Arco do Triunfo, Museu do Louvre… Fernando voltou rápido para cuidar do barrigão de Erica. Duma e Lu esticaram até Besançon, onde conheceram a família de Nanou – e Lu viu neve pela primeira vez. Albertinho preparou pizza no forno a lenha para esquentar e deu umas festas para celebrar a visita. Por fim, Duma foi a Lyon conhecer a sede do Cirque Plume, onde funcionava uma renomada escola de circo.

Ao voltar para casa, Domingos e Fernando receberam um convite inusitado: uma parceria com a Pia Fraus. A produtora Marlene Salgado soube do programa Petrobras Artes Cênicas, em que a estatal destinaria três milhões de reais a projetos de produção e circulação de espetáculos de artes cênicas. Ela teve a ideia de reunir Pia Fraus, La Mínima e Parlapatões numa mostra do repertório das três companhias a circular por todo o país.

Duma e Fê toparam o reencontro, porém o mais importante era tocar a La Mínima para a frente. Cinco meses após sua chegada, Luciana já estava ambientada no mercado de artes cênicas de São Paulo. *À la carte* tinha sessões programadas em várias cidades do interior. Além disso, a companhia pretendia desenvolver um projeto para o Cultura Inglesa Festival. A sexta edição do evento aconteceria em maio de 2002 e seus produtores estavam selecionando espetáculos de rua, que seriam apresentados no Ibirapuera. A La Mínima resolveu então voltar para as ruas, onde tudo começou. Mas, para aproveitar a oportunidade aberta pela Cultura Inglesa, teria que agir rápido.

Organizada e inteiramente dedicada à La Mínima, Luciana se tornou peça fundamental para a inserção da dupla no circuito teatral. Dona de um sorrisão que concorria com o de Domingos, ela conquistara a simpatia da turma toda. Encantados com o barrigão de Erica, Duma e Lu sentiam cada vez mais o desejo de ter um filho também.

TATUAPÉ

Acima, registro do casamento dos pais, Domingos e Romilda, em 1954. Em sentido horário: documento de filiação do avô Francisco Montagner, o senhor Montanha, ao Sindicato dos Marceneiros; o bebê Domingos sentado na cadeirinha feita pelo avô; o menino já crescido; e detalhe de sua certidão de batismo

INFÂNCIA

No alto, o pequeno Domingos na calçada de casa, na Rua Tijuco Preto. Em sentido horário: pronto para o primeiro dia de aula, com Dico; passeio com o irmão; e pescaria em família

Lembrança do dia 14-12-1968
data em que terminei o Curso Pré-Primário
Aluno(a) Domingos Montagner Filho
J.E. Visconde de Congonhas do Campo

COLECIONADOR

Domingos guardava tudo. Acima, certificado de curso de natação, obtido aos 11 anos. Em sentido horário: sua primeira carteira de identidade; escudo de tecido do Bandeirantes Handebol Clube; e a coleção de carteirinhas escolares de todas as séries

FÉ E FUTEBOL DE BOTÃO
Acima, seu Domingos na charutaria do Bar e Lanches Garrett. Em sentido horário: certificado de iniciação na vida eucarística, em 1971; caderno das reuniões de catecismo; carteirinha do Corinthians; e caixa de jogo do clube Domingos Futebol de Botão, confeccionada pelo menino na marcenaria do avô

ACROBACIA

À direita, prancha com prescrição de exercícios de ginástica acrobática, recebida durante o treinamento militar. Em sentido horário: Domingos (no primeiro plano, à direita) com a turma de praças do 37º Batalhão de Infantaria Leve de Lins; e com João Pires, amigo dos tempos do Exército que levou para a vida toda

LAZER
Acima, o bar Pilequinho, onde Domingos comemorava os gols do Corinthians. Ao lado, dentro do bar em 2015 com o barman Ivan Izidorio de Lima; a seguir, passeio de lancha no litoral paulista com Edson Fabbri, amigo da Fefisa

LITORAL PAULISTA
Na década de 1980, Domingos passou a andar de moto e nunca abandonou o hobby; lendo na praia livro da coleção *Debates*, da editora Perspectiva

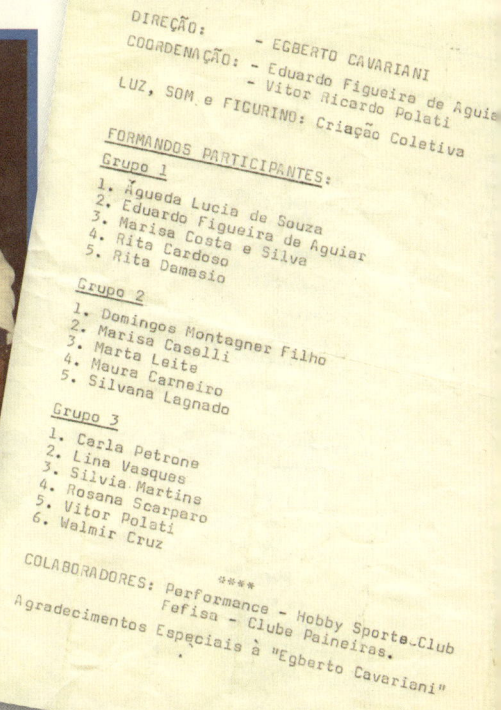

BACHAREL

No alto: à esquerda, Domingos recebe o diploma de educação física da Fefisa, em 1983; à direita, o programa da performance artística da cerimônia de formatura

No meio: à esquerda, lado a lado com Silvana na apresentação de dança; à direita, Domingos (em pé, no centro) foi campeão de handebol pelo Corinthians em 1984

Ao lado: estudo e logomarca do Parque Nacional Marinho de Abrolhos, criada por Domingos logo após a formatura

PROFESSOR
Acima, registros de aulas e passeios com a turma de educação física da Escola Pacaembu; abaixo, cartas e bilhetes demonstravam o afeto dos alunos pelo professor Dô

TEATRO

Programas dos espetáculos *Adolescentes*, na Escola Pacaembu em 1988 (no alto); e *Maroquinhas Fru-Fru*, dirigida por Myriam Muniz em 1989

Domingos, com as sobrancelhas pintadas, posa para foto com Myriam Muniz (primeira à esquerda na fila de trás) e o grupo de teatro Mangará, em 1989

VIAGENS

Acima: o passaporte expedido em junho de 1986, que permitiu a Domingos viajar à Europa com Silvana após o casamento; no detalhe, bilhete único para viagens de trem; e um retrato de Silvana

À direita: Domingos visita o Museu do Louvre, em Paris, em 1986

Abaixo: lua de mel em Veneza

EM CASA

Ao lado: refeições em família eram programas especiais para os Montagner

Abaixo: com as sobrinhas Juliana e Paula; com o irmão Francisco e o pai, Domingos; descendo o telhado de casa vestido de Papai Noel; e distribuindo presentes de Natal para as sobrinhas

PIA FRAUS

Ao lado: Domingos com os filhos de Beto Andreetta, Pedro no colo do pai e Tomás com Beto Lima; e o trio na Itália, na década de 1990

Abaixo: Ensaio da peça *Olho da rua* na fazenda em Bauru, interior de São Paulo, em 1991

PELO MUNDO

Jornal espanhol destaca *Gigantes de ar*, da "compañía brasileña" Pia Fraus, na programação de festival em Cádiz; folheto de divulgação de *Flor de obsessão*, inspirada na obra de Nelson Rodrigues, em Bogotá; e o roteiro de *Éonoé*: a crítica elogiou os elementos circenses que Domingos incorporou ao espetáculo

CONCEPÇÃO

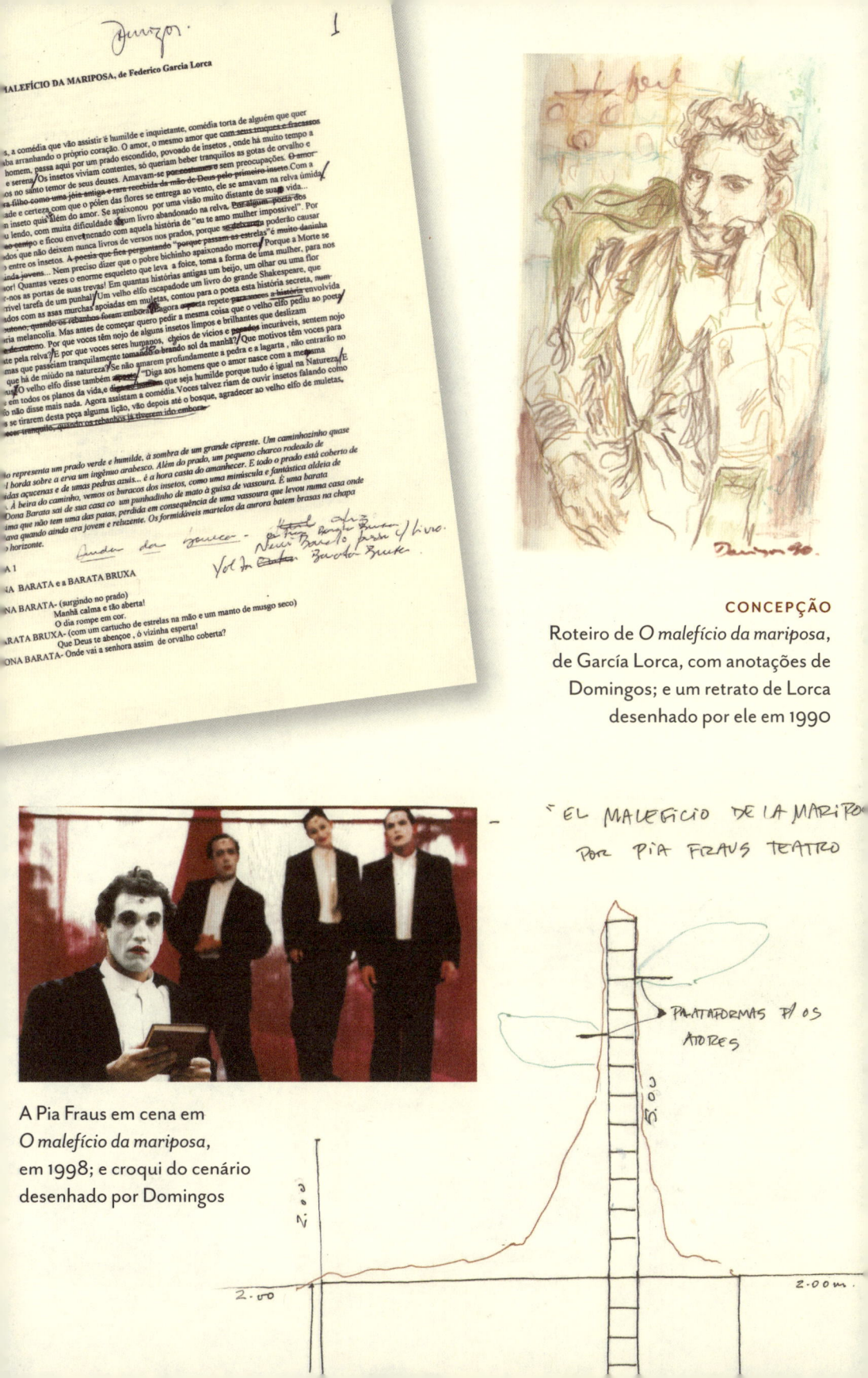

Roteiro de *O malefício da mariposa*, de García Lorca, com anotações de Domingos; e um retrato de Lorca desenhado por ele em 1990

A Pia Fraus em cena em *O malefício da mariposa*, em 1998; e croqui do cenário desenhado por Domingos

CIRCO

À esquerda, logomarca da Circo Escola Picadeiro e, abaixo, dois registros da sede no Itaim Bibi, nos anos 1990

Domingos em *Sinfonia circense*, espetáculo encenado ao ar livre no Parque Ibirapuera, no Dia das Crianças, em 1996

À direita, o mestre Zé Wilson, fundador da Escola Picadeiro, entre Domingos e Fernando Sampaio; abaixo, Domingos e Fernando acompanham seu Roger, o legendário Picolino II, ao atravessar a rua no Largo do Paissandu; e seu Roger olha para seu aluno de palhaçaria

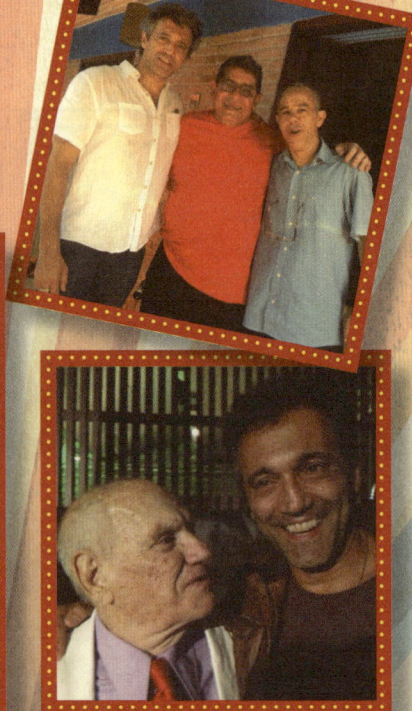

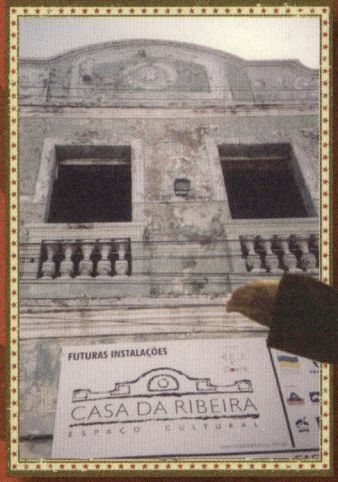

NORDESTE

No alto, à esquerda: em 1999, Domingos se apaixona por Luciana Lima, a palhaça Rita, produtora do evento *Na rua da casa* em Natal (RN). Em sentido horário: Domingos com o grupo Clowns de Shakespeare, que Luciana integrava; um bilhetinho no verso da foto; o casal numa performance acrobática; e a Casa da Ribeira, construída em 1911 e restaurada graças aos esforços da Clowns de Shakespeare

AMIGOS

Na foto maior, Domingos e o espanhol Alberto Medina ensaiam para o espetáculo *Navegadores*, no galpão da Pia Fraus em Cotia, em 1999

Acima, Domingos e Luciana recebem a francesa Nanou, namorada de Albertinho, em 2007

Abaixo, elenco e equipe de *Farsa quixotesca*, da Pia Fraus, direção de Hugo Possolo, em 2000

LA MÍNIMA Fernando Sampaio (à esquerda em primeiro plano), Chacovachi, Gilberto Caetano e Domingos em ensaio para a estreia do espetáculo *Luna Parke*, em 2002

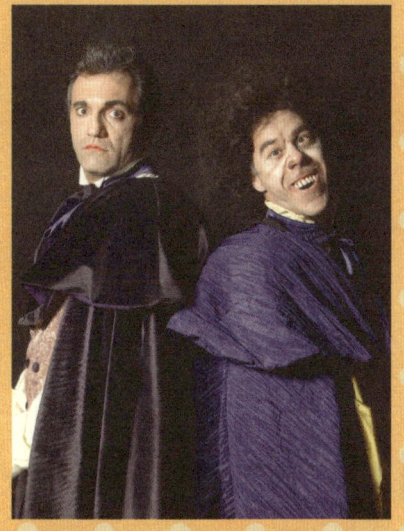

Um clássico da literatura de terror virou palhaçaria na adaptação *O médico e os monstros*, que estreou no Teatro Sesi em São Paulo em 2008, com roteiro de Mario Viana e cenografia de Domingos

Folheto do espetáculo *Piratas do Tietê, o filme*, de 2003, inspirado na obra da cartunista Laerte

Domingos e Fernando em *Reprise*, espetáculo de 2007 baseado em entradas clássicas de palhaço, recolhidas em circos de todo o Brasil pelo pesquisador Mário Bolognesi

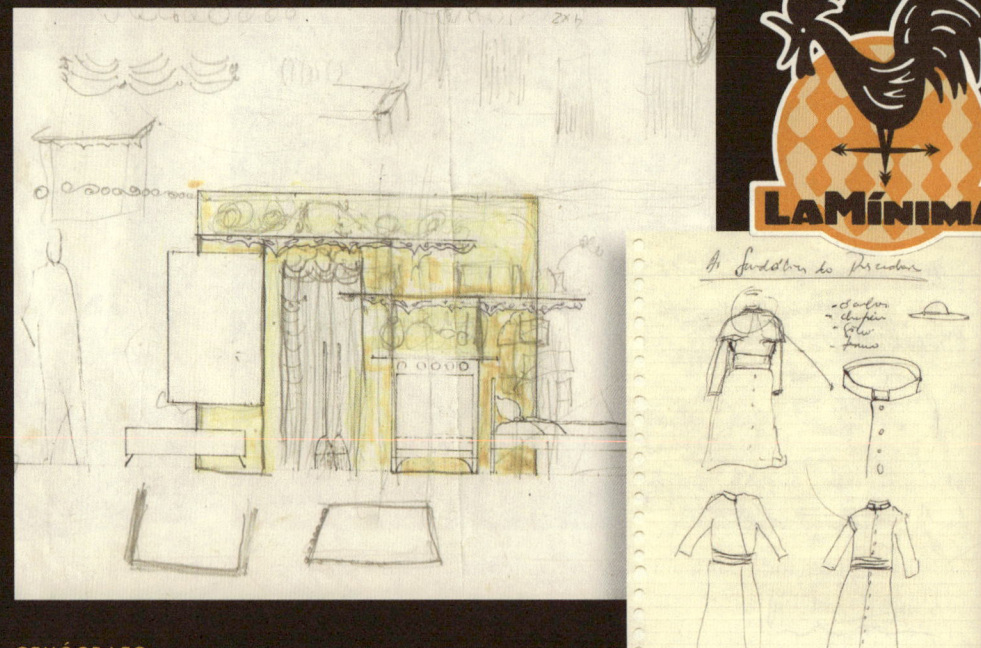

CENÓGRAFO

Croquis feitos por Domingos para o cenário da peça *À la carte* e para o figurino da esquete *Lutadores da paz*; a logomarca da La Mínima no detalhe; e cena de *À la carte*, que estreou em 2001

COMICIDADE
FÍSICA

Duma e Fê mostram *As bailarinas* em sessão do Circo Zanni. A dupla estreou a esquete durante uma mostra no Sesc Consolação, em 1997, e a apresentou por duas décadas em dezenas de cidades do Brasil e do mundo

EM CENA
Domingos Montagner e Fernando Sampaio se apresentam no Festival Mondial du Cirque de Demain, Paris, em 2002

Grávida do primeiro filho, Luciana participa do elenco da noite de gala da Central do Circo no Theatro Municipal de São Paulo, em 2002

Acima, Domingos e Fernando em número acrobático no Cabaré da Central do Circo, em 2003

Ao lado, frente e verso do santinho confeccionado para divulgar o número *Lutadores da paz*, exibido no Cabaré Maldito, em São José do Rio Preto (SP), em 2001

Sonhadores da Paz

Sonhadores da paz
Fazedores da paz
Construtores da paz

Cristão de um tempo diferente
Onde a gente tem que lutar
Se quiser fazer alguma coisa
pela paz a gente tem que lutar

Sonhadores da paz
Fazedores da paz
Construtores da paz

laminima@uol.com.br

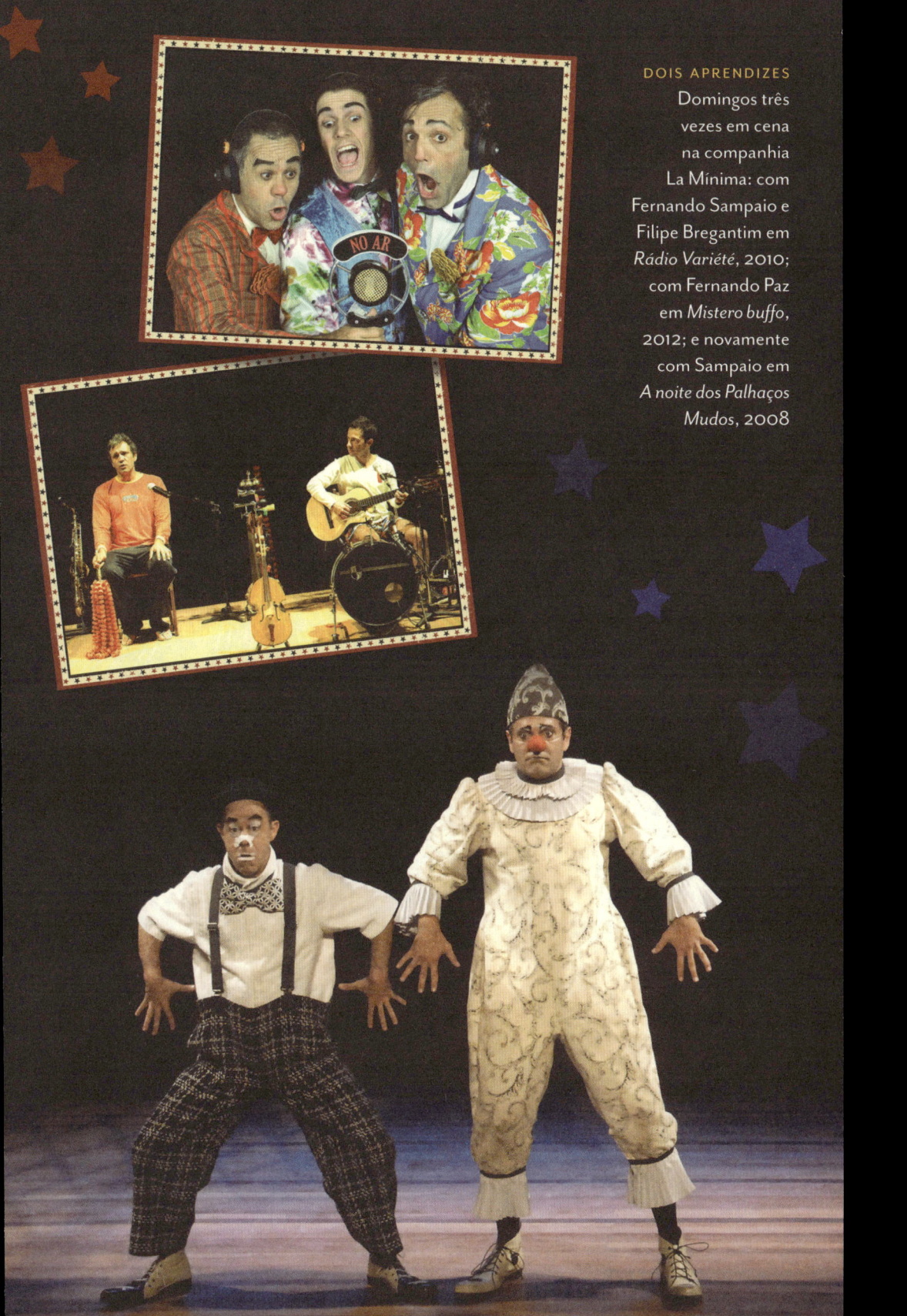

DOIS APRENDIZES
Domingos três vezes em cena na companhia La Mínima: com Fernando Sampaio e Filipe Bregantim em *Rádio Variété*, 2010; com Fernando Paz em *Mistero buffo*, 2012; e novamente com Sampaio em *A noite dos Palhaços Mudos*, 2008

Circo Zanni

SERRAGEM NAS VEIAS

Lona do Circo Zanni à noite; Domingos ajuda a empurrar um trailer para o espetáculo de estreia em Boiçucanga, no litoral paulista, em 2004; e dá duro para levantar a lona durante turnê em Minas Gerais, em 2006; abaixo, a trupe em ação

CIRCO ZANNI Domingos e Fernando em cena acrobática de *Monga, a Mulher Gorila*, inspirada na personagem que assustou gerações em todo o país

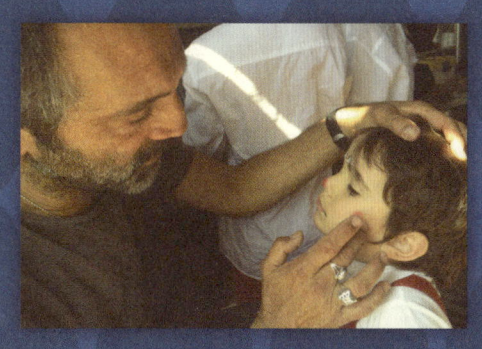

Domingos maquia o filho Dante em 2014: tradição circense

Diferente da versão original, a Monga de Fernando Sampaio é domada por Domingos

A esquete *Homens fortes*, criada em 1997, que integrou o espetáculo *Gigantes de ar*

Domingos e Fernando brincam no picadeiro com seus filhos Leo e Tomás

FILHOS

Luciana e Domingos curtindo a gravidez de Leo, o primeiro filho, que nasceu em junho de 2003; a seguir, em sentido horário: com Leo e o bebê Antonio no carrinho; com Dante no colo, cercado por Leo (à esquerda) e Antonio; cartão de aniversário assinado por Antonio, o Toti; e torcendo pelo Corinthians com Antonio

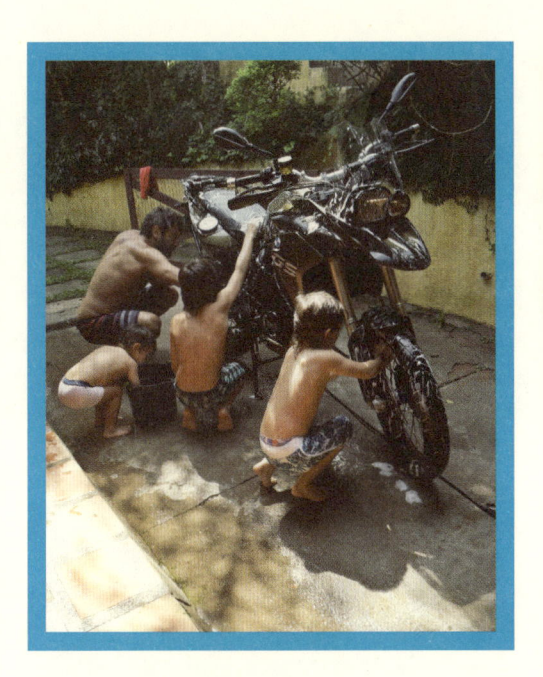

DUAS RODAS

Com os filhos, lavando a moto na casa do Embu das Artes, em 2014

Bilhete dos meninos e de Luciana no aniversário de Domingos, em fevereiro de 2015

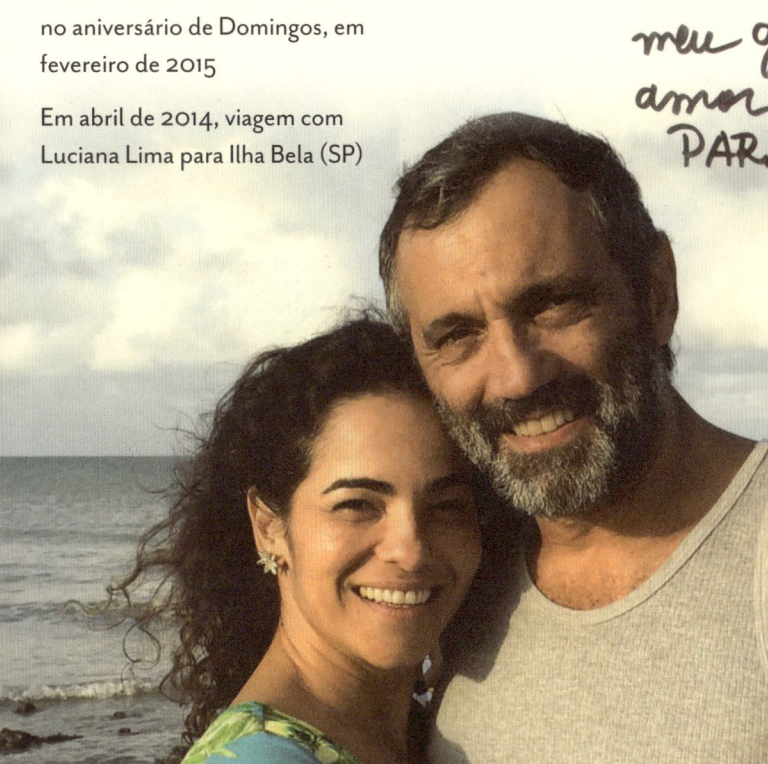

Em abril de 2014, viagem com Luciana Lima para Ilha Bela (SP)

> Nós te amamos Poderoso Papai! Estamos com muitas saudades. E eu também meu grande amor ♡.
> PARABÉNS. 2015

TELINHA Domingos com Cauã Raymond e Debora Bloch em *Cordel encantado*, em 2011

No papel do protagonista de *Romance policial – Espinosa*, série exibida em 2015

Em cena com Maria Fernanda Cândido na minissérie *O brado retumbante*, em 2012

Par romântico com Carolina Dieckmann na novela *Joia rara*, em 2013, e com Lília Cabral no seriado *Divã*, em 2011

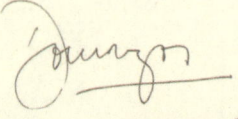

01/11

DIVÃ

EPISÓDIO 1
DOUTOR, POSSO VOLTAR?

CENA 1 – NOVA YORK/INVERNO – EXT/DIA

PANORÂMICA DA CIDADE DE NOVA YORK. IMAGENS PICOTAM E/OU PASSEIAM POR NOVA YORK NO INVERNO. MONUMENTOS (PRAÇAS, AVENIDAS, TIME SQUARE, TEATROS. IMAGENS DE UMA NOVA YORK GLAMOROSA). CRÉDITOS INICIAIS.

MERCEDES (OFF) ...Nova York... Que lugar, não? (T) Diferente das outras grandes cidades, Nova York parece ter certo "glamour idealizado" no imaginário de todos nós...

CÂMERA REVELA IMAGENS DO CENTRAL PARK. ÁRVORES COBERTAS PELA NEVE, PESSOAS ENCASACADAS. (TÍPICA ELEGÂNCIA DO INVERNO)

MERCEDES (OFF) ...Cenário de tantos acontecimentos importantes, de tantas vidas, tantos filmes, peças... (T) Nova York é linda como pano de fundo pra qualquer história, verdadeiras ou não. (RI) Quem diria que seria cenário de uma história minha também?...No inverno, parece uma pintura... (SUSPIRA) Que lugar, que arquitetura, que charme, que...

FECHA EM MERCEDES, ENCASACADA, GORRO, BOTAS

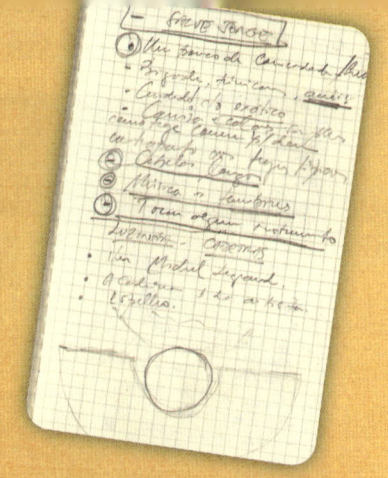

GALÃ No alto, no papel de Zyah na novela *Salve Jorge*, de 2012; e o caderno de anotações para preparação do personagem

À esquerda, o ator incorpora Miguel, protagonista da novela *Sete vidas*, de 2015

Abaixo, nos filmes *Vidas partidas*, com Naura Schneider; *Um namorado para minha mulher*, com Caco Ciocler; e *De onde eu te vejo*, com Denise Fraga

Na novela *Velho Chico*, de 2016, no papel de Santo dos Anjos, e ao lado de Camila Pitanga

MEMÓRIA

No alto, Galpão da companhia La Mínima, em Cotia. Acima, à esquerda, Domingos ensaia *Mistero buffo* com a camisa do Zanni, em 2012; à direita, com Hugo Possolo, transporta o acervo do palhaço Piolin para o Centro de Memória do Circo, em São Paulo, em 2015; o piano na sala de sua casa; e sua gaita Hohner com o estojo. Domingos aprendeu a tocar instrumentos para usar em suas performances

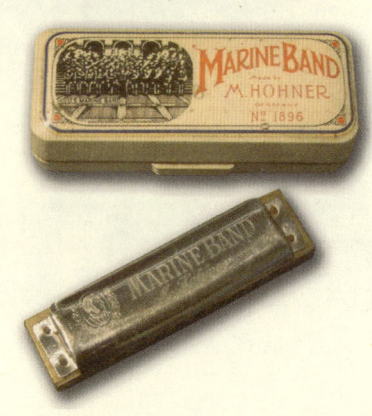

LEGADO

No alto, exposição *La Mínima 20 anos*, no fim de 2016. Em sentido horário, cartaz do documentário *Pagliacci*, de Luiz Villaça, de 2017; logo comemorativa; La Mínima em cena sem Domingos em *Pagliacci*; e Luciana Lima no espetáculo de homenagem a Domingos, sob a lona do Circo Zanni, montada no Parque do Povo, em dezembro de 2016

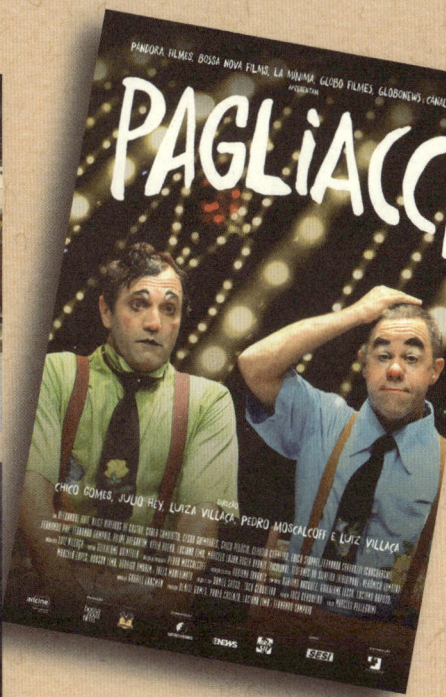

Espetáculo *Pagliacci*, 2017

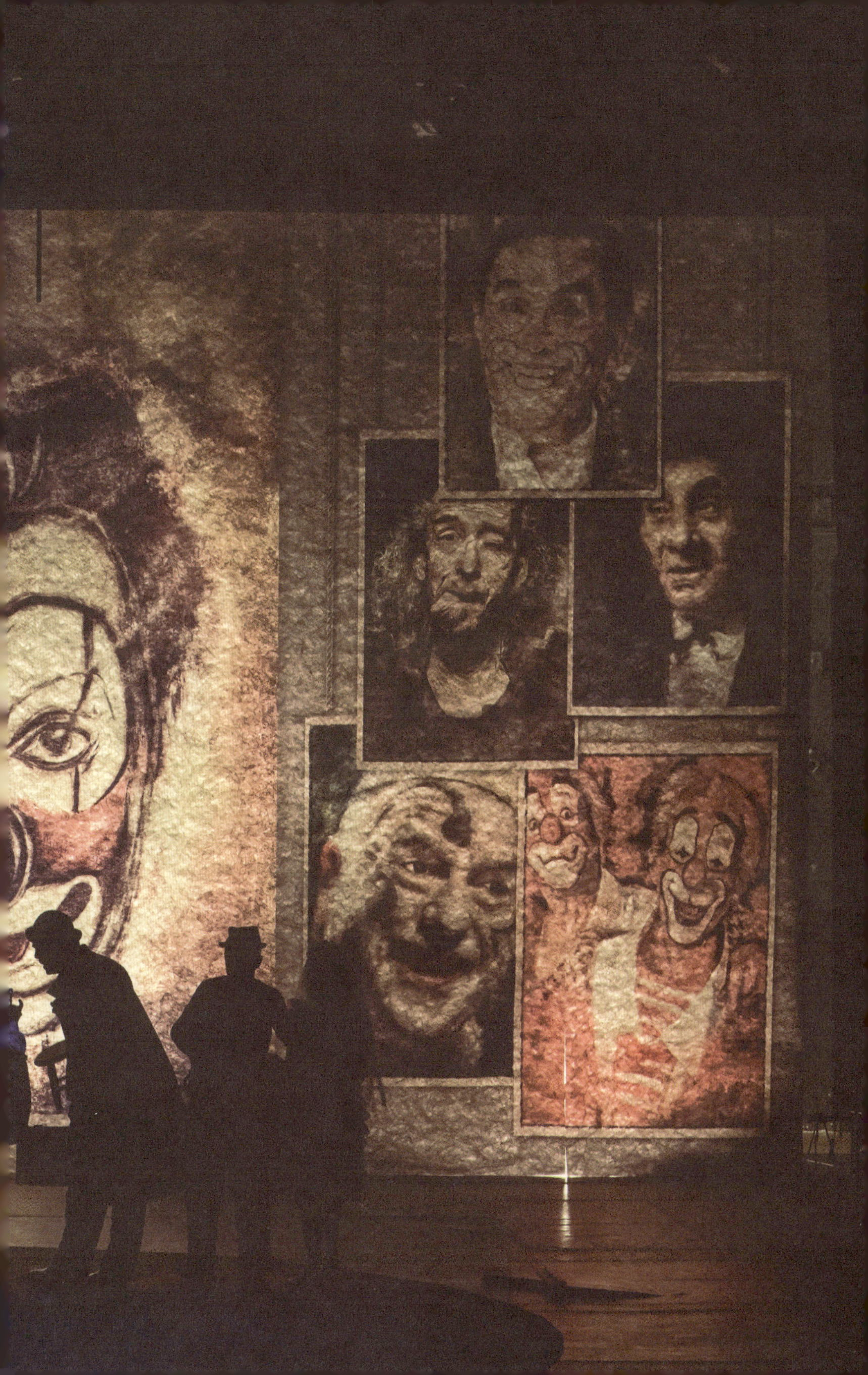

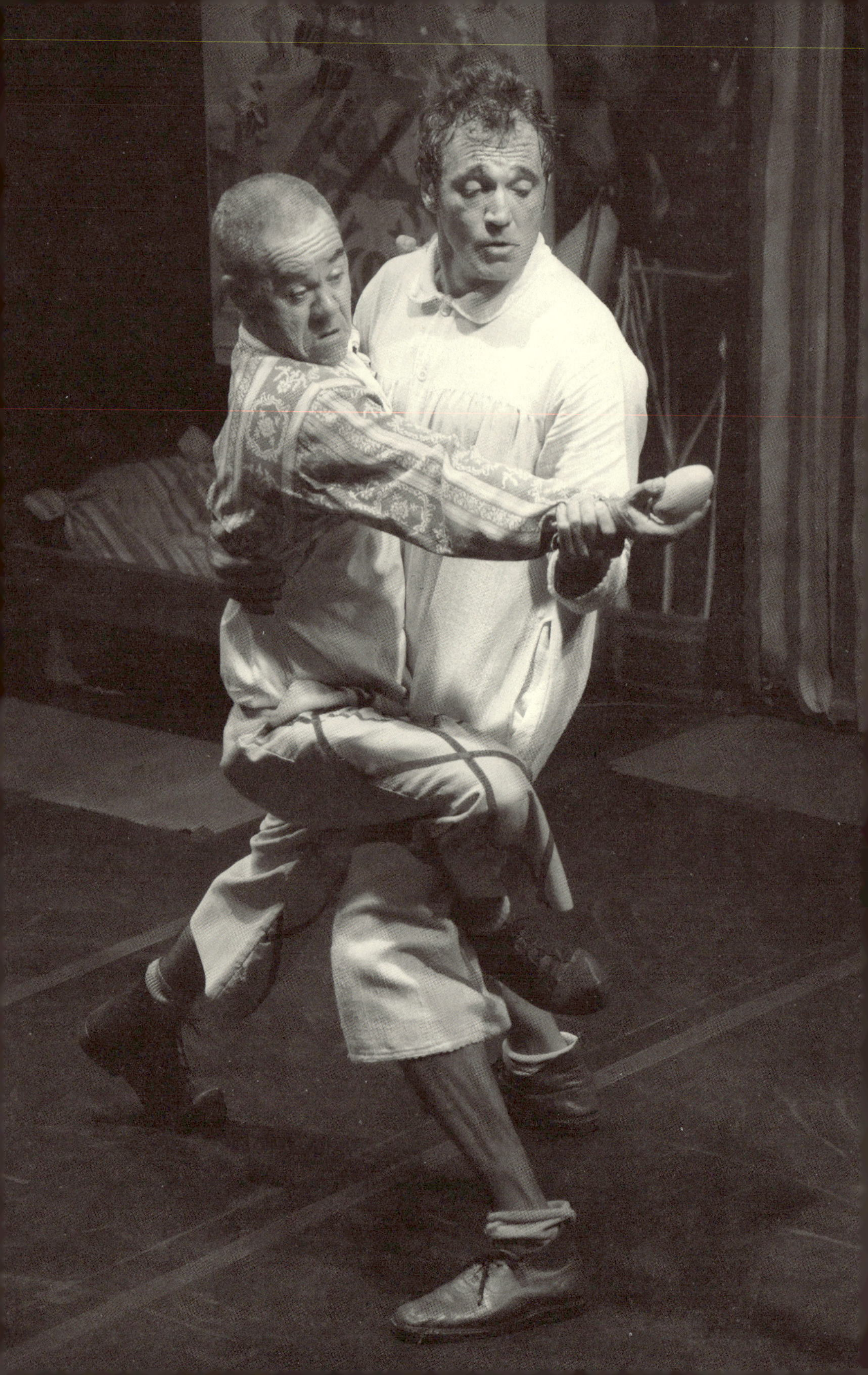

CAPÍTULO 8

Os homens-bala

Domingos chegou com sua moto à Circo Escola Picadeiro:

– Fala, Duma, o que você manda?

– Zé, eu tô querendo assistir a um número da Monga. Você sabe onde eu consigo?

– Hum... Isso eu preciso ver com o Romeu.

Zé Wilson era amigo de Romeu del Duque, circense conhecido como o pai da Monga. O número de ilusionismo que leva a plateia a acreditar que uma doce donzela se transforma ao vivo em macaco não é uma criação sua – tem dois séculos e acompanha a história do circo na Europa. Ele foi, isso sim, o responsável pela adaptação brasileira e por batizar a personagem que assustou gerações de crianças no país.

Romeu criou a atração para ser exibida na TV Tupi, no programa de Flávio Cavalcanti, no fim da década de 1960. A repercussão foi grande e ele levou a sua Monga para o Playcenter, célebre parque de diversões que funcionou por quatro décadas na Barra Funda, em São Paulo. Uma das primeiras moças a se transformar em Monga foi Mariazinha, cantora de rádio e avó materna dos irmãos Sandy e Junior. Romeu registrou o número, mas, com o passar do tempo, ficou impossível conter as imitações – praticamente todo parque de diversões em território nacional nos anos 1980 tinha a sua Monga.

Duma adorou a ideia de conhecer o tal pai da Monga e Zé Wilson prometeu ajudar. Passaram-se uns dias e foram Zé, Duma e Fê ao parque de diversões que funcionava no Centro de Tradições Nordestinas, no Bairro do Limão, na Zona Norte, com brinquedos fabricados pelo próprio Romeu.

A referência de Duma e Fê era a mesma: um parque de diversões em Santos, que frequentaram na infância. Sabiam que a atração habitava o imaginário popular e tinha potencial cômico. Na versão zoeira da La Mínima, Fernando encarnava a bela mulher que se transformava em macaco. Mas, em vez de assustar, o bicho acabava mansinho, adestrado pelo apresentador. A partir dessa recriação, foram delineando o terceiro projeto da Companhia La Mínima: um parque de diversões ambulante que apresenta versões bizarras de atrações clássicas como a Monga, o Homem-Bala, entre outras.

Era fevereiro de 2002 e eles precisavam aprontar logo o espetáculo para participar do Cultura Inglesa Festival, que aconteceria em maio. A dupla preparou um argumento e Fernando recorreu a dois amigos para colaborar no projeto. Laerte, a grande cartunista, foi convidada para escrever o roteiro. Para dirigir o espetáculo, Fernando chamou Chacovachi, o mais famoso palhaço de rua da Argentina.

Laerte conhecia o trabalho de Fernando na Nau de Ícaros, do tempo em que Padoca dera aula para sua filha. Ela já tinha escrito para televisão, mas nunca para teatro. Estava entre os primeiros roteiristas do *Sai de baixo*, o humorístico de enorme sucesso da TV Globo, e colaborou também com roteiros do infantil *TV Colosso*, da mesma emissora. Duma e Fê entregaram o argumento do espetáculo à cartunista, mas ela hesitou em aceitar o trabalho:

– Olha, eu não saberia escrever um texto para o teatro físico que vocês querem fazer. Além disso, o trabalho de vocês já está praticamente pronto.

Duma e Fê acreditavam no humor inteligente de Laerte, insistiram e ela topou, mas sua participação foi, de fato, pequena. Ela deu algumas ideias geniais, porém difíceis de executar – entre elas, um trem-fantasma feito de carrinhos de supermercados. Também ajudou a incrementar números que já estavam prontos. A colaboração serviu para aproximar a cartunista da dupla. Eles eram seus fãs desde a adolescência e pensavam numa segunda parceria, um espetáculo inspirado no universo de seus icônicos personagens.

O roteiro ficou pronto e Fernando o enviou por e-mail para Chacovachi. Por telefone, Domingos o convidou a passar uma temporada de 40 dias em sua casa, para dirigir o espetáculo. O convite caiu muito bem a Chaco, que vivia um momento pessoal e profissional delicado: perdera a mãe e enfrentava uma difícil separação. Para piorar, estava fisicamente exausto depois de uma intensa temporada do seu Circo Vachi, prejudicada pela grave crise econômica da Argentina. Uma temporada de trabalho no Brasil lhe parecia uma ótima maneira de recarregar as energias.

Durante os primeiros dias em contato com a La Mínima, no início de abril de 2002, o portenho foi aos poucos abandonando a amargura e o mal-estar. Sentia-se em paz e acolhido por Domingos e Luciana na casa em Embu das Artes. Nas reuniões de preparação do espetáculo, na Central do Circo, impressionou-se com o profissionalismo de Duma e Fê. Eles trabalhavam de segunda a sábado, das dez da manhã às seis da tarde.

Fernando, bacharel em administração, organizou uma agenda impecável de reuniões com a figurinista Inês Sacay e outros colaboradores. Foi durante a produção do espetáculo que nasceu, no dia 20 de abril de 2002, Tomás, o filho de Fê e Erica, que encheu de alegria o casal, aumentando exponencialmente em Duma e Lu a vontade de encomendar um amiguinho para o bebê.

Os primeiros dias no galpão da Central do Circo na Granja Viana foram dedicados ao tratamento final do roteiro escrito por Laerte. O veterano

Gilberto Caetano, que atuara como palhaço de rua na França, juntou-se à dupla no elenco. Depois de um dia inteiro de trabalho, Chaco pegava carona de moto com Domingos para Embu. No caminho, eles paravam em uma padaria para uma cerveja. Ali, servidos por Tafarel, continuavam retocando o texto. Chegavam em casa, jantavam com Luciana e depois tomavam uma dose de uísque, fumavam um cigarro, enquanto Duma mostrava a Chaco músicas da sua coleção de vinis. Domingos usava-as para compor a textura das cenas – um processo criativo que chamou a atenção de Chaco.

Ao fim de cinco dias, o roteiro estava pronto e os ensaios podiam começar. O espetáculo ganhou o título de *Luna Parke* – inspirado no nome de dezenas de parques de diversões espalhados pelo mundo, acrescido da letra "e" no fim. O primeiro Luna Park foi inaugurado em 1903 em Coney Island, em Nova York. Desde então, diversas capitais ganharam o seu próprio Luna Park, todos inspirados no original norte-americano: parques de pequeno porte, instalados nos subúrbios das grandes cidades, com fácil acesso da população local. Paris, Roma e Cidade do México tiveram o seu Luna Park – e a Buenos Aires de Chacovachi também.

O espetáculo de rua tem muitas particularidades, pois se destina a uma plateia universal – ou seja, quem quer que esteja passando. Ele deve ser concebido para pessoas de todas as classes sociais, de diferentes níveis de escolaridade, com ou sem repertório cultural.

– *Luna Parke* vai estrear em um festival, então, mesmo que estejamos na rua, haverá uma plateia esperando por nós. Porém, se estamos criando um espetáculo para a rua, devemos ter as mesmas preocupações com a emissão da voz e com a convocatória, como se não houvesse o festival. O início precisa ser extraordinário, para atrair o público, e o fim deve ser igualmente eletrizante, mas em tom mais emotivo, para convencer as pessoas a dar suas moedas. No meio você enfia o que você quiser – ensinou Chaco.

A convivência nos ensaios e na casa de Embu foi inspiradora para Chaco. Comemorou 40 anos durante a temporada brasileira, no dia 21 de abril, com uma festa na casa de Duma e Lu – nesse dia, conheceu Maku, com quem se casaria e formaria família e uma dupla de palhaços. Os tempos de nuvens cinzas ficaram para trás, Chaco reconhecia, graças ao convite da La Mínima:

— Eu estou recebendo cachê para dirigi-los, mas deveria estar pagando pelo tanto que aprendi com vocês.

Chaco sabia que Fernando era um palhaço pronto e admirava seu enorme talento. O argentino viu em Duma um artista generoso, que criava as cenas mais belas e as deixava abertas para a contribuição dos parceiros. Ele achava que o jeitão *hermoso y fuerte* de Duma representava um desafio para fazer palhaçada: com seu ar de galã, Agenor precisava ter apurada consciência corporal e inteligência cênica para fazer rir.

Luna Parke estreou na programação do Cultura Inglesa Festival, no Parque Ibirapuera, em frente ao Viveiro Manequinho Lopes, no sábado, 18 de maio de 2002, às 16h. No roteiro, versões satíricas da Monga, de Johnny, o Homem-Bala, e muitas outras. Chaco incluiu no espetáculo a apresentação de um ventríloquo cego que ele fazia no início da carreira. O público do Ibirapuera adorou. No dia seguinte à estreia, Chaco voltou para Buenos Aires, deixando um último conselho:

— Na rua o show é moldado de acordo com a reação do público, então, agora é com vocês.

A peça ficou em cartaz por dois fins de semana e agora a La Mínima tinha três trabalhos em seu portfólio.

O circo nasceu como diversão para adultos — embora as crianças não tenham demorado a entrar na brincadeira. O teatro burlesco, que se desenvolveu no fim do século XIX nos Estados Unidos, é um circo de variedades que inclui piadas maliciosas e striptease. Inspirados por essa faceta mais picante, os circenses paulistanos sentiam desejo de experimentar atrações voltadas para o público adulto. Mas não era fácil: na São Paulo da virada do milênio, a palavra circo insistia em remeter à infância no imaginário popular.

No caso da La Mínima, os três primeiros espetáculos poderiam ser vistos por toda a família. Mas grupos como Linhas Aéreas e Circo Mínimo tinham nos adultos seu público-alvo. A divulgação representava um ponto sensível para essa turma. Ao ouvir ou ler a palavra circo nas reportagens ou em peças gráficas, o público naturalmente concluía que era coisa para criança. Omitir essa palavra também seria um problema: afinal, todos ali se orgulhavam da formação e inspiração circense. De uma forma ou de outra, algo se perderia na comunicação entre os artistas e sua plateia. A turma da Central do Circo estava atenta à questão, pois ruídos de comunicação poderiam pôr a perder meses de trabalho.

O nome *Cabaré da Central do Circo* era uma maneira de reforçar que o espetáculo não se destinava às crianças. No entanto, a turma que produzia para o público infantil logo começou a ver o problema pelo ângulo inverso: La Mínima, Pia Fraus e outras trupes queriam ter crianças na plateia. Daí surgiu a ideia de uma programação paralela, batizada de *Cabarezinho*. Pronto, agora estava claro que havia espetáculos para adultos, mas crianças eram bem-vindas e também teriam o que assistir. O primeiro infantil rolou em junho de 2000. Dois anos mais tarde, o *Cabaré* já fazia parte da programação cultural de São Paulo e o *Cabarezinho* também estava consolidado como evento paralelo dedicado aos pequenos.

Em agosto de 2002, a La Mínima encenou *À la carte* e *Luna Parke* para a molecada no *Cabarezinho*. O evento ganhara peso e atraía um público grande, que se deslocava das regiões centrais da capital paulista até a Granja Viana. Circenses de todos os estados e até de países vizinhos apareciam no galpão de Cotia para conferir a agitação, sabendo que a Central abria o palco a quem quisesse se apresentar.

Enquanto a turma aprontava no *Cabaré* em Cotia, o Sesc Santo André trazia uma atração circense internacional de peso. O grande bufão Leo Bassi se encontrava no Brasil com seu novo espetáculo, *12 de setembro*, inspirado no dia seguinte ao ataque às Torres Gêmeas – data em que ele estava em Belo Horizonte, para o Festival Mundial de Circo. Duma era fã de Bassi desde que o viu na capital mineira e o arrastou também para a Central.

Bassi assistiu à entrada *Lutadores da paz*, em que Duma fazia um padre e Fê, um coroinha. É claro que o número não tinha nada de pudor religioso: o coroinha jogava água benta na cara do padre e os dois se pegavam de porrada! Leo, que baseou toda a sua vida artística na contestação dos valores morais do Ocidente, adorou a ousadia:

– Vocês precisam fazer essa performance na Espanha!

Os argentinos Marcelo Lujan e Pablo Nordio, que formavam a dupla Circo Amarillo, deram pinta no *Cabaré* de agosto e fizeram vários esquetes, enfiando-se em todas as brechas da programação. Pablo namorava

Luciana Menin, acrobata mineira que cumpria em São Paulo uma temporada de um espetáculo da Linhas Aéreas, a convite de Erica Stoppel. Lu Menin conhecia Duma desde 1992, quando fizera uma oficina da Pia Fraus em Belo Horizonte. Assim que Duma e Fê chegaram ao galpão da Central para uma sessão de *Luna Parke*, ela apresentou Pablo e Marcelo à La Mínima:

– Finalmente eu achei vocês! – disse Marcelo. – Desde as minhas primeiras apresentações no Brasil vem alguém me dizer que eu preciso conhecer o Domingos e o Fernando.

– Já estamos famosos assim? – brincou Domingos.

– Por que vocês não assistem ao espetáculo que vamos fazer agora? – convidou Fernando.

Marcelo e Pablo ficaram embasbacados com a maneira como a La Mínima modulava entre a palhaçaria clássica e o teatro contemporâneo. Era simplesmente genial! Duma e Fê também assistiram a algumas entradas do Amarillo durante a Central do Circo, e admiraram o trabalho da dupla. Lujan era músico e Duma curtiu a maneira como ele usava o violão para fazer graça. Naquela noite, ao se despedir de Marcelo, Duma soprou em seu ouvido:

– Fica aqui em São Paulo, que a gente ainda vai trabalhar junto.

A La Mínima estava em ascensão na cena cultural paulista, mas ali na Central do Circo Duma e Fê já eram referência. Todos os artistas e aprendizes que frequentavam o espaço tinham assistido a seus trabalhos. Muitos procuraram a Central depois de vê-los em cena exibindo arte circense inovadora e ao mesmo tempo com os pés fincados na tradição. Daniel Pedro, o Nié, e Bel Mucci, que foram alunos de Duma na Picadeiro e no Galpão Fratelli, agora treinavam ali. Nié tinha a sua própria trupe com o irmão Emiliano, o Circodélico, e Bel atuava com Erica na Linhas Aéreas. A aramista Maíra Campos procurou a Central depois de ficar maravilhada com *À la carte*.

Em setembro de 2002, a Central do Circo recebeu uma notícia para comemorar: o projeto de continuidade das atividades estava entre os 23 selecionados pela primeira edição do Programa Municipal de Fomento ao Teatro. A turma ganhou 283 mil reais para seguir funcionando em 2003. Além de significar um honroso reconhecimento por parte da classe teatral, o dinheiro permitiria ampliar a estrutura e as atrações do *Cabaré*. Melhor impossível! A ideia de se mudar para o Centro de São Paulo começou a pipocar na cabeça dos sócios da Central.

Domingos deixara a Pia Fraus na sequência de atritos com Beto Lima, mas os dois mantiveram a amizade que cultivaram em uma década de parceria. Agora, um ano após a ruptura, estavam Duma e Beto Lima sentados novamente à mesma mesa, discutindo os detalhes de uma caravana que percorreria o país a partir de outubro, ao lado dos seus respectivos parceiros, Fernando e Beto Andreetta, além de Hugo Possolo e Raul Barretto, do Parlapatões. Lima e Duma eram vizinhos em Embu das Artes, voltavam juntos para casa depois das reuniões e não raro paravam para tomar uma última cerveja na padaria.

Marlene Salgado, produtora da Pia Fraus, havia inscrito no programa Petrobras Artes Cênicas o projeto *Pano de roda*, parceria entre a Pia, a La Mínima e o Parlapatões, que rodaria pelo Brasil entre outubro e dezembro de 2002. A inspiração veio dos circos de pequeno porte que circulam pelo país e usam da criatividade para driblar a escassez de recursos. Na falta de uma lona, esses circos delimitam seu espaço de apresentação com um cercado de chita – e rezam para não chover durante o espetáculo. Por isso são comumente chamados de circo de pano de roda.

Para executar o projeto, as três duplas de São Paulo receberam da Petrobras 467 mil reais, uma cifra que os donos de circo de pano de roda do interior não poderiam nem sequer almejar. Dinheiro na conta, eles precisavam aprontar o espetáculo e traçar a sua rota para se embrenhar pelo país. Era a primeira vez que se metiam em um caminhão e saíam de cidade em cidade, armando o pano onde desse, para mostrar seus números. Uma sensação de que estavam virando circenses de verdade.

Estabelecidas em São Paulo, as três companhias desfrutavam de boa entrada em todo o país e até no exterior. Tinham muito em comum, a começar pelo flerte com o circo, tema do projeto, e pela comunicação direta com o público. O tempo em atividade era diferente: em 2002, enquanto a Pia Fraus já alcançava a maioridade, os Parlapa estavam juntos havia 11 anos e a La Mínima, a caçula, com apenas cinco anos. Além disso, cada uma dispunha de uma marca que a distinguia das outras: a Pia, os bonecos;

os Parlapa, a provocação quase subversiva; e a La Mínima, a reverência pela tradição circense. Das três, eram os Parlapatões que gozavam de maior reconhecimento na cena teatral paulistana.

As três duplas caíram na estrada no dia 16 de outubro de 2002, rumo ao Rio de Janeiro, onde o *Pano de roda* seria montado pela primeira vez, nos Arcos da Lapa. Isabela Graeff e Claudinei Brandão completaram o bonde, como elenco de apoio. O caminhoneiro e amigo José Antônio Trevisan era o responsável por transportar as cinco toneladas de equipamentos: uma estrutura metálica circular de 27 metros de diâmetro, que se dividia em palco e arquibancada para apresentações ao ar livre.

Os brasileiros tinham decidido, dez dias antes, que os candidatos Luiz Inácio Lula da Silva e José Serra disputariam o segundo e definitivo turno das eleições para presidente. Os artistas acompanharam os desdobramentos da disputa nas 17 cidades por onde passaram – inclusive a vitória histórica de Lula em 27 de outubro. Ao longo de sete semanas, cerca de 18 mil espectadores assistiram ao espetáculo, que reuniu *Bichos do Brasil*, da Pia Fraus, *Nada de novo*, do Parlapatões, e *La Mínima Companhia de Ballet*, além de uma coletânea das melhores atrações de cada dupla.

O público pôde ver o espetáculo com conforto, pois a arquibancada financiada pela Petrobras tinha até assentos estofados. Havia capacidade para 450 pessoas – as sessões ficavam quase sempre cheias. Os paulistanos testemunharam de tudo um pouco, inclusive um sexagenário em Goiânia que assistia a um espetáculo pela primeira vez na vida, porque não tinha terno e gravata e não queria ir mal vestido ao teatro. Eles rodaram 8.500 quilômetros, passando também por Brasília, Campo Grande, Porto Alegre e outras cidades menores, até terminar o circuito em São Paulo no dia 8 de dezembro numa apresentação no Parque da Independência, no Ipiranga.

Em dezembro de 2002, os principais jornais de São Paulo noticiaram a mudança da Central do Circo para um galpão de 600 metros quadrados no bairro da Lapa, na Zona Oeste. Além de estar mais perto do público, o novo espaço era bem maior que o da Granja Viana, superequipado com trapézios, camas elásticas, aparelhos de acrobacias aéreas e de solo, malabares e itens de segurança.

Duma e Lu trouxeram uma grande novidade aos colegas da Central: a moça estava grávida! Tomás, o filho de Fê e Erica, já tinha 7 meses e fez a sua grande estreia na Central.

A Secretaria Municipal de São Paulo permanecia atenta à turma de ex-alunos da Escola Picadeiro e às novas formas de se fazer circo que brotavam ano após ano na cidade, desde *Ubu*. A Central do Circo foi convidada a participar da Mostra São Paulo Teatro na Cidade. Um triunfo: a Central ocuparia por uma noite o prestigioso Theatro Municipal!

As artes circenses já foram proibidas nos teatros europeus do século XVIII e consideradas amorais também pela *intelligentsia* paulistana do fim do século XIX. Chegar ao Theatro Municipal em uma noite de gala, por meio de um honroso convite da prefeitura, era a maior prova de que o circo tinha enfim conquistado o status de arte legítima e consagrada. Domingos, emocionado, mandou convite para todo mundo: família, amigos do Tatuapé, da Fefisa…

A noite de gala do *Cabaré da Central do Circo* no Municipal aconteceu no dia 5 de fevereiro de 2003. As moças do Linhas Aéreas abriram o espetáculo dançando cancã. Na sequência, toda a turma de ex-alunos de Zé Wilson se revezou em apresentações de números aéreos, entradas de palhaço e variedades. Para fechar, os homens parodiaram o número de abertura, fazendo um cancã aéreo, vestidos de mulher. Uma catarse. Domingos teve o prazer de ver o circo ser aclamado pelo público do Theatro Municipal lotado, na presença de toda a família, inclusive do neném que estava para chegar. Prestes a completar 80 anos, seu Domingos já não saía de casa, mas dessa vez Dico o levara para ver o caçula no Municipal. Após o espetáculo, ao cumprimentar o filho, seu Domingos chorou.

Em março, a Central foi mais uma vez selecionada pelo Programa Municipal de Fomento ao Teatro. Aos poucos, os alunos das oficinas de Duma e Fê começavam a se juntar em coletivos circenses e a se apresentar no *Cabaré*. Marcelo Lujan, do Amarillo, tornava-se o líder da Banda de Dar Dó, dos alunos do maestro Atílio Marsiglia, que dava aulas de música na Central.

Tudo ia bem, mas Duma e Fê estavam preocupados com o próximo passo da La Mínima. A ideia era experimentar dessa vez um espetáculo baseado em dramaturgia. Não queriam que o roteiro fosse só o fio condutor de uma sequência de números circenses. Desejavam sair da zona de conforto para experimentar o teatrão – à sua maneira, claro. Escolheram o universo de personagens da série *Piratas do Tietê*, de Laerte, que navegam pelo famoso e poluído rio, saqueando São Paulo desde antes de os bandeirantes chegarem.

Domingos pensou em se reaproximar do Sesi e telefonou para Sílvio Anaz, responsável pela programação teatral, com quem falara muito na época de *Farsa quixotesca*. Sílvio disse que avaliaria o projeto da La Mínima. Agora era correr e adaptar o texto de Laerte para o teatro. Antes, porém, Duma e Fê precisavam convencer a cartunista.

Laerte contou que certa vez a procuraram para fazer um musical sobre *Piratas do Tietê* e que ela chegou a se empolgar. Os envolvidos tinham competência e a ideia era boa, mas não se materializou em um texto de qualidade. O projeto, que tinha patrocínio acertado, não foi à frente, e a cartunista perdeu a confiança no potencial de seus personagens para o palco. Papo vai, papo vem, Duma e Fê convenceram Laerte a tentar outra vez. *Piratas do Tietê* pode até não ter funcionado como musical, mas certamente daria certo com circo.

Laerte prometeu entregar um argumento para iniciar os trabalhos. Enquanto isso, Duma e Fê procuravam um diretor para o espetáculo. Ligaram para Cacá Rosset, o grande responsável pelo marcante *Ubu*, mas ele não podia – Cacá estava sempre envolvido em mil projetos, e àquela altura atacava também de apresentador de rádio e comentarista esportivo na TV. A dupla encontrou então a diretora Beth Lopes, que trabalhara sobre um conto de Rubem Fonseca em uma badalada montagem inspirada na estética dos quadrinhos. Pronto, era a experiência de que a La Mínima precisava para as soluções cênicas do *Piratas*.

Sílvio Anaz adorou o projeto. Além de oferecer o Teatro Sesi na nobre Avenida Paulista, a instituição iria encampar toda a produção do espetáculo. E olha que o projeto previa um navio com trampolim sobre o palco, além de música original e até a produção de um vídeo – tudo pago pelo Sesi. Duma e Fê soltavam fogos de alegria, quando Laerte telefonou:

– Olha, eu não tô conseguindo escrever a peça, está muito complicado transformar os Piratas em dramaturgia.

Eles prometeram dar um jeito. Passou um tempo e Domingos ligou:

– Laerte, nós podemos chamar o Paulo Rogério Lopes para colaborar com você. Ele escreveu *À la carte* para nós, já trabalhou com a Nau de Ícaros, enfim, tenho certeza de que fará um bom trabalho.

Laerte topou, e a coisa engrenou. Os personagens das tiras ganharam personalidades mais complexas e Paulinho soube transformar em cena as situações imaginadas pela cartunista. Na narrativa criada pela dupla, os Piratas produzem um filme dentro da peça. Para complicar um pouco as coisas, o espetáculo de quadrinho adaptado para teatro recebeu o nome *Piratas do Tietê – O filme*.

A dupla de autores entregou as primeiras cenas e Beth Lopes começou a ensaiar com o elenco. Domingos representava o Capitão, personagem recorrente nas tiras de Laerte, e Fernando fazia Jack, seu imediato. O Capitão dos quadrinhos era baixinho, feio, tinha uma perna de pau e usava barba. Seu intérprete era alto, lindo e tinha as duas pernas – mas pelo menos deixou a barba crescer. Laerte, que adorava ver seus personagens tomando forma nos ensaios, impressionou-se pela maneira como Domingos construiu um ótimo Capitão à sua maneira. Quando o ator contou que sonhava um dia montar *A noite dos Palhaços Mudos*, Laerte não titubeou:

– Tá prometido!

Na peça de Laerte e Paulinho, Capitão e Jack escapam da prisão momentos antes de serem executados e se juntam ao bando para voltar a saquear São Paulo. A Deputada, sem saber como controlar a onda de violência, convoca o aventureiro Silver Joe para prender novamente os piratas. Para fazer a Deputada, Duma convidou a amiga Fernanda D'Umbra, fã incondicional de Laerte. E para dar corpo ao Silver Joe, a dupla chamou Alê Roit, que deixara os Parlapatões. Completavam o elenco Guga Carvalho e Fábio Espósito, o Xepa.

A produção foi mais robusta do que a das peças anteriores da La Mínima. O elenco treinou esgrima e salto na cama elástica. O experiente compositor Marcelo Pellegrini, que fizera música para José Celso Martinez Corrêa, criou uma trilha divertida, acompanhando o ritmo das cenas com precisão. Luciana Bueno caprichou na cenografia e a produtora audiovisual ADH fez o vídeo projetado durante o espetáculo – Cecília Meyer, amiga de Duma desde os tempos da Beto & Beto, se encarregou dos adereços para o vídeo.

O espetáculo estreou no dia 16 de abril de 2003 no Teatro Sesi, com sessões à tarde, destinadas ao público jovem. A temporada de quatro meses foi um sucesso. Fernanda D'Umbra levou um amigo, o ator Fernando Paz, que adorou e resolveu que queria aprender aquele teatro físico.

Durante a temporada, nasceu Leo, o primeiro filho de Luciana e Domingos, no dia 18 de junho de 2003. Lu deu sugestões para o nome, mas a palavra final foi de Duma – ela não se incomodou, adorou o nome e até achou graça da arbitrariedade. A barba do Capitão serviu perfeitamente ao novo papel de Domingos: pai. Apaixonado pela cria, ele acordava de madrugada, levava o menino para mamar na mãe, botava para arrotar e ficava ninando pelo tempo que fosse. Leo encheu a casa de alegria.

Apesar de todo o sucesso, *Piratas do Tietê* não teve carreira longa. O elenco era numeroso e o cenário, pesado e difícil de transportar. A experiência foi ótima, mas Duma e Fê se lembrariam de, na próxima, fazer um espetáculo mais simples, como *Cia. de Ballet* ou *À la carte*, para poder incluí-lo no repertório da companhia.

Luciana já tinha se tornado uma produtora de primeira e a companhia estava se consolidando no mercado de artes cênicas em São Paulo. Quando era preciso, os dois parceiros animavam eventos corporativos, fazendo graça para engravatados em sala com iluminação branca e chapada. Mas cada vez menos dependiam desse expediente para ganhar a vida. Desde que Padoca arremessou Agenor para o alto e avante, com o canhão cenotécnico do *Luna Parke*, ninguém mais segurava a dupla.

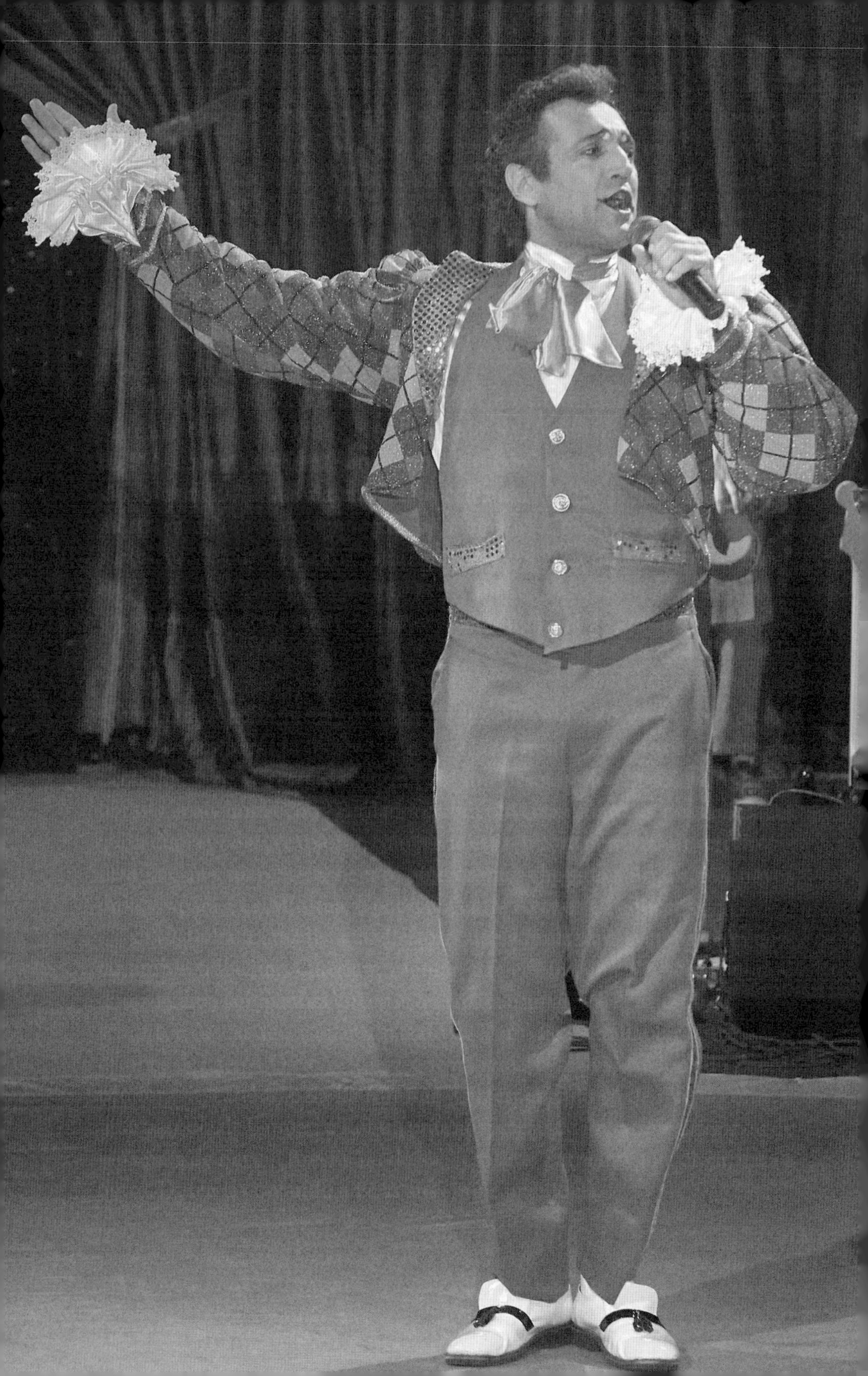

CAPÍTULO 9

Serragem nas veias

Os pais de Daniel Pedro, o Nié, o aluno de Domingos que se tornou acrobata cômico como o mestre, tinham casa de veraneio na Praia de Boiçucanga, no caminho de Ilhabela, litoral norte de São Paulo. Nié frequentava a região desde criança, quando aquilo era só mar e grama. Conhecia todo mundo lá. A três horas da capital, o lugar é um dos balneários da cidade de São Sebastião. Nos anos 1980, foi construído o trecho da Rio-Santos que margeia Boiçucanga, facilitando o acesso de turistas e gerando investimentos em infraestrutura.

Em 2003, já havia ali shoppings, um pronto-socorro e pousadas, mas nenhuma opção cultural. O único lazer era a praia. O prefeito de São Sebastião, Paulo Julião, velho político local, conhecia a família de Nié e soube que o rapaz estava metido em artes. Procurou-o em busca de atrações culturais para a população durante a baixa temporada. Nié ofereceu o espetáculo *De mala e cuia*, que fazia com o grupo Circodélico. Com a saída de seu irmão Emiliano, a vaga fora preenchida por Alê Roit – uma honra para Nié e para o parceiro Guga Aranha, fãs de longa data dos Parlapatões.

No entanto, não havia espaço cênico em Boiçucanga, muito menos um que permitisse aos três rapazes fazer estripulias aéreas. Nié desceu diversas vezes até o litoral, em busca de uma solução para o problema. Visitou quadras esportivas em escolas e um estacionamento, mas nada parecia bom. Os lugares ou tinham o teto baixo demais ou não tinham teto, o que também não servia. Depois de queimar a mufa, ele teve a ideia de instalar uma lona de circo em um descampado em frente à praia: além de resolver o problema técnico, realizaria o sonho de atuar sob a sua própria lona. Nié trocou uma ideia com o subprefeito e ficou combinado que, se conseguisse a lona, teria o campo para instalá-la e apoio da prefeitura para montar o show.

Em São Paulo, Nié foi ao encontro dos parceiros do Circodélico. Guga e Alê o esperavam na Central do Circo, naquele dia de agosto de 2003. Duma e Fê estavam ensaiando na mesma sala e acabaram participando da conversa. O papo de Nié despertou a curiosidade de Domingos:

– Meu, o que vocês estão aprontando?

Nié contou então de Boiçucanga, do prefeito, do *De mala e cuia*, do problema de espaço, da lona... Ora, o próprio Duma havia incutido no rapaz o gosto pelo circo clássico, é claro que ele seria o primeiro a salivar diante da oportunidade. Duma chamou Fê e Nié explicou tudo de novo, entusiasmado por despertar o interesse de seu mestre. Só não esperava que a reação fosse tão assertiva:

– Nié, a gente tem mó vontade de sair na lona. Por que a gente não reúne forças nesse projeto? Podemos fazer um mix de Circodélico com La Mínima. Uma costura simples, não acho que precisa ser nada tão elaborado.

– Porra, Duma, claro! Só tem uma condição: é pra fazer mesmo, e é pra já. A prefeitura quer alguma coisa pra baixa temporada ainda.

Duma estava que nem pinto no lixo. Um circo de lona era o que faltava para completar o currículo do palhaço Agenor. Ele chegou a levar o circo ao Theatro Municipal, mas ainda não tinha saído com a sua própria lona.

Fê se mostrava entusiasmado, porém ressabiado. Dividia com o parceiro o sonho de viver sob a lona, nem que fosse por um tempo, mas não deixava de pensar na viabilidade do projeto, de analisar algumas variáveis indesejáveis. Bacharel em administração, sabia que não seria fácil, mas embarcou com os amigos. Marcaram ali mesmo a primeira reunião, e passaram a se ver toda semana para tratar do projeto Boiçucanga. O que se seguiu foi um troca-troca interminável de e-mails, com planilhas de Excel anexadas, reuniões, mais e-mails, mais planilhas e mais reuniões, todas elas em uma sala devidamente fechada da Central do Circo.

O mais fácil era definir a parte artística da apresentação, escolher os números e estabelecer uma ordem de entrada, a trilha sonora… Isso os cinco parceiros tiravam de letra. Muito mais complicado era inventar o espaço em que o circo todo se daria. Aqueles cinco urbanoides estavam acostumados a chegar em uma unidade qualquer do Sesc, encontrar um produtor de walkie-talkie na mão que os recebia com um cafezinho e "deixa esse equipamento comigo e pode se dirigir ao camarim com ar-condicionado". Agora, o que eles tinham era um terreno vazio – o que para muitos circenses da tradição já é muito – e a promessa de apoio financeiro da prefeitura, o que para muitos circenses da tradição já é demais!

A coisa estava tão complicada que não daria, nem a pau, para deixar tudo pronto nas datas acordadas. A ideia era contemplar a população local, na baixa temporada, mas os artistas dobraram a prefeitura e marcaram a estreia para o início de janeiro, auge do verão. Sim, Boiçucanga estaria repleta de turistas, mas eles iriam trabalhar uma convocação em massa dos sebastianenses.

No meio disso tudo, era preciso escolher um nome para o circo. E tome mais reunião, e "Circo de Verão" pra cá, "Circo Tá na Areia" pra lá, até que Duma surgiu com um livro que descrevia os tipos da Commedia dell'Arte. Ao longo dos séculos, foi se sedimentando uma tipologia de personagens desse teatro cômico medieval e a cada um deles corresponde uma máscara. No Brasil, os mais famosos são Arlequim e Colombina, que ressurgem nos bailes e marchinhas de carnaval ano após ano. Mas há o Dottore, o Pantalona e muitos outros. Dramaturgos, diretores de teatro e até mesmo importantes cineastas de Hollywood recorrem a essa galeria para a construção de personagens. Quando Duma chegou à Central do Circo com o livro à mão, ele já tinha escolhido a figura que emprestaria o nome ao circo:

– Pessoal, olha isso aqui. Nós somos cinco palhaços, certo? O que acham de dar ao circo o nome do primeiro palhaço que existiu? Zanni. É o personagem da Commedia dell'Arte que deu origem ao palhaço.

Por volta do século XIV, Veneza era uma cidade próspera, chique e moderna. Muita gente vinha da região montanhosa em busca de trabalho, e acabava descolando umas moedas como serviçais dos ricos mercadores e dos nobres dali. Um nome muito comum nessas montanhas era Gianni, e a variante Zanni começou a ser usada pejorativamente como referência a esse tipo simplório que vinha da montanha – os caipiras da Itália medieval. Os primeiros textos da Commedia dell'Arte exploram a relação entre o mercador rico e avarento, o Pantalone, e seu serviçal meio jeca, meio malandro, o Zanni, que mal falava o dialeto veneziano. Sua máscara tem o nariz adunco, enorme, que representava a sua patetice. Quanto maior o nariz, mais bobo era o Zanni.

Essa história toda guardava certa relação com a origem da família de Domingos. Seu avô Francisco nasceu em Montebelluna, na província de Treviso, bem no meio do caminho percorrido pelos Zanni no século XIV, dos Alpes Italianos até a pujante Veneza, em busca de uma vida melhor. Talvez as montanhas às quais o seu sobrenome remetesse fossem exatamente essas velhas conhecidas dos muitos Gianni que se tornaram os primeiros palhaços.

Soava bem Circo Zanni. Não teve muito papo, as outras opções sobre a mesa eram bem mais sem graça. Para não deixar de divulgar os nomes das duas trupes, ficou decretado que o material gráfico traria sempre a inscrição: "Circodélico e La Mínima apresentam Circo Zanni". Pronto, menos um item para a interminável lista de tarefas do projeto Boiçucanga.

Mas a turma ainda não tinha resolvido a lona! Recorreram ao amigo César Guimarães, dono do Circo Fiesta, fundado por sua família havia cinco gerações. César foi um dos membros da tradição mais receptivos à chegada dos playboys paulistanos ao métier e, desde a década de 1990, estimulava a turma da Picadeiro a sair com a própria lona. Prontamente, ele passou contatos de fornecedores e deu inúmeras dicas e soluções para as emergências que iriam surgir. Outra ajuda fundamental foi de André "Fratelli" Caldas, que fabricou o palco.

Com tantas reuniões a portas fechadas, a turma da Central do Circo não demorou a adivinhar que Nié, Guga, Alê, Fê e Duma estavam tramando algo grande. Atiçados, os colegas começaram a fazer perguntas e o zum-zum-zum se espalhou. Logo, muitos estariam se apresentando para o combate no litoral e caberia aos cinco palhaços segurar os ânimos e filtrar as propostas, com jogo de cintura. Fê era casado com uma circense, Duma com uma dublê de artista e produtora e Nié namorava a acrobata Bel Mucci. Essas três mulheres entraram quase que automaticamente para o elenco do Zanni, embora as reuniões secretas continuassem restritas aos cinco homens.

Quanto aos demais, o difícil seria dizer não, pois a lona de circo era um fetiche para nove entre dez artistas frequentadores da Central. A turma topava qualquer coisa, nem que fosse só carregar os cabos de luz; valia tudo para participar da experiência. De fato, uma ajuda cairia bem, afinal, eles se lançaram na aventura sem saber como seria difícil levantar um circo. Por outro lado, precisavam manter o controle para garantir a qualidade e a autoria do projeto. Duma intercedeu pelos argentinos do Amarillo, uma dupla de palhaços com pegada física – além do mais, Marcelo Lujan era músico e a trupe pensava em tocar ao vivo no espetáculo.

Ficou combinado que o Amarillo faria a iluminação. Com Marcelo e Pablo, vieram também suas namoradas, as acrobatas Maíra Campos, de São Paulo, e Lu Menin, de Belo Horizonte. Estava pronta a formação do Circo Zanni para a temporada no litoral, mantido o núcleo duro entre os cinco homens do projeto original. A partir de então, a resposta às investidas seria: "Desculpe, não dá mais tempo de incorporar ninguém, mas todos os amigos serão bem-vindos a Boiçucanga".

À medida que o ano ia chegando ao fim, aumentava o desespero. Ainda havia muito a ser feito. Ao menos a lona já estava garantida: um fornecedor indicado por César Guimarães levaria uma de oito metros de altura na véspera da estreia, com aluguel acertado até o fim da temporada. Porém, os novos empresários circenses se deram conta de que a grana da prefeitura não cobriria o custo da produção. Nié conseguiu apoio de comerciantes conhecidos, mas ainda assim os cinco associados precisaram fazer uma vaquinha, na esperança de conseguir recuperar o dinheiro com a bilheteria.

A despeito da infinidade de detalhes, era importante manter o foco no espetáculo, que foi crescendo, com apresentações do Amarillo e das meninas. Estava virando um verdadeiro circo de variedades. Entre os cinco titulares do Zanni, não havia hierarquia, mas aos poucos as aptidões foram se revelando e, por consequência, as funções se estabeleciam. Alguns cargos se formalizaram, até porque era necessário apresentar os responsáveis pelo projeto à prefeitura. Alê Roit foi nomeado diretor artístico, Fê Sampaio, diretor administrativo e Nié, diretor de produção.

Domingos não ocupou nenhum cargo, mas estava sempre ligado aos detalhes de tudo que iria ao centro do picadeiro. Ele exercia sobre os artistas mais novos um fascínio e uma liderança natural. Tinha sido professor de quase todos, e seus ex-alunos se viam ainda como aprendizes. Era sempre o primeiro a ser consultado quando alguém ali criava um novo número.

Nas reuniões, Duma enfatizava a intenção de construir um espetáculo circense clássico. Tudo o que ele defendia partia dessa premissa, desde detalhes como a bandeirinha no alto da lona e linhas de luzes em seus contornos, até fatores fundamentais como música ao vivo e a figura do mestre de cerimônias. Nem sempre as ideias eram bem aceitas, até porque a turma do Novo Circo estava empenhada em quebrar os vínculos com a tradição. Mas Duma insistia e argumentava, dá para ser clássico sem fazer imitação barata. Ele se inspirava no capricho com que os circos tradicionais europeus cuidavam da apresentação de suas lonas, no requinte dos espetáculos. Queria recuperar a história do melhor circo brasileiro, mas sabia que para isso precisava renovar, buscar referências em outros lugares e linguagens.

De todas as sugestões de Duma, a ideia de que haveria um mestre de cerimônias à moda antiga era a que encontrava maior resistência. O apresentador tinha sido figura erradicada no picadeiro do Novo Circo. Levou tempo, mas Duma convenceu a turma de que o Zanni poderia ter um mestre de cerimônias à sua maneira, que ajudaria a conferir unidade ao espetáculo.

Quando receberam as dimensões da lona que os abrigaria em janeiro, Duma e Nié se lançaram em uma vasta pesquisa de referências clássicas para adorná-la. Tudo deveria ser feito com capricho. O Zanni era uma homenagem ao circo brasileiro, mas não ao circo capenga; nada deveria remeter à Caravana Rolidei, que virou símbolo da decadência do circo no filme *Bye bye Brasil*, de 1980, dirigido por Cacá Diegues e estrelado por José Wilker e Betty Faria. Os números foram ensaiados à exaustão, os figurinos precisavam ser impecáveis e tudo deveria ter muito bom gosto.

O verão escaldante chegou ao litoral paulista. A última edição da Central do Circo de 2003 foi feita em meados de dezembro e a turma logo desceria para o litoral. A casa da família de Nié estava pronta para receber os artistas para o réveillon de 2004. Era uma residência de pescador, simples, sem espaço para abrigar todo mundo. Em breve, mais de 40 artistas iriam baixar em Boiçucanga para conferir o projeto de Nié, Guga, Alê, Fê e Duma. Nié alugou três trailers e os estacionou no quintal. Não foi suficiente: a casa e os trailers ficaram abarrotados.

Fernando e Erica alugaram um quarto ali perto, para cuidar de Tomás com tranquilidade. Leo tinha só 6 meses, mas Duma não abriu mão de se misturar com a trupe e ficou na casa de Nié – pelo menos com um quarto separado para ele, Lu e o bebê. A turma ensaiava o jingle com o qual anunciaria o espetáculo pelas ruas da cidade e Luciana, exausta, às vezes aparecia só para pedir:

– Gente, será que vocês podem esperar um pouquinho, só até ele dormir?

No intervalo entre o Natal e o Ano Novo, chegou a caminhonete com a lona alugada, cheia de remendos e com apenas cinco metros e meio de altura, bem menos que os oito prometidos. Nié e Duma começaram uma discussão com o portador, mas perceberam que aquilo não levaria a nada. Liberaram o moço e a lona era aquela mesma: os números aéreos teriam que ser adaptados. Assunto encerrado. A lona precisava ser levantada. Foi uma guerra! Por sorte, César Guimarães tinha descido a Boiçucanga para dar uma mão. Ele respirou fundo e explicou:

– Não se arma circo na praia, porque o chão de areia não segura as espias. Vamos ter que preparar um morto para cada espia.

As espias são as cordas que dão sustentação à lona do circo, amarradas ao mastro e fincadas no chão; e o morto é feito de pedras ou outro material pesado para, enterrado, impedir que a espia se solte do chão. Domingos carregava as pedras e assumia as tarefas mais difíceis, nada daquilo representava um fardo para ele. Ao contrário: era a realização de um sonho. Ao cortar a madeira para levantar o circo, Duma e os outros sentiram a serragem invadir o ar no terreno arenoso de Boiçucanga. Estavam recebendo injeções de serragem nas veias e não havia do que reclamar.

Parecia que todos os artistas circenses de São Paulo baixaram no litoral. Até Beto Andreetta compareceu, orgulhoso de levantar o primeiro mastro do Circo Zanni, do amigo Duma. A lona foi montada, os remendos disfarçados e o Circo Zanni ficou charmoso. A arquibancada tinha só 200 lugares, mas isso não era problema, na verdade a turma duvidava que o público lotaria o espaço. A festa de réveillon foi dentro da lona, uma farra; parecia encontro de ex-alunos da Circo Escola Picadeiro. Só não deu tempo para curtir a ressaca, pois a estreia seria no dia 3 de janeiro e havia serviço ali para todos. Um trailer serviria de bilheteria, e precisava de pintura. Mas quem venderia os ingressos? Ninguém pensou nisso, e Beto Andreetta acabou ocupando o posto de bilheteiro mais VIP da história.

Chegou o grande dia, quase tudo pronto. Duma se sentia apreensivo, mas César garantiu que a lona estava bem armada e firme. Guga, Marcelo e Pablo saíram para a última rodada de panfletagem na praia. Maíra se encarregou de preparar o bar onde seriam vendidos doces, pipocas e bebidas. Erica, Lu Menin e Bel quebravam a cabeça para encaixar na lona nanica os números que haviam preparado. Ao se aproximar das oito e meia da noite, o público começou a aparecer. Sim, a divulgação tinha funcionado. Turistas e sebastianenses se misturavam na fila da bilheteria. Ficou gente de fora.

Duma se posicionou no picadeiro, pronto para cumprir a sua missão de mestre de cerimônias. Quando todas as luzes se apagaram, o Anjo Torto apareceu por detrás de César Guimarães, soltou um sorriso de parabéns em direção a Duma e saiu antes que o primeiro canhão de luz mostrasse ao público os músicos da Banda de Dar Dó. O maestro Marcelo Lujan deu então o sinal e o grupo começou a tocar, todos vestidos de roupão. O mestre de cerimônias aguardou a deixa de Lujan, saudou o respeitável público e apresentou o primeiro número do espetáculo.

Muita gente na arquibancada tinha ido ao circo sem grande expectativa e ficou impressionada com o tom requintado. Ao sentir que a sua trupe impressionara, Duma foi tomado de um sentimento de satisfação que nunca experimentara na vida.

Os números da companhia Linhas Aéreas funcionaram bem no circo de lona baixa. Parecia que as moças iam cair sobre a plateia, sem rede de proteção, mas isso só fazia aumentar o gostinho de suspense. O Circo Amarillo fez bonito com o seu double trapézio. Entre um número e outro, as entradas cômicas, já testadas pelo público de São Paulo, agradaram: Fê Sampaio fazia rir com suas caretas, vestido de Monga, e o Circodélico impressionou com uma luta de boxe entre Nié e Guga, em que só o juiz Alê Roit apanhava. Nié e Bel Mucci fizeram um belíssimo número acrobático com pegada sensual, que Duma dirigira.

O público deixou a lona extasiado. Parecia um circo como outro qualquer, mas havia uma atmosfera de requinte que dava sabor especial e sentimento de satisfação diferente. Alê Roit pegou uma câmera e filmou alguns depoimentos na saída, todos elogiosos: "Muito além de qualquer expectativa que eu podia ter", declarou a atriz Lígia Cortez.

O Zanni parou Boiçucanga, todo mundo queria conhecer aquele circo pequeno e elegante, muitos dos que estavam na estreia voltaram para as sessões dos dias seguintes. Foram três semanas de espetáculos de quarta a domingo, sempre às 20h30, com ingressos a dez reais – criança pagava meia. As sessões ficaram lotadas. Os artistas estavam vivendo um sonho, juntos na mesma casa, como uma família de circenses de verdade. Havia um circo com lona, banda ao vivo, pipoca e mestre de cerimônias. Havia os bebês Tomás e Leo, a prova irrefutável de que aquela era uma família com serragem nas veias.

Ao fim da temporada, ao desmontar a lona, a turma ia fazendo o balanço da empreitada. Uma equipe de 20 pessoas cumprira, em três semanas, 15 apresentações para um público de quase cinco mil pessoas. Parecia impossível cinco meses antes! Alguns mais afoitos diziam que aquilo não podia terminar ali em Boiçucanga, que o Circo Zanni precisava continuar. Nié defendia que a "família" saísse em itinerância pelo Brasil. Se não para a vida toda, pelo menos por um ano, para provar que era circo de lona de verdade.

Por mais entusiasmados que estivessem, Fê e Duma eram pais de família e não pretendiam se tornar nômades. Além de Erica, Tomás, Lu e Leo, eles tinham a La Mínima. Mesmo durante a temporada em Boiçucanga, Agenor e Padoca pediram licença e deram uma escapada para cumprir agenda em São Paulo. Para compensar a ausência da dupla, os palhaços Paola Musatti e Ricardo Rodrigues foram convidados a fazer participações especiais nessas datas.

O sonho fora realizado. Duma e Fê tomaram muita injeção de serragem na veia. Era hora de começar a pensar num novo espetáculo para a La Mínima. Depois da intensa vivência coletiva do Zanni, pintou a ideia de produzir algo que permitisse a Agenor e Padoca aprimorar o jogo cênico da dupla, a sós em cena. Duma se aproximara de Mário Bortolotto, marido de Fernanda D'Umbra, dramaturgo e diretor do coletivo Cemitério de Automóveis. Encomendou-lhe um texto e recebeu a peça *A verdadeira história dos super-heróis*, baseada em dois palhaços que desistem da profissão para se tornarem heróis.

Texto pronto, Duma e Fê convidaram para dirigi-los o gaúcho Jairo Mattos, que participara do primeiro espetáculo dos Parlapatões. Jairo integrou o grupo Tenda Tela Teatro, uma primeira tentativa de estudantes universitários de Campinas de fazer itinerância com circo de lona, como os antigos, ainda em 1982. A turma do Tenda Tela contou com a ajuda de Zé Wilson antes mesmo de ele montar a Circo Escola Picadeiro. Desde então, Jairo fizera muito teatro em São Paulo. Em 1990, estourou no papel do galã da novela *Barriga de aluguel*, da Rede Globo, e continuava no elenco da emissora. Agora mesmo, enquanto discutia as primeiras ideias para o novo espetáculo da La Mínima, Jairo gravava os últimos capítulos da sua participação em *Celebridade*, sucesso da Globo escrito por Gilberto Braga e estrelado por Malu Mader, Cláudia Abreu e Fábio Assunção.

Jairo tinha experiência em direção cênica. Quando chegou à casa de Mário Bortolotto para uma primeira leitura do texto que o autor acabara de escrever, esperava testemunhar um trabalho mais desorganizado. Ele já assistira aos espetáculos da La Mínima e imaginava que aquela dupla de palhaços tinha um processo de criação mais solto. Nos ensaios, Jairo se surpreendeu com o rigor, a disciplina e o domínio da técnica dos dois. As reuniões com membros da equipe eram supersérias e todos os prazos, rigorosamente cumpridos. Duma e Fê mergulhavam profundamente na pesquisa sobre técnicas de palhaçaria e nos caminhos pelos quais o palhaço pode fazer dramaturgia. Quando Mário e Jairo tiveram um pequeno desentendimento durante a produção do espetáculo, Duma e Fê souberam manter o clima de respeito mútuo. Jairo se surpreendeu com a seriedade dos dois profissionais e com o zelo pelo trabalho que levariam ao público.

O espetáculo, no entanto, não vingou. Estreou no Sesc Belenzinho no dia 14 de agosto, cumpriu sua temporada com plateias cheias até 3 de outubro, mas depois não teve fôlego para sair em turnê. Não era como *Cia. de Ballet*, *À la carte* ou *Luna Parke*, que seguiram firmes no repertório da La Mínima, mesmo depois de anos em cartaz. *A verdadeira história dos super-heróis* simplesmente não vendia. Como o casamento de Agenor e Padoca era para sempre, na alegria e na tristeza, eles seguiram sem crise e partiram para a próxima.

Em meados de 2004, os sócios da Central do Circo se viram diante de um impasse: não estavam entre os contemplados na terceira edição do Programa Municipal de Fomento ao Teatro.

A Central do Circo começou em 1999 como uma cooperação entre cinco amigos. Cada um punha a mão no bolso para pagar o aluguel do galpão e se esforçava para viver de bilheteria. Com o tempo, chamou a atenção de outros circenses de São Paulo, de outros estados e até de fora do país. Os artistas visitantes pagavam uma taxa mínima de utilização do espaço. À exceção de alguns calotes, a cotização também ajudou a equilibrar as contas do projeto. A Central ganhou relevância e se tornou um símbolo do Novo Circo paulistano, com todas as contradições que o nome embutia. O Circo Zanni era um dos frutos desse empreendimento que podia se orgulhar de suas contribuições à arte circense de São Paulo.

O Sesc olhou para a Central do Circo, viu que aquilo era bom e abriu os espaços para projetos da turma. Em seguida, a Prefeitura de São Paulo concedeu dois prêmios em dinheiro à Central, o que permitiu diversas conquistas, a maior delas a nova sede na Lapa.

Em 2004, com a notícia de que o Programa Municipal de Fomento ao Teatro não contemplaria a Central do Circo, o ímpeto de muitos ali foi o de retomar o espírito empreendedor do início. Porém, não era mais tão fácil voltar ao esquema de colaboração de antes. Os gastos da Central superavam as receitas com cotização e bilheteria. Só o aluguel do galpão custava seis mil reais por mês. Depois de mais de 20 espetáculos, a Central fechou as portas, entregou o galpão e as trupes voltaram a atuar em separado.

Houve uma tentativa ou outra de continuar, mas sem sucesso. Alguns meses depois, Domingos propôs aos colegas uma reflexão. O artista não deve contar exclusivamente com recursos do poder público para projetos de longo prazo; a fonte pode secar. Não era um discurso contra as políticas de fomento à cultura. Mas seria essencial saber viver de bilheteria e se preparar para tempos de vacas magras. Que o fim da Central do Circo servisse de lição.

A turma continuou próxima e a Central se tornou parte do currículo e da memória afetiva dos envolvidos: o idealizador Rodrigo Matheus, Duma, Fê, Erica e Ziza. Todos os outros artistas que passaram pelos galpões da Granja Viana e da Lapa guardariam com carinho lembranças daquela convivência. Um espaço aberto, onde podiam ensaiar e se apresentar, pagando pouco, faria falta para o desenvolvimento da arte circense em São Paulo.

O núcleo duro da Central deixou de existir como tal. Rodrigo Matheus, ainda envolvido com a formação de artistas circenses, levou à frente a ideia de uma faculdade de circo: associou-se ao dono do Galpão do Circo, Alex Marinho, e juntos fundaram o Centro de Formação em Artes Circenses (Cefac). Ziza e Erica seguiram juntas no Linhas Aéreas. Duma e Fê tocaram a La Mínima e às vezes também se dedicavam a ensinar. Nesse período, o diretor Chico Pelúcio os convidou para se apresentar e dar oficinas em eventos do Grupo Galpão, em Belo Horizonte. Admirador do trabalho de Pelúcio, Domingos o desafiou durante o evento:

– Um dia você vai ser meu diretor.

Chico respondeu de pronto:

– Pode chamar que eu vou.

Enquanto digeria a frustração com *A verdadeira história dos super-heróis* e o fim da Central do Circo, Domingos teve que lidar com uma grande perda. Seu irmão Dico telefonou para avisar sobre a morte do pai, vítima de um infarto fulminante. Triste, Duma não contou para todos os amigos; somente os mais próximos foram confortá-lo no dia 12 de junho de 2004, no Cemitério da Quarta Parada, no Tatuapé.

A trupe do Circo Zanni ficou com gosto de quero mais. Seus integrantes já estavam se reunindo uma vez por semana para tratar do futuro do empreendimento que dera tão certo. Nié, o mais entusiasmado, queria comprar uma lona e viver um tempo na itinerância.

Até mesmo a conjuntura política ajudou. O cantor Gilberto Gil, badalado ministro da Cultura do governo Lula, apresentava as diretrizes de sua gestão à frente do ministério. O Brasil vivia um momento de expansão econômica e, com o aumento da arrecadação fiscal, Gil brigava para que a cultura recebesse uma fatia maior do orçamento federal. Em agosto, ele reuniu artistas e jornalistas em São Paulo para anunciar um maciço aporte de recursos para projetos de artes cênicas em todo o país. Só para o circo seria investido um milhão de reais – uma grana com a qual a classe nunca sequer sonhara.

Gil comemorou nesse encontro a criação da Coordenação de Circo da Funarte – a partir de agora, as artes circenses podiam contar com um escritório para cuidar exclusivamente das suas demandas no organograma do governo. O primeiro titular da coordenadoria era ninguém menos que o parlapatão Hugo Possolo, que compunha inclusive a mesa de autoridades que acompanhavam Gilberto Gil naquela tarde de 2 de agosto de 2004. Hugo se destacara como uma voz em defesa do circo em meio às discussões do Arte Contra a Barbárie e foi indicado pela classe para a Funarte, por aclamação.

Diante da notícia de que o setor circense receberia uma injeção de investimento público, a turma do Circo Zanni pleiteou recursos para adquirir sua própria lona. Inscreveram então o projeto no Prêmio Funarte de Estímulo ao Circo, usando como argumento a recuperação do prestígio e da importância dos circos de pequeno e médio porte na vida cultural das cidades.

O Zanni acabou levando 35 mil reais do Prêmio da Funarte, um bom dinheiro, mas não o suficiente para comprar a lona. A trupe precisava investir do próprio bolso. Nesse momento o núcleo formado por Duma, Fê,

Nié, Guga e Alê divergiu sobre a melhor forma de conduzir o empreendimento. Duma, Fê e Nié quiseram abrir a sociedade para os artistas que tinham cooperado na primeira temporada. Guga Aranha e Alê Roit não concordaram e, como estavam envolvidos em outros projetos, deixaram o Zanni. Nié, Duma e Fê convidaram Marcelo e Pablo, do Amarillo, para se tornarem sócios.

No momento em que Marcelo e Pablo entraram, já ocupando postos de direção, as esposas e as namoradas notaram algo de errado naquele circo-família. O papel das mulheres estava demasiadamente à moda antiga, um pouco tradicional demais para Erica Stoppel e as outras meninas. Ora, todas ali tinham carreira circense, muitas delas como autoras. Havia um grupo chamado Linhas Aéreas, que os barbudos conheciam muito bem. Erica não era nenhuma Madame Padoca, mas uma trapezista graduada, com sucessos de crítica e público no currículo. O pleito foi inevitável e atendido de pronto: as mulheres convidadas a participar da temporada sob a lona em Boiçucanga não seriam as esposas dos artistas, e sim protagonistas, sócias do empreendimento, como os homens.

Assim, a trupe que se formou para comprar a lona e tocar o Circo Zanni para a frente foi formada por nove artistas: Domingos Montagner e Fernando Sampaio, da Companhia La Mínima; Erica Stoppel, da Companhia Linhas Aéreas; Maíra Campos, Lu Menin, Marcelo Lujan e Pablo Nordio, do Circo Amarillo; e os acrobatas Bel Mucci e Daniel Pedro. Cada um contribuiu com cinco mil reais. Uma das fundadoras da Central do Circo, Ziza Brisola participaria como artista convidada da temporada seguinte. Duma e Lu conversaram e decidiram que somente ele entraria como sócio. Luciana ficaria responsável pela produção do espetáculo e, de vez em quando, faria apresentações como convidada.

A trupe estava formada e o Circo Zanni não seria, definitivamente, um amor de um verão só na Praia de Boiçucanga. A lona chegou, modesta e com os mesmos tons de vermelho e azul. A turma preparava o espetáculo com o maior capricho. Novos números foram criados e os antigos, ensaiados à exaustão.

Com a saída de Alê, Duma assumiu o posto de diretor artístico. Foi uma transição natural: ele era o mais velho, sócio de uma companhia estabelecida e tinha sido professor de muitos dos artistas com quem dividia a lona. Mais do que tudo, Duma era obsessivo por ensaio. Repetia à trupe sempre que necessário:

– Seja o jardineiro de sua arte, não o arquiteto. Cultive o que faz, não ache que o que construiu está pronto.

Após os ensaios, era sempre o último a deixar a lona:

– Acho que a gente podia melhorar aquele movimento. Vamos fazer uma última vez?

No dia 20 de novembro de 2004, o Zanni estreou o seu primeiro espetáculo em lona própria, montada num terreno da Prefeitura de São Paulo, ao lado da Casa das Caldeiras, na Barra Funda. Zé Wilson apareceu, orgulhoso, para conferir. No dia 10 de dezembro, Dia do Palhaço, a *Folha de S.Paulo* destacou em uma reportagem que havia sete circos em cartaz na cidade – entre eles, o Zanni. Na véspera, outra matéria contava que duas mil academias de ginásticas estavam usando técnicas circenses para tornar mais lúdico o esforço dos clientes para entrar em forma. Era tempo de circo.

Um convidado ilustre foi ver o trabalho do Zanni na Barra Funda: Leris Colombaioni estava no Brasil, como atração principal do Festival Mundial de Circo de Belo Horizonte, e adorou encontrar Duma e Fê realizando o sonho de ser de circo. Ele percebeu o fascínio que a dupla exercia nos artistas mais novos do Zanni e lhes deu um conselho:

– Vocês serão exemplo para as novas gerações e isso é uma grande responsabilidade. Não há como evitar, vocês terão que se encarregar disso.

Com efeito, Duma tinha se tornado o grande capitão naquela aventura dos novos circenses.

– O espetáculo não para, tem sequência! – seu brado acabou se tornando um grito de guerra do Zanni.

Ao saber que Leris estava para chegar, Duma e Fê precisavam dar um jeito de agendar uma sessão especial de *À la carte*, afinal, o diretor do espetáculo ainda não o assistira. Luciana conseguiu uma brecha na pauta do Sesc Consolação, em única apresentação. O mestre fez com os dois discípulos o mesmo suspense que seu pai fazia com ele: assistiu a tudo sem esboçar reação, na primeira fila. Era a maneira como o pai o ensinava a manter em cena o controle das emoções. No fim, a dupla chamou Leris ao palco e explicou à plateia quem era aquele senhor italiano. Leris se emocionou ao notar, sob os aplausos do público, o brilho nos olhos de Duma e Fê. No camarim, a dupla estava ansiosa para ouvir a opinião do mestre:

– Gostei muito do trabalho que vocês fizeram depois de voltar ao Brasil. Está tudo mais elaborado do que quando a gente se despediu. Tudo feito com muito capricho e bom gosto, sem exageros. Parabéns! O cenário e o figurino estão lindos. Só tenho uma reclamação: vocês não deixaram a escada cair por cima do Domingos!

Duma tinha convidado Leris a se hospedar em sua casa depois do compromisso em Minas Gerais, para que pudesse ver *À la carte* e o Circo Zanni. Foi uma deliciosa convivência de Leris com Duma, Luciana e o pequeno Leo. Numa noite regada a cerveja, Duma e Fê falaram a Leris da vontade de voltar a trabalhar com ele – tinham em mente um espetáculo baseado nas entradas clássicas da palhaçaria brasileira. Leris se colocou à disposição, depois seguiu para a Itália, enquanto Duma desmontava a lona na Barra Funda para levá-la de volta a Boiçucanga. Os amigos passaram novamente o réveillon sob a lona e cumpriram outra temporada por lá, onde tudo começara um ano antes. O Zanni foi sucesso novamente, na capital e no litoral.

Em meio à segunda temporada em Boiçucanga, Duma recebeu a notícia de que Beto Lima estava doente e internado, em estado delicado. Foi correndo para São Paulo visitá-lo. Pouco tempo depois, em 9 de janeiro de 2005, Lima faleceu. Domingos e Andreetta choraram juntos a despedida do parceiro.

Ao voltar para São Paulo, a trupe do Circo Zanni se reuniu para discutir a próxima temporada. Já estavam todos imbuídos da paixão do diretor artístico pelo circo clássico, e montaram a lona bem onde os circenses dos primórdios armavam: no Largo do Paissandu. No fim do século XIX, era para lá que os célebres circos de cavalinhos atraíam multidões. Logo depois o Café dos Artistas, que ficava nas redondezas, tornou-se ponto de encontro entre estrelas e empresários circenses. Foi ali, também, que Piolin viveu o auge de sua carreira, nos anos 1920. Em homenagem a essa história, a Secretaria Municipal de Cultura inaugurara na Galeria Olido, em frente ao largo, o Espaço Piolin, sob administração dos Parlapatões.

Já fazia muito tempo que uma lona de circo não era instalada no Largo do Paissandu. Em 2005, o Centro de São Paulo estava tomado de arranha-céus. Mas o Circo Zanni era pequeno e não custava nada buscar um lugar para realizar mais esse sonho. Cada um foi dar os seus telefonemas, e acharam o proprietário de um terreno na esquina das ruas Augusta e Caio Prado, apaixonado por circo desde criança. Tão apaixonado que cedeu ao Zanni o espaço, onde até então funcionava um estacionamento. Pronto, a turma fincou os paus da lona a menos de dois quilômetros do Largo do Paissandu.

A trupe se apresentou entre julho e agosto de 2005, de quarta a sábado, e chegou a fazer matinês nos fins de semana – os ingressos custavam 20 reais, estudante pagava meia. O Centro é o lugar de encontro dos paulistanos, e os artistas do Zanni, assim, receberam nas arquibancadas gente de todo tipo: pobre, rico, jovens, velhinhos, crianças...

Durante a temporada, ligou para Luciana uma produtora do *Retrato falado*, o quadro do *Fantástico*, da Rede Globo, em que a atriz Denise Fraga interpretava personagens da vida real. O diretor Luiz Villaça, marido de Denise, precisava de um circo de lona para usar como locação num episódio sobre a atriz Margot Louro, esposa de Oscarito. Foi um só dia de gravação, em que Duma e sua trupe fizeram figuração para o elenco da Globo, do qual participava a atriz Lília Cabral.

Luciana começou a receber pedidos de ingressos de grandes empresários de circos de lona do país. Era gente da família Stankowich, da Stevanovich, do Circo Spacial e de muitos outros. E não queriam poucos: dez ou até 20 de uma vez. Iam com as suas famílias e agregados – parecia que estavam passando por uma oficina de reciclagem. Nas nuvens, Duma e Fê chegaram a ouvir dos patriarcas dos circões: "Agora, sim, vocês podem dizer que têm serragem nas veias!".

Dover Tangará, trapezista aposentado do tradicionalíssimo Circo Tangará, derreteu-se em elogios ao Zanni em depoimento para uma reportagem do *Estadão*: "Esses meninos são bons, viu? E agora já têm filhos que nasceram dentro desse nosso universo", disse, apontando para Tomás e Leo brincando no picadeiro, durante uma pausa nos ensaios.

Mas não dava para dizer que os velhos tinham se dobrado por completo. De vez em quando, os artistas do Zanni ouviam uma alfinetada: "Vocês parecem que estão brincando de fazer circo". Comparado às grandes lonas, ele podia parecer, de fato, brincadeira. Os grandes circos viviam de bilheteria, não tinham subsídio, enfrentavam ainda o preconceito nos rincões do país e não podiam guardar a lona. Do ponto de vista do negócio, o Zanni parecia inviável como modelo no longo prazo e em escala nacional.

Por outro lado, sob a ótica artística, o pequeno e charmoso circo de lona avermelhada encantava a todos. Nos jornais, cada reportagem era uma aclamação. O crítico Sergio Salvia Coelho, da *Folha*, cravou em julho de 2005 que "o Zanni realiza o sonho dos modernistas, conciliando vanguarda e tradição". De vez em quando um jornalista o comparava a um circo tradicional, sem saber do vespeiro em que estava mexendo. O cronista Marcelo Coelho contou, também na *Folha*, que um amigo o recomendou o Zanni, mas ele se confundiu e foi parar no circo ao lado – era um projeto paralelo do Circo Spacial. Depois assistiu ao espetáculo do Zanni e achou este último "mais sofisticado", "moderno e alternativo".

Esse tipo de comparação não agradava aos integrantes do Zanni. Além de acirrar a animosidade entre os tradicionais e o dito Novo Circo, tratava-se de uma injustiça com artistas que, nascidos sob a lona, aprenderam o seu ofício desde crianças e se tornaram insuperáveis. Alex Alves, do Circo Fiesta de César Guimarães, era o único acrobata brasileiro a executar o triple volta e meia e o double-double, dois movimentos extremamente arriscados. O primeiro consiste em saltar do trapézio, dar três saltos mortais – ou seja, girar os pés sobre a cabeça – e mais meia volta, de modo a entregar a perna, em vez da mão, ao portô. No double-double, o artista se solta da barra do trapézio, dá um mortal e cai fazendo o movimento de um parafuso, tudo isso duas vezes – ufa! Duma e Fê piravam ao ver Alex voar, assim como se emocionavam com as entradas de Wilson, palhaço, equilibrista e monociclista do Circo Beto Carrero: "Gênio!". Era também emocionante ver o artista circense ganhar prestígio na sociedade. Domingos vibrou quando seu Roger, o Picolino, foi agraciado, em novembro de 2005, com a Ordem do Mérito Cultural, honraria conferida pelo Governo Federal.

As façanhas executadas por filhos das famílias circenses eram quase impossíveis para seres urbanos, que só conheceram o circo depois de adultos. Eles tinham um nível técnico invejável, além, claro, do intransferível charme da tradição.

Os ex-alunos da Picadeiro, por outro lado, em sua maioria estudaram em boas escolas, viajavam o mundo e tinham acesso a múltiplas referências culturais. Mas Duma não queria que o Zanni fosse compreendido como um circo mais erudito que os outros. Ao contrário, ele desejava mesmo se misturar entre os cerca de dois mil circos que circulavam pelo Brasil no despertar do século XXI. A história que aquelas famílias carregavam, e que remonta aos saltimbancos da Europa medieval, o fascinava. Era um homem culto, mas não estava interessado em ostentar o seu conhecimento, e sim em fazer dele matéria-prima para um teatro popular de qualidade.

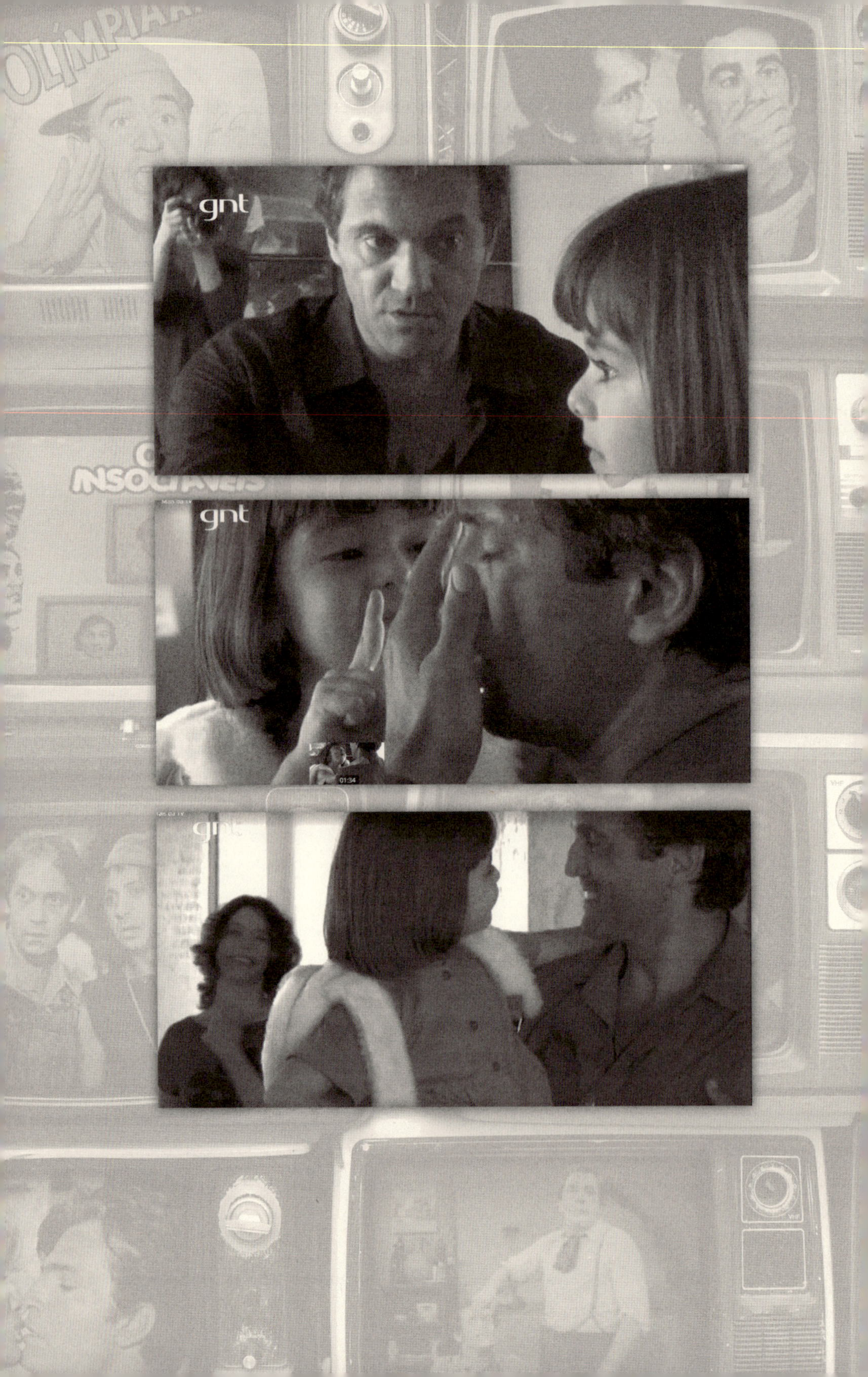
gnt
gnt
01:34

CAPÍTULO 10

Circo eletrônico

Em setembro de 2005, no fim da temporada na Rua Augusta, os sócios do Circo Zanni estavam todos quebrados. Felizes, realizados, orgulhosos e cheios de dívidas. A temporada tinha sido um sucesso, mas a bilheteria não bastava. Montar uma lona de circo requer um fluxo de caixa constante, equilibrado. A trupe bem que tentou seguir a cartilha dos circos tradicionais, expandindo a arrecadação com um bar, banca de pipoca, lojinha de suvenir… Mas a conta não fechava e ninguém entendia se era o tamanho do circo ou o quê.

O bolso vazio depois de uma temporada de sucesso arrebatador deixou a turma perplexa, mas ninguém se desesperou; tinham os seus projetos paralelos e era possível correr atrás do prejuízo. Alguns vinham de famílias de classe média alta e poderiam contar com a ajuda dos pais. Além disso, a próxima temporada do Zanni seria patrocinada pela Petrobras, que despontava como grande mecenas da cultura brasileira. Esse dinheiro não se destinava a saldar dívidas, mas a investir no circo, e Duma já tinha ideias do que fazer com ele. Mas era um alívio saber que haveria patrocínio.

Fê, Duma e suas mulheres eram os únicos membros da trupe com filhos. Daqui a pouco, os gastos com escolas, viagens e passeios começariam a subir. Seria inevitável pensar na viabilidade financeira de suas carreiras: eles queriam dar uma vida confortável aos meninos.

Mas se a temporada na Rua Augusta, mesmo sendo um sucesso, tinha dado prejuízo, o que fazer? Largar a vida de artista não estava nos planos, Agenor não viraria novamente o professor Dô e Padoca não voltaria a ser o Sampaio, corretor de imóveis. Domingos precisava dar um jeito de viver da arte. O que ele fazia era bom, o público reconhecia, então deveria haver maneira de ter melhor remuneração com seu ofício. O circo de lona não se apresentava como uma opção viável. O teatro já tinha dado muito a Domingos, mas talvez agora a grana não fosse suficiente para toda a família. No Brasil, uma parcela muito pequena da população frequenta o teatro. As companhias que se sustentam com bilheteria são raríssimas. A maioria depende de subsídio, mesmo com plateias lotadas.

O cinema era uma atividade em expansão no Brasil desde o fim da década de 1990. Em 2002, *Cidade de Deus* tinha sido um estouro de bilheteria e recebido quatro indicações ao Oscar. Mas, assim como o teatro, filmes brasileiros eram menos prestigiados do que as grandes produções de Hollywood. A televisão, essa sim, contava com milhões de espectadores. Atores com carreiras estabelecidas na TV ganhavam cachês milionários. Estrelas do segundo escalão também gozavam de estabilidade financeira, com bons salários e muitos convites para participação em publicidade.

Alguns amigos de Domingos investiam em carreiras na TV e no cinema. Marido de Ziza Brisola, Milhem Cortaz participara em 2003 de um sucesso do cinema, *Carandiru*, de Héctor Babenco, e atuava em novelas na Rede Record, que buscava fazer frente à hegemonia da Globo depois de ser comprada pela Igreja Universal do Reino de Deus. Fernanda D'Umbra contou entusiasmada que estava às voltas com uma nova série do canal GNT, *Mothern*, sobre o cotidiano de mulheres divididas entre a carreira e a maternidade.

Enquanto dirigia a La Mínima em *A verdadeira história dos super-heróis*, Jairo Mattos interpretava um delegado em *Celebridade*, da Rede Globo. A novela era um sucesso no país inteiro e, somente no estado de São Paulo, atraía cerca de sete milhões de espectadores diariamente para a frente da TV. Um único capítulo tinha público bem maior do que o de toda a carreira de Domingos no teatro e no circo. Nos anos seguintes, ainda foi exportada para mais de 20 países.

Um papel de destaque em uma novela da Globo era quase sempre o passaporte para uma carreira de sucesso. Muita gente fazia teatro com a intenção de conseguir uma vaga nas célebres novelas – desde a década de 1980, estrelar uma produção na Globo representava o ápice de popularidade que um ator poderia almejar. Aos poucos, uma trincheira começou a surgir entre a turma de teatro de um lado e a de TV, de outro. Alguns artistas do palco se consideravam mais autênticos do que os da telinha, pois esses se submetiam a condições de produção de uma indústria sem muito espaço para a criação artística. Essa separação do trabalho "artesanal" do teatro e "industrial" da TV ecoa o ideário da Escola de Frankfurt, surgido na década de 1930 na Alemanha, mas tinha suas especificidades e seu vocabulário próprio no Brasil dos anos 2000.

O que movera Domingos até ali era a sensação de estar no palco – e, claro, no picadeiro – que ele descobrira na Escola Pacaembu e, logo depois, com Myrian Muniz. Quando deixou a educação física para se tornar artista, não estava em seus planos atuar em set de gravação. Domingos não via, porém, a televisão como inimiga do teatro. Era espectador apaixonado por cinema e, se já tinha abandonado o hábito de ver novela, mantinha a admiração pelo gigantesco alcance da TV.

Com o nascimento de Leo, Domingos começou a cogitar o cinema e a televisão como novas frentes de trabalho para viabilizar uma carreira de ator sem dependência exclusiva de patrocínios. Os artistas do Zanni costumavam descolar uma grana participando do elenco de peças publicitárias veiculadas nos intervalos das novelas e de outros programas de TV. Duma não tinha interesse em publicidade, mas podia ser uma forma de ganhar dinheiro sem deixar o ramo – o ideal seria dar um jeito de levar às telas o humor físico dele com Fernando.

Mas isso ficaria para outra hora: o dinheiro da Petrobras chegara e era preciso armar o circo. Além disso, Juliana Sevaybricker, produtora do Festival Mundial de Circo de Belo Horizonte, convidara Duma a dar consultoria para a montagem de uma lona a ser instalada em Ouro Preto pela companhia mineradora Vale. Juliana convidou também o Zanni a participar do festival, dessa vez em circulação pelo interior de Minas. Trabalho não faltava, mas o salário, ó!

A cada nova temporada, o Circo Zanni provava a sua capacidade de encantar plateias. A trupe queria continuar, só precisava dar um jeito de capitalizar o sucesso. Se a bilheteria e a pipoca não bastavam, o jeito era apelar para os programas de incentivo à cultura em franca expansão naquele momento. O grupo pleiteou mais uma vez os recursos do Programa Municipal de Fomento ao Teatro de São Paulo e participou também de outra seleção de projetos da Funarte, o Prêmio de Teatro Myrian Muniz.

Os novos projetos foram apresentados pela La Mínima, em colaboração para o Circo Zanni. A ideia era fazer circo-teatro, como os antigos faziam: um espetáculo sob a lona, dividido em duas partes, a primeira de variedades e a segunda uma peça teatral. Além de dar sequência à investigação sobre o circo clássico que alimentava o Zanni, seria uma forma de manter em atividade a La Mínima – Duma e Fê não queriam deixar que a sua companhia sucumbisse diante do sucesso do charmoso cirquinho. O esforço valeu: o Zanni foi contemplado pela prefeitura e pela Funarte.

Fê pediu então que o amigo e ex-parceiro da Nau de Ícaros Leopoldo Pacheco os apresentasse ao encenador Fernando Neves, especialista em circo-teatro. Ele dirigia a companhia Os Fofos Encenam, que montava textos clássicos do circo-teatro brasileiro. Neves é descendente de tradicional família circense, dona do Circo Teatro Arethuzza. Quando jovem estudante de letras na USP, no fim dos anos 1970, renegava a herança cultural de sua família. Tinha aulas com intelectuais importantes como Décio de Almeida Prado, um dos maiores críticos de teatro do país. Na USP, Neves aprendeu que o circo não era importante, ou pelo menos não tanto quanto o teatro psicológico da época. Quando os amigos iam à sua casa, o moço proibia a mãe de contar os causos do circo.

Só muito tempo depois, trabalhando como ator em grupos formados na universidade, ele atinou para a importância da história do circo e de sua família. Descobriu numas caixas na casa de um tio – Antonio Santoro, o Toco, professor de história da arte – uma preciosa coleção de textos teatrais do acervo do Arethuzza e decidiu encená-los. Formou o seu próprio grupo com a turma da USP, fez sucesso e ganhou prêmios com o circo-teatro, herança da família da qual passou a se orgulhar.

Duma e Fê assistiram a uma das montagens de Fernando Neves, *A mulher do trem*, e piraram de curiosidade sobre o que mais havia no baú do Circo Teatro Arethuzza. Leopoldo Pacheco os apresentou num festival circense em São José dos Campos. Mais tarde, em São Paulo, Neves mostrou à dupla o texto *Feia*, escrito pelo carioca Paulo Magalhães em 1940, encenado por diversas companhias de circo-teatro nos anos seguintes. A feia da história é Maria da Graça, filha de um oftalmologista, que sofria bullying das suas duas irmãs belas e más. Maria da Graça acaba se apaixonando por um cego, paciente do pai, que dá uma ajudinha ao destino para realizar o sonho de sua filha de se casar.

Feia era originalmente um melodrama dos mais lacrimogênios, mas Duma não conseguia parar de rir quando leu o texto pela primeira vez, só de pensar no Padoca fazendo a Maria da Graça. Fernando Neves foi convidado a dirigir o elenco do Zanni na nova montagem do texto – um desafio, pois ali sobravam acrobatas e até palhaços, mas os atores com mais experiência eram Duma e Fê. O novo espetáculo do Zanni seria então uma homenagem ao circo-teatro. O bloco de variedades contaria com números inéditos e, na sequência, o público assistiria a *Feia*, com Fernando Sampaio no papel-título e grande elenco.

Antes de estrear *Feia*, o Circo Zanni precisava entregar a temporada financiada pela Petrobras. Sob direção artística de Duma, a trupe soube aproveitar os recursos investidos via renúncia fiscal pela poderosa estatal. A primeira providência foi a manutenção da estrutura, com a reforma das arquibancadas e a pintura dos mastros, da cúpula, dos canos-de-roda, das cercas, do portal de entrada e até da carreta do circo. O foyer, uma lona menor onde ficavam a bilheteria, o bar e o estande de venda de suvenires, foi refeito.

Duma queria desenvolver uma nova programação visual para o Zanni e convidou ninguém menos que Naum Alves de Souza, o grande dramaturgo que batizara a La Mínima. Naum era cenógrafo e se entusiasmou com o trabalho. Admirava o humor delicado do Zanni e o capricho dos artistas com a plasticidade das apresentações. Ele desenhou painéis com palhaços, equilibristas e outros personagens da tradição circense. Suas ilustrações foram aplicadas em toda parte – da boca de cena até os carros da bilheteria e do bar, do programa às filipetas e outras peças de divulgação, do cenário ao foyer. Um luxo.

O Zanni saiu em temporada de roupa nova. Pela terceira vez, passou o mês de janeiro em Boiçucanga. Em fevereiro, esticou até o Centro de São Sebastião e, em março, voltou para a Rua Augusta. Mais de nove mil pessoas viram o novo espetáculo da trupe. Na temporada da Augusta, que durou sete semanas, o escritor Ignácio de Loyola Brandão passou em frente e viu a lona sendo levantada. Surpreso, voltou à noite para conferir o espetáculo.

Acabou escrevendo uma crônica em sua coluna no *Estadão*, revelando que fora enfeitiçado pelo Zanni. Loyola Brandão contou que era frequentador de circo, mas jamais havia visto uma trapezista de salto alto: "O circo é pequeno, aconchegante, os gritos e as palmas da plateia ecoam e entusiasmam, levantam o astral. A participação é absoluta, cem por cento de entrega, porque o mestre de cerimônias conduz o show com domínio, meio à antiga, muito à moderna", derreteu-se o consagrado escritor, para deleite do mencionado mestre de cerimônias.

Durante a temporada na Rua Augusta, Fernando Neves aparecia à tarde para ensaiar *Feia* com o elenco. A trupe estava apreensiva pela inexperiência em atuar, mas Neves tinha um jeito meio caótico, engraçado, verborrágico e muito afetivo que quebrou o gelo nas primeiras horas. Ele já abandonara havia tempo o sistema Stanislavski de desenvolvimento do ator que aprendera na USP. Sua direção era toda baseada nos tipos do circo e ele fazia exercícios para distribuir os papéis de acordo com o temperamento de cada profissional.

Historicamente, as montagens do circo-teatro brasileiro eram baseadas na interação entre certos tipos de personagens, que mudavam de nome de um espetáculo para outro, mas pouco se diferenciavam em suas características principais. Assim, os atores se especializavam em representar a Ingênua, o Galã, a Dama Central, o Cômico Central, os Baixo-Cômicos, a Sobrete e a Coquete – e podiam fazer uma série de textos diferentes, porém baseados nessa mesma tipologia. Fernando Neves estudou a fundo essas categorias e desenvolveu um método infalível para descobrir em qual delas cada ator se encaixava melhor.

Com Duma e Fê, Neves não perdeu muito tempo. Fê era o indiscutível Cômico-Central e Duma só podia ser o Galã. Para baixar a bola do amigo, o diretor avisava:

– Não é porque você é bonito não, ouviu bem, Duma? É o temperamento!

Neves considerava Duma um sedutor natural. As melhores duplas de atores do Circo Teatro Arethuzza eram formadas por um Galã e um Cômico-Central, como Agenor e Padoca.

O diretor passou então a investigar os tipos que correspondiam aos recém-nomeados atores do Zanni. Não ficava para ver os ensaios dos números aéreos, pois tinha vertigem só de olhar:

– Sou de circo, mas tenho medo de circo – dizia, arrancando risada da turma.

Maíra, a charmosa equilibrista, se sentiu insegura pela rouquidão de sua voz. Nunca precisou falar nada para encantar a plateia com as suas estripulias. Estava preocupada, já que não teria essa mesma desenvoltura ao representar. Fernando Neves e Domingos inventaram uma personagem muda para Maíra e pronto, o elenco inteiro já estava apto a encenar *Feia*.

Depois dos ensaios, os artistas do Zanni convidavam Fernando Neves para uma cachacinha no trailer. A convivência mais íntima era chamada de "barraca" pelos tios circenses do diretor. Estudante de letras, mais tarde convertido em diretor de teatro, Neves jamais tivera oportunidade de viver uma "barraca" como agora. Um dia, depois de já ter entornado alguns copos de cachaça, ele confessou:

– Domingos, eu quero te agradecer por essa convivência. Vocês trouxeram alma pro meu trabalho. Hoje sou um circense por causa de você.
– Que inversão é essa, Fernando? Nós é que temos orgulho da sua presença aqui!
– A história do circo não é feita só de famílias, sempre houve os agregados. Vocês são muito mais circenses do que imaginam. O Zanni também carrega a tradição do circo – arrematou o diretor.

Feia estava pronta, mas só estrearia em outubro de 2006. Enquanto isso, o Zanni percorria outras praças, em meses de intenso trabalho da trupe. Duma só parou por um breve período, para prestar consultoria à Vale na instalação do Circo da Estação. Era uma lona na estação de trem de Ouro Preto, destinada a atividades culturais. O ramal ferroviário que liga a cidade histórica a Mariana foi construído entre 1883 e 1914 e a estação de Ouro Preto, erguida na parte mais plana da cidade, ficava justamente onde os circos armavam as suas lonas. O Circo da Estação fazia parte do projeto Trem da Vale, da mineradora, cuja finalidade era a reativação das linhas ferroviárias e o incremento do intercâmbio cultural entre as cidades da região.

A produtora Agentz, de Juliana Sevaybricker e Fernanda Vidigal – do Festival Mundial de Circo de Belo Horizonte –, foi contratada para montar o Circo da Estação e convidou para o trabalho Duma e Pablo Nordio, seu colega do Zanni. Além de palhaço e acrobata, o argentino Pablo entendia de montagem e segurança de equipamentos cênicos. Eles prestaram consultoria e treinaram os profissionais contratados para atuar no Circo da Estação, inaugurado em maio de 2006.

Duma e Luciana não usavam métodos contraceptivos, deixavam a sorte escolher quando a família aumentaria. Eis que veio a hora: Lu andava meio indisposta e descobriu que estava grávida de novo! Duma, que sempre quis ter família grande, recebeu a notícia com alegria. Agora só faltava acertar as contas.

Em julho de 2006, o Circo Zanni montou sua lona em Monte Verde, vilarejo a 1.500 metros de altitude na Serra da Mantiqueira. A convite da Secretaria Municipal de Cultura de Camanducaia, a trupe se apresentou ali durante as férias. A turma nunca tinha sentido tanto frio num espetáculo, chegava a fazer seis graus no inverno da serra. Na sequência, o Zanni iria percorrer quatro cidades mineiras – Uberlândia, Caxambu, Cataguases e Belo Horizonte – como parte da programação do Festival Mundial de Circo.

Luciana não participou de todo o circuito, preferiu ficar em casa com Leo e só apareceu depois, para comemorar com Duma o aniversário de 3 anos do filho. Em Cataguazes, Duma comprou uma caixa de miniaturas de carros Hot Wheels de presente para o menino e para Lu, uma toalha de centro de mesa bordada por um artesão local.

A itinerância em Minas era tarefa para os fortes. A turma chegava em cada cidade na sexta de manhã e todos participavam da armação da lona. Almoçavam e já era hora de ensaiar. À noite, voavam sobre o picadeiro, diante da plateia encantada. Depois iam dormir, porque no sábado tinha mais. Domingo, tudo de novo e, na segunda, baixavam a lona. Tudo isso durante quatro fins de semana seguidos. Difícil ser peão de dia e artista de noite, mas valeu a experiência, as sessões ficaram lotadas.

As cineastas Janaina Patrocinio e Sílvia Godinho acompanharam a turnê mineira do Zanni para um documentário produzido pela JPZ Comunicação, Agentz Produções e Oficina de Criação, que só ficou pronto em 2011. Foi difícil conseguir um momento de tranquilidade para as entrevistas. Em seu depoimento, Duma entregou:

– Um projeto desse é lindo, mas dá medo. Isso aqui é pedreira, literalmente!

Quando a jornalista Érica Salazar, da Rede Globo de Minas, apareceu para fazer uma reportagem com os artistas do Zanni, Janaina e Sílvia registraram as entrevistas. Duma terminou de falar, saiu da frente da câmera da Globo e se dirigiu à câmera das documentaristas, brincando:

– Você acha que eu tava bem? Você acha que eu tenho uma chance na novela das oito? Hein, você acha? Você faz um book pra mim?

A cena arrancou gargalhadas de Lu Menin, que também aguardava para dar sua entrevista.

Em outubro de 2006, o Zanni estreou seu espetáculo de circo-teatro, apresentando a comédia circense *Feia* e um show inédito de variedades. A lona foi instalada no estacionamento do Raposo Shopping, no Butantã, e a trupe se apresentava de quarta a sexta, às 20h30. O ingresso custava dez reais – era pouco, mas não dava para cobrar mais. A montagem de *Feia* representou para os integrantes do Zanni uma rica imersão na história do circo brasileiro que tanto amavam. Na prestação de contas à Secretaria Municipal de Cultura, junto com as planilhas elaboradas por Luciana, Duma encaminhou um depoimento em defesa do projeto: "Descobrimos o quão versátil pode ser um artista circense e como a lona de circo catalisa e abriga emoções e vibrações diversas e o quanto o circo fomentou o teatro brasileiro criando plateias por todo o país".

No entanto, a trupe foi descobrindo aos poucos que o circo-teatro talvez não encontrasse mais lugar no mundo. Apesar do entusiasmo de Duma, a turma do Zanni não se empolgou tanto em deixar as acrobacias para fazer teatro. O público, bem diferente daquele que lotava o pavilhão da família de Fernando Neves nos anos 1940, não entendeu bem a proposta de resgate.

O circo-teatro se consolidou numa época em que não havia tantas casas de espetáculos no país. Sob a lona, as peças circulavam com mais facilidade e abasteciam a população de arte. Talvez agora não fosse mais necessário, por isso a separação mais nítida: circo é circo, teatro é teatro. Sem saber ao certo se era essa a explicação, Duma cedeu à maioria e *Feia* foi a primeira e única experiência teatral do Zanni. Na temporada seguinte, ao voltar a São Sebastião no verão de 2007, novamente com patrocínio da Petrobras, o circo apresentou apenas o repertório de variedades.

Quando o canal de TV a cabo GNT decidiu investir em dramaturgia nacional, a primeira aposta foi a adaptação de *Mothern – Manual da mãe moderna*, publicado pela Matrix Editora em 2005. O livro é uma reunião de textos das blogueiras Juliana Sampaio e Laura Guimarães sobre o cotidiano de mães de primeira viagem. Confirmada a segunda temporada, o diretor Luca Paiva Mello contou a Fernanda D'Umbra sobre a proposta dos roteiristas de criar um namorado para a sua personagem, Mariana. A ideia era explorar a relação entre ele e Bel, a filha de Mariana. Luca pediu sugestões de atores a Fernanda, e a figura de Domingos lhe veio imediatamente. Ela é alta, forte e tem a voz grave para uma mulher. Não seria simples encontrar um ator com o tipo adequado para fazer um par romântico na TV.

A atriz se lembrou de quando vira Domingos pela primeira vez, em 1996, dando entrevista no *Metrópolis*, da TV Cultura, para divulgar *Flor de obsessão*, que acabara de estrear. Fernanda se encantara com a beleza, a fotogenia e o papo de Duma, que lhe dera uma grande alegria ao convidá-la para o elenco da sua montagem teatral de *Piratas do Tietê*; ela que era fã de carteirinha de Laerte. Domingos estava em casa quando recebeu o telefonema:

– Duma, eu quero te fazer um convite para um trabalho na TV. Lembra que eu te contei que tava fazendo uma série para o GNT, *Mothern*?

– Lembro, eu vi você no jornal. Bacana, Fernanda!

– Pois é, a primeira temporada foi um sucesso e terá uma sequência. Eu faço uma mãe solteira e agora, na segunda temporada, vou ganhar um namorado. Quer seu meu par?

– Opa, interessante. Como vai ser?

– Olha, Duma, a participação é pequena, mas pode valer a pena você experimentar.

– Claro, como é que fazemos?

Domingos recebeu o telefonema da produção de *Mothern*, mas em vão. Ele tinha compromisso com o Zanni em São Sebastião na data prevista para as gravações do personagem João. Era uma manhã de quarta-feira quando Fernanda chegou no escritório da Mixer, a produtora encarregada de rodar *Mothern* para o GNT, para uma reunião com o diretor Luca. Ao passar pelo corredor, a atriz ouviu uma produtora gritar para uma assistente:

– Esse Domingos Montagner não vai poder fazer o João, temos que achar outro ator.

Outro ator? Fernanda correu ansiosa e invadiu a sala do diretor:

– Luca, não tem outro ator, é o Domingos! Ele é muito bom, você não pode perdê-lo. É uma diária só, não vai ser difícil trocar.

No dia seguinte, Domingos recebeu outro telefonema:

– Oi, querido, você é aquele que tem problema de horário, né?

– Não, eu não tenho problema de horário. Eu tenho horário.

– Hummm... E no início de março, você pode?

– Também não, desculpe – Domingos estrearia o seu novo espetáculo no Teatro Alfa, justamente em março.

Acabaram se entendendo. Foi apenas um dia de filmagem. João era apresentado na trama de *Mothern* por meio de um telefonema em que marcava um encontro com Mariana. Rolava uma cena de sexo entre o casal e, na sequência, Mariana contava a João que tinha uma filha. O resto da história ficaria para a terceira temporada, se fosse confirmada.

Ao gravar a cena de sexo, Luca deu uma única ordem aos atores: "Peguem-se". Ficou aquela situação: mas pego onde? Como eram amigos de anos, a dupla interpretou o casal com charme, a cena ficou bonita e leve – *Mothern* era exibida à tarde.

A equipe da Mixer adorou contar com Domingos. Chegou na hora marcada, bonitão, e com o texto decorado. Sua figura imprimia bem na tela da TV – quem trabalha com audiovisual sabe que beleza e fotogenia não são exatamente a mesma coisa. Nos cafezinhos entre as filmagens, Duma mostrava grande conhecimento sobre cinema e trazia referências para o personagem. Luca adorou Domingos e reconheceu que Fernanda, afinal, estava certa ao bater o pé para trazê-lo. Do seu lado, Domingos descobriu um mundo novo. Era muito divertido estar num set de gravação.

A companhia La Mínima completaria dez anos em 2007 e precisava de um novo projeto para comemorar a data. Havia muitas ideias sobre a mesa e nenhuma seria descartada. Duma era um pesquisador insaciável e ficava horas e mais horas com Fernando, em conversas sobre as possibilidades que a dupla poderia explorar. Não havia espaço para opiniões de terceiros – nem Luciana, nem Erica, nem os amigos mais chegados. Ao discutir novos projetos para a La Mínima, o papo era entre Agenor e Padoca.

Eles tinham uma lista de diretores que admiravam, com os quais gostariam de trabalhar. Queriam montar a ópera italiana *Pagliacci*, sobre o dono de uma companhia circense que mata o amante de sua esposa. Havia, sempre, o desejo de encenar um texto de Dario Fo e de adaptar outros quadrinhos de Laerte. O circo-teatro, que não rolaria mais sob a lona do Zanni, não fora descartado pela La Mínima. Um espetáculo só de magia cômica, uma paródia de Batman e Robin, uma adaptação de *Robinson Crusoé* ou de uma peça de Bertolt Brecht, ou de Shakespeare. Entre um gole de cachaça e outro, Duma ia contando a Fê as suas mil e uma ideias.

No novo espetáculo, porém, Duma e Fê preferiram se concentrar no essencial. Depois de tantas excursões com o Zanni, os dois sentiram a necessidade de estarem sozinhos em cena novamente. Pretendiam retomar o exercício a que tinham se submetido em *A verdadeira história dos super-heróis*, de aprimorar o jogo cênico entre branco e augusto. Mas dessa vez seria diferente, a dupla trabalharia sem diretor convidado. Duma e Fê se encarregariam da encenação e até da cenografia.

A dupla recorreu ao repertório de entradas de circos catalogado pelo amigo Mário Fernando Bolognesi, professor e pesquisador da história circense. Em 2003, ele publicou o ensaio *Palhaços*, resultado de uma vasta pesquisa e de um trabalho de campo que durou dois anos. Visitou lonas de todo o Brasil, entrevistou palhaços e recolheu textos que faziam sucesso nas apresentações. Publicou-os como um precioso adendo ao seu ensaio, e foram esses textos que serviram de base para a La Mínima.

A peça ganhou o nome *Reprise*, em referência à origem do circo, em que os primeiros palhaços adentravam o picadeiro durante os intervalos dos shows equestres militares. Eles repetiam as formidáveis apresentações dos militares, porém de modo avacalhado, oferecendo um alívio cômico para o suspense do espetáculo. Duma e Fê convidaram Bolognesi para dar consultoria. Ele tinha participado, com Jairo Mattos, do grupo Tenda Tela Teatro, aquele primeiro ajuntamento de universitários que inspirou Zé Wilson a criar a Circo Escola Picadeiro. Agora, depois de conhecer palhaços do país inteiro e reunir as entradas, ele era o consultor ideal para *Reprise*.

Quando começaram o novo trabalho, em setembro de 2006, Domingos e Fernando souberam que Leris Colombaioni estaria no Brasil em dezembro, para a quinta edição do Anjos do Picadeiro, no Rio. Ligaram para ele de pronto, para pedir um encontro e mostrar o novo material. *Reprise* ganhou assim um reforço especial, o *pagliaccio* Ercolino, que se tornou supervisor geral do espetáculo.

Enquanto o trabalho ia tomando forma, crescia o barrigão de Luciana. O segundo filho de Duma era previsto para dali a dois meses e ainda não tinha nome. Duma formou uma aliança com o primogênito Leo e Luciana foi excluída do debate. Juntos, pai e filho elegeram o nome do mais novo membro da família: Antonio. A mãe, radiante e cheia de outras preocupações, de novo achou graça e aprovou a escolha. O bebê nasceu no dia 13 de fevereiro de 2007, enchendo mais ainda de alegria a casa em Embu das Artes.

Embora tenha cumprido todas as funções de paizão – trocar fraldas, pajear o bebê de madrugada –, Duma não se deu direito à licença-paternidade. Ele só tinha 18 dias até a estreia de *Reprise*. Em 3 de março, subiu com Fernando ao palco do Teatro Alfa, no bairro de Santo Amaro. Inaugurado em 1998, o Alfa se gabava de ter as instalações mais modernas da cidade e até do país. Eram duas salas, uma enorme, com 1.100 lugares. Mas a La Mínima ocupou a menor, de 200 poltronas, que recebia a programação infantil. Uma honra estar naquele teatrão chique, onde eles tinham ido muitas vezes assistir a companhias de renome, como a Circus Oz.

A peça foi um sucesso, não só, mas principalmente entre as crianças. No enredo, dois palhaços são contratados para dar show no mesmo horário e no mesmo local. Depois de discutir e até brigar na disputa pela atenção da plateia, eles resolvem que vão se apresentar juntos. As cenas que se seguem são as tais entradas clássicas, reunidas por Bolognesi e interpretadas à maneira da La Mínima.

Agenor era sempre o esperto e Padoca, o bobalhão que levava porrada e se dava mal, fazendo lembrar a relação entre Didi e Dedé dos Trapalhões. Numa das sequências, Padoca estava tocando uma gaita, desafinado até doer, crente que estava abafando. Agenor chegava e lhe tomava a gaita. Padoca retirava uma gaita menor da roupa e voltava a tocar. Agenor tomava de novo o instrumento e Padoca surpreendia, com outro menor ainda. O gesto se repetia até Padoca revelar que tinha uma miniatura de gaita escondida dentro da boca. Agenor partia para a ignorância e dava um chute na bunda de Padoca, que engolia a gaita. A plateia rachava de rir.

A pureza e a elegância com que Duma e Fê executavam as entradas seduziam a plateia – no momento do riso, ninguém se lembrava de quão gastas estavam todas aquelas piadas. *Reprise* foi um sucesso absoluto e nunca deixou de ser encenado. Agenor e Padoca estavam cada vez mais afiados, craques no jogo cênico entre augusto e branco.

Durante a temporada, Domingos sentia sua técnica se refinar. Ele percebeu que, à medida que se conhecia mais, que tirava cascas de si mesmo, tornava-se um palhaço melhor. Praticar é fundamental, pois o humor é implacável para quem não está pronto. É como a música, ou como a matemática: se desafina ou erra a conta, não funciona. Mas havia, acima de tudo, uma exigência espiritual. Domingos aprendeu a ver o mundo com olhos de palhaço, com outro julgamento da vida.

Duma e Fê não se divertiam em cena. Ali, na hora H, eles ficavam concentrados e atentos às oportunidades para fazer o público rir. A recompensa vinha depois, com os aplausos. No início da carreira, corriam muito ao sair do palco para uma troca de figurino ou para a preparação de uma cena com aparelhos. Quando *Reprise* estreou, já tinham dominado a arte da contrarregragem. Sabiam exatamente quando poderiam tomar um copo d'água ou até descansar um pouquinho na coxia.

Luca Paiva Mello, o diretor de *Mothern*, convidou Domingos para voltar a interpretar o João da série. Ele comemorou, pois tinha adorado a experiência. No set, ficava de olho em tudo, queria aprender mais sobre aquela outra forma de ser ator. Dessa vez, contracenou com a atriz Klara Castanho, que, aos 6 anos, fazia a filha de Fernanda D'Umbra.

Em agosto de 2007, o banco varejista francês BNP Paribas anunciou o congelamento dos saques em seus fundos atrelados a subprimes – créditos imobiliários de alto risco. Era o primeiro sinal de um monstruoso *crash* financeiro que ficaria mais evidente quando o centenário banco norte-americano Lehman Brothers declarou falência, deixando uma dívida de quase 700 bilhões de dólares e 25 mil desempregados.

Ainda no fim de 2007, sem saber como chegaria no Brasil o tsunami que afogava a economia do mundo, autoridades das três esferas governamentais cortaram gastos de forma preventiva. A área da cultura foi, como sempre, das primeiras a sofrer. Já não havia mais tantos editais de programas de fomento. Chegou o tempo de vacas magras sobre o qual Domingos sempre alertara.

Nem a La Mínima nem o Zanni estavam preparados para o baque. Foi uma penúria. Domingos tinha um filho de 4 anos, um bebê de 6 meses e uma reserva que certamente não duraria muito. Não se desesperou, não era disso. Mas fez contas, matutou, arquitetou.

Em setembro, a historiadora Erminia Silva, filha de circenses tradicionais, publicou pela Editora Altana sua dissertação de mestrado *Circo-teatro: Benjamim de Oliveira e a teatralidade circense no Brasil*, sobre um dos mais importantes palhaços do país no fim do século XIX. Na campanha de divulgação, Erminia foi entrevistada no *Programa do Jô*, à época o mais importante talk show do país, na Rede Globo. Para ilustrar a entrevista com números circenses ela levou o Circo Zanni. Duma e Fê abriram o programa com *As bailarinas* e Marcelo e Pablo fecharam com um número de malabares do Amarillo.

A entrevista foi ao ar em 7 de setembro de 2007. No dia seguinte, Duma recebeu inúmeros telefonemas, mensagens de textos, e-mails e comentários de viva voz: "Te vi no Jô!". Naquele mesmo período, Bel Mucci, acrobata do Zanni, participava como instrutora do quadro *Circo do Faustão*, do *Domingão do Faustão*, o programa dominical da Globo, e contou a Duma e Fê que a produção abrira inscrições para o novo quadro *O melhor do circo*, uma gincana de atrações circenses. Eles se apresentaram em outubro, disputando os aplausos da plateia com o Palhaço Kuxixo, o sorocabano Hudson Rocha, filho do também palhaço Hudi Rocha, que fez um número cômico com a cama elástica. Agenor e Padoca atacaram de bailarinas novamente.

Milhões e milhões de pessoas viram *As bailarinas* pela primeira vez naquela tarde. Domingos estava muito nervoso, com medo de cair, e se acalmou um pouco quando, depois de uma cambalhota de Fernando, viu um sorriso no rosto de Faustão. Naquele domingo de estreia do quadro *O melhor do circo*, a plateia aplaudiu mais forte o número da La Mínima.

Passaram-se uns dias e Albertinho Medina, o parceiro espanhol dos tempos da Pia Fraus, ligou para Domingos. Ele fora convidado a apresentar um número aéreo no espetáculo natalino *Sueños*, do Circo Price, em Madri. Cheio de saudade de São Paulo, convidou Duma e Fê para uma colaboração. Fundado em 1880, o Price passou as últimas décadas do século XX desativado. Em 2006, foi reaberto com pompa e circunstância. Desde então, 150 mil espectadores já pagaram ingressos caríssimos para ver seus espetáculos. Albertinho – ou Tito Medina, como era conhecido na Europa – fora convidado por Joan Montanyès i Martínez, o renomado palhaço Monti, diretor artístico do Price.

A temporada do Price cobria os meses de dezembro de 2007 e janeiro de 2008. Albertinho voltou a São Paulo para matar a saudade e treinou o número até ficar perfeito. Depois seguiram todos para Madri. Duma ficou hospedado no trailer do diretor Monti com Lu e os meninos – não foi fácil passar as noites frias do inverno espanhol apertados no trailer, com um bebê acordando de madrugada.

A estreia aconteceu no dia 12 de dezembro, aniversário de Fê. Inspirado no que o diretor Monti chamou de "espaço intermediário entre o sonho e a realidade", o espetáculo reunia artistas do mundo todo, um sofisticado jogo de luzes e orquestra ao vivo. Antes de Duma e Fê entrarem em cena, Albertinho fazia um solo e sua mulher Nanou também se apresentava como equilibrista. Na sequência, ele se unia a Agenor e Padoca para o número *Trapezistas de 1900*: os três sérios, vestidos com calça bufante e capa, e cabelo trabalhado no gel – como os acrobatas do passado. O espetáculo lotou durante toda a temporada, que terminou no dia 20 de janeiro.

Depois de um mês e meio de *Sueños*, Duma e Fê voltaram à realidade do Brasil em fevereiro de 2008. Como de costume, havia muito trabalho para a dupla na La Mínima e no Circo Zanni. E a grana continuava apertada.

Reprise era um sucesso e a La Mínima contava em 2008 seis espetáculos no repertório, quatro dos quais jamais saíram de cartaz. A companhia já tinha dois projetos engatilhados, um alívio, pois o momento era de crise financeira: o Sesi acabara de aprovar uma produção de circo-teatro voltada aos adolescentes e a dupla ganhou recursos para montar a adaptação da HQ *A noite dos Palhaços Mudos*, de Laerte.

O Circo Zanni também estava em plena atividade. Mesmo sem patrocínio, a trupe resolveu voltar a Boiçucanga, com um pequeno apoio da prefeitura e parcerias locais. Pela primeira vez na história do Zanni, a La Mínima não faria parte do espetáculo. Não haveria mestre de cerimônias. Domingos seguiu como diretor artístico do circo, escreveu o roteiro do novo espetáculo e se manteve presente nos ensaios.

O Zanni, que havia começado tão despretensiosamente, já ia pelo quarto ano em atividade, com agenda cheia. A trupe comemorava cada vez que vinha um espectador emocionado contar que era o primeiro espetáculo de circo a que assistia na vida.

Domingos se orgulhava do reconhecimento dos circenses tradicionais. O sonho de percorrer o país como eles, porém, não se materializou plenamente. A realidade se impunha, o Zanni era formado por artistas urbanos, contemporâneos, cada um com a sua vida em São Paulo. Era um coletivo, mas todos tinham seus trabalhos individuais e não era fácil abrir mão deles. Aos 46 anos, Duma já se machucara muito no circo e sua força para fazer acrobacias não era a mesma de antes. A hora de parar com os números aéreos não demoraria a chegar.

Duma faria o possível para manter o Zanni de pé. Ter um circo de lona significava a realização de um sonho. E a lona não tinha nada de fetiche: de fato permite um contato mais íntimo com o público. Não dá para saber se é pelo formato, por sua natureza efêmera ou se porque ela habita o imaginário coletivo há mais de dois séculos como um espaço de pura magia. O fato é que o espetáculo de lona tem uma intensidade diferente, que os artistas do Zanni, sob o comando do Duma, souberam explorar com grande virtude.

A contar desde os primeiros dias na Escola Picadeiro, Duma e Fê já tinham duas décadas de circo. Orgulhavam-se de suas histórias e até das marcas de tombos pelo corpo. Quando as luzes do Zanni se apagavam, a banda tocava, os artistas voavam e os palhaços levavam os seus tapas, nada mais importava; só a precisão do movimento, a magia, o encantamento da plateia e a profunda conexão com os ancestrais saltimbancos que desenvolveram a arte sublime de ser de circo.

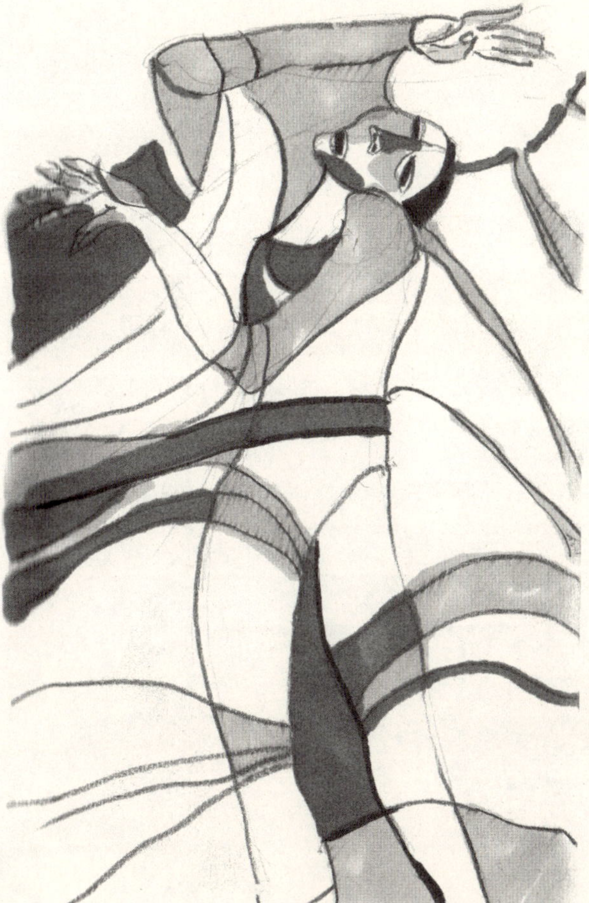

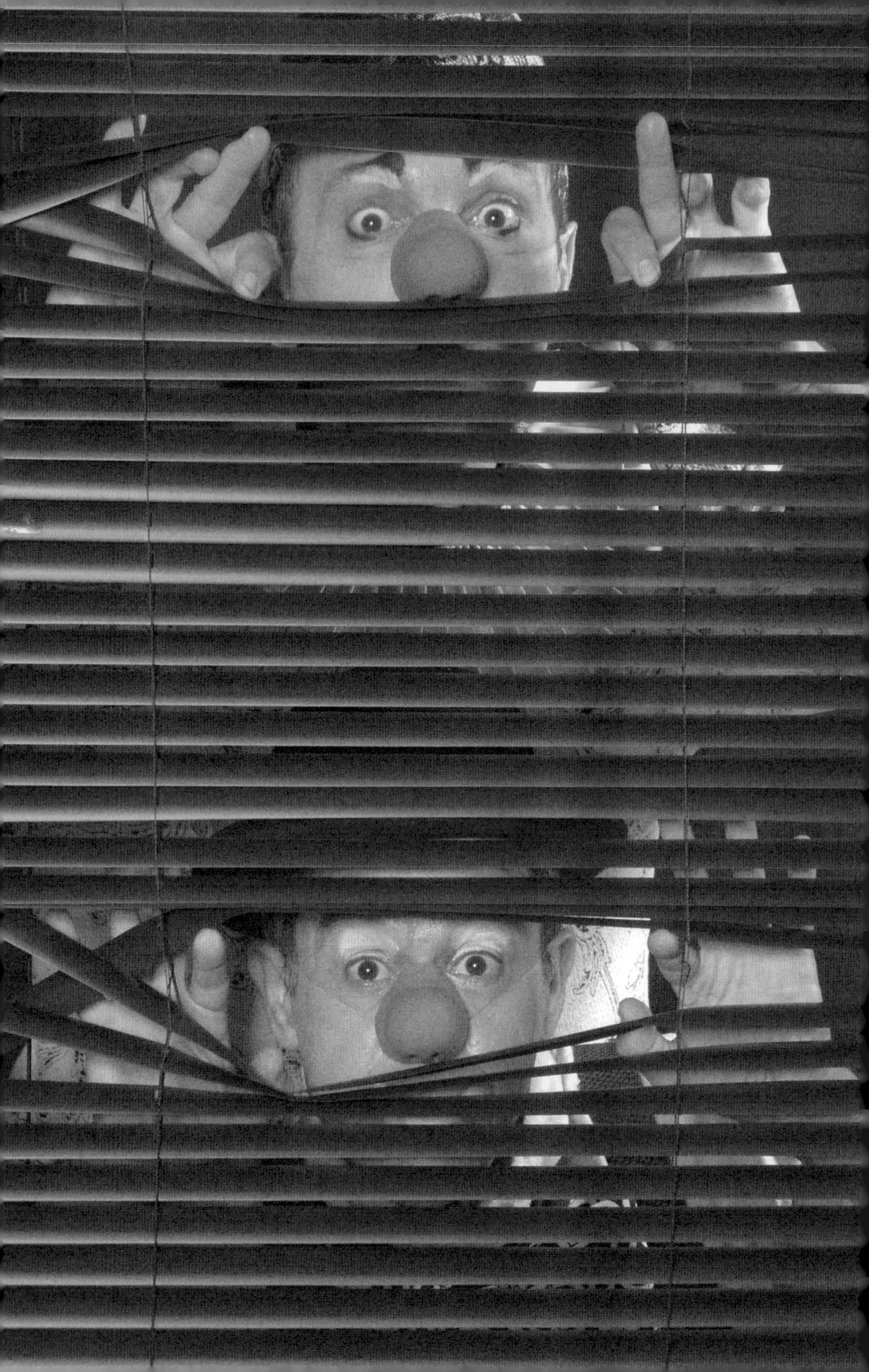

CAPÍTULO 11

O último teste

★

A escassez de investimentos castigava o setor cultural, mas Domingos, Fernando e Luciana decidiram que fariam *A noite dos Palhaços Mudos*, mesmo que fosse na raça. Conseguiram levantar 100 mil reais, metade com o Prêmio Myrian Muniz e metade com o Programa Ação Cultural, do Governo do Estado de São Paulo. Não bastava para cobrir toda a produção, mas eles estavam dispostos a arcar com as demais despesas e honrar a clássica HQ de Laerte com o espetáculo mais bonito da Terra.

Fernando ligou para Alvaro Assad e avisou que a La Mínima recebera os recursos da Funarte para começar a produção. Estava combinado: Assad se hospedaria na casa de Fernando em Cotia, entre março e abril de 2008, evitando uma despesa extra no projeto. Era tempo de vacas magras, não dava para bancar a hospedagem do diretor carioca.

Diretor do Centro Teatral e Etc e Tal, fundado no Rio de Janeiro em 1993, Assad trabalhou com o mímico português Luís de Lima e se tornou um dos maiores especialistas em pantomima do Brasil. Etc e Tal e La Mínima se cruzavam com frequência em festivais pelo país e logo os artistas das duas companhias perceberam que a mistura de mímica com palhaçaria daria um caldo. Assad aceitou de pronto o convite sem saber exatamente do que se tratava, pelo prazer de trabalhar com a dupla paulistana.

Duma e Fê não levaram muito tempo até concluir que Assad seria o diretor ideal para o espetáculo. Fãs de *A noite dos Palhaços Mudos* desde a adolescência, eles queriam fazer uma adaptação fiel ao original e isso os obrigava a ficar de fato mudos em cena. Assad seria o guia perfeito para ampliar o repertório gestual de Agenor e Padoca, construindo a precisão necessária para contar uma história por meio da expressão do corpo.

Quando Fernando pediu a Laerte autorização para adaptar a HQ, a resposta veio também de pronto:

– Está reservada para vocês! Inclusive recebi outro convite para adaptar o *Palhaços Mudos*, mas avisei que era da La Mínima!

Laerte tinha adorado trabalhar com a dupla em *Piratas do Tietê – O filme*. Aquela foi uma produção grande, bancada pelo Sesi, e agora seria diferente. Não que o Sesi tivesse fechado as portas para superproduções de teatro – pelo contrário, a instituição já havia contratado a La Mínima para uma nova peça no segundo semestre. Mas Duma e Fê não queriam que *A noite dos Palhaços Mudos* fosse um espetáculo caro, difícil de carregar para outras praças. Com elenco enorme e cenário que pesava uma tonelada, *Piratas do Tietê* acabou tendo carreira curta. Duma e Fê se esforçaram para que o cenário de *Palhaços Mudos* coubesse numa caminhonete. Por isso, para o Sesi eles prepararam outro projeto: a adaptação de *Strange case of Dr. Jekyll and Mr. Hyde*, o clássico do escritor escocês Robert Louis Stevenson, famoso no Brasil como *O Médico e o Monstro*.

Os ensaios para *A noite dos Palhaços Mudos* inauguraram uma nova etapa da Companhia La Mínima: a sede própria, na Rua das Jabuticabeiras, em Cotia. Desde o fim da Central do Circo, Agenor e Padoca se viravam como podiam para ensaiar, pedindo uma horinha sob a lona de Zé Wilson ou no galpão de algum grupo amigo. A sede própria era mais uma despesa, mas já não dava mais para ficar sem. Agora, tudo estava pronto: eles tinham o seu próprio galpão e um mímico de primeira para ensiná-los a ser palhaços mudos.

A HQ *A noite dos Palhaços Mudos*, uma alegoria do embate entre opressores e oprimidos, foi publicada em 1987 na quarta edição da revista *Circo* e se tornou um dos trabalhos mais conhecidos de Laerte. A trama é simples: uma seita formada por homens engravatados – inspirada pelo Terceiro Reich e pela ultraconservadora Sociedade Brasileira de Defesa da Tradição, Família e Propriedade – prega a morte aos Palhaços Mudos, "seres ignóbeis" que "ameaçam as bases da nossa sociedade". Os engravatados – que têm voz – sequestram um dos Palhaços Mudos e a partir daí o leitor acompanha os dois palhaços restantes na tentativa de resgatar o companheiro.

Duma e Fê convidaram Laerte para escrever o texto da adaptação teatral da HQ, mas ela não se sentiu apta à missão. Para quebrar o gelo, Duma e Fê convocaram Paulo Rogério Lopes para escrever a quatro mãos, e só então Laerte aceitou participar. Porém, depois de certo tempo escrevendo em dupla, o trabalho empacou. Laerte e Paulinho procuraram Duma e Fê para resolver o problema e eles chegaram à conclusão de que não havia necessidade de roteiro. Ora, o espetáculo era mudo, então por que não se guiar pelos quadrinhos originais?

Antes de encerrar sua breve participação no projeto, Paulinho deixou uma engenhosa contribuição. Ninguém gostava da ideia de repetir no palco o trio de palhaços que compunha a trama original. Se a La Mínima era uma companhia de dois, que fossem eles os palhaços do espetáculo. Paulinho quebrou a cabeça e propôs que, em vez de sequestrar o terceiro palhaço do trio, os engravatados roubassem o nariz de Fernando. Bingo!

Uma decisão importante para reduzir os custos do espetáculo seria a de personificar a seita de conservadores da história original em um único personagem. Fábio Espósito, o Xepa, foi convidado para representar o vilão. Ele tinha feito um ótimo trabalho em *Piratas do Tietê* e depois passou uma temporada como palhaço do Cirque du Soleil. Estava de volta ao Brasil e se empolgou com o projeto:

– Pô, Duma, nem acredito, eu sempre quis montar essa HQ. Tô dentro!

Domingos, Fernando e Xepa começaram o trabalho, sob o comando de Assad. Eles imprimiram a história original de Laerte e pregaram num painel no galpão em Cotia. A partir dos ensaios, o diretor preparava uma espécie de partitura dos gestos, que funcionou como o roteiro.

Havia poucos elementos cênicos no espetáculo. A ideia era radicalizar no minimalismo e desenhar os objetos com o corpo, permitindo ao público só imaginá-los. Assad tinha esse poder de sugerir por meio do gesto. Ele ensinou a técnica a Domingos e Fernando, mas é claro que a dupla não poderia virar especialista em mímica em apenas dois meses de ensaio. Ele explicava:

– Nada está no palco, o que significa que tudo está no palco, porque tudo pode ser criado pelo movimento.

Porém, quando a coisa estava ficando poética demais, Fernando avisava que ia "rasgar a cena" – ou seja, escrachar.

Todo o trabalho da equipe técnica tinha um só objetivo: tornar os gestos de mímica mais evidentes para o público. Marcelo Pellegrini – autor da trilha sonora de *Piratas do Tietê*, que voltou para criar a música do novo espetáculo – acompanhava os ensaios e compunha a partir dos movimentos dos atores. A iluminação de Wagner Freire, os figurinos de Inês Sacay e os adereços de Maria Cecília Meyer, tudo contribuía para realçar os gestos de Duma e Fê.

Quando estreou, no dia 1º de maio de 2008, no Espaço Parlapatões dos amigos Hugo Possolo e Raul Barretto, *A noite dos Palhaços Mudos* estava afiadíssima. O próprio Domingos assinou a cenografia, que consistia basicamente em deixar o palco escuro, tudo na cor preta, para dar a impressão de que a caixa cênica era um quadrinho.

A divulgação foi tímida, a trupe se virava com os parcos recursos. Luciana tratou ela mesma de produzir a arte do folheto, em preto e branco para economizar. No texto de apresentação da peça, a La Mínima declarou que a história de Laerte "resume tudo o que gostamos de fazer" e "sempre nos pareceu nossa própria sinopse".

Não havia anúncios nos jornais, muito menos no rádio ou na TV, mas o público compareceu. O Espaço Parlapatões a essa altura já estava integrado ao movimento de revitalização do entorno da Praça Roosevelt, no Centro de São Paulo. A falta de recurso não foi, afinal, um problemão. O público lotava as sessões, convocado pela comunicação mais eficiente de todas: o boca a boca.

Seriam três meses de temporada, enquanto a adaptação de *O Médico e o Monstro* precisava estar pronta em agosto. Logo depois da estreia de *Palhaços Mudos*, Duma e Fê começaram a ensaiar para o Sesi. No dia 24 de julho, quando a peça saiu de cartaz do Teatro Parlapatões, já era um enorme sucesso de público e colecionava críticas apaixonadas nos jornais. Com um cenário de apenas 80 quilos e um elenco de três atores, os *Palhaços Mudos* estavam prontos para rodar o país.

Cinco dias após o encerramento da temporada, uma surpresa arrancou o fôlego da turma toda: *A noite dos Palhaços Mudos* liderava as indicações para o 21º Prêmio Shell de Teatro de São Paulo. Alvaro Assad foi indicado a melhor diretor e Marcelo Pellegrini, a melhor trilha sonora. E pela primeira vez na história do Shell, dois palhaços concorriam ao prêmio de Melhor Ator: Domingos Montagner e Fernando Sampaio.

Em cartaz no teatro fundado por Hugo Possolo, Duma se reaproximou do amigo e se envolveu mais com os debates sobre políticas para a cultura. Depois de nove anos de atuação, o movimento Arte Contra a Barbárie obtivera conquistas. Em 2008, quando a La Mínima ocupava o Espaço Parlapatões, a Lei Municipal de Fomento ao Teatro contava seis anos e muitos recursos destinados às trupes paulistanas. A discussão agora se volta para o meio circense, que pleiteava uma parte das verbas e demandava sua própria lei de fomento.

Os circenses se uniam para batalhar por mais dinheiro para o setor, mas se dividiam quando a verba aparecia. As trupes do chamado Circo Novo tinham mais acesso aos recursos públicos, por dominarem com mais facilidade os meandros burocráticos. Os grandes circos de lona se sentiam desprestigiados. Além disso, os grupos que desenvolviam trabalhos com linguagem híbrida tinham vantagem. A La Mínima, por exemplo, recebia recursos destinados ao teatro e ao circo. Os circos clássicos – que se proclamavam o verdadeiro circo – ficavam de fora.

Em junho, em plena temporada de *Palhaços Mudos*, Domingos foi incluído como membro da Câmara Setorial do Circo no Estado de São Paulo – fórum que reunia especialistas de várias áreas para ajudar na formulação de políticas públicas do governo. Além de Domingos, a Câmara era composta por Hugo Possolo, Zé Wilson, Mário Bolognesi, Verônica Tamaoki e Erminia Silva.

Epa, mas onde estavam os representantes dos grandes circos itinerantes? Muitas vozes se levantaram, entre elas a de Marlene Querubim, diretora e fundadora do Circo Spacial, e Márcio Stankowich, do Circo Stankowich, sob o comando de sua família há seis gerações. Embora não tivesse representantes nomeados, a turma da tradição marcou presença no auditório. No início de um dos encontros, Márcio mandou seu recado, com certa ironia:

– Estou muito contente, porque, com 45 anos, pela primeira vez, vou participar de um debate a respeito da situação do circo em âmbito nacional, o que julgo muito importante. Como sexta geração, volto a dizer, estou muito feliz em participar deste evento que nos enaltece, com certeza.

Os circões de lona bradavam contra as políticas de fomento, acusando as instituições culturais das três esferas de governo de privilegiar trupes menores. Marlene Querubim e Domingos protagonizaram um desses embates em audiências públicas em São Paulo. Com o tempo, depois de muito bate-boca, os programas de fomento incluíram os circos de lona. Os editais dividiam os circos em "itinerante" e "não itinerante", e para entrar na primeira categoria não valia circular em uma cidade só; tinha que viver na estrada mesmo. O Circo Zanni, por exemplo, ficava de fora. Com isso, os grandes circos tradicionais passaram a receber fatias do orçamento destinado à cultura – um pleito de muitas décadas que, importante reconhecer, só foi atendido depois que o Novo Circo, com o seu poder de articulação política, entrou no jogo.

O casal Zé Wilson e Bel Toledo estava separado nesse momento e atuou em duas entidades concorrentes para representar a classe circense. Zé era o presidente da Abracirco (Associação Brasileira de Circo), fundada em 1977, enquanto Bel presidia a Cooperativa Brasileira de Circo, que ajudou a criar em 2005. Além da disputa pelo orçamento público para a cultura, as instituições pleiteavam o direito de voltar a levar animais ao picadeiro e a redução da burocracia para instalar os circos nas grandes cidades.

Apesar de seus esforços, Zé Wilson perdeu o direito de manter a Circo Escola Picadeiro no Itaim Bibi, para indignação de Duma e de nove entre dez "filhos" da Picadeiro. A Prefeitura de São Paulo desengavetou um antigo projeto de instalar ali o Parque do Povo, inaugurado no dia 28 de setembro de 2008. Zé levou a nova sede da Picadeiro para Osasco, na região metropolitana. Longe do Centro, a escola que reinventou o circo em São Paulo perdeu muito da sua visibilidade e passou a ter ainda mais dificuldades para se manter de pé.

Os acrobatas do século XXI costumavam complementar a renda atuando em gravações publicitárias. Em São Paulo, uma das maiores contratantes do ramo era a O2 Filmes. Fundada em 1991, a produtora chamou a atenção do mundo em 2002 com o longa *Cidade de Deus*, de Fernando Meirelles. Em 2008, estava entre as maiores do país.

Amigos de Duma ganhavam um extra com comerciais, inclusive Nié, seu sócio do Circo Zanni. Após um dia de filmagem na O2, Nié botou pilha em Domingos para fazer testes. Duma era refratário, mas depois que virou pai precisava aumentar a renda e passou a se inscrever com mais frequência para as seleções de elenco. Certo dia, ligou uma produtora da O2:

– Domingos, tem um papel que é a sua cara, você pode vir fazer o teste na quarta?

Ele foi. Na sala de espera, havia um senhor de 80 anos, um rapaz de 15 e ele com 46, todos disputando o mesmo papel. Duma fez o teste e seguiu para um ensaio do Zanni. Chegou bufando:

– Porra, a moça me diz que o papel é a minha cara. Chego lá e tem atores de todas as faixas etárias! Esse papel é a cara de quem então, cacete?

De toda a turma, Domingos era o que menos passava nos testes. Sua beleza rústica não fazia o tipo apreciado pelas agências. Ficava danado, e começou a recusar:

– Não vou, obrigado. Eu não pego.

Interessava-se pelo audiovisual, tinha vontade de levar a La Mínima para as telas. Mas, àquela altura, os primeiros fios brancos surgindo pelas têmporas indicavam que o timing podia ter passado. Além disso, ele estava sempre ocupado e não podia deixar a peteca cair. Não sobrava tempo para investir em novas frentes. O seu circo-teatro artesanal lhe dava muitas alegrias e saciava a sua fome criativa. Ficava, porém, a sensação de que o cinema e a TV poderiam lhe trazer novos desafios profissionais e a estabilidade tão desejada.

Não gostava do discurso melancólico de muitos artistas e produtores que reclamavam da penúria do meio teatral, como quem pede esmolas. Teatro dá dinheiro, sim, ele repetia. Tudo o que conquistara na vida fora no teatro. No entanto, queria dar mais oportunidades e maior conforto para a família. Com o dinheiro que ganhava no teatro e no circo não passaria fome, mas provavelmente levaria a vida toda contando moedas.

Em junho de 2008, soube que a O2 estava realizando testes para contratar atores para uma minissérie de TV. Ele foi fazer, e passou! Recebeu o telefonema da produtora com as datas em que deveria estar disponível. Seria uma pequena participação na minissérie *Som & fúria*, que Fernando Meirelles rodava para ser exibida pela Rede Globo. Nossa, que oportunidade!

Domingos estava em cartaz com *A noite dos Palhaços Mudos*, já ensaiava o novo trabalho para o Sesi, preparava a nova temporada do Circo Zanni e ainda tinha seus compromissos como membro da Câmara Setorial de Circo. Seu papel em *Som & fúria* seria pequeno, mas lhe tomaria muitos e preciosos dias de filmagem. Domingos pensou em desmarcar um compromisso aqui, cancelar uma sessão ali, faltar um ensaio lá, mas não dava. Ligou para a O2, agradeceu e recusou o trabalho.

– Essa doeu – desabafou com Luciana.

Strange case of Dr. Jekyll and Mr. Hyde, a obra original de Robert Louis Stevenson, conta a história de Henry Jekyll, respeitado médico londrino que cria uma fórmula para isolar a maldade nos seres humanos. Ele resolve se tornar a sua primeira cobaia e, ao tomar a poção, transforma-se no repulsivo Edward Hyde. No início, o doutor Jekyll se diverte com o desembaraço com o qual o seu duplo comete as maiores atrocidades. Mais tarde, o médico perde o controle da situação e compreende, a duras penas, que é melhor não isolar, mas aprender a conviver com o seu lado mais perverso.

Quando Domingos propôs a adaptação da história, queria trazer a dicotomia entre o médico e o monstro para o universo do palhaço. O projeto apresentado ao Sesi era o de um espetáculo voltado aos adolescentes. Para escrever a adaptação, ele convidou Mário Viana, um dos autores de um enorme sucesso do teatro juvenil, *Carro de paulista*, dirigido em 2003 pelo amigo Jairo Mattos. No primeiro encontro com Mário, no café da Livraria Cultura da Avenida Paulista, Domingos deu uma longa explicação sobre a dualidade do palhaço e as diferenças entre branco e augusto. Mário deveria transformar um clássico da literatura de terror em uma comédia rasgada, que seria dirigida pelo mestre do circo-teatro Fernando Neves, o mesmo de *Feia*.

O elenco já estava formado: Fábio Espósito, o parceiro de *A noite dos Palhaços Mudos*, trouxe Cláudio Carneiro, integrante do Cirque du Soleil. Da companhia Os Fofos Encenam, Fernando Neves chamou Carol Badra, que criou também os figurinos. Keila Bueno, que trabalhara com Domingos na Pia Fraus, completou a trupe. Outros amigos que já tinham colaborado com a La Mínima voltaram: Marcelo Pellegrini assinou a trilha sonora, Wagner Freire fez a iluminação e Maria Cecília Meyer criou os adereços. Leopoldo Pacheco ficou responsável pela caracterização dos personagens. Duma, cada vez mais interessado em cenografia, aproveitou bem o orçamento generoso do Sesi e montou um cenário cheio de truques visuais.

Como Duma e Fê ainda estavam em cartaz em *A noite dos Palhaços Mudos*, muitas reuniões com a equipe se deram no início da madrugada, no Estadão, um boteco a 500 metros do Espaço Parlapatões que fica aberto 24 horas. A trupe se sentava, pedia uma cerveja e o célebre sanduíche de pernil, e a reunião se dava ali no meio do zum-zum-zum.

A primeira leitura dramática foi na sede da Os Fofos Encenam, no Bexiga. Já na fase de ensaios, a trupe se via no novo galpão da La Mínima, em Cotia. O Dr. Jekyll e o Sr. Hyde, claro, foram interpretados por Domingos e Fernando. Mário Viana criou um texto em que o protagonista era o Monstro, não o Médico, como no original. Isso significava muitas falas para Fernando – em geral, ele preferia fazer as suas caretas no palco em vez de ter falas extensas, mas dessa vez até curtiu.

O médico e os monstros – o título ficou assim, com "monstros" no plural – estreou no Teatro do Sesi no dia 18 de agosto, com sessões gratuitas. Manteve-se em cartaz até o fim do ano, com enorme sucesso entre os adolescentes. O trabalho com Mário Viana agradou Fernando e Domingos e os três já pensavam em uma nova parceria. Domingos queria fazer a ópera *Pagliacci*, escrita em 1892 pelo compositor italiano Ruggero Leoncavallo – quem sabe não seria Mário o autor da adaptação?

Como a trupe já esperava, *O médico e os monstros* teve vida curta longe do Sesi. Por outro lado, *A noite dos Palhaços Mudos* circulava em várias cidades, o que garantia trabalho por uns meses.

Em outubro de 2008, estreou a terceira temporada de *Mothern*, no canal GNT. Nesse momento, o diretor Ugo Giorgetti estava em busca de atores para seu novo projeto, um telefilme a ser exibido na TV Cultura, a mais importante emissora pública do Brasil. Giorgetti é um veterano do cinema paulistano, que em 1998 fizera sucesso com o filme *Boleiros – Era uma vez o futebol...* O diretor agora tinha recursos da Secretaria de Cultura do Estado de São Paulo para o novo filme e queria produzi-lo com elenco formado por atores de teatro. Ugo escalou Domingos no papel do motorista de um grande empresário, preso por uma operação da Polícia Federal. Em sua segunda incursão pelo audiovisual, Domingos atuou com Andréa Tedesco, Angelo Brandini, Juliana Galdino e Luiz Damasceno. *Paredes nuas* só estrearia na programação da TV Cultura no dia 2 de janeiro de 2010, sem grande repercussão.

Neyde Veneziano é uma das maiores especialistas em teatro de revista do Brasil. Publicou duas obras de referência sobre o assunto e dirigiu espetáculos inspirados no gênero. Em sua pesquisa na USP e na Unicamp, Neyde descobriu relações entre o teatro de revista e a Commedia dell'Arte, evocando o passado nobre de um gênero historicamente desqualificado pela crítica brasileira. Acabou se tornando também uma referência em Dario Fo, o genial dramaturgo italiano que dedicou sua vida a revelar ao mundo a riqueza da Commedia dell'Arte. Em 1999, Neyde foi à Itália estudar a obra de Dario, em um pós-doutorado na Universidade de Bolonha. Conviveu com o autor e a sua esposa, Franca, descendente de uma família que tem origem entre os saltimbancos medievais.

No fim de 2008, Neyde estava montando o texto *Um dia (quase) igual aos outros*, comédia escrita por Dario e Franca sobre uma mulher rica com impulsos suicidas. No meio da trama, surgem dois assaltantes em sua casa, que ficam maravilhados com os eletrodomésticos ultra high-tech da sala de estar da madame. Neyde imaginou transformar esse trecho em uma cena circense, mas precisava de alguém para preparar os atores Thiago Adorno e Fernando Fecchio. Ligou para Mário Bolognesi, o maior especialista em palhaço que ela conhecia, em busca de uma dica.

– Neyde, eu posso te passar o telefone do Domingos, é um grande ator, palhaço, e acho que vai te ajudar muito – foi a resposta.

Neyde já tinha trabalhado com os Parlapatões, em 1997, em *Piolin*, mas não conhecia ainda a La Mínima. Em janeiro de 2009, eles se encontraram para o início dos trabalhos. Domingos chegava de sandália de dedo, bem à vontade, em flagrante contraste com a turma *cool* do teatro:

– O que você quer pra hoje, minha diretora?

Neyde participou dos primeiros ensaios, mas não demorou a confiar inteiramente a Domingos o treino com os dois atores. Fernando Fecchio, o mais franzino, mostrou certa insegurança. O rapaz, em cima de uma mesa, tinha que saltar para o chão, e só conseguiu graças às palavras de apoio de Domingos:

– Pula, cara, você consegue!

Domingos compreendeu rápido o que Neyde pretendia e trabalhou para alcançar os objetivos, mas não se limitou a executar ordens. A cena do assalto ficou muito mais *clownesca* do que Neyde imaginara, mas ela adorou. Em toda sessão do espetáculo era um dos momentos mais aplaudidos.

Neyde e Domingos se tornaram grandes amigos. Tinham a mesma compreensão do que era teatro e aspirações estéticas em comum. Ambos gostavam do teatro popular, do riso e da comunicação direta. Ela lhe mostrava vídeos das famosas oficinas de Commedia de Dario Fo, ele a enchia de perguntas. No meio de um ensaio, Domingos se empolgou:

– Neyde, vamos fazer Dario Fo juntos!

Em pouco tempo, ela já era amiga de Luciana, Fernando e Erica. Domingos passou a convidá-la para as festas de aniversário dos filhos. Depois do fim da temporada de *Um dia (quase) igual aos outros*, Neyde foi assistir a *Palhaços Mudos* em Santos, sua terra natal. Enquanto Duma e Fê ajudavam a desmontar o palco, Neyde ficou de papo com Luciana e os dois meninos, fazendo muita bagunça, Leo pulando em cima de Antonio, quase sufocando o caçula, que nem ligava, só se divertia. Quando Domingos se aproximou, a bagunça cessou imediatamente. O Palhaço Mudo mostrou a sua autoridade paterna sem precisar dizer uma palavra.

No início de 2009, Verônica Tamaoki ligou para Domingos:

– Querido, estou prestes a concretizar um projeto antigo meu. Consegui o apoio da prefeitura e estou trabalhando para inaugurar, ainda este ano, o Centro de Memória do Circo.

– Que notícia boa, Verônica! Conte comigo para o que precisar.

– Pois é, nós estamos reunindo peças do acervo de todas as companhias circenses. Se você puder contribuir...

– Claro, com o maior prazer! O que você acha dos collants de *As bailarinas*?

– Nossa, seria ótimo!

O circo, em outro tempo tão desprestigiado e até censurado pelo poder público, ganharia uma instituição para cuidar de sua memória. O longo processo de legitimação da arte circense teria em breve mais uma conquista histórica. No dia 17 de março de 2009, toda a turma do teatro paulistano se reuniu no espaço Estação São Paulo, em Pinheiros, para a 21ª edição do Prêmio Shell de Teatro de São Paulo. Domingos Montagner e Fernando Sampaio, os nobres palhaços candidatos ao prêmio de melhor ator, eram ausências confirmadas – estavam na Bahia, ganhando o pão de cada dia, no elenco de um espetáculo dirigido por Roberto Lage para a Bradesco Previdência. Eles enviaram a Alvaro Assad, por e-mail, o discurso de agradecimento pelo prêmio, para a hipótese de serem agraciados – remota, como a própria dupla achava.

A atriz Beth Goulart, mestre de cerimônias, enumerou os concorrentes à categoria de melhor ator e prosseguiu:

– Excepcionalmente, o júri decidiu conceder o prêmio a dois intérpretes. O júri entendeu que a soma do trabalho dos intérpretes justifica a dupla premiação: Domingos Montagner e Fernando Sampaio, por *A noite dos Palhaços Mudos*!

Enquanto Assad subia perplexo ao palco para ler o e-mail de agradecimento, Wagner Freire, o iluminador do espetáculo, ligou para Duma. No palco, Assad avisou:

— Como diretor, vai ser ótimo entregar o prêmio a eles. Já o cheque, não sei – brincou, referindo-se aos oito mil reais que os dois levariam, junto com o troféu em forma de concha criado pelo artista Domenico Calabrone.

Assad desceu do palco ainda meio nervoso e correu para abraçar sua esposa Melissa. Luciana também estava ali. Ao telefone, Duma e Fê só conseguiram entender que tinham levado, juntos, o grande prêmio. Fora isso, era só gritaria dos dois lados da linha.

Escolhidos pelo júri formado por Kil Abreu, Valmir Santos, Marici Salomão, Mário Bolognesi e Noemi Marinho, Duma e Fê entraram para a história do teatro brasileiro como os primeiros palhaços a vencer o prestigiado Prêmio Shell de Melhor Ator. O prêmio foi muito festejado pela turma do circo. Era uma vitória de todos os filhos de *Ubu*: aqueles jovens de classe média que se matricularam na Escola Picadeiro para, mais tarde, espalhar o circo de novo pela cidade de São Paulo. Também levantou o moral da La Mínima junto à classe teatral. A companhia ganhou mais espaço nos cadernos culturais dos jornais e o espetáculo rodou pelos principais festivais de teatro do Brasil.

Só a grana é que continuava a mesma, pingada, obrigando os companheiros a trabalhar sem trégua para pagar as contas – os oito mil do Shell vieram a calhar. Mais tarde, Duma revelou a Luciana e aos parceiros de *Palhaços Mudos* que lamentou muito não poder estar presente num momento tão importante para a dupla:

— Deixamos de receber o Prêmio Shell em mãos para atender a uma demanda de evento corporativo. O que isso diz sobre nós? Não quero mais repetir esse erro!

De fato, Duma não negava trabalho. Os espetáculos da La Mínima e do Zanni eram insuficientes para fechar as contas da família, que não paravam de crescer. Ele e Fernando já conseguiam quase sempre se esquivar dos eventos corporativos, mas às vezes cediam pelo dinheiro; também davam oficinas, o que poderia ser um trabalho prazeroso quando a turma era interessada e mostrava aptidão, mas isso nem sempre acontecia.

Nesse momento, já consagrado pelo Prêmio Shell, Domingos passou a ser convidado para atacar de cenógrafo e até dirigir grupos com menos experiência. Conduziu a companhia Suno de Arte, de Santos, na montagem do espetáculo *Despautérios*. Com Fernando, dirigiu *Se Romeu e Julieta...*, em que a Companhia LaMala explorou técnicas de acrobacias circenses.

Em julho de 2009, estreou na Globo a minissérie *Som & fúria*, que Domingos tinha recusado por problemas de agenda. Diante da TV, ele apreciou o trabalho do diretor Fernando Meirelles, querendo estar lá. Bateu um bode. Cada vez mais desiludido com os testes para publicidade, passou a rejeitar um a um os convites. De vez em quando topava e, antes de sair de casa, dizia:

– Será o meu último teste!

O Centro de Memória do Circo foi inaugurado em 16 de novembro de 2009. O endereço não poderia ser mais apropriado: o Largo do Paissandu, onde os grandes circos se aglomeravam no fim do século XIX, atraindo milhares de fãs ao Centro de São Paulo. A companhia La Mínima estava representada e eternizada pelos collants doados por Agenor e Padoca.

Em outubro de 2009, Marcia Andrade, produtora de elenco da Rede Globo, ligou do Rio para Zeca Bittencourt, que fazia o trabalho de pesquisa de elenco em São Paulo:

– Zeca, tudo bem? Você sabe que o Prêmio Shell esse ano foi dado pela primeira vez a uma dupla de palhaços? É a La Mínima, acho que vale a pena conferir o trabalho desses caras.

– Boa, Marcia, valeu a dica!

O produtor de elenco é o profissional que busca o ator ideal para cada personagem de uma produção audiovisual. O trabalho de Zeca era diferente: pesquisa de elenco. É um trabalho de longo prazo, a que somente as grandes produtoras, como a Globo, podem se dedicar. Zeca e sua equipe eram responsáveis por trazer novos talentos para a emissora, formando uma base de dados com o perfil de cada ator.

Zeca esperou pintar uma sessão de *A noite dos Palhaços Mudos* em São Paulo e foi assistir, no Teatro Eva Hertz – curioso para ver as caretas do palhaço Padoca. Achou o trabalho da dupla brilhante. Foi até o camarim. A atenção de Zeca estava voltada para Fernando, que poderia ser um tipo interessante para novos trabalhos de comédia na emissora. Papo vai, papo vem, enquanto Domingos tirava a maquiagem, seu rosto foi se revelando:

– Nossa, debaixo dessa maquiagem se esconde um gladiador romano!

– exclamou Zeca, provocando uma explosão de riso no camarim. – É sério, impressionante, você no palco parecia uma criança grande e agora estou vendo o nosso Russell Crowe.

O papo seguiu e Zeca pediu o contato da dupla, avisando que ligaria para marcar um teste. Seriam duas performances, uma ensaiada pelos atores e a outra uma improvisação dirigida pelo produtor. Zeca voltou ao trabalho e montou o roteiro com um texto que permitisse a Fernando exprimir a veia cômica que ele exibiu no palco. Para Domingos, mudou tudo, selecionou um texto com passagens mais realistas, que privilegiasse o galã que ele viu no camarim.

O teste ficou marcado para 9 de novembro de 2009. Fernando foi o primeiro a chegar ao estúdio, em Perdizes. Quando Zeca deu o "gravando!", Fernando travou. Mestre das caretas, do humor físico, palhaço excêntrico, dono das piadas da dupla, Padoca não dominava a linguagem da TV. Zeca estava habituado a esse tipo de impasse, comum nas primeiras incursões de atores de teatro na TV. Ele já sabia o que fazer: propôs abandonar o texto previamente preparado e gravou uma entrevista mais descontraída com Fernando.

Saiu Fernando, entrou Domingos. Quando as luzes se apagaram, antes de o câmera Renato Paz ligar os refletores, o Anjo Torto surgiu debaixo de uma mesa, tocou a fronte de Domingos e partiu. O ator tinha levado um texto de Mário Prata, e Zeca pediu que ele fizesse a improvisação uma primeira vez, enquanto ele ajustava a câmera – era um truque, ele estava gravando tudo, só queria pegar um registro mais espontâneo. O ator brincava com o texto, parecia um veterano dos estúdios.

Zeca costumava fazer entre quatro e seis takes para esses testes, mas dessa vez fez apenas dois. Deu um toque sobre o ritmo, outro sobre o olhar – que na TV é muito mais importante do que no teatro. Quando terminou, Zeca e o câmera Renato Paz se entreolharam:

– Uau!

A emoção espontânea, o timbre da voz, a fotogenia do rosto em close, o olhar inteiro em cena, tudo era muito potente. Fim do teste, os dois atores estavam liberados:

– Eu levo uma semana ou um pouco mais para disponibilizar o teste no banco de talentos. Depois disso, a qualquer momento, vocês podem ser procurados pelos produtores de elenco. Obrigado por terem vindo.

Zeca Bittencourt voltou para o prédio da Rede Globo São Paulo, na Vila Cordeiro, com a fita miniDV com os testes de Fernando e Domingos. Decupou e enviou para edição, no Rio. Dez dias depois, como previsto, os dois filmetes estavam disponíveis para os produtores de elenco da emissora.

Um mês depois, nem Domingos nem Fernando acreditavam mais que o teste daria em alguma coisa. Eis que o telefone de Duma tocou:
– Domingos, tudo bem? Meu nome é Juliana Silveira, sou produtora de elenco da TV Globo. Vi o seu teste e tenho um papel para você. É uma participação no seriado *Força-tarefa*, dirigido pelo José Alvarenga Jr. Você está disponível?
– Oi, Juliana! Posso, sim.
– Ótimo! Eu vou pedir ao Zeca Bittencourt pra fazer outro teste com você, com um texto mais próximo do que queremos aqui, ok?

Juliana não precisou argumentar com Alvarenga para escalar Domingos. O diretor se impressionou com sua expressividade. O personagem, cabo Moacir, apareceria em um único episódio da série.

José Alvarenga Jr. assinou grandes sucessos da Globo, como o seriado de comédia *Os normais*, além de ter dirigido filmes dos Trapalhões campeões de bilheteria. Domingos chegou pontualmente, com o texto decorado, ao Projac – sigla para Projeto Jacarepaguá, que dava nome ao complexo de estúdios da Rede Globo, na Zona Oeste do Rio de Janeiro, um dos maiores da América Latina, e hoje rebatizado simplesmente de Estúdios Globo.

Força-tarefa contava as agruras de um policial incorruptível em seu trabalho na Corregedoria da Polícia Militar do Estado do Rio de Janeiro. O protagonista, tenente Wilson, era interpretado por uma das maiores estrelas globais, Murilo Benício. No episódio *Roleta russa*, ele precisava apurar um assassinato ocorrido numa Unidade de Policiamento Ambiental. O cabo Moacir, de Domingos, era um policial dissimulado sobre o qual recaíam as suspeitas.

Interpretar um personagem assim é um desafio para o ator, pois ele precisa fingir que está fingindo. Alvarenga achou que Domingos defendeu bem o seu Cabo Moacir, embora percebesse que, sendo um ator de teatro, não sabia ainda atuar para a câmera. A principal diferença entre o teatro e o audiovisual é essa: em vez de estar inteiro no palco, o ator precisa ter absoluta consciência de que seu movimento está sendo filmado a partir de um certo ângulo. Na TV, mais do que no cinema, a câmera pega o ator de perto – em geral só o rosto aparece. O gesto precisa ser contido, caso contrário o close da câmera deixará a cena histriônica, beirando o ridículo.

Alvarenga percebeu logo que Domingos não dominava a técnica e cuidou de dar alguns toques durante o breve tempo das gravações. No entanto, o que marcou a memória do diretor foi a expressividade do ator e sua disponibilidade para aprender. Domingos estava de olho em tudo, atento aos toques de Alvarenga. Não mostrava defesas, o que para o diretor era meio caminho andado. Alvarenga só não entendia por que ele nunca havia feito televisão antes, com um tipo tão expressivo.

– Eu atuo muito como palhaço, fico escondido por baixo da maquiagem, vai ver é isso.

Domingos estava na sala de espera do estúdio, enquanto Alvarenga filmava uma cena sem o cabo Moacir, quando a produtora Juliana apareceu para se apresentar. Ele estava de chinelos, lendo um livro, já se sentindo em casa no Projac. Juliana se impressionou com a sua beleza. Domingos contou um pouco da sua trajetória, e a produtora se despediu. Ele terminou o trabalho e voltou a São Paulo, feliz com a oportunidade. O cabo Moacir foi o antagonista do episódio e a participação não foi tão pequena quanto pensava.

Em março de 2010, Duma e Fê ministraram a Oficina de Palhaço e Comicidade Física no Galpão do Circo, na Vila Madalena. As oficinas faziam parte da rotina da La Mínima – uma contrapartida comum oferecida pela companhia às instituições culturais que patrocinavam seus projetos. Duravam em média dois ou três dias e eram abertas ao público geral. Dessa vez, eles organizaram um programa mais extenso, que incluía a montagem de um espetáculo. Foram três meses de aula, com duas horas de duração, duas vezes por semana, destinadas a jovens com intenção de seguir carreira circense.

Dois alunos se destacaram nessa oficina. Um deles, o ator Fernando Paz, era o amigo de Fernanda D'Umbra que tinha pirado ao assistir a *Piratas do Tietê*. O outro, Filipe Bregantim, palhaço e músico em início de carreira.

A oficina era dividida em duas partes, a primeira mais física, com truques de cascata, e a segunda dramatúrgica, com encenações das entradas de palhaço catalogadas por Mário Bolognesi. No espetáculo que seria montado no fim da oficina, Domingos encorajou a turma a incluir música ao vivo – Paz e Bregantim tocavam alguns instrumentos e se revezaram na função. Agenor e Padoca gostaram do que viram.

Em abril de 2010, Luciana descobriu que esperava um novo bebê. Domingos comemorou, já podia dizer que tinha a casa cheia como queria. Dessa vez, Luciana não escondia a preocupação. Leo e Antonio estavam crescendo, cheios de vontade. Os gastos com fraldas não eram nada perto do que viria a seguir: uma boa escola, brinquedos, cinema, viagens… Luciana ficava angustiada, enquanto Domingos mantinha a calma e procurava soluções para aumentar a renda e, principalmente, trazer um mínimo de estabilidade à família. De vez em quando, Dico aparecia para dar dicas de planejamento financeiro ao irmão. Luciana certo dia desabafou com uma amiga, que respondeu:

– Não se preocupe, todo bebê vem com o seu próprio pão debaixo do braço – e Lu se agarrou a essa profecia para não pirar.

No mês seguinte, a La Mínima fez uma participação em *O dia do maestro*, com a Orquestra Sinfônica do Estado de São Paulo. Paulo Rogério Lopes, o fiel colaborador da La Mínima, era assistente de direção do espetáculo, dirigido por Regina Galdino, que integrava a série *Aprendiz de maestro*, produzida pela Tucca Associação para Crianças e Adolescentes com Câncer. A série foi criada em 2002 para inserir a criança no universo musical, com repertório sob a batuta de João Maurício Galindo e de outros maestros convidados. Duma e Fê representaram os palhaços Dó Menor e Dó Maior, que mostravam a rotina de um regente, por meio de estripulias. A renda dos espetáculos da série era revertida para o tratamento de crianças e adolescentes com câncer.

Duma, agora mais do que nunca, sabia que não podia parar.

Quando o episódio *Roleta russa* de *Força-tarefa* foi ao ar, no dia 11 de maio de 2010, o diretor José Alvarenga Jr. percebeu que a câmera captou sem querer a imagem de um técnico da equipe logo na primeira cena em que

Domingos aparecia em close. Normalmente, ele ficaria bravo e reclamaria com o editor por ter deixado o erro passar. Porém, dessa vez relevou: o rosto de Domingos no centro da tela atraía toda a atenção do espectador. Era só o magnetismo de uma estrela se manifestando.

Enquanto isso, no setor de Desenvolvimento e Acompanhamento Artístico da Rede Globo, Juliana Silveira lamentava não ter outro papel para escalar Domingos. Soprou para o seu colega Luciano Rabelo:

– Você precisa escalar esse cara, você não vai se arrepender.

O produtor estava montando o elenco da minissérie *A cura*, de João Emanuel Carneiro e Marcos Bernstein, e mostrou o teste feito em São Paulo para o diretor Gustavo Fernández. Ele adorou e levou para o diretor do núcleo responsável pela minissérie, Ricardo Waddington. Aprovado.

Gustavo e Ricardo ficaram impressionados com o vídeo que Domingos fizera com Zeca Bittencourt. O papel para o qual fora escalado era pequeno – o pai de um curandeiro, que nem nome tinha. Os diretores avaliaram oferecer uma participação maior. Porém, o personagem em que ele se encaixaria fora entregue a outro ator, que já tinha até começado o trabalho. Ficaria para a próxima.

Domingos passou três dias em Diamantina, Minas Gerais, gravando numa gruta de difícil acesso. Ele interpretava um homem rústico, assim como todos os demais personagens com quem interagia. A maquiadora recebera orientação de que aquele núcleo deveria parecer mais rude e violento. Depois de maquiar Domingos, ela se queixou com Gustavo:

– Ué, não era para ser todo mundo feio nessa cena? Esse Domingos é lindo, como é que eu vou fazer para deixar esse homem feio?

Trabalho feito, Duma voltou para São Paulo. *A cura* estreou um mês depois, no dia 10 de agosto de 2010.

Enquanto estava no ar em sua pequena participação na TV, Domingos estreou *Rádio Variété*, o retorno da companhia La Mínima às origens, na rua. A sugestão para homenagear o rádio foi do autor Mário Viana, aproveitando uma ideia para a adaptação da ópera italiana *Pagliacci*, que não vingou. Depois de dois projetos tipo teatrão, Agenor e Padoca queriam fazer rua. Criaram um espetáculo de variedades baseado num programa de rádio fictício. Duma e Fê assumiram o roteiro e a direção, afiados que já estavam em sua pesquisa sobre o repertório clássico do circo brasileiro.

A montagem de *Rádio Variété* recebeu recursos da Prefeitura de São Paulo, o que permitiu bancar um treinamento luxuoso, com conferências de três artistas reverenciados por Duma e Fê: Teófanes Silveira, o palhaço Biribinha, mestre do circo-teatro; Augusto Bonequeiro, especialista em mamulengos e ventriloquismo; e Antonio Nóbrega, o grande multiartista pernambucano que se tornou supervisor geral do novo espetáculo.

Rádio Variété fez um ensaio geral em agosto na Praça da Liberdade, no Centro de São Paulo, e estreou no dia 14 de setembro na Praça Antonio Prado. No elenco, além de Agenor e Padoca, apenas mais um ator, Filipe Bregantim – Duma e Fê aproveitaram o menino-prodígio que aparecera na oficina da La Mínima no Galpão do Circo. Duma assumiu a cenografia, cada vez mais à vontade na função. Pesquisava muito, comprava papéis de presente em busca de novas texturas e buscava na internet imagens que o inspirassem a compor a identidade estética do espetáculo. Encontrava-se com a amiga Cecília Mayer e encomendava os adereços para ornar o cenário:

– Tudo muito popular, Cecília.

Com produção simples e leve, o espetáculo se integrou ao repertório itinerante da companhia. Domingos sentiu emoção especial quando levou seu programa de rádio ao Largo do Paissandu, berço do circo paulistano. Criou o bordão que bradava ao final do espetáculo e que passaria a repetir em toda apresentação da La Mínima:

– Viva o circo brasileiro e o palhaço brasileiro!

Com *Rádio Variété* circulando por aí, Duma e Fê começaram a pensar num projeto para 2011 – algo ligado ao universo do esporte. A ideia evoluiu para um infantil em que Agenor e Padoca se atrapalhariam tentando praticar as modalidades olímpicas. Queriam novamente trabalhar com Paulo Rogério Lopes, àquela altura o parceiro mais frequente da La Mínima:

– Paulinho, dessa vez você não vai só escrever. Queremos que você nos dirija também – disse Fernando.

– O quê? Espera aí, eu não entendo nada de esporte. Do futebol eu só sei que tem 11 jogadores de cada lado do campo – rebateu Paulinho.

– Nada, você vai fazer direito! – retrucou Domingos.

Estavam os três trabalhando nas gags do novo espetáculo, quando Domingos recebeu mais uma ligação de Juliana, produtora de elenco da Globo:

– Domingos, o Alvarenga está buscando um ator para fazer par romântico com a Lília Cabral. Ele quer uma cara nova. Não é pra qualquer um, mas eu disse a ele que você segura. Ele lembrou de você e adorou.

– Que bacana, Juliana, obrigado! Eu tô ensaiando um espetáculo, mas...

– Você será o coprotagonista de dois episódios da minissérie. Nós só vamos precisar de você durante dez dias de filmagem. As gravações serão em Nova York. Você vai adorar.

– Que dia é o teste?

Domingos avisou a Fernando e Paulinho que faria o teste e que, se passasse, as gravações não coincidiriam com o espetáculo. A interrupção poderia até atrapalhar um pouco, mas os amigos compreenderam. Uma viagem a Nova York para gravar com Alvarenga e Lília Cabral não era proposta de se recusar. Tudo certo, seguiu o trio trabalhando no roteiro. Até que o telefone tocou novamente.

– Domingos, é o Luciano, produtor de elenco da Globo, tudo bem? Eu tô fazendo testes para a nova novela do núcleo do Ricardo Waddington...

O papel era de antagonista da novela, um cangaceiro que descobriria mais tarde ser o pai do mocinho. Personagem de destaque. Porém, era preciso entender primeiro se não tinha havido algum engano, afinal, eram dois convites num intervalo de dias.

A nova conversa com Fernando e Paulinho foi um pouco mais tensa. Qualquer brasileiro nasce sabendo o tempo de duração de uma novela da Globo. Os parceiros perceberam que aquele trabalho de dez dias em Nova York poderia agora se tornar um compromisso de muitos meses, em tempo integral. Mas calma, não havia nada confirmado.

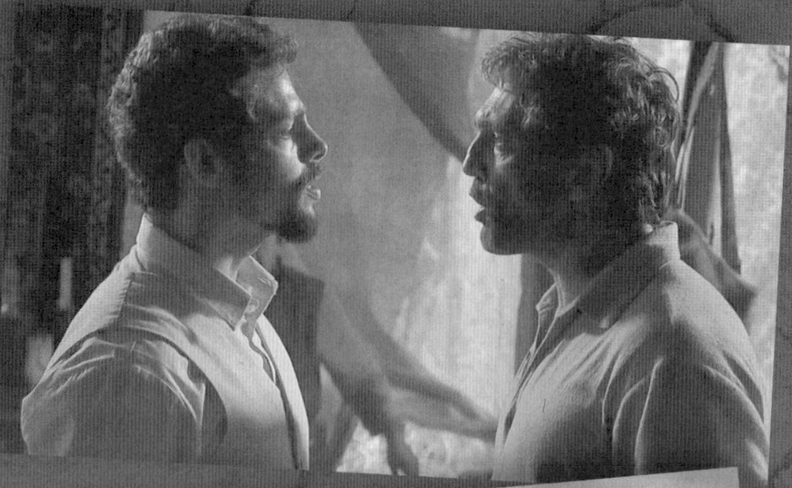

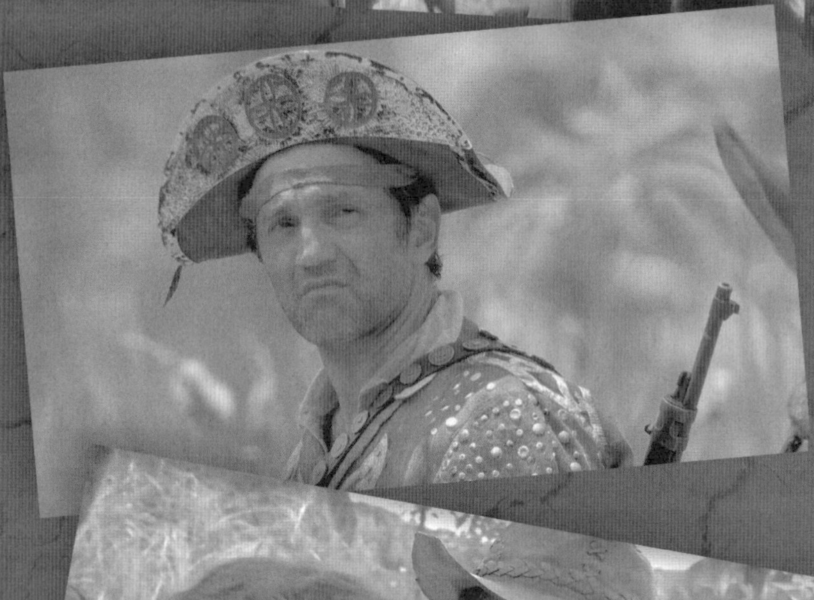

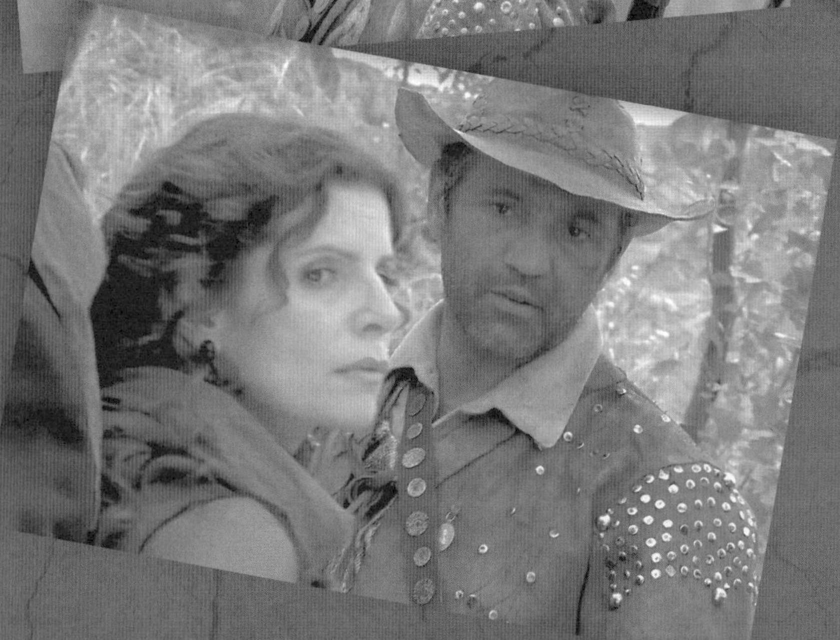

CAPÍTULO 12

O trapalhão e o cangaceiro

Domingos marcou os dois testes na TV Globo para a mesma semana. Um deles, com Alvarenga, para integrar o elenco da minissérie *Divã*, do núcleo de Jayme Monjardim. Era um projeto pessoal de Lília Cabral que se tornou um dos maiores sucessos de sua carreira. Em 2002, ela leu o livro *Divã* – primeira obra de ficção da escritora Martha Medeiros, lançada pela editora Objetiva – e se apaixonou pela história de Mercedes, uma dona de casa que virou sua vida ao avesso depois de fazer psicanálise.

Dirigida por Ernesto Piccolo, Lília ficou nada menos do que oito anos em cartaz com a sua adaptação do livro para o teatro. Em 2009, foi para os cinemas sob a direção de Alvarenga, um estouro de bilheteria.

O sucesso como Mercedes elevou o status de Lília na Globo. Ela tinha passado as décadas de 1980 e 1990 em papéis menores nas novelas. Seus personagens, principalmente os de comédia, cresciam ao cair nas graças do público, mas ela nem sonhava em ser alçada a protagonista. Foi a própria Lília quem insistiu em transformar *Divã* em minissérie, o que só conseguiu depois do fenômeno no cinema. No filme, Mercedes se separa do marido, interpretado por José Mayer. Na TV, a personagem começa um namoro com um executivo bonito, rico, educado e... casado. Esse era o papel para o qual Domingos estava cotado e duraria dois episódios – até Carlos voltar para sua família e sair de cena.

Domingos chegou ao Rio ciente da responsabilidade que encararia se ganhasse o papel. Além de Alvarenga, a própria Lília se colocara disponível para participar do teste. Juliana pedira que ele vestisse um blazer – afinal, o ator de beleza rústica tinha feito bem o policial e o pai de um curandeiro no interior, mas poderia não convencer como um alto executivo curtindo uma escapulida em Nova York. Mas Domingos não respeitou, apareceu com uma jaqueta de couro.

Lília chegou ao estúdio do Projac e encontrou os candidatos na sala de espera. Quando viu o moreno com a jaqueta, perguntou:

– Você deve ser o Domingos, né? Eu sou muito amiga do Fernando Neves. Nós estamos em cartaz juntos no Shopping da Gávea.

Lília tinha estudado teatro em São Paulo com o diretor de *Feia* e *O médico e os monstros*. Quando soube que o amigo estava cotado para *Divã*, Neves avisou a atriz:

– Fica de olho, esse cara é muito bom.

Os testes foram feitos de maneira protocolar – Alvarenga, Lília e Juliana já sabiam que Domingos era o amante perfeito para a aventura de Mercedes nos Estados Unidos. A amizade em comum com Fernando Neves abriu um canal de comunicação natural entre Lília e o novato da Globo. Os dois pareciam amigos de longa data e, antes de sair, a atriz o convidou para ir vê-la no teatro mais tarde:

– Será um prazer, eu e Fernando estaremos te esperando lá.

Terminados os testes, Juliana levou os dois candidatos para tomar um café. O concorrente de Domingos saiu para ir ao banheiro e a produtora então sussurrou:

– Não conta pra ninguém que você já sabe, mas o papel é seu!

À noite, ele foi assistir a *Maria do Caritó* no Teatro dos Quatro. Assim que chegou ao camarim para cumprimentar os amigos após o espetáculo, Fernando Neves perguntou aflito:

– E aí, foi bem no teste?

Lília cortou:

– É ele, Fernando! Eu nem podia contar, mas é ele!

E saíram para jantar os três paulistas com muitas histórias em comum. Lília tinha filmado o episódio de *Retrato falado*, a série de Denise Fraga no *Fantástico*, que teve como locação a lona do Circo Zanni.

– Você estava lá, Domingos? Foi por pouco que não nos conhecemos.

Dois dias depois, mais um teste. Ricardo Waddington queria apresentar Domingos a Amora Mautner, diretora a quem ele confiaria a próxima novela de seu núcleo. Gustavo Fernández, que dirigiu Domingos em *A cura*, integrava a equipe de Amora e defendia empolgado a escalação. Aposta da Globo para alavancar o ibope da faixa das seis horas, *Cordel encantado* tinha orçamento alto e um elenco de fazer inveja. A trama da novela misturava as lendas do sertão nordestino e da realeza europeia – dois temas cantados em poemas de cordel, em épocas distintas. Para reunir esses dois mundos, as autoras Duca Rachid e Thelma Guedes criaram a história de uma princesa europeia que, para escapar da morte, foi entregue por sua mãe a lavradores no Nordeste do Brasil. Açucena, a cabocla brejeira que desconhece sua origem nobre, se apaixona por Jesuíno, um jovem sertanejo que também não sabe que é filho do cangaceiro mais temido da região.

Era uma fábula tão inusitada que, se não fosse tratada com muito requinte, cairia no pastiche. Duca e Thelma criaram essa sinopse anos antes e esperaram o momento adequado para propô-la à direção da Globo. As autoras viram em Amora Mautner uma diretora com talento e gana suficientes para dar a *Cordel* o tratamento necessário e adequar o realismo típico das telenovelas à fábula que criaram. As cenas da realeza, por exemplo, seriam filmadas no castelo de Chambord, no Vale do Loire, na França. Toda a produção era muito caprichada e o elenco precisava ser formado por artistas capazes de convencer o público de que o encontro de nobres e cangaceiros era verossímil.

Jesuíno e Açucena, o principal casal da trama, seriam interpretados por duas estrelas da Globo em 2011, Cauã Reymond e Bianca Bin. Capitão Herculano, o antagonista que esconde ser o pai do herói, era o personagem mais difícil de se escalar. Todos os atores com cara de macho e talento para pôr medo nos telespectadores estavam comprometidos em outros projetos. Ricardo Waddington e Gustavo Fernández sabiam que Domingos dava conta.

Ele estava numa sala do Projac, acompanhado de Fernández, aguardando para fazer o teste com Amora Mautner. Ao entrar na sala, a diretora se impressionou com o brilho no olhar e o magnetismo do ator. Respirou aliviada:

– O Capitão que eu estava procurando feito doida finalmente apareceu.

No primeiro encontro, Domingos avisou logo que fizera teste para outra produção. Avisou também que estava montando um espetáculo com a sua companhia e tinha contrato com um teatro em São Paulo. Gustavo insistiu, era ele o cangaceiro de que a novela precisava. Domingos pirou: não podia deixar a La Mínima na mão, tampouco desperdiçar a chance de fazer a novela.

De volta a São Paulo, Duma foi levar Leo à escola, ainda às voltas com o dilema. Encontrou o amigo Leopoldo Pacheco, que também estava com o filho. Com longa trajetória no teatro, no cinema e na televisão, Leopoldo serviu de confidente para o drama do amigo:

– Além de ter que me afastar da minha companhia e do meu circo, como é que eu vou ficar tanto tempo longe da família? Uma minissérie tudo bem, mas a novela vai durar sete meses!

– Duma, a sorte bateu à sua porta, deixe ela entrar, dê uma chance a ela. Faça pelo menos uma. Se você não for feliz ou achar cansativo, não aceite mais.

Domingos se lembrou do bode que teve quando viu *Som & fúria* no ar na Globo. Não queria sentir de novo aquele arrependimento.

Sem que Domingos sequer imaginasse, aos poucos seu nome se tornou objeto de uma forte disputa entre as produções de *Divã* e de *Cordel encantado*. Começou entre Juliana e Luciano, os dois produtores de elenco. Sem chegar a bom termo, eles levaram o caso a Ana Margarida Leitão, gerente de produção de elenco. Acostumada a desempatar disputas por grandes estrelas da emissora, Margarida ficou perplexa:

– Mas vocês estão brigando por quem? Quem é esse Domingos Montagner?

O caso não se resolveu ali. Alvarenga e Amora tentaram se entender, pois eles sabiam que o mesmo ator não pode estar no ar em duas produções simultaneamente na Globo. Alvarenga argumentava que ele é quem levara Domingos para a emissora e já acertara com o ator a participação em *Divã*. Do outro lado, Amora apostava na primazia que as novelas têm sobre as minisséries – Domingos ficaria no ar por muito mais tempo se fosse para o elenco de *Cordel encantado*. O caso foi parar na mesa de Manoel Martins, então poderoso diretor de entretenimento da Globo. Martins entendeu que os dois lados tinham suas razões e o tal Montagner devia ser bom mesmo para tomar o tempo de diretores tão ocupados. Abriu uma exceção à regra e permitiu que Domingos participasse das duas produções.

Foi a primeira vez na história da teledramaturgia brasileira que a escalação de um novato causava uma celeuma digna de uma estrela de primeira grandeza. Não era para menos. Prestes a completar 50 anos, Domingos era o tipo mais raro em todo o elenco da Globo. Um ator já maduro, bonito, fotogênico e talentoso. Essa lacuna tirava o sono de qualquer produtor de elenco da emissora. E ele não só preenchia os requisitos, como tinha *star quality* – aquela qualidade incomum num ator que faz com que o espectador simplesmente não se canse de olhá-lo. Para completar, era pontual e aplicado, decorava os textos e não deixava transparecer qualquer vaidade diante de toques dos diretores. Era do ofício.

Domingos marcou uma reunião para explicar a Fernando e a Paulinho sua saída do elenco de *Athletis*, o novo espetáculo da La Mínima.

– Amigos, como vocês sabem, eu hesitei muito, porque sempre honrei os meus compromissos. Mas eu não posso deixar passar essa oportunidade, não vai acontecer de novo. Eu preciso da grana e acho que até a La Mínima pode se beneficiar com essa exposição.

Os amigos compreenderam e logo estavam os três trabalhando na reformulação do projeto. Depois de muito debate, chegaram à conclusão: não haveria substituto. Fernando iria contracenar com ele mesmo, por meio de um telão. Disposto a bolar um personagem forte para Fê brilhar sozinho em cena, Paulinho se inspirou no francês Pierre de Frédy, o Barão de Coubertin, idealizador das Olimpíadas da Era Moderna. O espetáculo era uma aula divertida do Barão sobre as modalidades esportivas e, para ilustrar cada uma delas, Fê-Padoca-Barão jogava contra a sua própria imagem, previamente filmada, projetada em um telão. A solução foi proposta por Domingos, que gastou todo o seu conhecimento acumulado de cenografia para inventar uma forma de não deixar o parceiro na mão.

Duma estava feliz pelas soluções encontradas para *Athletis*. Fernando ia arrebentar, ele tinha certeza. Avisou a Paulinho que só embarcaria em dezembro para Nova York, até lá estava disponível para tratar do que fosse preciso. Já em casa, precisava reunir os documentos para solicitar o visto de trabalho nos Estados Unidos. Perguntou a Luciana:

– Pretinha, você sabe onde está a minha carteira de trabalho?

Desde os tempos da educação física, Domingos não usava o documento. Custou para encontrar, e se deu conta de que o último registro tinha sido em 1989. O saltimbanco não sabia lidar com a burocracia, mas teria que se acostumar – registrou sua união estável com Luciana para oferecer à família benefícios oferecidos pela Globo, como plano de saúde. Ele deu entrada com toda a documentação junto à embaixada dos Estados Unidos, que demorou para conceder o visto. A burocracia estava grande, e outros colaboradores da equipe tiveram o mesmo problema. As filmagens precisaram ser postergadas, de dezembro de 2010 para março de 2011.

O adiamento teve suas vantagens. Duma pôde acompanhar de perto o nascimento de Dante, seu terceiro filho, no dia 27 de dezembro de 2010. O nome foi escolhido pelo mesmo critério de antes: só os meninos opinaram. Luciana estava ocupada cuidando de um recém-nascido com outros dois encapetados zanzando pela casa. Como é que vai ser agora, quem vai acordar de madrugada para trazer o bebê para mamar? Duma e Lu viam com muita preocupação o distanciamento que a novela causaria à família, mas estava claro para ambos que as portas que se abriam poderiam trazer um alívio para as contas. Domingos aproveitou o adiamento da produção de *Divã*: pajeou Dante o quanto pôde e acompanhou a montagem de *Athletis*.

Em março de 2011, a equipe de 20 pessoas de *Divã* finalmente voou para Nova York. Hospedado no luxuoso Trump Soho Hotel, Duma ficou deslumbrado com a produção hollywoodiana. Uma produtora americana foi contratada para dar suporte à equipe da Globo. Alvarenga orientava tudo num inglês impecável, Lília tinha um trailer-camarim só para ela e Domingos, o palhaço Agenor, outro só para ele, bem maior do que o do Circo Zanni. E tome cenas de romance na Big Apple: só dava Mercedes e Carlos de mãos dadas caminhando pela Times Square, Quinta Avenida, Rockefeller Center...

Ruim mesmo só o frio. Domingos estranhou as temperaturas negativas de Nova York, mas não reclamava. Até que nas gravações numa estação de trem ele não conseguiu disfarçar o frio. Lília reparou nos sapatos de Domingos, simples, de amarrar, sem nem uma borracha na sola:

– Domingos, você precisa trocar esses sapatos.

– Mas agora já era, fiz várias cenas com esse, não posso estragar a continuidade.

– Que nada, seu pé nem vai aparecer. Arrume outro sapato!

A cena seguinte era um passeio de charrete do casal. Lília reparou que Domingos estava usando palmilhas aquecidas, fornecidas pela produção. Agora não era mais o frio, mas sim o calor que o incomodava:

– Domingos, você sabe que essas palmilhas podem até te queimar? Você precisa usar meias grossas para proteger a sola do pé.

– Eu estou usando meias finas – respondeu Domingos, meio constrangido.

– Então arranca esse troço, que o seu pé vai pegar fogo!

Eram dois amigos de infância, sempre brincando. Lília estava acompanhada da família e não participava de todos os passeios com a equipe nos intervalos. Mas chegou a dar umas voltas com Domingos pela Quinta Avenida. Numa dessas saídas, sugeriu que ele comprasse uma bolsa para a esposa, que ficara no Brasil cuidando do bebê:

– Mas é cara.

– Compra, Domingos, ela vai adorar!

– Não sei...

– Olha, deixa eu te explicar uma coisa. Você agora vai ganhar muito dinheiro. Muito. Você vai ver, você não precisa mais se preocupar com isso – com esse argumento final, aos risos, Lília convenceu o amigo.

Domingos passeou com Alvarenga e o seu xará, o diretor de arte Claudio Domingos. Foram aos principais museus, às galerias do Soho... Depois de visitar o Moma, Alvarenga disse aos dois Domingos que iria até a Toys Я Us, que ficava perto, na Time Square, comprar presentes para os filhos. Era a maior loja de brinquedos do mundo, com um departamento enorme só de videogame. Domingos ficou alucinado! Alvarenga pegou um videogame de última geração e, sem ver o preço, dirigiu-se ao caixa para arrematar. Domingos estava perdido, sabia que seus meninos adorariam qualquer coisa que ele levasse, mas não sabia por onde começar.

– Está tudo tão caro...

– Leva, Domingos, as crianças vão ficar felizes – Alvarenga insistiu.

Ele escolheu um e comprou, mas saiu da loja achando que, com as dicas dos globais, acabaria gastando todo o cachê de *Divã*. Mais tarde, saíram para jantar no Aquagrill, restaurante de frutos do mar perto do hotel, os dois Domingos, Lília, Alvarenga e o diretor de fotografia Nonato Estrela. De novo, o calouro hesitou diante dos cifrões do cardápio. A produção dava 25 dólares para cada refeição, mas isso não cobria nem metade do valor dos pratos:

– Domingos, fica à vontade, a gente paga para você, é um prazer ter você conosco – disse Alvarenga, com a concordância de todos, e assim o jantar pôde fluir.

Apesar da cautela, ele sentia que sua vida tinha dado uma guinada. A disputa entre as duas produções por sua escalação era um sinal claro de que o trabalho fora bem avaliado. Dava para intuir que dinheiro não seria mais um problema. Além disso, a La Mínima e o Zanni teriam uma boa exposição na mídia enquanto a série e a novela estivessem no ar. E, vamos combinar, era muito bom participar da indústria de sonhos da Globo. Milhões de brasileiros iriam se emocionar com o romance safadinho de Mercedes e o seu Carlos Alencar – uma glória para um artista com os pés fincados na cultura popular.

Depois de dez dias em Nova York, Domingos retornou a São Paulo e foi correndo encontrar Dante. Precisava do cheiro do bebê e da família. Mas era só o começo: no dia seguinte ele voaria para o Rio. *Cordel encantado* estrearia na segunda semana de abril e a produção estava atrasada. Amora Mautner aguardava ansiosa para gravar as primeiras cenas do Capitão Herculano.

Poucos dias depois, Domingos foi com o elenco da novela para Canindé de São Francisco, no Sergipe, a três horas ao norte da capital, Aracaju. O belíssimo cenário do cânion do Rio São Francisco os aguardava, com locações de tirar o fôlego, como a Concha do Talhado, um precipício onde foi rodada uma das cenas do Capitão. A trupe era formada por rostos conhecidos como Carmo Dalla Vecchia, Alinne Moraes, Debora Bloch, Luiz Fernando Guimarães e Claudia Ohana, além de uma equipe de 70 profissionais – técnicos, produtores de arte, figurinistas, camareiras, produtores e maquiadores.

No dia 28 de março, a Globo preparou uma coletiva de imprensa da novela em São Paulo. Domingos levou Luciana, mas o casal estava sem lugar em meio às estrelas da TV, todas tão à vontade dando as entrevistas. Até que Duca Rachid, uma das autoras da novela, foi falar com ele:

– Domingos, você é o diretor do Circo Zanni? Nossa, eu levei a minha filha pra ver vocês, ficamos encantadas. Conheço a La Mínima também. Vai ser um prazer escrever para você.

Passou um tempinho e as luzes se apagaram. Jornalistas e estrelas da TV se aglomeraram em frente a um telão, que exibiu um clipe apresentando a trama, com as primeiras cenas da novela. Duca Rachid voltou, impactada depois de ver o Capitão Herculano no telão:

– Adorei o Capitão! Preparem-se, essa novela vai ser uma avalanche na vida de vocês.

A festa acabou, os jornalistas foram embora e Domingos se despediu de Luciana. Ele se juntaria aos atores de seu núcleo para a primeira leitura do roteiro com a diretora. As cenas da realeza já estavam adiantadas, Amora iniciaria os trabalhos com a turma do cangaço. Quando Domingos chegou à sala da reunião, um amigo de longa data estava lá, esperando sentado, sozinho. Era o ator baiano João Miguel, que Domingos conhecia como o palhaço Magal desde os anos 1990. João também fazia teatro de inspiração circense, mas jamais participara de novelas, embora já tivesse 14 filmes no currículo, inclusive o premiado *Estômago*, de 2007, dirigido por Marcos Jorge.

– Meu ídolo de cinema, que bom ver você!

– Pois é, Domingão, adorei saber que você vai ser o meu chefe cangaceiro.

A conversa foi minguando e ficou um silêncio na sala. Acabaram os dois desabafando que estavam nervosos por nunca terem feito aquilo na vida. Domingos sabia que dali a pouco chegaria mais gente, não era esse o clima que ele queria na sua primeira leitura com os colegas do núcleo:

– E o Magal, porra, cadê o palhaço Magal? – disse, sacudindo João.

– É isso, vamos botar pra foder! Nós somos palhaços, eu sou augusto, você é branco, bora fazer uma dupla de palhaços.

– Fechado, João.

Selado o pacto, os dois foram chamados para iniciar a leitura. De cara toparam com Debora Bloch, a atriz que faria par romântico com Domingos.

– Eu vou tirar muita casquinha de vocês dois – brincou, deixando ambos corados.

Domingos driblou o nervosismo e fingiu naturalidade para contracenar com alguns de seus ídolos da TV, como Debora e Luiz Fernando Guimarães. Gustavo Fernández, de *A cura*, seria o diretor do núcleo de Herculano. O ritmo de gravação era intenso, havia sequências de ação em quase todos os episódios, o que não era comum em novelas. Domingos queria fazer o melhor cangaceiro da teledramaturgia. Em sua primeira cena, ele montaria uma mula. Gustavo armou a câmera com teleobjetiva para captar a trajetória do Capitão e deu o comando:

– Vem, Domingos.

Ele estimulou, a mula disparou, mas empacou no meio do caminho. O valente Capitão Herculano voou longe e só não se machucou porque o palhaço Agenor sabia exatamente o movimento correto a fazer. Deu uma cambalhota, caiu com os pés no chão, levantou, sacudiu a poeira e deu a volta por cima.

– Fui salvo pelo circo – brincou, quando viu todos correndo para oferecer ajuda.

Cordel encantado estreou no dia 11 de abril de 2011, com boa audiência, mantendo a média da faixa de horário, apenas seis dias depois da estreia de *Divã*. Os milhões de brasileiros que assistiam sentiram na nova novela das seis uma textura diferente, parecia cinema. A Globo gravava pela primeira vez em 24 quadros por segundo, com as poderosas câmeras Sony F-35. Não havia nada tão novo em captação de imagem para cinema e TV; o diretor de fotografia Fred Rangel ria à toa. A novela estava linda, mas ninguém comemorou a estreia nos bastidores, tamanha a correria para manter o cronograma.

Athletis estreou um mês depois de *Cordel*, no dia 14 de maio, no Teatro Alfa, em São Paulo. Em meio à correria da novela, Domingos foi a São Paulo prestigiar o primeiro espetáculo solo de Fernando. As estreias eram sempre difíceis para a La Mínima, mas dessa vez a ausência de Agenor no palco representava um desafio a mais, um agravante para a tensão. Padoca sentiu falta do palhaço branco em cena, mas conseguiu divertir as crianças com as suas geniais caretas, interpretando o Barão de Coubertin. Formado por seu Roger, e pós-graduado com Leris, Fernando era considerado por muitos um dos maiores palhaços em atividade no Brasil.

O telão mágico do cenógrafo Domingos Montagner, que permitia a Padoca contracenar consigo mesmo, foi considerado pela crítica de São Paulo uma das melhores utilizações de tecnologia em palco da temporada.

No camarim, Duma e Fê pegaram a garrafa de cachaça para brindar o sucesso. Paulinho só aceitou um gole, pois estava com uma terrível dor de cabeça, resultado do estresse da estreia. Mesmo eufórico com a sua participação na novela, Domingos sentiu não atuar com Fernando, pela primeira vez em 14 anos de companhia. Ele não deixaria o seu trabalho como palhaço por nada nesse mundo e teria que se programar para evitar desfalques.

No Circo Zanni era mais fácil, a trupe não dependia dele para se apresentar e Domingos poderia seguir como diretor artístico, sempre haveria um espaço para isso em sua agenda. Com a La Mínima, era diferente. Sem ele, não tinha dupla. Dias depois da estreia de *Athletis*, tomou uma decisão: 2012, o ano em que a La Mínima completaria 15 anos, Agenor e Padoca iriam produzir um espetáculo de arrepiar. Ligou para Fernando:

– Chegou o momento de a gente fazer *Mistero buffo* com a Neyde Veneziano. Bora?

Com a ausência temporária do companheiro, Fernando tocou a La Mínima para frente. Enquanto Duma fazia o Herculano no Projac, Fê assumiu a turnê de *Athletis* e teve a honra de participar do encontro *Memórias de comediantes*, promovido pelos Doutores da Alegria, ao lado de seu filho Tomás, com 9 anos, e do grande mestre Picolino.

Cordel encantado caiu nas graças do público. Os índices de audiência só faziam crescer, as críticas dos especialistas na cobertura de televisão elogiavam o esmero da produção e o povão comentava como se fosse novela das nove. Depois de um mês, o Capitão Herculano já se destacava e a pergunta que pairava no ar era: quem é esse cara?

A novela dava trabalho. Quando estreou, Amora tinha poucos capítulos filmados. A equipe chegou a gravar uma cena para ser exibida no dia seguinte. Os atores precisavam se empenhar ao máximo para conferir realismo àquela história fabulosa. Cauã Reymond, o protagonista, não tirava férias desde antes de sua última novela, *Passione*, e estava exausto. De vez em quando reclamava, no que era seguido por outras estrelas do superelenco. Lutador de jiu-jitsu, Cauã tinha o hábito de se alongar antes de gravar as cenas. Certa vez, saiu do estúdio para fazer um desses exercícios e encontrou Domingos também alongando. Era a primeira vez que eles batiam um papo longe das câmeras. Os dois tinham começado a vida trabalhando com esporte, um como professor, outro como lutador, e a conversa foi por aí.

O figurino do Capitão Herculano era um gibão de couro, cravejado de adornos em metal, que o deixava ainda mais pesado. Cabia a Domingos passar a impressão de que estava à vontade nas vestes nada confortáveis. Numa cena de luta entre Herculano e Jesuíno, um incidente: Domingos se arranhou com o figurino de Cauã, que também sofreu – um dos adornos do Capitão fez um corte superficial no pescoço de Jesuíno. A cena precisou ser pausada para curativos.

Enquanto Jesuíno odiava o cangaceiro que em breve se revelaria seu pai, nos bastidores Cauã e Domingos se aproximavam cada vez mais. Cauã admirava a maneira leve como Domingos lidava com o ambiente estressante das gravações.

Quem é esse cara? A pergunta que milhões de noveleiros em todo o Brasil se faziam reverberava também nos bastidores da novela. A beleza e a virilidade que apareceram já nas primeiras filmagens não eram as únicas qualidades daquele paulistano: doce e gentil, ele impregnava o set de uma alegria incomum. Todos estavam encantados pelo brilho do ator e queriam saber mais sobre sua carreira de palhaço. Depois de um dia intenso de trabalho, Cauã olhava para Domingos e pensava:

– Ele não reclama!

A mídia especializada já tecia os maiores elogios a Domingos. "A TV está precisando muito de novidades", argumentou Patrícia Kogut, a principal crítica de TV do jornal *O Globo*, ao dar nota 10 para Domingos em sua coluna. Ele não era reconhecido na rua, mas sua fama de artista global crescia entre os amigos, que não paravam de mandar mensagens de texto para o seu celular. Os vizinhos também começaram a olhar diferente. Edson, da Fefisa, contou para Domingos que recebera um telefonema da irmã:

– Eu acho que vi o Domingos na TV.

A diretora Amora Mautner estava encantada com o talento de Domingos, o palhaço caxias que chegava com o texto decorado, cheio de marcações. As autoras Duca Rachid e Thelma Guedes achavam o personagem que o ator construiu melhor do que o Capitão que inventaram. Em pouco tempo, começaram a escrever as cenas pensando em todos os recursos de que ele dispunha.

Em uma dessas cenas, uma repórter interpretada pela bela Paula Burlamaqui chega de carro ao acampamento dos cangaceiros. É a primeira vez que Herculano vê um automóvel na vida. Ele dá a volta em torno do "bicho", fascinado, e obriga a jornalista apavorada a ensiná-lo a dirigir. Herculano se atrapalha e acaba batendo em um arbusto.

Amora convidou Domingos para colaborar na direção da cena e, juntos, eles decuparam o texto de modo a extrair todo o seu potencial circense. Belarmino, o cangaceiro feito por João Miguel, tinha uma queda pela repórter e estava presente na cena. Domingos e João tiraram onda, abusando de trejeitos na interação dos dois cangaceiros com aquele veículo estranho.

O romance entre Herculano e a Duquesa Úrsula foi um sucesso extraordinário. A veterana Debora Bloch e o novato Domingos se divertiam muito em cena e a alegria dos sets chegava ao público, que formou grupos nas redes sociais só para comentar, curtir e compartilhar as cenas do casal. Diante do sucesso, Duca e Thelma tiveram que aprofundar o romance, que na sinopse não duraria muito.

O Capitão Herculano roubou a cena de *Cordel encantado*, novela das seis com o elenco mais estrelado dos últimos anos na Globo. Aos poucos a imprensa ia abastecendo o público de informações sobre o ator, que, apesar de já mostrar os primeiros fios de cabelo brancos, era desconhecido fora do circuito circense paulistano. A carreira como palhaço dava um charme extra ao galã sensação da temporada no maior canal de TV do Brasil. As primeiras notas que saíram avisavam: é casado há dez anos.

No dia 22 de maio de 2011, Domingos participou do *Domingão do Faustão* pela segunda vez. Quatro anos antes, era o palhaço branco de uma dupla em busca de mais visibilidade para o seu trabalho. Agora se tornara o grande astro da novela das seis. A produção preparara depoimentos em vídeo de Dico, seu irmão, e de Zé Wilson, o dono da Circo Escola Picadeiro. Domingos estava emocionado, mas não deixava a estratégia de lado: cada frase que ele proferia continha o nome Fernando Sampaio ou La Mínima. No fim, surgiu no telão do auditório de Fausto Silva a figura de um velhinho de 88 anos, emocionado. Seu Roger, o lendário palhaço Picolino, a quem Faustão se dirigiu com toda reverência, prestava a sua homenagem ao aprendiz:

– Você sabe o bem que você está fazendo pra mim? Você pode imaginar o orgulho que eu estou sentindo por aquele aprendiz que passou um tempo nas minhas mãos estar fazendo o sucesso que você está fazendo?

Do telão, seu Roger pediu a Faustão que entregasse a Domingos um presente: um punhal que pertenceu a um cangaceiro brasileiro e que Roger guardava desde a sua infância, na década de 1930. Do cangaceiro ao palhaço, do palhaço ao palhaço-cangaceiro, o punhal mudou de dono bem ali, no auditório que recebia as maiores estrelas do circo eletrônico brasileiro, num gesto transmitido via satélite para milhões de pessoas. Duma se emocionou e disse a Faustão:

– Ele já havia me dado tudo o que é mais importante na vida, que é o amor pela arte de ser palhaço. Agora, era como se tivesse dado o diploma – e se virou para a câmera: – O senhor é um exemplo para mim, é o mestre!

De olho na repercussão do *Faustão*, Duca e Thelma criaram uma cena em que Herculano, depois de revelar que é pai de Jesuíno, passa às mãos do filho esse mesmo punhal, simbolizando aos cangaceiros que Jesuíno seria o novo líder do grupo.

Enquanto Herculano e Jesuíno resolveram suas diferenças na trama de *Cordel*, crescia na vida real a amizade entre Domingos e Cauã. O carinho entre os dois enternecia a equipe da novela e chegou a despertar ciúmes em Antonio, o filho do meio. Quando ele recebia, feliz da vida, a visita da família no set, Cauã usava toda a sua didática para explicar ao menino o que é representar. Depois, ao ver o pai de agarramento com Debora Bloch na TV, Antonio correu para perguntar a Lu se Domingos tinha uma namorada nova.

Não há felicidade plena. Domingos comemorava o resultado de seu trabalho, adorava poder se comunicar com tanta gente e garantir a estabilidade financeira à família. Mas achava simplesmente horrível estar longe dos filhos. Só falava desse assunto com os novos colegas da Globo. Sempre fora paizão – quando um dos meninos se machucava, era ele quem precisava ser acalmado pela Lu:

– Calma, Duma, eu tô vendo que tá saindo sangue, mas não é grave, já vai passar.

Mas e agora, quem iria estar lá quando um deles batesse a cabeça numa quina? Quem acordaria de madrugada quando o Dante chorasse?

O afeto com que Domingos falava dos filhos só aumentava o seu charme perante os colegas da Globo. Aos 31 anos e casado com a atriz Grazi Massafera, Cauã queria ser pai, mas não conseguia. Em meio às gravações de *Cordel*, descobriu que tinha varicocele, uma dilatação anormal das veias testiculares. Domingos o encontrou um dia meio cabisbaixo, depois de uma sequência de gravações, e o jovem acabou desabafando com o "pai". Comovido, Domingos explicou:

– Eu também tenho varicocele, cara, e tenho três filhos. Pode ficar tranquilo, você vai ser pai!

A profecia se concretizou: Grazi engravidou no mesmo mês e deu à luz uma linda menina. Naquele ano, Domingos passaria o réveillon com toda sua família na casa do amigo. Cauã jamais deixou de chamar Domingos de pai, com sotaque nordestino, sempre que se encontravam no Projac.

Quando tratavam de assuntos ligados à carreira de ator de TV, os papéis se invertiam e era o veterano Cauã quem cuidava de Domingos. Prestes a completar uma década na Globo, ele percebia o claro potencial do amigo e dava dicas sobre como conduzir o business a partir daquele ponto. Cauã apresentou Domingos a Mario Canivello, assessor de imprensa de um seleto grupo de grandes astros brasileiros, incluindo Chico Buarque, Cláudia Abreu, Marisa Monte e ele próprio. Canivello estava mudando de ramo, passando a fazer gestão de carreiras de artistas.

Domingos causou frisson ao aparecer no escritório de Mario Canivello – e olha que era gente acostumada a ver artistas de ponta. O empresário dividia um sobrado na Gávea, na Zona Sul do Rio, com a produtora Marcia Braga. Ela estava em busca de um ator para um novo projeto, a cinebiografia do rei do baião, Luiz Gonzaga. Era um sertanejo, como o Herculano.

Domingos precisava de Canivello. Ele não tinha como gerir sozinho a avalanche de roteiros de filmes e sinopses de peças que passou a receber. Podia cobrar até 30 mil reais só para dar pinta em um evento corporativo – e nem precisava dar piruetas no ar. A imprensa do país inteiro estava na sua cola. Na Globo, rolava um burburinho de que os núcleos de dramaturgia estavam brigando por ele. Ricardo Waddington avisou, antes mesmo de terminar *Cordel*, que o queria como protagonista de sua próxima minissérie.

A direção da emissora procurou Domingos para fechar um contrato de longo prazo. Ele relutou: aí já é demais, é preciso voltar para o circo. Depois de muito conversar com Luciana e com Fernando, cedeu: em agosto de 2011, comprometeu-se por três anos com a Globo. Mas uma coisa era certa: em 2012 ele iria estrear um espetáculo para comemorar os 15 anos da La Mínima.

Quando foi ao ar o último capítulo de *Cordel encantado*, em 23 de setembro de 2011, Domingos tinha uma agenda matematicamente inviável para os próximos meses. Sua paixão pelo ofício de ator e a avidez por pegar todos os trabalhos que aparecessem eram a mesma dos tempos na Pia Fraus, mas agora as propostas simplesmente não cabiam nas 24 horas do dia.

Depois de rodar a última cena como o Capitão Herculano, Domingos correu a São Paulo para ver a família. Ele tinha apenas duas semanas antes de começar a gravar de novo no Projac e ainda precisou voltar ao Rio um dia antes. É que Alvaro Assad, o diretor de *A noite dos Palhaços Mudos*, estava prestes a estrear o espetáculo *Circo de pulgas*, do seu Centro Teatral Etc e Tal, para o qual Domingos fizera cenografia. Ele tinha criado uma charmosa miniatura de circo inspirada no Zanni e precisava acertar com Assad os últimos detalhes.

Em outubro, Domingos incorporou o papel de presidente da República na minissérie *O brado retumbante*, escrita por Euclydes Marinho, que iria ao ar em janeiro de 2012. Foi o seu terceiro trabalho com Gustavo Fernández, que dessa vez assinava como diretor-geral. Ricardo Waddington, o diretor do núcleo responsável por *O brado*, dizia aos quatro ventos:

– Domingos é um ator que só aparece a cada 30 anos.

A esposa do personagem de Domingos era interpretada pela estonteante Maria Fernanda Cândido. Quando eles se conheceram na preparação de atores, descobriram vários amigos em comum, entre eles os Parlapatões e Cristiane Paoli Quito, com quem Maria Fernanda tinha aulas de técnica de improvisação e linguagem corporal baseada na Commedia dell'Arte. Leopoldo Pacheco, outro amigo em comum, também integrava o elenco da minissérie, no papel de genro do presidente.

Durante as gravações de *O brado retumbante*, Domingos já estava ensaiando *Mistero buffo* no galpão da La Mínima. Depois dos ensaios, ele pegava carona com a diretora Neyde Veneziano de Cotia para São Paulo, tomava o avião e ia para o Rio. Assim que acabaram as filmagens da minissérie, Domingos foi encontrar a trupe do Zanni, que já preparava a temporada de 2012. Ele prometera aos colegas Marcelo Lujan e Pablo Nordio que dirigiria o espetáculo *Clake*, do Amarillo.

Não havia a possibilidade de descumprir compromissos firmados antes do estouro de *Cordel encantado*. O diretor Juliano Luccas sentiu uma certa aflição ao ligar para Domingos e avisar que já estava pronto para filmar o curta *A noite dos Palhaços Mudos*. Temia que ele recusasse. Luccas tinha acertado a produção com um ator de teatro respeitado, porém disponível, e agora precisava negociar com uma superestrela da TV, que o Brasil todo conhecia. Mas Domingos honrou o compromisso: em janeiro de 2012, vestiu a fantasia de Palhaço Mudo e foi para Campinas.

Quando o ator chegou à sede do Instituto Agronômico de Campinas, reservada à locação do filme, Luccas precisou coordenar uma estratégia para controlar as senhorinhas. Domingos ficou de boas e atendeu aos pedidos de fotos com carinho. Era uma celebridade nacional, mas com os mesmos hábitos de antes – quando uma camareira ficou desconcertada depois de levar uma bronca do figurinista, Domingos pediu uma pausa na filmagem, buscou um copo d'água e a abraçou. Fernando e Domingos, vestidos de palhaço, deram um jeito de quebrar o clima ruim e a produção prosseguiu.

Com tantos compromissos, Domingos recusou o convite de Marcia Braga para fazer o coronel Raimundo em *Gonzaga – De pai para filho*. O personagem era o manda-chuva de Exu, a cidade natal de Gonzagão. Ainda criança, o sanfoneiro se engraçou com a filha do coronel e deixou a cidade jurado de morte. O malvado deu assim uma ajuda para o destino fazer do menino o grande músico de fama internacional.

O diretor do longa-metragem, Breno Silveira – responsável por uma das maiores bilheterias do cinema nacional, *2 filhos de Francisco* –, achava que Domingos era perfeito para o papel. Insistiu tanto que ele topou. E lá foi ele de volta para o sertão, em fevereiro de 2012. Seu destino não era mais a Canindé de *Cordel*, mas Curaçá, cidade baiana que parou para ver o Capitão Herculano passar.

Em uma das dezenas de entrevistas depois que *Cordel encantado* terminou, a repórter Dorotéia Fragata, da revista *29 Horas*, perguntou se Domingos considerava fazer outra novela:

– Agora, preciso retomar tudo. Senão, como vou conseguir levar o Fernando nas costas? – respondeu, referindo-se ao teatro físico que fazia com o parceiro.

Domingos cansou. Tinha emendado cinco trabalhos depois de *Cordel*, sem contar Zanni e La Mínima. Estava prestes a completar 50 anos, com a vida pelo avesso. Quando Luciana perguntou como comemoraria o aniversário, ele desconversou. Estava exausto e ainda tinha que levantar *Mistero buffo* para estrear em março. Lu insistiu, ora, a gente é de festa, a gente comemora:

– Deixa comigo, eu faço essa festa pra você.

– Tá bem, mas tudo simples, hein?

– Eu já sei, Duma.

Luciana preparou um festão, convidou umas cem pessoas. Não desrespeitou o pedido do aniversariante, tudo foi feito com simplicidade e bom gosto. Alugou um galpão de amigos, na Granja Viana, preparou uns sanduichinhos e um bar de drinques. Alguns músicos que já tinham tocado no Zanni se ofereceram para levar um som. Marcaram numa quarta-feira, 29 de fevereiro de 2012, três dias após ele se tornar cinquentão de fato. Domingos estava preocupado, tinha ficado longe dos amigos durante toda a novela, e a festa era no meio da semana:

– Não vem ninguém!

Dos cem convidados, apareceram 130. Foi uma farra pra ninguém botar defeito: Dico com alguns outros parentes, Edson com uma turma da Fefisa, Beto Andreetta, Fernando, Hugo Possolo, Monica Alla e muitos parceiros da Picadeiro, toda a trupe do Zanni e amigos mais recentes, como Neyde Veneziano. Foi uma patuscada das boas, Duma estava com saudades. No fim, Vagner Lopes, do staff do Zanni, chegou com outros cinco percussionistas da Vai-Vai, a grande escola de samba de São Paulo, todos de chapéu coco, e cantaram o parabéns em ritmo de samba.

Nos bastidores do Projac, os novelistas disputavam a unha a escalação de Domingos. Aguinaldo Silva, um dos autores de maior tarimba da emissora, desejou que ele repetisse o par romântico com Lília Cabral em *Fina estampa*, primeira novela com a atriz em papel principal. Mas não deu. Mais tarde, Domingos começou a ouvir rumores de que a autora Glória Perez ganhara a disputa. Dessa forma, já como assunto principal, ele foi apresentado à rádio corredor do Projac.

O ator ficou satisfeito, afinal Glória era autora de grandes sucessos. Ao ler uma nota num jornal sobre a escalação, resolveu acabar com o disse-me-disse. Escreveu-lhe um e-mail em que comentou sobre a nova novela "para a qual, segundo li, eu estaria reservado". Contou que se sentiu lisonjeado e agradeceu a indicação.

E assim foi. *Salve Jorge* iria ao ar no segundo semestre de 2012, deixando um tempo livre para Domingos estrear *Mistero buffo* com Fernando. Era um alívio, mas no fundo ele sabia que seu tempo não seria mais exclusividade da La Mínima e do Zanni. Algo havia mudado.

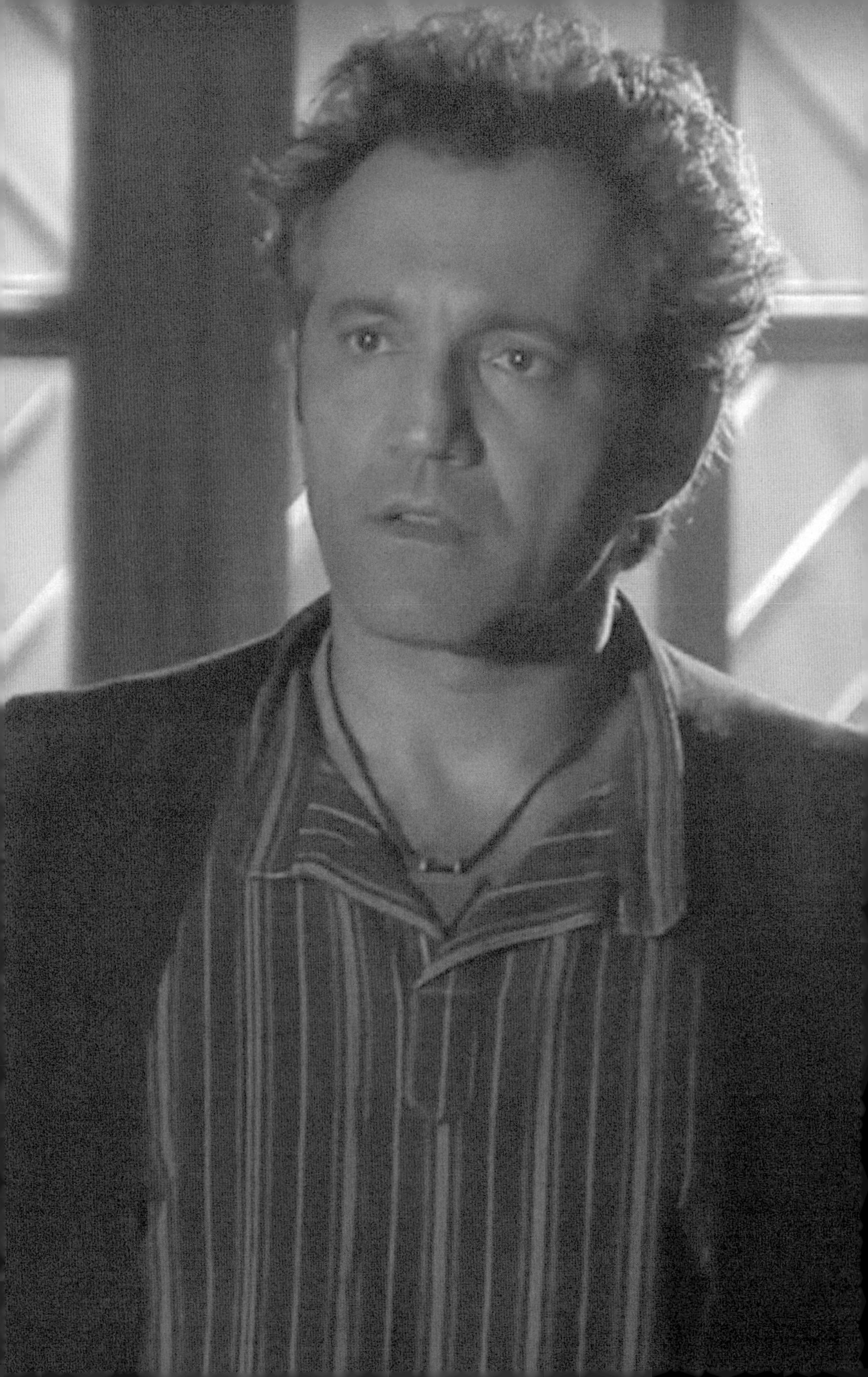

CAPÍTULO 13

Nasce um galã

Quando Neyde Veneziano conheceu Domingos, em 2009, reconheceu nele o próprio Arlequim, o mais conhecido antepassado medieval do palhaço. Ele chegava meio maltrapilho para os ensaios, mas conseguia, à base de esforço e carisma, conquistar os corações dos moderninhos do meio teatral. Com Fernando, pegava qualquer trabalho que pintasse.

Na Veneza medieval, a fome rondava tanto o personagem quanto seu intérprete. Não era só o Arlequim o faminto: o ator que o interpretava também tinha urgência em agradar ao público para ganhar uns trocados e comprar comida. O espírito de sobrevivência, a urgência em fazer teatro, e fazer bonito, tornou os saltimbancos da Idade Média artistas sofisticados, aptos a proporcionar o riso de pessoas de origens as mais diversas, que viessem espiar o que acontecia ali, no centro daquele aglomerado de gente, em plena rua. Eles tinham um rico repertório de textos e gestos, construído por meio de muita prática.

Quando se reencontrou com Domingos para montar *Mistero buffo*, o convite para *Cordel encantado* não havia rolado ainda. Neyde acabou testemunhando a ascensão do amigo ao estrelato. Com ela, o ator pegou importantes dicas de atuação em TV. Aprendeu, por exemplo, o que é o gesto didascálico, aquele que explica o que a palavra diz. Se o ator está dizendo um texto, o gesto não precisa explicar aquele texto, fica redundante. Ele deve aproveitar para, com o corpo, dizer outra coisa.

– Entendido, diretora!

Ao começar a preparar *Mistero buffo* com Neyde, Duma e Fê adentravam terreno ainda não explorado pela La Mínima. Depois de se balançar no trapézio vestidos de bailarinas, de fazer entradas de palhaço, de comandar uma trupe de circo-teatro e de levar um espetáculo inteiro só na mímica, eles estavam prontos para encarar o desafio. Para completar o elenco, convidaram Fernando Paz, outro aluno que se destacara na Oficina de Palhaço e Comicidade Física, no Galpão do Circo.

Nos séculos XIII e XIV, chamavam-se "mistérios" as encenações cômicas de passagens bíblicas como as parábolas ou a Paixão de Cristo. Os bufões que as interpretavam – e que deixaram alguns manuscritos para a posteridade – avacalhavam tudo, sem o menor respeito pelas histórias sagradas. Dario Fo se inspirou nesses textos medievais ao escrever os mais de 20 monólogos de seu espetáculo *Mistero buffo*, que estreou em 1969. Pode até soar subversivo, mas foi tratado com delicadeza e sofisticação por Dario – sem, no entanto, poupá-lo de ser considerado blasfemo pelo Vaticano.

Domingos e os dois Fernandos atualizaram o mistério bufo de Dario Fo com palhaçadas à brasileira, além de homenagens às influências internacionais, como o número clássico *The Rastelli Clowns*, apresentado ininterruptamente desde a década de 1930, quando foi criado pelo italiano Oreste Rastelli.

Neyde e Domingos selecionaram quatro dos monólogos encenados por Dario. Ele queria encerrar o espetáculo com *O jogo do Louco debaixo da cruz*, em que o Louco confronta Jesus crucificado, questiona o propósito de seu martírio e avisa que sua mensagem seria deturpada. O texto é pesado. O Louco, interpretado por Domingos, provoca o Cristo crucificado: "Você sabe o que vão fazer com esse teu martírio santo?". E depois avisa: "Vão pegar a sua cruz, cortar, quebrar, picar em pedacinhos bem pequenininhos e vão vender como relíquias perfumadas. E o pior, vão falar em seu nome coisas que você não falou. E até guerra vão fazer, levando sua cruz como estandarte!".

Neyde não queria incluir esse trecho, achava ofensivo demais:

– Domingos, nem o Dario, em suas encenações mais recentes de *Mistero buffo*, faz mais esse texto.

A diretora tinha dúvida sobre a capacidade do ator de segurar um texto com tal carga trágica. Domingos insistiu tanto que a passagem acabou entrando, revelando-se o ponto alto do espetáculo. Neyde chorou no escuro da plateia, emocionada com a entrega do amigo na cena.

Domingos não abandonou sua formação religiosa, mesmo depois de encenar o texto profano de Dario Fo. Ao pisar o palco, fazia o sinal da cruz. Em entrevista à revista *Quem*, declarou: "Não tenho santo de devoção, mas sou formado na religião católica, pratico a fé". À *Uma* disse: "Hoje eu rezo, peço muito a Deus, energia, saúde e proteção para a família". Estendeu-se um pouco mais ao responder sobre o tema à jornalista Rosane Queiroz, da revista *Status*: "Fui formado na crença católica, mas como instituição, me afastei. Tenho minha religiosidade particular. Todo dia de manhã e de noite, sozinho, faço a minha fezinha. São textos autorais *(risos)*. Gosto de agradecer. Acredito nessa parada de inconsciente coletivo. Peço pelo não-sofrimento. Minha religiosidade passa pela vibração de coisas positivas".

Neyde amava trabalhar com os palhaços. A vida no galpão da La Mínima em Cotia era muito diferente do ambiente de ensaios que frequentava. Luciana, Erica e as crianças estavam por ali e Neyde se sentia sob a lona. Apesar da alegria e da desconcentração, a atividade era coisa séria. *Mistero buffo* foi a peça mais ensaiada da La Mínima.

Quando estreou, no Teatro Sesi, no dia 22 de março de 2012, Domingos já era uma celebridade. Agora, além dos críticos de teatro, as colunas sociais dos jornais também iam conferir a apresentação – saiu notinha até na badalada coluna de Mônica Bergamo, na *Folha de S.Paulo*. A La Mínima comemorava 15 anos em atividade ininterrupta e o Sesi patrocinou um livro com fotos e textos de sua trajetória. Na dedicatória para Neyde, o Arlequim resumiu: "Obrigado pela confiança e pelos ensinamentos".

Depois da estreia, Domingos estava feliz da vida, de volta à estrada com *Mistero buffo* e outras peças do repertório da companhia. Contratou para a turnê o produtor de campo Zeca Duarte de Azevedo, amigo de seu irmão Dico dos tempos do Exército. Zeca já tinha feito produção para a Rede Globo e TV Cultura, mas o negócio agora era teatro e circo. Novela só em junho.

Em maio de 2012, Leris Colombaioni veio mais uma vez ao Brasil. Ele pegou um avião em São Paulo para ir a Brasília participar do Sesc Festclown, na sede da Funarte. Comprou um jornal e, já no ar, folheando as notícias, deu de cara com uma foto enorme de Domingos. Chegou ao hotel e viu uma pequena multidão na porta, cercada pelos seguranças. Tinha até polícia. Quando todo mundo correu em direção a um carro que se aproximava, Leris deduziu que afinal havia chegado o figurão que todos esperavam. De repente, o povo foi em direção a ele próprio, com holofotes e tudo o mais. Era Domingos, que saíra do carro com Fernando para tietar o mestre. Ansioso para rever Leris, esqueceu que o mais assediado ali seria ele:

– Que prazer enorme, Leris! – Duma abriu um sorrisão.

– Meus queridos! O que vão fazer no festival?

– Nós vamos fazer *Rádio Variété* – respondeu Fernando.

– Ah, que bom, então vou assistir.

– Não, espera, eu não sabia que você vinha hoje – replicou Domingos, meio nervoso.

Mais tarde, no fim do espetáculo, Leris subiu discretamente ao palco, com um papel e uma caneta. Chegou por trás de Domingos e zoou:

– Senhor Montagner, me dá um autógrafo, por favor?

Domingos deu um abraço tão efusivo que tirou o italiano do chão. No café da manhã do dia seguinte, ficaram os dois com Fernando, um tempão, batendo papo e lembrando os velhos tempos.

Domingos continuava o mesmo, mas tudo em volta era diferente. O público dos espetáculos da La Mínima tinha crescido – principalmente o feminino. Mulheres de todas as idades não estavam ali exatamente para ver a encenação, mas para tirar uma casquinha do ídolo da TV. Uma fila para fotos se formava ao fim de cada sessão.

Domingos tinha quebrado a cara em dezenas de testes para vídeos comerciais, mas agora eram as empresas de publicidade que ligavam em busca de um horário na agenda do ator, oferecendo cachês antes inimagináveis. Repórteres de toda parte lhe perguntavam como era ser galã aos 50: "Esse título nunca me passou pela cabeça". No início era só engraçado, mas a pergunta se repetiu tantas vezes que começou a irritá-lo. Como assim, galã? Um palhaço com duas décadas de carreira!

Não era tão contraditório assim. Seu mestre Picolino, o seu Roger, foi palhaço e galã do Circo Nerino durante todo o período do circo-teatro. Palhaço no show de variedades, galã do melodrama, tudo na mesma noite, bastava tirar a maquiagem no intervalo.

O desconhecimento sobre sua trajetória o incomodava e às vezes ele queria gritar para o mundo que o Capitão Herculano não era o primeiro personagem que interpretara na vida. Mas Domingos não fazia o tipo sofredor, afinal, o reconhecimento e o carinho dos fãs não podiam ser mal recebidos por um artista que passou a carreira burilando a dramaturgia popular.

No universo dos atores há uma distinção entre palco e tela que ultrapassa as especificidades técnicas entre as linguagens e invade o terreno das paixões. O teatro costuma ser descrito como um ambiente puro, onde resiste a autêntica arte dramática, enquanto a TV é a indústria habitada por gente gananciosa e exibicionista. No Brasil, a avassaladora onipresença da Rede Globo empurrou o cinema para o outro lado da disputa, o da pureza e da elegância, enquanto na TV sobrou cafonice e autopromoção.

É claro que se trata de uma simplificação grosseira; há em todo canto gente boa e má, intenções boas e más, dramaturgia boa e má. Quando Domingos foi para a TV, em 2010, a tecnologia embaralhara definitivamente a fronteira entre a televisão e o cinema – e, de certa forma, até entre tela e palco. Porém, uma implicância rançosa em relação à TV persistiu em alguns atores de teatro, muitos deles frustrados ao tentar uma vaga no famigerado circo eletrônico.

Domingos tinha consciência do lugar que passara a ocupar. Ele desejava habitar os dois mundos e isso requeria jogo de cintura, algo que jamais lhe faltou. Sabia receber os parabéns meio tortos da turma do teatro sério – naquela altura já havia o circo sério, por mais contraditório que parecesse. "Ué, eu não sabia que você assistia a novelas", brincava, desarmando o interlocutor.

Quando nasceu, nos anos 1950, a teledramaturgia brasileira tinha elenco formado por artistas do teatro e do circo. Palhaços, galãs e galãs-palhaços se misturavam nos bastidores, em busca de uma linguagem para abastecer o novo meio, que fazia uma história chegar a milhares de lares ao mesmo tempo. Domingos Montagner promoveu o reencontro do circo com a TV e o frescor que ele trouxe à dramaturgia da Globo era também consequência disso.

Em junho de 2012, depois de estrear *Mistero buffo*, Domingos já tinha processado a avalanche em sua vida e havia poucos pontos a equilibrar. O sucesso na TV foi bem-vindo e ele não se preocupava mais com os boletos. A retomada da parceria com Fernando representou um alívio. Agora só faltava resolver duas coisas. Primeiro, não passar mais tanto tempo longe da família. Segundo, encontrar um projeto em que pudesse explorar a sua comicidade na TV ou no cinema. Se o papel de galã lhe caiu bem, que assim fosse, mas não para sempre. O palhaço Agenor queria montar a sua lona no Projac também.

As outras questões, Domingos ia resolvendo à medida que se apresentavam. Era necessário, por exemplo, encontrar substitutos para ele nos espetáculos. Marcelo Castro, acrobata da Fractons que já havia colaborado com a La Mínima, foi o primeiro a chegar para sessões de *Reprise*. Depois vieram Filipe Bregantim e Fernando Paz, os alunos da oficina que atuaram, respectivamente, em *Rádio Variété* e *Mistero buffo*, e se tornaram os *stand-in* mais frequentes da companhia. Sempre que podia, Duma entrava em cena, mesmo que tivesse que fazer a terceira ponte aérea da semana. Quando não dava, outros artistas talentosos tocavam o barco.

Havia as coisas que a fama tinha lhe tirado quase que definitivamente. Tomar uma cerveja e jogar conversa fora no boteco já não era mais possível – a não ser que a conversa fosse compartilhada com todos os fãs que paravam para pedir uma foto. Ele não abria mão de ir ver o Corinthians jogar na TV do Pilequinho, ao lado da casa de seus pais no Tatuapé, mas sabia que não seria uma tarde tranquila, sua mera presença era um acontecimento. Continuou participando dos churrascos com os amigos em Embu, mas agora com menor frequência.

Por outro lado, Domingos buscava oferecer o seu prestígio a boas causas. Ele se tornou embaixador da Tucca, a associação que cuida de crianças com câncer para a qual colaborava desde 2010. Usava camisas com dizeres contra o machismo, contra a homofobia, pelas causas em que acreditava. Quando o apresentador Otaviano Costa o procurou para participar da campanha de arrecadação de fundos para o Hospital de Câncer de Mato Grosso, ele aceitou e deu o maior gás aos eventos promocionais – foi o primeiro a topar e, agradecido, Otaviano o lembrava disso toda vez que se encontravam no Projac.

Uma das grandes novelistas do país, Glória Perez se impressionou ao ver Domingos em *Cordel encantado* e ganhou a disputa entre vários núcleos de produção da Globo para ter o ator na sua próxima novela. Ela reservou Domingos mesmo sem pensar num personagem para ele. A novela abordaria o tráfico internacional de pessoas e parte da trama se passaria na Turquia. Foi em uma viagem ao país euro-asiático, em companhia do diretor Marcos Schechtman, que a autora conheceu o encantador de cavalos Ekren Ilhan, que inspirou a criação do personagem de Domingos.

A protagonista de *Salve Jorge* era Morena, interpretada por Nanda Costa – até então uma atriz do segundo time da Globo, uma aposta de Glória para o papel de heroína da novela. Morena é uma moça pobre que recebe uma falsa proposta de trabalho no exterior e acaba sendo forçada a se prostituir na Turquia. Quando finalmente escapa do prostíbulo, consegue abrigo junto à família de Zyah, guia turístico interpretado por Domingos. Zyah é um homem rude e doce, que se envolve em um triângulo amoroso com a turca Ayla, vivida por Tania Khalill, e a brasileira Bianca, interpretada por Cleo Pires.

Tão logo o personagem Zyah foi criado, o diretor Marcos Schechtman telefonou para Domingos e confirmou o convite. Muitos atores passam anos participando de elencos de produções vespertinas até conquistar espaço no horário nobre. Com Domingos foi diferente: catapultado pelo sucesso do Capitão Herculano, ele ganhou cedo o papel de relativo destaque na novela das nove.

Logo que *Mistero buffo* concluiu a temporada de estreia em São Paulo, em junho de 2012, Domingos se juntou ao elenco de *Salve Jorge* para os primeiros ensaios com a instrutora de dramaturgia Helena Varvaki. Os principais atores viajariam à Turquia no fim do mês para gravar cenas na paisagem deslumbrante da Capadócia. Domingos começou a ensaiar com Cleo Pires, construindo a base dramatúrgica para o romance vivido por Zyah e Bianca. Os atores precisavam estar entrosados antes de viajar, pois anteciparam na Turquia algumas cenas já como casal apaixonado.

No fim de junho, Domingos partiu para Istambul com colegas do elenco de *Salve Jorge*, Marcos Schechtman e a equipe técnica. *A noite dos Palhaços Mudos* faria uma temporada no Rio e em cidades do Nordeste, por isso Domingos escalou os atores Marcelo Castro e Paulo Federal para substituí-lo. Para o papel de marido e pai não haveria substituto: Domingos ficaria 35 dias longe de Luciana e das crianças. Foi difícil, mas a Turquia tinha os seus encantos.

De Istambul, a comitiva seguiu para a cidade de Nevşehir, na Capadócia. A paisagem rendeu a Schechtman imagens incríveis de Domingos e Cleo. Domingos ficou amigo da atriz e de outros integrantes do elenco, entre eles Tiago Abravanel, que interpretava seu sobrinho na trama, e Rodrigo Lombardi, um militar que fazia par romântico com a protagonista. As gravações começavam de madrugada, iam pelo dia adentro e, à noite, quando tinha uma folga, a turma se encontrava no Fat Boys, um bar próximo ao hotel em Nevşehir.

A novela estreou em outubro, na sequência de *Avenida Brasil*, enorme sucesso dirigido por Amora Mautner e José Luiz Villamarim, que parou o país. Seria um desafio enorme manter as expectativas do público e da própria direção da emissora, habituados às maldades de Carminha, a vilã interpretada por Adriana Esteves. Morena não seduziu o telespectador o quanto se esperava para uma protagonista de novela do horário nobre. Seu romance com o capitão da cavalaria do Exército Theo, vivido por Rodrigo Lombardi, não empolgou.

Os milhões de telespectadores estavam mais ligados no triângulo amoroso formado por Zyah, Ayla e Bianca. As pesquisas de opinião mostravam que o público adorava os encontros tórridos de Zyah e a Bianca de Cleo Pires, mas torciam mesmo para o personagem de Domingos terminar a novela com a Ayla, interpretada por Tania Khalill. Glória soube aproveitar o sucesso de Zyah e o personagem cresceu na trama. Em pouco tempo, Domingos precisou lidar com os paparazzi e as fofocas de que tinha um caso com Cleo na vida real. Luciana não gostou nem um pouco, mas o casamento de 12 anos não haveria de terminar por conta de notícias de tabloides. O casal se entendeu e se ajustou aos ossos do novo ofício de Duma.

Depois da explosão do Capitão Herculano e de encarar o papel de presidente da República em *O brado retumbante*, Domingos roubou a cena e era o galã da novela das nove. Definitivamente, ele tinha cancha para ser protagonista de novela. Mas declarava: "Sou calouro na televisão". E tome convites para novelas, filmes, espetáculos e até desfile de moda. Em março de 2013, com *Salve Jorge* ainda no ar, Domingos deu um jeito de participar das filmagens de *A grande vitória*, filme de Stefano Capuzzi sobre a vida do judoca Max Trombini. Ele fez o pai do esportista, que abandonou sua mãe ainda grávida. O filme, no entanto, teve pouca bilheteria e críticas negativas.

Schechtman, o diretor de *Salve Jorge*, estava encantado com Domingos e viu nele o ator ideal para dar forma ao personagem de um filme em pré-produção, que ele dirigiria em breve, sobre violência doméstica. Convidou e Domingos topou na hora.

O último capítulo de *Salve Jorge* foi ao ar no dia 18 de maio de 2013. Domingos teria 40 dias de férias até iniciar a preparação para sua terceira novela, *Joia rara*. Quarenta dias para descansar bem perto da família e se dedicar à La Mínima e ao Zanni. Depois disso, ele e Luciana procurariam um apartamento no Rio, maior que o flat em que ele ficava, além de uma boa escola para os filhos. O casal percebeu afinal que a sonhada folga das novelas não viria tão cedo e o mais sensato seria trazer a família para perto. Doeu deixar a vida em Embu das Artes, mas Domingos prometeu que o novo lar seria tão calmo e verde quanto possível. O que não dava mais era para viver na ponte aérea e no trânsito das duas cidades para ficar tão pouco tempo com a família.

Antes das férias, ele cumpriria um último compromisso: um projeto inusitado, o espetáculo *White rabbit, red rabbit*, do autor iraniano Nassim Soleimanpour. Em cada apresentação, um ator diferente subia ao palco sem conhecer previamente o texto. Depois da estreia com o ator Guilherme Weber, foi a sua vez de ir ao Teatro do Sesc Vila Mariana, em São Paulo, no dia 30 de maio. Diante da plateia, ele descobriu que a história versava sobre a liberdade e governos tiranos.

Domingos defendeu bem o texto, improvisou com a plateia e recebeu muitos aplausos. Teve prazer em participar de *White rabbit, red rabbit*, mas melhor ainda seria passar um tempo com a família e voltar a pegar a estrada com Fernando e com a trupe do Zanni. Feliz com essa expectativa, Domingos saiu do Sesc Vila Mariana e foi jantar com Luciana.

O diretor Walter Lima Jr. estava em cartaz no Centro Cultural Banco do Brasil de São Paulo com o espetáculo *A propósito da Senhorita Júlia* e também saiu para jantar depois de uma sessão. Contou à produtora que precisava de um ator com uma beleza diferente para seu próximo filme. Seria uma participação pequena, mas o diretor buscava uma figura marcante, já que o personagem perturbaria a protagonista do filme por toda a trama.

– Eu pensei naquele Domingos Montagner, sabe?
– Então aproveita, Walter, porque ele está logo ali.

Diante da coincidência, Lima Jr. foi até a mesa de Domingos, se apresentou e fez o convite. Domingos aceitou no ato; seria uma honra trabalhar com um dos maiores nomes do cinema brasileiro. O Arlequim já não precisava mais se preocupar com dinheiro, mas sua fome de participar de tudo continuava feroz.

Liberado das gravações na Globo, Domingos não perdia uma apresentação da La Mínima. *Mistero buffo* lotava teatros em todo o Brasil e a dupla já preparava o novo projeto da companhia – um infantil sobre bichos que ficaram desempregados depois da proibição de animais no circo. Encomendaram o texto a Paulo Rogério Lopes, que àquela altura já era quase o autor oficial da trupe. Domingos faria a direção, mas estaria fora do elenco.

O público da companhia não veria os palhaços Agenor e Padoca no palco dessa vez. A companhia precisava encarar a nova realidade de seguir o seu caminho. Fernando Sampaio teria a companhia de Marcelo Castro e Fernando Paz, dois palhaços talentosos que poderiam segurar o show.

Paulinho entregou o texto e, durante as férias da Globo, Duma começou a dirigir o espetáculo, batizado de *Classificados*. Fernando Sampaio incorporou um urso meio medroso e Marcelo Castro, um leão mandão – uma dupla de bichos-palhaços desempregados que precisava se virar no mundo dos homens. Fernando Paz completou o elenco, revezando-se entre os papéis de narrador da trama, de outros homens e de bichos.

No início de julho de 2013, Domingos se apresentou no Projac para mais uma empreitada. *Joia rara* era a aposta da Globo para alavancar o horário das seis, superprodução com investimento equivalente ao das novelas do horário nobre. *Cordel encantado* já havia conquistado lugar de destaque na teledramaturgia brasileira e a ideia seria repetir o sucesso, com a mesma equipe e elenco. Ricardo Waddington era o diretor de núcleo e Amora Mautner, a diretora-geral. Thelma Guedes e Duca Rachid, a dupla de autoras consagrada em *Cordel*, também estava de volta. No elenco, muita gente que tinha feito a primeira novela: Bruno Gagliasso, Bianca Bin, Carmo Dalla Vecchia, Nathalia Dill e Domingos Montagner.

A trama, ambientada no Rio de Janeiro dos anos 1930 e 1940, era centrada no amor proibido entre Franz, o filho de um industrial milionário, e Amélia, uma operária da indústria do pai de Franz. Bruno Gagliasso e Bianca Bin interpretaram o casal protagonista. Duca e Thelma escreveram especialmente para Domingos o papel do irmão de Amélia, um idealista da causa operária chamado Mundo, que também sofreu por amor – sua namorada Iolanda, vivida pela bela Carolina Dieckmann, caía nas graças do poderoso industrial Ernest Hauser, papel de José de Abreu.

Assim que recebeu a sinopse, Domingos começou a devorar livros que retratavam os anos 1930 e 1940 e sobre o Partido Comunista Brasileiro. Quando o trabalho de preparação de atores começou, o elenco de *Cordel encantado* adorou se rever em *Joia rara*. No Rio, a turma costumava se encontrar em festinhas no apartamento de Amora Mautner. Domingos e Luciana também saíam para jantar com a diretora e outros atores da trama, como Paula Burlamaqui e Marcos Caruso. Em São Paulo, o casal frequentava a casa da autora Thelma Guedes.

Antes da estreia, Domingos aproveitou que o ritmo de gravações ainda era leve e levou finalmente a família de São Paulo para o Rio. Do flat na orla da praia, na Barra da Tijuca, mudou-se em julho para um apartamento maior na Península, área chique do mesmo bairro. Ele cumpriu a promessa: o apartamento tinha uma vista deslumbrante, quase sem prédios, para a Lagoa da Tijuca. Não era o sossego de Embu das Artes, mas afinal Embu já não estava mais tão sossegado assim – desde 2002, com o início da construção do Rodoanel, o tumulto do Centro de São Paulo alcançava o recanto dos circenses.

Um mês antes da estreia de *Joia rara*, porém, Dico telefonou para Domingos com uma triste notícia. Sua mãe, Romilda, faleceu no dia 6 de agosto, aos 86 anos. No corre-corre da novela, ele deixou a organização do funeral e da inevitável burocracia nas mãos de Dico. Chorou muito a morte da mãe. Foi sofrido não poder viver o luto ao lado da família, mas ele era peça importante de uma engrenagem que simplesmente não podia parar.

Joia rara estreou no dia 16 de setembro de 2013. Aos poucos, Domingos fez novas amizades, a começar pela atriz Carolina Dieckmann, com quem contracenou. O personagem Mundo tinha um padrinho na trama, Apolônio, velhinho querido por todos no cortiço onde moravam. Apolônio era como um pai para Mundo e Amélia, órfãos desde crianças. O personagem foi interpretado por Luís Gustavo, o ator patrimônio da Globo, que Domingos tinha visto como Mário Fofoca na novela *Elas por elas*, em 1982, e como Seu Vavá no seriado *Sai de baixo*, de 1996 a 2002.

Padrinho e afilhado na novela, eles criaram uma afetuosa relação. Domingos corintiano, Luís Gustavo são-paulino roxo, o papo nos bastidores quase sempre chegava ao futebol. Quando a novela entrou no ar, o São Paulo vivia uma das maiores crises de sua história e o Corinthians contava algumas semanas sem marcar gols, de maneira que a disputa era por quem estava menos pior. Apesar da rivalidade esportiva, o carinho entre eles só aumentava.

Logo no primeiro mês de exibição da novela, as autoras armaram uma homenagem para Domingos. Ele gravou uma cena em que Mundo, seu personagem, era perseguido por adesão ao Partido Comunista. Mundo se disfarçou de palhaço e subiu ao palco de um cabaré, para despistar a polícia. Pelo menos por um instante Domingos conseguiu ser o Agenor na telinha da Globo. Além de incorporar o *clown*, ele foi convidado por Amora a ajudar na direção e na maquiagem para a sequência. Ficaram o gostinho e a vontade de levar para a TV a sua comicidade física, aperfeiçoada por anos nos palcos e picadeiros.

Crescia em Domingos o desejo de ver o trabalho da La Mínima em uma tela. Por que não? Ele sabia que o galã que tanto agradava à cúpula de criadores da Globo só era o que era por causa do palhaço. Seu jeito de estar presente em cena vinha do circo. Seu sucesso em um veículo de massa se devia, isso era certo, aos anos dedicados ao teatro popular.

Mazzaropi, artista circense que incorporou um caipira ridicularizado em pleno processo de industrialização da sociedade brasileira, tornou-se, nos anos 1960, um dos maiores produtores de cinema do Brasil. Ele costumava dar o tempo da risada em seus filmes, antes de emendar a próxima piada. Sem os anos passados no centro do picadeiro, Mazzaropi jamais teria dominado tão bem o tempo do cinema. Será que era esse o segredo de Domingos? Será que a sua generosidade em cena, reconhecida pelos colegas, devia-se ao esforço do palhaço branco em levantar a piada para o palhaço augusto cortar?

Como Mazzaropi, Domingos sentia que poderia levar sua arte circense à tela. Ele sabia, por um lado, que preenchia uma lacuna no elenco da emissora e que os convites para ser o mocinho da novela não cessariam tão cedo. Isso não o perturbava, ao contrário: ficava lisonjeado com o reconhecimento. Por outro lado, era preciso convencer a Globo a abrir espaço a sua comicidade também na tela.

A mudança da família Montagner para o Rio não vingou. As crianças não se adaptaram, sentiam falta da escola, dos programas. Luciana era produtora de teatro com os dois pés fincados em São Paulo. Voltaram em janeiro de 2014. Para continuar a fazer as novelas, Domingos teria que ficar mesmo no vaivém.

Em pleno verão paulistano, Luciana estava mergulhada nas planilhas de Excel, buscando fechar as contas da nova produção da companhia. Apesar da ascensão do diretor de *Classificados* à fama, botar o espetáculo de pé era tão difícil quanto foi com os anteriores. No dia 23 de janeiro, eis que Domingos leu na *Folha de S.Paulo* uma matéria em que o jornalista Nelson de Sá criticava o hábito de se aplaudir de pé qualquer espetáculo teatral. Segundo a reportagem, o aplauso de pé sempre foi uma forma de exaltar trabalhos excepcionais. Com o respaldo de diretores renomados como Antunes Filho e Cláudio Botelho, o jornalista argumentava que a banalização do aplauso de pé coibia a justa aclamação das grandes performances.

Domingos já estava de saco cheio com a burocracia que Luciana era obrigada a enfrentar para montar um espetáculo e se irritou diante da reportagem. Baixou o Capitão Herculano! Indignado, escreveu uma carta à *Folha*: "Numa época em que nós, artistas, e outros profissionais de teatro nos desdobramos para encher plateias, a *Ilustrada* dedica meia página a discutir se o público deve ou não aplaudir de pé", reclamou, furioso. A carta foi publicada no dia seguinte.

Quando a La Mínima estreou *Classificados* no Sesc Pompeia, em março de 2014, Domingos estava ainda no ar em *Joia rara*. Ficou feliz em ler uma crítica positiva do espetáculo na *Folha de S.Paulo*. Seu maior alívio foi na parte do texto em que a jornalista Gabriela Romeu escreveu: "Com a boa sintonia do trio em cena, quase não sentimos falta da tradicional parceria entre Sampaio e Montagner".

O reconhecimento de Domingos era agora um ativo que ele, com elegância, sabia capitalizar para a La Mínima e o Zanni. Em suas entrevistas, não perdia a oportunidade de falar de seus dois empreendimentos e valorizar o circo brasileiro. Não raro, mencionava Zé Wilson, a Circo Escola Picadeiro, um ou outro circo de lona que admirasse.

Os artistas e produtores da TV já estavam curiosos a respeito de Fernando Sampaio, o tal parceiro de Domingos. Fernando foi convidado para um papel cômico na Globo em *Meu pedacinho de chão*, novela de Benedito Ruy Barbosa de 1971 que ganharia uma nova versão assinada por Luiz Fernando Carvalho. Uma dupla da pesada: juntos, Benedito e Luiz Fernando, autor e diretor, foram responsáveis por grandes sucessos da teledramaturgia brasileira.

Fernando, que sempre bradou seu horror às câmeras, encarou o papel de Marimbondo, empregado da fazenda do protagonista da trama. Seu filho Tomás Sampaio, que aos 12 anos já era atração nas apresentações do Circo Zanni, ganhou também um papel na novela. Seu personagem, Serelepe, narrador da história, encantou o público.

Sai Domingos, entra Fernando: quando Domingos filmava as últimas cenas como Mundo, Fernando e Tomás entravam pela primeira vez nos estúdios do Projac. *Meu pedacinho de chão* estreou no dia 7 de abril de 2014, sucedendo *Joia rara* no horário das seis. No entanto, nenhuma das duas novelas conseguiu alavancar o ibope da faixa horária. Estava difícil repetir o sucesso de *Cordel encantado*.

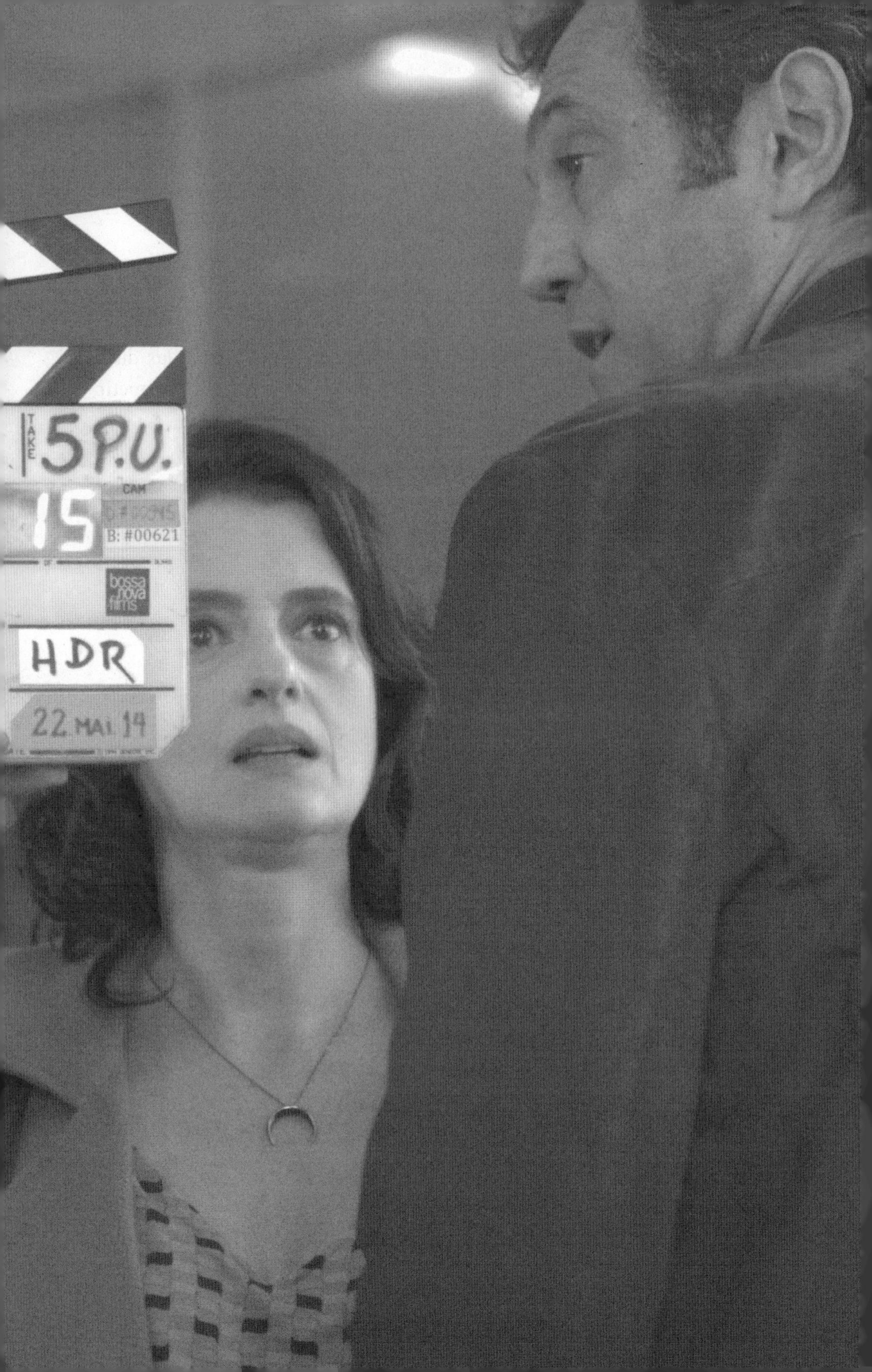
TAKE
5P.U.
CAM
15
B: #00621
bossa nova films
HDR
22 MAI 14

CAPÍTULO 14

Tempo de cinema

Os convites continuavam a chegar de todos os cantos, dentro e fora da Rede Globo. Domingos terminou de gravar *Joia rara* em abril de 2014 e finalmente conseguiu uma folga maior. O diretor Jayme Monjardim o reservou para a sua próxima novela, que iria ao ar somente em 2015. Com tempo livre por quase um ano, Domingos se dedicou a uma atividade nova, o krav magá, técnica de defesa pessoal de origem israelense, que ele praticava no Rio e em São Paulo.

Além de seguir em turnê com *Mistero buffo*, Domingos queria honrar os compromissos que firmara com quatro produções cinematográficas. Cinéfilo desde a adolescência, ele tivera prazer em integrar o elenco de um grande sucesso de bilheteria, *Gonzaga – De pai para filho*. Fora uma participação pequena. Agora a coisa ficava mais séria: Domingos seria o protagonista de dois filmes, além de participar de outros dois. Era tempo de cinema.

O primeiro a entrar em produção foi o do diretor Walter Lima Jr., uma adaptação de *A volta do parafuso*, livro de 1898 do anglo-americano Henry James. O filme de suspense narra a história de uma governanta que chega a uma fazenda para tomar conta de duas crianças órfãs. Domingos interpretou o tio das crianças, que contrata a governanta, dá as primeiras recomendações e nunca mais aparece. A adaptação de Lima Jr. ganhou o título *Através da sombra* e foi transposta da Inglaterra vitoriana para o Brasil dos anos 1930. A participação foi rápida: três dias de ensaio e dois de filmagens, na Casa do Barão de Mauá, em Petrópolis, na região serrana do Rio, e em uma fazenda de arquitetura colonial ali perto.

Na sequência, Domingos gravou depoimento para o documentário *Tarja branca*. Sentiu-se prestigiado quando o diretor Cacau Rhoden o procurou, pois o convite se devia à sua trajetória no teatro e não somente à de celebridade na TV. Cacau recebera da produtora Maria Farinha Filmes a missão de filmar um documentário de curta duração sobre a brincadeira como matéria-prima para a arte. Em sua pesquisa, ele descobriu um universo desconhecido e instigante. O projeto cresceu e se tornou um longa, com depoimentos de profissionais da brincadeira, sobre o homem adulto e a sua relação com a criança que habita dentro dele.

Domingos falou da sua preocupação como pai, com a rotina das crianças nos centros urbanos contemporâneos. Contou que reservava momentos para os filhos não fazerem nada. Às vezes, eles não sabiam lidar com isso: "Mas pai, o que eu vou fazer?". "Nada, fica olhando pro teto", foi a dica de Domingos que ficou registrada. O filme fez um sucesso inesperado, com 11 semanas em cartaz, superando as expectativas para um documentário, e ganhou o prêmio no Brazilian Film & TV Festival of Toronto, no Canadá, em 2014.

Domingos entrou no set em seguida para fazer o seu primeiro protagonista no cinema, em *De onde eu te vejo*, contracenando com Denise Fraga, atriz premiada e responsável por grandes sucessos dos palcos e das telas.

Ela e seu marido Luiz Villaça, diretor do filme, assistiram a *Mistero buffo* e se lembraram do palhaço do Circo Zanni, que usaram como locação para o quadro do *Fantástico* nove anos antes. Villaça convidou Domingos para o projeto e logo eles ficaram amigos.

No filme, Domingos e Denise fariam os papéis de um casal que se separa depois de 20 anos e passa a morar de frente um para o outro. Os personagens, claro, ficam um tempão se bisbilhotando. Villaça queria que as cenas externas fossem uma homenagem visual a São Paulo, com locações em cartões-postais, mas também em cantinhos escondidos. Domingos participou ativamente da pré-produção – depois das reuniões, os dois casais se encontravam em jantares regados a vinho.

Apaixonado por sua cidade, o ator estava obstinado em fazer o melhor. Filmou uma cena no terraço de um prédio no Largo do Arouche, mas não gostou do resultado e insistiu com Villaça para refazer, mesmo tendo que levar toda a estrutura e equipe de volta. Ele e Denise ficaram ensaiando por horas, a ponto de Villaça pedir para parar. Filmaram cenas em que os protagonistas "rasgam" a tela do cinema e conversam diretamente com o espectador. Porém, quando assistiu à primeira montagem, Domingos não curtiu:

– Pô, Villaça, tira isso, não ficou bom.

O amigo atendeu, até porque jamais tinha ouvido em toda a sua carreira um ator pedir para ter uma cena sua cortada. Villaça queria fazer uma comédia triste, à maneira de Billy Wilder, e encontrou em Domingos o palhaço melancólico perfeito para o papel. Na última cena a ser rodada, o casal volta a São Paulo pela estrada depois de deixar a filha em seu novo apartamento, numa cidade universitária. Domingos e Denise estavam dentro de um carro, diante de um painel chroma-key – a estrada seria inserida na pós-produção. A cena era feita de olhares e silêncios. Villaça se comunicava, por rádio, com os dois atores. Ele aproveitou um intervalo e, lá de fora, agradeceu à sua mulher e ao seu amigo pela entrega:

– Queridos, essa é a nossa última cena e eu quero dizer o quanto esse trabalho significa para mim. Estou muito feliz por tê-lo feito com vocês.

Todo mundo se emocionou e a reação dos atores à declaração do diretor foi a cena que entrou no filme. A emoção da vida real no set de filmagens deu realismo aos personagens. Domingos saiu do carro, abraçou Villaça e disse:

– Muito obrigado.

Mais tarde, Luciana se juntou ao trio para jantar e celebrar a amizade. Quando o filme foi lançado, muita gente comentou com Luiz Villaça que não sabia se ria ou chorava. Pronto, o diretor tinha atingido o seu maior objetivo.

Duma pegou a ponte aérea para filmar *Vidas partidas* com o diretor Marcos Schechtman, de *Salve Jorge*. O filme nasceu do projeto da atriz Naura Schneider de contar a vida de Maria da Penha, a biofarmacêutica que ficou paraplégica depois de agredida pelo marido e deu nome à lei federal que coíbe a violência doméstica contra a mulher. Naura procurava viabilizar o projeto por anos e tinha inclusive contactado Domingos, mas ele não estava disponível. Só em 2013 Schechtman assumiu a direção do filme, com intenção de criar também uma série sobre o tema para a Globo. Schechtman estava dirigindo Domingos em *Salve Jorge* e não conseguiu pensar em outro ator para fazer o marido.

Até chegar ao roteiro final, foram muitas reuniões na casa do diretor, com o roteirista José Carvalho e o coprodutor Flávio Tambellini. A equipe contava com o apoio de psicólogos para a construção dos personagens e do enredo. O filme se chamava *Louco amor* e era focado na relação de Maria da Penha com o marido agressor. No entanto, ao aprofundar a pesquisa sobre casos de violência doméstica, a equipe se deu conta da necessidade de uma figura fictícia que reunisse outras milhares de histórias de agressão. A personagem continuou se chamando Maria, mas perdeu o "da Penha" para ampliar a sua representatividade, sensibilizar outras mulheres e, preferivelmente, estimular a denúncia.

Domingos mergulhou no universo de Raul, o seu personagem agressor, e procurou pensar, respirar como ele e compreender as emoções que levam os homens a cometer atos absurdos de violência contra as parceiras. A versão final do texto estava consolidada e os encontros passaram da casa de Schechtman para o Espaço Jaguadarte, da preparadora Helena Varvaki com a professora de dança Lis Resende, em Laranjeiras. No entanto, Domingos sentia que havia algo errado.

A história seria contada do ponto de vista da mulher, mas o personagem que praticava a violência era o marido. O Raul que Domingos lia no roteiro era um monstro que só servia no filme para espancar Maria. Não estava certo, esse filme não iria sensibilizar as pessoas. Para isso o personagem masculino deveria ser humanizado e suas motivações, explicadas, não para absolvê-lo, mas visando criar uma interlocução com os agressores da vida real.

A equipe estava reunida num bar perto do Jaguadarte quando Domingos propôs uma alteração radical no roteiro. A história deveria ser contada pelo ponto de vista do Raul. Foi uma conversa delicada, até porque o longa já estava em pré-produção. Além disso, Domingos precisava convencer Naura e a equipe de que não queria apenas defender seu personagem. Era pelo filme. Conseguiu: com a sua argumentação, ficou claro para a equipe que aquele era o melhor caminho.

Antes de começarem a rodar, Domingos tinha que fazer prova de figurino para seu personagem da próxima novela. Os ensaios do filme estavam atrasados por conta das alterações no roteiro. Domingos pediu à preparadora de elenco, que morava perto do Espaço Jaguadarte:

– Helena, eu preciso fazer esse teste de figurino antes de começar a filmar com vocês, mas não quero deixar os ensaios. Posso provar os figurinos aqui?

A equipe de produção da Globo desembarcou em Laranjeiras e encheu a casa de Helena de araras. Domingos vestia tudo o que pediam e perguntava a Helena:

– Ficou bom, professora?

Figurinos provados, ele agora podia se dedicar exclusivamente a *Vidas partidas*. No início de setembro, os atores principais e a equipe se internaram por uma semana na casa de Marechal Hermes, Zona Norte do Rio, principal locação do filme. Era preciso ensaiar e conviver dentro da casa e adotar os hábitos daquela família. A seguir seriam mais quatro semanas de filmagem.

Domingos estava obcecado em fazer o Raul da melhor forma possível. Depois de filmar de seis da manhã às seis da tarde, ele telefonava para Helena ou para Schechtman à noite para discutir sobre o trabalho. Ainda no carro, voltando para casa, avisava:

– Vou chegar em casa, fazer uma ginástica, depois pego um uísque e ligo para vocês.

No set, às vezes o diretor elogiava uma cena, mas ele retrucava, não estava assim tão boa:

– Será que dá pra repetir?

Logo no primeiro dia, Domingos e Naura fizeram a cena de sexo que abre o filme. Foi um trabalho delicado para Naura, mas Domingos soube conduzir – mais tarde, nas entrevistas de divulgação, a atriz elogiaria a generosidade do colega. Ele criou gestos meio cafonas para o personagem, como o cofiar do bigode, que a princípio não agradaram a equipe, mas com o tempo se revelaram úteis na construção do personagem. *Vidas partidas* teve a digital de Domingos em muitos aspectos, desde a alteração no roteiro até a interpretação precisa do personagem central, que se tornou mais humano na pele do ator.

Pouco depois de terminar as filmagens de *Vidas partidas*, Domingos levou *Mistero buffo* para duas apresentações no Cine Theatro Brasil Vallourec, em Belo Horizonte. A minitemporada foi produzida por Juliana Sevaybricker, do Festival de Circo, já parceirona de uma década da La Mínima. A estreia ocorreu num sábado à noite, 29 de novembro de 2014. Sucesso. No fim, a equipe estava morrendo de fome. Agora era só esperar a fila de fotos com o Zyah e todos poderiam finalmente sair para comer.

– Juliana, a Cantina do Lucas não fica aqui perto? – perguntou Duma.

– Sim, dá uns dez minutos a pé.

– Vamos lá, pessoal?

Essa cantina tinha se tornado point dos circenses desde a primeira edição do festival – aquela que consagrou *As bailarinas*. Partiram todos, Duma, Fê, Juliana, equipe La Mínima e alguns parceiros da produção local. Era só descer a Avenida Afonso Pena, pegar a Rua Bahia, andar mais um cadinho e chegou. Só que não: já na saída, havia fãs do lado de fora. Durante o curto percurso, Domingos foi parado a cada passo. A fome apertou, a dele e a da turma toda. A cantina fica no Edifício Maletta, que abriga um aglomerado de bares e restaurantes e costuma ferver de gente no fim de semana. Chegaram, jantaram, tomaram chope, diante do olhar curioso dos mineiros.

Ao sair, havia gente na porta para ver, fotografar, tocar e beijar Domingos. O galã atendeu a todos, com carinho e com alegria – os fãs que o abordaram depois do jantar, de bucho cheio, tiveram mais sorte. Mas Juliana compreendeu que a boa e velha Cantina do Lucas de tantos encontros já não dava mais para Domingos. Quando ele voltava a Belo Horizonte, eram organizados jantares reservados em locais fechados, como o Cento e Quatro ou a Casa África Brasil.

A La Mínima nasceu na rua, sua grande fonte de inspiração. Porém, cada vez que Domingos tentava voltar a mostrar palhaçadas novas ou antigas no meio do povo, era um rebuliço. Os festivais de circo, tão frequentados por Agenor e Padoca, estavam ficando impraticáveis. Ossos do ofício, que Duma roeu com dissabor.

A essa altura, o Brasil inteiro já sabia que Domingos Montagner media 1,86 metro de altura, pesava 85 quilos, andava perfumado e tinha um vira-lata chamado Rino. Que adorava lasanha e costelinha de porco, que não sabia cozinhar, "mas a minha mulher cozinha que é uma beleza e eu até faço bem um rosbife à tailandesa". Que tinha uma moto BMW de 800 cilindradas e que comprou um brinco de pérolas para Luciana. Que dormia sete horas por noite, pedalava 15 quilômetros por dia na Península e depois malhava na academia do condomínio. Que na TV assistia a *The killing* e *Doctor Who*. Que perdia a paciência quando o computador travava no meio do trabalho. Que tocava saxofone, adorava uísque, costumava ir sozinho ao cinema e tinha uma coleção de vinis.

Domingos era artista popular e sempre esteve em busca do público. Jamais quis fazer arte hermética, para poucos. Se o preço da fama era abrir uma fresta da sua intimidade e saciar a curiosidade dos fãs, tudo bem. De boas, desde que pudesse preservar a sua vida privada e principalmente a da família. Seu tempo livre era quase integralmente dedicado a Luciana e aos três meninos. Gostava também de estar na presença do irmão Dico e dos amigos do circo – encontros mais esparsos, mas Duma jamais deixou de abrir a agenda para a turma.

Outra condição no jogo de celebridade era usar os microfones para exaltar a arte circense. Acabava uma entrevista e ligava para Zé Wilson:

– Assiste lá, eu falei de você!

Duma fazia o seu merchandising sem aborrecer o espectador, ao contrário, com o tempo só aumentava a curiosidade do público sobre sua trajetória no circo. Ele adorava, queria ser menos galã e mais palhaço; e sabia que era o único capaz de desconstruir essa imagem. Precisava aprender a lidar com a sua inescapável fama de galã maduro da Globo. De tanto rejeitar a alcunha, foi questionado sobre o que tinha contra os galãs. Precisou se explicar, como nesta entrevista ao jornal *O Dia*: "Não me ofendo quando me chamam de galã. Me incomodo quando as pessoas veem o galã como uma coisa menor, pejorativa. Qualquer função dramática é difícil de realizar. Antonio Fagundes e Tarcísio Meira foram grandes galãs, mas são atores estupendos. Eles não teriam recebido esse título se não fossem grandes atores".

No fundo, o galã era para ele só mais um personagem. O ator sabia inclusive capitalizar essa fama – posou com cara de mau ao lado de uma modelo estonteante no lançamento do perfume Reserved Room, da Fuller Cosméticos. Fã de Marcello Mastroianni e Vittorio Gassman, não via problema em ser galã, mas sim em ser só galã. Queria contar para seu imenso público da televisão que era, essencialmente, um palhaço.

Domingos já estava reservado para a próxima novela das seis, *Sete vidas*. Seria o seu primeiro protagonista, desafio almejado por dez entre dez atores de TV. Repetiria com a amiga Debora Bloch o par romântico de sucesso de *Cordel encantado*. É verdade que continuava preso ao papel de galã maduro, mas satisfeito por trabalhar com o diretor Jayme Monjardim, que lhe fez diretamente o convite. Seu personagem era Miguel, um oceanógrafo solitário que descobre ser pai de sete filhos – um concebido naturalmente e seis por inseminação artificial, a partir de um banco de sêmen para o qual doara esperma quando jovem.

A produção da novela nem bem tinha começado e Domingos já estava sendo sondado para integrar o elenco da próxima novela das nove, de Maria Adelaide Amaral e Vincent Villari. O título provisório era *Sagrada família* e no elenco estariam Claudia Raia, Humberto Carrão e Reynaldo Gianecchini, sob a direção de Denise Saraceni. Apesar da qualidade do time escalado, seu personagem era mais um galã maduro...

Domingos se deu conta de que jamais seria convidado para fazer comédia na Globo. O "galã maduro" era a função que ele exercia com a maior competência, e para a qual não havia muitos substitutos. Seria preciso procurar os produtores dos humorísticos da emissora e cavar o espaço que tanto desejava. Pensou em levar para a TV a sua adaptação de *Pagliacci*, por enquanto um projeto para teatro. As ideias começaram a aparecer. O ator percebeu que precisava ter planos objetivos para mostrar sua comicidade física na telinha. Mudança de postura: agora era Domingos Montagner quem iria escolher os seus papéis.

As regiões polares do planeta Terra oferecem um fenômeno de rara beleza a seus visitantes que têm a sorte de estar no lugar certo, no momento exato. Icebergs menores se desprendem de um bloco maior de gelo e invertem a relação de peso entre a sua ponta e a base submersa. A gravidade força o iceberg a girar, revelando o que antes estava escondido no escuro das águas geladas: uma deslumbrante torre de cristal azul-turquesa forjada por décadas pela pressão da água sobre o gelo.

Era novembro de 2014 e Domingos estava em El Calafate, cidade próxima ao campo de gelo do sul da Patagônia, na Argentina. Seu personagem em *Sete vidas*, o oceanógrafo Miguel, para fugir da namorada Lígia, que o pressionava a construir uma família, acaba embarcando em uma arriscada expedição à Antártica. Na trama, Miguel sofre um acidente de barco e é dado como morto – mas é resgatado por um cargueiro de pesca clandestino. Para não ter que correr os riscos de gravar na selva gelada do polo sul, Monjardim transformou El Calafate na sua Antártica. Domingos dispensou o dublê e ficou com metade do corpo submerso nas águas geladas.

Ele gravou dentro de um barco durante dez dias, passeando em meio aos icebergs do Lago Argentino. Conheceu a famosa Perito Moreno, maior geleira em extensão horizontal do mundo, e testemunhou, impressionado, a virada de um iceberg. Foram 30 dias longe da família, acompanhado de 50 colegas da equipe de *Sete vidas*, mais algumas dezenas de contratados para a produção local. Muito trabalho, mas o clima era de diversão. Foi bom reencontrar Debora Bloch e se entrosar com outros atores do elenco como Leonardo Medeiros, Isabelle Drummond e o ator argentino Michel Noher. Ao ver Domingos ajudando o pessoal de apoio a descarregar caixas de isopor, o diretor Jayme Monjardim comentou com a turma ali:

– Em mais de duas décadas de Rede Globo, eu nunca vi um protagonista carregando caixa desse jeito.

De volta ao Projac, Pedro Freire era o diretor principal das cenas em estúdio – portanto, seria o diretor com quem Domingos mais trabalharia na novela. Pedro estava ansioso, era a primeira vez que ele assumia um trabalho dessa envergadura. Logo no primeiro dia, Domingos apertou firme sua mão e, olho no olho, cumprimentou:

– Meu diretor.

O gesto se repetiria todas as manhãs até o fim da novela, o que transmitiu a Pedro um enorme sentimento de confiança.

Domingos era a maior estrela daquela produção. Quem conhece os bastidores de uma novela sabe que o protagonista da trama se torna o capitão do time também na vida real, junto aos atores e à equipe técnica. Seu jeito leve e aplicado contaminou todo mundo e, mesmo com a pressão de uma gravação de novela, o clima era ameno e amistoso. Domingos estabeleceu uma relação afetuosa com os filhos e netos do seu Miguel. Ensaiava tanto quanto podia, não importava se era com uma estrela global ou figurantes, como os que faziam os funcionários da ONG em que o personagem trabalhava.

Ele estava sempre pronto a atender as demandas da imprensa – para divulgar a novela, valia ter que responder mais uma vez sobre como é ser galã depois dos 50. Irritava-se um pouco com alguns programas de índio, como visitar a Ilha de Caras com a equipe de *Sete vidas*. Chegou pontualmente, sorriu para as câmeras, mas ninguém podia obrigá-lo a gostar. Já no barco, a caminho da ilha dos famosos, resmungou:

– Que constrangimento.

Em fevereiro, pouco antes da estreia da novela, a Globo promoveu uma coletiva de imprensa para apresentar o elenco de *Sete vidas*. Domingos notou que a pequena Milena Melo, que fazia Sofia, neta do oceanógrafo, estava nervosa em meio às grandes estrelas da Globo e dos jornalistas. O "avô" se aproximou, deu um abraço acolhedor na menina e ficou ao seu lado por um momento.

Logo depois Domingos foi se sentar entre Lícia Manzo, a autora da novela, e Debora Bloch, sua co-protagonista. As luzes se apagaram para a exibição de um clipe com as primeiras cenas da história, entre elas aquelas gravadas na espetacular paisagem da Patagônia. Só dava Miguel, o lobo solitário cuja aventura começaria a ser contada dali a alguns dias.

Lícia Manzo chegou a ser chamada de sucessora de Manoel Carlos, pelo capricho na construção dos diálogos em suas novelas. As situações criadas por Lícia provocam intimidade entre o público e o personagem – deu certo, a novela aumentou a audiência da Globo na faixa horária. Domingos agradou como protagonista, mas não se dava por satisfeito, sentia que era ainda calouro na TV. Sempre que podia, acabava de gravar e ficava no set, para observar e aprender com os colegas mais experientes. Com apenas quatro anos de experiência em novelas, ele ainda não dominava por completo a linguagem realista dos folhetins, tão distinta do espetáculo circense. Apesar disso, o talento, o carisma, a disposição para aprender e a obsessão em fazer sempre o melhor tornaram *Sete vidas* um sucesso.

Logo depois da estreia, em março de 2015, Domingos recebeu uma cena em que seu personagem cantava para a namorada em um bar. Ligou assustado para a autora:

– Mas Lícia, eu não sei cantar!

– Que é isso, Domingos, não é para você cantar! É uma brincadeira, um karaokê num bar. Que música você quer cantar? Me manda umas sugestões e eu vou conversar com a produção.

Pronto, o susto já tinha passado e Domingos estava agora empolgado. Escreveu um e-mail para Lícia com uma lista de músicas:

– Levei em conta o momento, a questão de ser conhecida, algo da minha geração. São músicas que eu adoraria cantar.

Domingos ofereceu à autora *Love me tender* com Elvis Presley – "sou apaixonado por esta música". A lista tinha também The Police, Paralamas e Tim Maia, mas a que acabou escolhida foi *You are my sunshine*, na versão de Johnny Cash, "maravilhosa", segundo Domingos, que caprichou e cantou bonito no karaokê. Ele ficou satisfeito com o seu primeiro protagonista em novelas, embora não tenha abandonado o senso crítico. Achou que os personagens masculinos da história eram meio bobocas e até reclamou disso no set, meio à brinca, meio a sério:

– Assim não dá, nessa novela as mulheres são legais e os homens todos bananas!

No dia 31 de maio de 2015, um domingo, a companhia La Mínima fez a última apresentação da temporada de *Mistero buffo*, no Teatro Dulcina, no Centro do Rio. Num dos camarotes laterais do teatrão estava Fernanda

Montenegro. Ao fim do espetáculo, Domingos correu para cumprimentá-la. Depois de abraçá-lo, a grande dama do teatro brasileiro revelou que tinha se emocionado com a peça. A atriz foi embora e Domingos pegou o telefone para ligar para Luciana, mas não conseguia formular a frase:

– A Fernanda Montenegro… A Fernanda Montenegro… Então, a Fernanda Montenegro…

A cineasta carioca Julia Rezende, aos 27 anos, dirigiu *Meu passado me condena*, blockbuster visto por mais de três milhões de espectadores em 2013. No ano seguinte, foi escolhida pela Paris Filmes para inaugurar sua divisão de produção. A maior distribuidora de cinema do Brasil queria produzir os próprios filmes e convidou Julia para adaptar um grande sucesso do cinema argentino, a comédia *Un novio para mi mujer*, de Juan Taratuto. O filme conta a história de um dono de antiquário que quer se separar da mulher, mas, para não tomar a iniciativa, contrata um esquisitão para seduzi-la.

Julia pretendia escalar Ingrid Guimarães, a grande campeã de bilheteria do cinema brasileiro, para o papel do vértice feminino do triângulo amoroso. Calhou que Ingrid estava à procura de uma comédia mais sofisticada, para sair da zona de conforto das comédias rasgadas que vinha fazendo. O cinema argentino é reconhecido pelos roteiros inteligentes, bem sacados – era tudo do que a atriz precisava.

Para viver o Corvo, o esquisitão contratado pelo dono do antiquário, Julia precisava de alguém com presença. Mas o personagem não era um sedutor clássico, deveria causar certa estranheza no espectador. Não estava fácil chegar a um bom ator com esse perfil. Até que Marcela Altberg, produtora de elenco, sugeriu:

– Por que você não chama o Domingos Montagner?

– Você tá viajando, Marcela. Quer chamar o maior galã da TV brasileira?

– E daí? Você desconstrói o galã. Ele é talentosíssimo, ele faz o personagem que você quiser.

– Isso não faz o menor sentido.

Passou um tempo e Julia ainda não dispunha de ninguém. Marcela não tinha desistido de Domingos. Catou no Google a foto mais feia do ator e mandou por WhatsApp para a diretora. Falou da sua trajetória como palhaço e insistiu tanto que acabou a convencendo. Julia ligou para Ingrid e contou da sua proposta:

— Mas Julia, precisamos de um ator feio, a mulher não pode se sentir atraída por esse cara. Ele é lindo!

Agora era a cineasta a advogar a favor do galã. Ingrid não demorou a se convencer sobre a versatilidade de Domingos, mas expôs outro problema:

— O Domingos é um dos atores mais requisitados da Globo hoje. Disputadíssimo!

— Deixa comigo, Ingrid.

O argentino Eduardo Milewicz, preparador de elenco da Globo, já tinha trabalhado com Domingos em *Sete vidas* e com Ingrid no filme *Fala sério, mãe!*. A atriz e o preparador se encontraram durante o processo de casting para o novo filme e conversaram sobre a relação entre atores e atrizes, que para Milewicz é muito diferente no Brasil e na Argentina:

— Um dos homens mais generosos com atrizes com quem eu já trabalhei é o Domingos. É um ator que gosta de ver a mulher se destacar. Ele torce pela parceira e dá licença para a atriz brilhar.

— Isso é do circo, Eduardo. Numa dupla de palhaços, um precisa do outro.

No início de julho, Julia ligou enfim para Domingos, que acabara de gravar *Sete vidas*. Marcaram um café no Guy Restaurante, na Fonte da Saudade, Zona Sul do Rio. A diretora o esperava na varanda, ele chegou de moto, jaqueta de couro e os seus anéis. Enquanto se aproximava, Julia pensou: "Meu Deus do céu, como é que eu vou deixar esse homem feio?".

A diretora juntara munição para ganhar o astro. Sua mãe, a renomada produtora de cinema Mariza Leão, tinha lido o roteiro do filme e sugerido à filha:

— Está faltando alguma coisa nesse Corvo, uma loucura a mais. Inventa uma profissão esquisita pra ele, sei lá, atirador de facas.

Àquela altura, Julia já tinha percebido a paixão de Domingos pelo circo, bastou buscar duas ou três entrevistas suas no Google.

— Domingos, a gente ainda está mexendo no roteiro, você pode ficar à vontade para dar sugestões, pensar em características para o Corvo. Quem sabe um atirador de facas?

Domingos pensou não ter ouvido direito:

— Eu sou atirador de facas, Julia!

E começou a contar a sua história no circo, "e que eu sou palhaço e que eu passei por todas as funções" e isso e aquilo. Parecia sonho: uma diretora de cinema blockbuster fazendo um convite para uma comédia. Domingos estava prestes a viajar de férias com a família para Portugal. Era uma viagem sonhada, uns dias para descansar a sós com Luciana e os meninos.

– Julia, você pode me esperar voltar e a gente conversa no fim do mês?
– Claro!

Domingos voltou e mandou uma mensagem para a diretora:

– Li o roteiro e estou cheio de ideias. Nada grave, não se assuste.

Marcaram um jantar no CT Brasserie, no Fashion Mall, shopping de São Conrado. Os dois já estavam afinadíssimos e conversaram horas sobre o longa. As filmagens seriam em São Paulo, e Julia ficou impressionada por ele lhe dar absolutamente todas as informações sobre circo na cidade. Passaram-se quatro dias e Julia avisou pelo WhatsApp:

– Nosso filme tá caminhando, Caco Ciocler é o Chico.
– PQP, que legal! Obrigado pela notícia, ganhei o dia!

Antes de filmar *Um namorado para minha mulher*, Domingos precisava se apresentar para outra produção: ele fora o escolhido para o difícil papel de um delegado de polícia querido por milhares de fãs. Em agosto de 2015, o ator estava de volta ao GNT, o canal que exibiu a sua primeira participação numa série de TV, oito anos antes. Muita coisa mudara desde aquela pequena participação. Agora ele era o grande protagonista a emprestar o seu prestígio à produção. *Romance policial – Espinosa* é uma adaptação livre de *Uma janela em Copacabana*, livro de Luiz Alfredo Garcia-Roza lançado em 2001 pela Companhia das Letras. O inspetor de polícia Espinosa é um dos mais conhecidos personagens da literatura policial brasileira e aparece em quase todas as obras de Garcia-Roza. Um desafio a qualquer ator, já que sua imagem na tela rivalizaria com a ideia que cada leitor fabricara sobre o personagem ao ler os romances protagonizados por Espinosa.

Domingos não lera Garcia-Roza, mas ficou entusiasmado pelo projeto, porque o convite veio do diretor José Henrique Fonseca, filho de Rubem Fonseca – esse, sim, velho conhecido de leituras. Na série do GNT, Espinosa é o responsável pela 12ª Delegacia de Polícia do Rio, um cinquentão charmoso e conhecido por seu rigor ético e por examinar as investigações com perguntas excessivamente detalhistas.

As filmagens começaram menos de um mês após terminar *Sete vidas*. Domingos mergulhou na leitura de Garcia-Roza e fez questão de dispensar o dublê nas cenas de perseguição de moto. Rodou algumas delas numa delegacia cenográfica montada num estúdio do Méier, mas a maior parte se concentrou em Copacabana, bairro onde são ambientados os livros e a série. O apartamento do policial era real, ficava no sexto andar de um prédio de arquitetura neoclássica da década de 1920, numa esquina da Avenida Nossa Senhora de Copacabana. Aos objetos cenográficos inspirados no Espinosa de Garcia-Roza – um LP dos Beatles, um livro de Allan Poe, pistolas e fitas K7 – Domingos acrescentou uma miniatura de Dick Vigarista e seu parceiro Mutley, os dois vilões de desenhos animados do estúdio Hanna-Barbera.

Espinosa é um carioca da gema, assim como o seu criador, Garcia-Roza. Domingos, paulistano até a alma, recebeu críticas dos fãs do Espinosa da literatura quando a série foi ao ar, em outubro. Mas durou pouco: os leitores compreenderam que se tratava de uma adaptação. E o público do GNT que não conhecia os livros curtiu as desventuras do delegado. José Henrique Fonseca queria uma segunda temporada e Domingos também.

Dois meses depois que *Sete vidas* saiu do ar, Debora Bloch convidou a turma para um risoto em sua casa, para se despedir da novela e celebrar a amizade. Domingos contou que estava filmando *Espinosa*, que fora escalado para uma nova novela e se metera em outro projeto, um filme com Ingrid Guimarães.

– Domingos, você precisa parar um pouco – recomendou Lícia Manzo ao Arlequim desenfreado.

Domingos era pura euforia, prestes a entrar em cena como Corvo, seu primeiro papel cômico no cinema. Os planos de ser palhaço nas telas deram certo, mais rápido do que o previsto. Agora a meta era emplacar um trabalho de humor na TV. O que o imenso público da Globo tinha visto dele até ali era só a ponta do iceberg. Sua arte circense refinada por duas décadas estava ainda submersa, acessível somente ao público do teatro – restrito, perto da popularidade que ele alcançara. O momento da virada se aproximava.

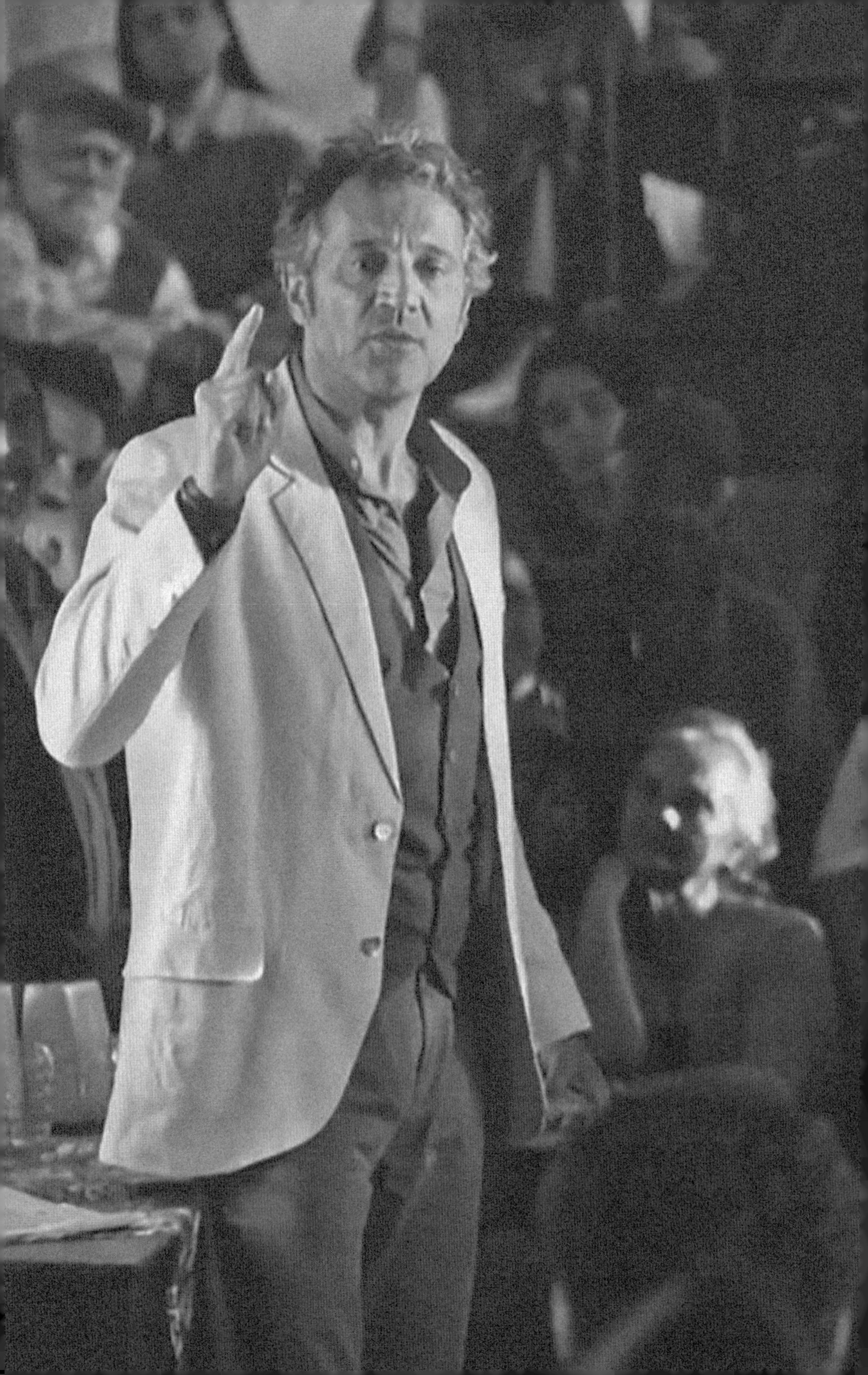

CAPÍTULO 15

O mocinho e o saltimbanco

Domingos atendeu o telefone, era a Verônica Tamaoki, coordenadora do Centro de Memória do Circo:

— Domingos, querido, tenho um convite especial para te fazer. O Masp vai doar o acervo do Piolin para o Centro de Memória do Circo. Nós estamos organizando uma carreata de palhaços para trazê-lo para cá, em dezembro.

Não era um acervo qualquer. Piolin era o icônico palhaço adorado por milhares de crianças e adultos, alguns ilustres, como o presidente Washington Luís e intelectuais modernistas, no início do século XX. Quando Piolin morreu, no dia 4 de setembro de 1973, aos 76 anos, mais de duas mil pessoas se espremeram nas alamedas do Cemitério da Quarta Parada, no Belenzinho, em São Paulo, para se despedir do ídolo.

Piolin contribuiu de forma decisiva para consagrar o jeito brasileiro de fazer palhaçada e caiu nas graças dos intelectuais modernistas. Oswald de Andrade, Mário de Andrade, Tarsila do Amaral e Di Cavalcanti eram frequentadores dos circos do Largo do Paissandu. Eles defendiam que a influência europeia deveria ser deglutida e recriada pelos artistas brasileiros. Ao traduzir o circo clássico europeu ao gosto da nossa gente, Piolin se tornou um herói modernista.

Quando completou 32 anos, no dia 27 de março de 1929, Piolin ganhou de presente a maior homenagem que os modernistas poderiam lhe render. Os artistas e intelectuais à frente do movimento o convidaram para um almoço no restaurante mais badalado da cidade, o Mappin, a cinco minutos a pé do Largo do Paissandu. O prato principal era o próprio Piolin, que seria almoçado no evento imortalizado como Festim Antropofágico, uma brincadeira, claro. Os modernistas roubaram dos índios antropófagos a ideia de que um homem que come a carne de outro homem adquire as suas qualidades – metáfora perfeita para a proposta do movimento.

Muito tempo depois, a artista Lina Bo Bardi e seu marido, o curador Pietro Maria, organizaram uma mostra comemorativa ao cinquentenário da Semana de 1922, no Museu de Arte de São Paulo. Já aos 75 anos, Piolin foi novamente lembrado e seu circo montado no vão livre do Masp. Na ocasião, Piolin entregou ao museu o acervo tão precioso para a história do circo. Suas vestes, sapatões, chapéu de coco e a bengala, tudo ficaria bem conservado pelo Masp por 43 anos.

Em 2015, a direção do museu achou por bem encaminhar o acervo para o Centro de Memória do Circo. Avisada de que receberia as roupas e os apetrechos de Piolin, Verônica entendeu que a transferência do material não poderia se reduzir a um ato burocrático. Ela imaginou então um cortejo que refletisse a importância histórica do ato do Masp, de reconhecer no Centro de Memória do Circo o lugar ideal para abrigar os pertences de Piolin.

— Mas é claro que eu vou, Verônica! Estarei gravando em dezembro, mas não perco essa homenagem por nada – respondeu Domingos à amiga.

O cineasta Daniel Rezende ligou para Fernando Sampaio:

— Fernando, estamos fazendo um filme inspirado na história de um dos intérpretes do palhaço Bozo no SBT, nos anos 1980. Há um momento no roteiro em que esse cara vai fazer um treinamento com um palhaço de verdade. Nós queremos que esse palhaço seja você.

— Mas vocês não tinham convidado o Duma?

— Pois é, mas ele não pode. Vai começar a rodar um filme e na sequência começa a fazer a próxima novela. Impossível.

— Mas esse papel é a cara dele! Eu vou falar com ele.

A cena era pequena, uma diária só. Fernando sabia o quanto Domingos ficaria feliz em fazer o papel. Insistiu:

— Mas Fernando, não é só a diária, eles estão precisando também de alguém para treinar o Vlad de verdade – Domingos referia-se ao ator Vladimir Brichta, escalado para o papel principal.

— Eu treino o Vlad no Zanni e você faz o papel do treinador no filme, pronto. Eu vou ser o treinador de verdade e, no filme, faço o seu escada. Duma, não era tudo o que você queria? O papel aparece e agora você vai negar?

Assim foi. Brichta fez o treinamento em dois encontros com Fernando. Enquanto se preparava para fazer o Corvo da Ingrid Guimarães, Domingos deu um jeito de enfiar na agenda a tal diária para ser o mestre do Bozo no cinema. Ficou para o fim do ano. Mas ele ainda precisava cuidar da sua carreira após a novela. Foi à casa do amigo Luiz Villaça, em Higienópolis, tratar do próximo espetáculo da La Mínima. Há tempos Villaça não o via tão animado. Entrou dançando:

— Eu vou fazer um palhaço! Eu vou fazer um palhaço!

Domingos estava daquele jeito que, se melhorar, estraga. Dois convites para fazer comédia no cinema, em ambas um flerte com a temática circense. Para melhorar, *Um namorado para minha mulher* seria rodado em São Paulo, o que significava jantares com a família, sem depender da ponte aérea.

Mas ele tinha também os seus próprios projetos para cinema e TV.

Justamente uma dessas ideias o fez procurar Villaça. Domingos decidira finalmente realizar a adaptação da ópera *Pagliacci* para o teatro – ele já pensava em levá-la também para a TV, em uma minissérie na Globo, depois da peça. Era uma empreitada grandiosa e Luciana percebeu que a La Mínima, sozinha, não teria fôlego para tocar o espetáculo. Villaça, por sua vez, estava habituado a produções de teatro mais robustas. Domingos pediu ao amigo que encampasse o arrojado projeto *Pagliacci* em sua produtora.

Ele já havia separado um caderninho com as anotações das ideias para o espetáculo; pretendia aguardar que *Pagliacci* entrasse em cartaz no teatro e só então defenderia sua adaptação para a telinha. Enquanto isso, não perdia a oportunidade de conversar sobre outros papéis cômicos com os diretores.

Villaça o queria em seu próximo filme, sobre um reencontro de quatro amigos de infância. Domingos topou, mas replicou:

– Meu, vamos fazer uma comédia!

Marcos Schechtman o convidou para ser o instrutor de balé cubano na cinebiografia de Thiago Soares, carioca que se tornou o primeiro bailarino do Royal Ballet de Londres. Domingos aceitou, mas encomendou a Schechtman um papel cômico num próximo projeto. Na Globo, ele pediu ao diretor Maurício Farias para participar do *Tá no ar*, um dos principais programas humorísticos na grade na emissora.

Domingos tinha dificuldade para emplacar um cômico na Globo, enquanto os convites para papéis de galã não paravam de pipocar. Talvez fosse a tal escassez de galãs maduros de que ouvira tanto falar desde que pisou pela primeira vez no Projac. Só que agora ele era uma grande estrela, com muitos serviços prestados como galã na TV. Era hora de negociar.

Escalado para a próxima novela das nove, ainda com o título provisório de *Sagrada família*, Domingos fora informado de que a produção seria adiada, para evitar complicações com a legislação eleitoral brasileira – 2016 era ano de eleições municipais e a trama tinha fortes contornos políticos e até uma personagem parlamentar. Silvio de Abreu, diretor de Dramaturgia da Globo, postergou a produção e, para o seu lugar, antecipou *Velho Chico*, nova parceria do escritor Benedito Ruy Barbosa com o diretor Luiz Fernando Carvalho. Era uma novela das seis em fase de pré-produção, ou seja, além de antecipar o cronograma, seria preciso agilidade na mudança do perfil da trama para o horário nobre.

Domingos admirava Benedito e Luiz Fernando e foi atiçado pelo projeto. Recebeu do diretor o argumento da novela – ele estava cotado para viver o protagonista. A história seria baseada no folclore ligado ao Rio São Francisco e abordaria inovações nas técnicas do manejo sustentável da terra, tema que considerava de enorme relevância. O ator se encantou pelo protagonista, Santo dos Anjos, um homem sem falhas de caráter que enfrenta o coronelismo nordestino.

Luiz Fernando é reconhecido pelo tom de fábula que imprime em seus trabalhos, distante do realismo comum às telenovelas. Era a oportunidade que Domingos buscava. Ele queria estar no papel. Foram telefonemas, cafezinhos e reuniões, tudo amarrado com jeito para não melindrar ninguém – *Sagrada família* já tivera o seu elenco divulgado. Fez questão de ir à sala da diretora Denise Saraceni, explicar por que deixaria o seu projeto. E depois foi até a poderosa Monica Albuquerque, diretora de Desenvolvimento e Acompanhamento Artístico da Globo, para negociar a troca.

Conseguiu. Deixou uma novela que já anunciara seu elenco para outra que estava prestes a entrar em produção. José Mayer assumiu o papel em *Sagrada família*, que foi ao ar com o título *A lei do amor*, em 3 de outubro, dia seguinte ao primeiro turno das eleições.

Domingos ligou para Julia Rezende e avisou que estava livre das filmagens de *Espinosa*:

– Beleza, então eu vou marcar um encontro aqui em casa para você e Ingrid fazerem uma primeira leitura do texto.

No dia 25 de agosto de 2015, ele finalmente conheceu Ingrid Guimarães, na casa de Julia, na Fonte da Saudade. Estava encantado por aquela atriz que, apesar das bilheterias estratosféricas, não se levava a sério. Ingrid também se impressionou: Domingos era o cara do momento, mas estava ali, tão gente como a gente, com atitude de aprendiz. Amizade instantânea.

Diante dos olhos da diretora, a dupla fez então a primeira leitura do roteiro do filme. Havia um momento em que Corvo ensina para Nena, a personagem de Ingrid, alguns truques circenses. Ali mesmo, na sala de estar da Julia, os dois já se levantaram e ensaiaram a cena. Domingos primeiro mostrou no celular um vídeo do número *As bailarinas*, depois pegou Ingrid pelas pernas e a carregou pelos ares. A atriz avisou:

– Vocês vão precisar ter paciência comigo, eu tenho medo de altura.

– Prometo que terei a maior paciência, mas você precisa me garantir que, quando o filme estrear, vai ter foto minha nos copos de pipoca à venda nos cinemas – replicou Domingos.

Tudo acertado, o trio combinou de se encontrar em São Paulo dali a um mês, em outubro, para começar a filmar.

Três dias se passaram e Julia foi ao encontro de Domingos em São Paulo, fazer testes de peruca com Emi Sato e de figurino com Andrea Simonetti. O objetivo era deixar o galã da TV irreconhecível:

– Julia, faz o que você quiser. Vamos pirar!

Emi trouxe uma seleção de suas perucas mais bizarras. Cada uma que experimentava, Domingos soltava uma gargalhada. Até que veio a mais tosca de todas: perfeita! No dia seguinte, Julia e Domingos passaram a manhã no estúdio de Simonetti. Domingos levou a peruca e já tinha inventado para o Corvo um cacoete de enrolar suas mechas. E tome roupas esdrúxulas, botas caubói e Domingos rindo sozinho de cada peça que vestia. Bendita desconstrução. Ao se despedir, disse para Julia:

– Que bom que vocês enxergaram que eu podia fazer esse trabalho.

Julia iniciou mais uma tarefa da pré-produção: encontrar uma locação para as cenas circenses do filme. Tinha uma lista de circos para visitar e escolher um que fosse ideal para o jogo de sedução entre Corvo e Nena. Antes de liberar Domingos, a diretora lhe mostrou a lista. Ele conhecia todos e, entusiasmado, dava a ficha completa de cada um:

– Esse você vai adorar, esse talvez seja pequeno demais, esse não combina com a paleta de cores do filme.

Com o fim antecipado das férias na Globo, Domingos não teria mais descanso entre a conclusão das filmagens de *Um namorado para minha mulher* e o início do trabalho de preparação para *Velho Chico*. Sobravam poucas semanas em setembro para ficar em casa, em Embu das Artes. Aproveitou para passar os dias com os filhos e Luciana. Conseguiu rever Dico, já fazia meses que não encontrava o irmão. Nesse meio tempo ligou para ele Zé Wilson, que estava armando o circo ali perto, no gramado de um hotel em Embu. Domingos foi até lá para ajudar a montar a lona e matar a saudade. Chegou meio disfarçado, de boné e óculos escuros, carregou uns paus, deu umas marteladas, mas, em vez de ajudar, atrapalhou – os fãs o descobriram. Tirou umas fotos, deu um abraço no Zé e voltou para casa.

Em outubro, estavam todos em São Paulo para rodar o filme: Julia, Ingrid, Caco, o restante do elenco e equipe técnica. Radiante com a sonhada comédia cinematográfica, Domingos virou o Dom no set e passou a chamar Ingrid de "minha estrela". Além dela, Caco Ciocler a essa altura já estava enturmado. Disciplinado como de costume, Dom tinha feito três aulas com o amigo Daniel Wolf, atirador de facas. Treinou para cuspir fogo também.

Apesar de toda a experiência em comédia no teatro, Domingos reconhecia estar diante de uma autoridade em matéria de cinema. Ficava atento a tudo o que Ingrid dizia e a deixava conduzir a piada. Depois de 18 anos na função de palhaço branco na dupla com Fernando, Domingos sabia como levantar a bola para Ingrid cortar – era ela a palhaça augusta. Nos intervalos, contava casos da Escola Picadeiro. Toda a equipe do filme estava encantada pelo palhaço, que por isso mesmo não deixou de ser galã. Ingrid dizia:

– Domingos, você é o novo Tony Ramos da Globo! – uma alusão à fama de boa-praça do grande ator veterano.

Dos 30 dias de filmagem, Domingos atuou em 20. Antes de entrar em cena, ele precisou ir ao Rio participar de workshops que a produção de *Velho Chico* oferecia ao elenco, com especialistas nos temas que seriam abordados na novela. De volta a São Paulo, pôde se dedicar exclusivamente ao longa e, nas horas vagas, curtir a família. Quando chegou o dia de filmar no picadeiro, a equipe pegou a estrada em direção ao Circo dos Sonhos, que emprestaria a sua lona e os equipamentos à produção. Domingos reconheceu o trailer escolhido por Julia para ser a casa de Corvo:

– É o meu trailer!

Meses antes, ele emprestara o trailer para o Circo Fiesta, de César Guimarães, e, não se sabe como, de mão em mão tinha ido parar com a trupe do Circo dos Sonhos. Por incrível coincidência, calhou de ser o trailer escolhido para o Corvo. Domingos estava que nem pinto no lixo. Em qualquer intervalo entre as gravações, corria para os aparelhos e treinava cama elástica, trapézio, o que viesse. Não cansava de agradecer a Julia:

– Eu agora vou eternizar a minha paixão pelo circo, meus filhos vão poder ver esse registro quando crescerem.

Julia tinha escalado um integrante do Circo dos Sonhos para acompanhar Ingrid em suas acrobacias. A atriz estava em pânico e Domingos a socorreu. Primeiro, marcou um dia só para treinar com a parceira, com a maior paciência. Depois, avisou a Julia que seria ele a subir na banquilha para ajudar Ingrid a se soltar para voar de trapézio. A atriz chegou a hesitar:

– Domingos, você tem certeza?

O amigo subiu e tomou o cuidado de explicar tudo o que ia fazendo. Amarrou a corda e os equipamentos de segurança na atriz, lembrou as orientações e a ajudou a se jogar.

No fim das filmagens, Domingos avisou:

– Ingrid, lembre-se de uma coisa: qualquer trabalho que você me chamar, não importa o que for, eu vou.

Antes de se apresentar à equipe de Luiz Fernando Carvalho, na Globo, Domingos foi ser palhaço por um dia no cinema. *Bingo, o rei das manhãs* era livremente inspirado no período em que Arlindo Barreto, um ex-ator pornô viciado em cocaína, foi contratado para dar vida a Bozo. A vida louca de um apresentador de programa infantil era a homenagem à cena cultural politicamente incorreta dos anos 1980.

Num dado momento da trama, o protagonista sente necessidade de treinar com um palhaço de verdade – foi esse instrutor que Domingos representou. Ele também deu consultoria circense ao roteirista Luiz Bolognesi e ao diretor Daniel Rezende. Contou empolgado aos dois sobre as origens do palhaço, do significado da transgressão. A fala do instrutor Domingos no filme é real e foi pinçada da consultoria:

– Palhaço não obedece. Se mandarem você abaixar, você levanta. Se mandarem você se curvar, chuta a bunda dele. E não importa quantos tapas o palhaço vai levar. Ele sempre levanta e tenta de novo.

Sexta-feira, 4 de dezembro de 2015, de manhã cedo. Domingos pôs a roupa de gala de palhaço e partiu para a Avenida Paulista, onde se reuniria com Verônica Tamaoki e outros amigos para participar da cerimônia em que o Masp formalizou a entrega do acervo de Piolin ao Centro de Memória do

Circo. De lá, seguiria para o aeroporto, já que no dia seguinte começaria a preparação da nova novela das nove. Chegou ao vão do Masp e viu Verônica fantasiada de gueixa, uma zoação com a sua própria origem japonesa. Hugo Possolo, que já tinha sido Piolin no teatro, estava lá, além de Fernando Sampaio, de toda a turma do Zanni e de muitos outros circenses.

– Verônica, querida, eu fiz questão de vir, mas não posso ficar muito, pego o voo para o Rio daqui a pouco – desculpou-se Domingos.

O clima era de balbúrdia solene. O acervo de Piolin foi posto sobre três andores de veludo com adornos dourados, feitos pelo cenógrafo Eduardo Paiva especialmente para a ocasião. Dali seguiu em carreata de bugres conduzidos por palhaços em festa. Chegaram ao Largo do Paissandu, onde uma pequena multidão de palhaços, fãs e curiosos os aguardava.

Domingos Montagner e Hugo Possolo compuseram a comissão de frente, carregando o primeiro dos três andores com as roupas, sapatões e outras peças do acervo de Piolin. Uma grande honra para os dois "filhos" de Zé Wilson, da Picadeiro. Hugo era o Parlapatão que levou à frente a tradição subversiva do palhaço. Domingos, o esteta da palhaçaria que emprestava a sua enorme popularidade à valorização do circo. A essa altura, já se diluíra bastante a rusga entre os circenses da tradição e os artistas formados em escolas de circo. Estavam muito mais misturados e em alguns circos da tradição já não era tão fácil saber quem tinha e quem não tinha serragem nas veias. Marcio Stankowich, um dos ferrenhos defensores da tradição, mostrou sua admiração por Domingos:

– Esse representa o circo.

Enquanto o cortejo passava, o povo cantava, gritava e empunhava bandeiras em homenagem a Piolin. Domingos e Hugo entraram na Galeria Olido, onde fica o Centro de Memória do Circo, e subiram suas escadarias tomados de emoção. Foram todos para o auditório e fizeram silêncio para que Verônica pudesse dar início à cerimônia. Ela subiu ao palco, abriu os braços e bradou:

– O Largo do Paissandu está em festa! Piolin voltou para casa!

Enquanto Verônica, emocionada, resumia a história do circo no Largo do Paissandu, os técnicos do Centro de Memória desembrulhavam o acervo. Domingos olhou para o relógio, estava na hora de partir para o aeroporto. Não havia, porém, a menor chance de deixar aquela cerimônia. Verônica terminou sua fala e a turma encenou o célebre almoço modernista, em que os intelectuais comeram Piolin – Hugo interpretou o prato principal e o ator Pascoal da Conceição incorporou Mário de Andrade.

Depois, seguiram todos para o bar Casa dos Artistas, próximo dali, e celebraram Piolin e o circo. Domingos perdeu o voo e só conseguiu embarcar tarde da noite – precisava estar de manhã no teveliê, o estúdio num cantinho do Projac onde Luiz Fernando ensaiava os atores para *Velho Chico*. A festa de Piolin era o que mais importava naquela noite.

Luiz Fernando Carvalho é um diretor excepcional, que conseguiu emplacar um modo de fazer teledramaturgia bem diferente do habitual. Depois de entregar trabalhos com boa audiência e excelente repercussão entre críticos e artistas, o diretor ganhou prestígio na Globo. Tanto que, em 2013, foi-lhe concedido um lugar para construir o que ficou conhecido como o teveliê, um galpão com teto de zinco onde ele executava quase todas as etapas da produção das suas novelas e minisséries. É um espaço quase sem paredes, propício à convivência entre atores e equipe técnica, distinto das salas de produção compartimentadas e mais frias dos estúdios da Globo.

O processo de criação de Luiz Fernando é teatral e parte da premissa de que deve haver uma relação entre os artistas que extrapole o trabalho. Ali, no seu teveliê, ele montou bases para suas equipes de figurino e maquiagem, além de um lugar para ensaios com um piano e paredes pintadas ou grafitadas de acordo com a estética de cada produção.

Tudo isso é um luxo. Numa telenovela, mais de três horas de conteúdo gravado e editado vão ao ar por semana, tempo superior ao de um longa-metragem. Ou seja, produz-se um filme a cada semana, durante cerca de seis meses, ininterruptamente. Por isso, muitas cenas são rodadas sem tempo para ensaio ou qualquer outro tipo de preparação. Essa integração maior entre os atores, quase como se fossem um grupo de teatro, é impossível para a maioria dos diretores da Globo.

Luiz Fernando paga um preço alto por trabalhar de maneira quase artesanal. Totalmente imerso em seu processo, enquanto sua novela está no ar, ele não faz outra coisa na vida. Obsessivo com o resultado, espera o mesmo dos profissionais com quem trabalha. Seleciona técnicos e atores a dedo e, uma vez formada a equipe, dá a todos completa liberdade de criação.

Velho Chico foi escrita a oito mãos. Partiu de uma ideia de Benedito Ruy Barbosa, desenvolvida por ele em parceria com sua filha, Edmara Barbosa. Quando começaram a fazer o roteiro, Bruno Luperi, filho de Edmara e neto de Ruy, passou a colaborar. Benedito perdeu a sua esposa, Marilene, em agosto de 2014, e o luto o afastou da novela – ele se manteve apenas como supervisor. Luiz Fernando convidou o dramaturgo Luís Alberto de Abreu, seu parceiro frequente, para também colaborar. Pouco depois da estreia, Edmara deixaria o trabalho e Bruno passaria a ser o seu principal autor.

A antecipação de *Velho Chico* no cronograma da Globo e as idas e vindas da equipe de autores atrasaram o trabalho. Bruno passou semanas inteiras em frente ao computador para ganhar um pouco de frente e normalizar o ritmo de produção da novela. Nada disso fez com que Luiz Fernando abrisse mão do esmero. Ele manteve o processo colaborativo nas gravações: "O texto é um ponto de partida que precisa ser vasculhado, não simplesmente decorado", explicava.

O elenco de *Velho Chico* se deslumbrou ao vivenciar o trabalho do diretor. Num primeiro momento eles aprenderam tudo sobre o Rio São Francisco, geografia, folclore e as questões ambientais em torno do vale. Foram workshops com antropólogos, historiadores, sociólogos, artistas, músicos, críticos de arte, ambientalistas, agrônomos e representantes das comunidades ribeirinhas. Em seguida, os atores iniciaram o processo de preparação de elenco – eram instados a improvisar, de pé sobre uma grande mesa instalada no teveliê, ou no chão do galpão.

Domingos encontrou o seu lugar na Globo – o teveliê era reconhecidamente parecido com um circo. Logo nos primeiros dias, fez teste de sombra. Mas o que significa isso? Com todo o respeito que tinha pelo trabalho do diretor, ele não deixava de dar uma zoada:

– Confesso que eu tô com um pouco de medo desse teste. É Peter Pan? – escreveu o palhaço Agenor, por WhatsApp, a um colega da novela.

Mas depois admitiu que o teste era bonito à beça: os atores que interpretariam Santo dos Anjos em três idades diferentes fariam improvisações por trás de um tecido, que revelaria apenas as silhuetas de cada um. Rogerinho Costa, Renato Góes e Domingos descobririam, assim, os gestos que os três emprestariam ao personagem. Coisa fina.

Domingos e Renato, que já tinham se encontrado em *Cordel encantado* e *Joia rara*, ficaram próximos durante o processo no teveliê e criaram juntos o Santo. A convivência no galpão proporcionava intimidade maior entre os atores. Antes do início das gravações, Domingos se aproximara de Irandhir Santos, que faria o seu irmão, e de Gabriel Leone, seu filho, além de Lucy Alves e Camila Pitanga, com quem formaria um tenso triângulo amoroso.

Velho Chico é a história do amor proibido de filhos de duas famílias rivais: Santo dos Anjos e Tereza de Sá Ribeiro, interpretada por Camila Pitanga, atriz do primeiro escalão da Globo. A saga perpassa o último quarto do século XX, no sertão nordestino, na cidade fictícia de Grotas de São Francisco. A família Sá Ribeiro é dona de quase todas as terras da cidade e controla também a política local, de forma autoritária e antiética. A família Dos Anjos é a única a enfrentar os desmandos dos Sá Ribeiro, gerando ódio mortal de parte a parte. Santo e Tereza se apaixonam, mas são obrigados a se separar quando ela descobre que está grávida. O menino Miguel cresce achando que seu pai é Carlos Eduardo, deputado mau-caráter vivido por Marcelo Serrado, que se casa com Tereza e a leva para Brasília.

Durante a preparação de elenco, Domingos, Camila e Marcelo inventaram um jogo de improvisação em que se faziam de crianças, para trabalhar os sentimentos de amor e ódio entre os personagens: saíram do galpão e subiram numa árvore ali do lado. O processo era livre assim, embora conduzido e observado pelo diretor Antonio Karnewale, que depois assumiria as filmagens na Fazenda Piatã, onde Santo morava.

Domingos reencontrou a amiga Tiche Vianna, diretora do Barracão Teatro, de Campinas. Tiche é uma referência em Commedia dell'Arte no Brasil e foi convidada por Luiz Fernando para fazer um trabalho com máscaras durante a preparação de elenco de *Velho Chico*. Domingos reviu uma companheira de muitos festivais de teatro e circo pelo país.

Velho Chico seria dividida em duas fases e Domingos não participaria da primeira – ele faria o protagonista Santo na idade adulta, na segunda e mais longa parte da novela. Portanto, quando as gravações começaram, ele pôde curtir minitemporadas com a família em São Paulo. Mesmo quando precisava ir ao Rio, para reuniões e ensaios no teveliê, o ritmo ainda não era frenético.

Em dezembro de 2015, voltou a ver mais Luís Gustavo, seu vizinho que gravava no Projac a novela *Êta mundo bom!*. Luís Gustavo gostava tanto de Domingos que um dia estava comprando tênis e resolveu levar um par para o amigo. Encontraram-se no Projac:

– Quanto você calça? Eu achei esse tênis tão bonito e comprei pra você também. Veja se serve e, se gostar, ele é seu.

Domingos achou graça daquele gesto de carinho e agradeceu com um abraço. Dias depois, quis retribuir. Passou no prédio de Gustavo na Barra da Tijuca, sem avisar, levando uma caixa de chocolates. Acabou subindo para tomar um uísque e bater papo. Quando Domingos foi embora, Luís Gustavo se inspirou e escreveu um poema. No dia seguinte, procurou-o no Projac:

– Domingos, eu escrevi uma coisinha para você. Tome aqui, veja se gosta. Faça assim, se você quiser apresentar esse texto, finge que tropeçou ao entrar no palco e aí começa.

Domingos leu:

Acho que alguém disse aí na plateia que eu me desequilibrei. Não, eu não me desequilibrei. Eu tava brincando, não me desequilibro nunca. Eu brinco todas as noites com equilíbrio porque eu sou de circo.

É sempre assim, eu sempre entro no picadeiro brincando, abrindo uma porta que dá para o infinito, iluminado por milhões de candelabros. Eu brinco, eu sou palhaço. Eu brinco, danço, eu ondulo, eu brinco com as crianças, eu quebro meu coração em direção ao risco porque eu sou de circo. Eu brinco com a vertiginosa audácia do trapézio.

E lá no alto, no topo da lona, no meio de um salto mortal, sou capaz de roubar um holofote porque eu sou de circo. Sento no cavalo como quem senta numa poltrona, ando na corda como quem anda numa avenida, ando de bicicleta sem guidão, sem assento, sem pedal, sem roda. E com as mãos, eu dinamizo dezessete laranjas de tal forma que elas mais parecem estrelas iluminando o firmamento, porque eu sou de circo.

Não, eu não me desequilibro. A alegria me alarga e eu vou do mi-

neral a Deus. Como pode alguém achar que eu me desequilibro? Minha vida começou aqui nesse picadeiro e aqui ela não vai terminar nunca porque ela é maior que eu, só não é maior que meu circo.

Dessa vez, o presente agradou bem mais que o par de tênis. Lisonjeado e enternecido, Domingos abraçou Luís Gustavo e prometeu apresentar o texto um dia.

No início de 2016, enquanto Renato Góes ainda defendia o Santo dos Anjos na primeira temporada de *Velho Chico*, Domingos conseguiu finalmente fazer sua participação no humorístico *Tá no ar* – durou poucos minutos, mas foi a grande estreia do palhaço Agenor na Globo. O melhor estava por vir: ele combinou com o diretor do programa, Maurício Farias, de recriar a série *Shazan, Xerife & cia.*, um dos maiores sucessos infantis da TV nos anos 1970, estrelado por Paulo José e Flávio Migliaccio. O seriado narra as desventuras de uma dupla de mecânicos atrapalhados em viagens pelo Brasil. Shazan seria o palhaço augusto perfeito para Domingos dar início à sua trajetória cômica na televisão.

Ainda havia algumas semanas antes de entrar no ritmo frenético de gravação da novela. Domingos curtiu Luciana e a família em São Paulo, e pôde comemorar seu aniversário de 54 anos, recebendo os mais chegados – Fernando, o irmão Dico, Nié, Edson e outros amigos do circo e da Fefisa.

Velho Chico estreou no dia 14 de março de 2016 e a trama se manteve na primeira fase por um mês. Conseguiu levantar a audiência do horário, que vinha mal desde as últimas produções. A crítica se derramou de amores pela fábula nordestina. Os ensaios no teveliê deram resultado, o elenco estava afiadíssimo. A novela tinha uma cor de terra linda, diferente.

Poucos dias depois da estreia, Luiz Fernando Carvalho iniciou as gravações da segunda fase. Ele pretendia rodar grande parte das cenas no Nordeste, mas o orçamento estourou e as viagens se esparsaram, com equipe reduzida. Domingos representou Santo no município de Olho d'Água do Casado, em Alagoas, onde fica a Fazenda Piatã, restaurada pela Globo para ser a residência da família Dos Anjos – a sede da fazenda foi integralmente reproduzida no Projac também. A Piatã estava a apenas seis quilômetros do Rio São Francisco e o elenco se hospedava na outra margem, já no estado do Sergipe, em Canindé de São Francisco. Como muitos colegas do elenco, Domingos gostava de tomar banho nas águas do Velho Chico nos intervalos das filmagens.

Quando as gravações começaram, o elenco já era uma família. Domingos reencontrou Gustavo Fernández, o diretor de O brado retumbante, e foi dirigido também por Antonio Karnewale, responsável pela maioria das cenas da família Dos Anjos. A passagem para a segunda fase, porém, foi tensa. A audiência caiu e os jornais diziam que o público tinha rejeitado o figurino extravagante da novela – todos comentavam a peruca usada por Antonio Fagundes para interpretar Afrânio de Sá Ribeiro, o temido Coronel Saruê, pai de Tereza e rival de Santo.

Pouco mais de um mês após a estreia, a novela sofreu um baque: o ator Umberto Magnani, que interpretava o Padre Romão, sofreu um acidente vascular encefálico e faleceu dois dias depois, aos 75 anos.

Foi um momento turbulento, em terrível consonância com a agitação política que o Brasil vivia – no período em que a novela esteve no ar, a presidente da República Dilma Rousseff foi acusada de crime de responsabilidade e afastada num controverso processo que culminou com o seu impeachment, no dia 12 de maio. O assunto, claro, invadia também os bastidores da novela. Domingos e Camila Pitanga conversavam muito e tinham opiniões parecidas sobre o escândalo político que dividia o Brasil em dois polos, com opiniões opostas.

Domingos conseguiu manter uma serenidade que chamava a atenção dos colegas. Como protagonista, ele foi uma peça importante para preservar as vibrações positivas que emanaram dos ensaios no teveliê.

– Vai dar certo – ele repetia a todos que se mostravam preocupados.

Sua atuação foi muito elogiada pela imprensa e Benedito Ruy Barbosa dizia que, quando Domingos aparecia na telinha, ele ouvia a voz do Santo exatamente como tinha imaginado. Com efeito, a novela conseguiu recuperar parte da audiência perdida.

O processo colaborativo de Luiz Fernando dava trabalho – e mais ainda nas cenas em que Domingos participava. Com seu espírito de trupe, o ator comprou a ideia de que o texto é um ponto de partida. Ligava para os colegas para discutir as cenas. Chegava no estúdio com o roteiro todo anotado, cheio de sugestões e apontamentos. As tomadas ficavam lindas, mas o processo deixava todo mundo exaurido, Domingos inclusive. No núcleo familiar de Santo, virou rotina um trabalho de leitura em plena cidade cenográfica antes de começarem as filmagens.

Domingos gravava pouco com Antonio Fagundes, intérprete do grande antagonista de Santo, o Afrânio, pai de Tereza. Havia, no entanto, admiração recíproca entre os atores – ele já assistira muitas vezes no teatro o veterano, que também prestigiara *Mistero buffo*. Domingos frequentava a casa de Fagundes nas reuniões mensais do Mova, o Movimento de Artistas e Atores, que pleiteava melhores condições de trabalho para os contratados da Globo. Fagundes liderou o movimento a partir de 2013 e chegou a contar com a adesão de 150 colegas.

As reuniões rolavam em sua casa, sempre às segundas-feiras, às nove e meia da noite. Domingos chegava cedo, ouvia tudo com atenção e dava boas contribuições. Um dos cuidados que Fagundes teve foi de não transformar aquele movimento em ato de rebeldia contra a Rede Globo. Conseguiram fazer uma interlocução serena com a cúpula da emissora, sem chamar a atenção da imprensa mais sensacionalista. Alguns pleitos foram atendidos, o mais importante deles a obrigatoriedade de 11 horas de descanso entre as gravações.

O papel de protagonista de novela das nove é o auge da popularidade para um ator no Brasil. Domingos se defendia da pressão do "posto" em casa, onde descansava do cotidiano insano de gravações em companhia das crianças e de Luciana. Não saía muito à noite, cuidava do sono e da alimentação. Mas sua síndrome de Arlequim ainda o impedia de dizer não a projetos tentadores. No meio da novela, arranjou tempo para uma pequena participação no filme *O rastro*, um terror baseado em história real. O diretor JC Feyer pediu segredo sobre as filmagens; queria surpreender o público com a presença do astro no elenco.

Domingos estava cansado, mas bastava aparecer uma folga na escala de gravações e lá ia ele consultar a agenda da La Mínima para ver se conseguia participar de alguma apresentação. Aos trancos e barrancos, esteve nos eventos de lançamento de dois filmes, *De onde eu te vejo* e *Vidas partidas*.

A Globo já tinha planos para o ator depois de *Velho Chico*. O diretor José Eduardo Belmonte trabalhava na adaptação do livro *Carcereiros*, de Drauzio Varella, para uma série no serviço de streaming Globoplay. Convidou-o para viver o protagonista, o agente penitenciário Adriano. Domingos topou, mas avisou que precisava de férias. Tinha programado com a família uma viagem de 15 dias a Cuba. Ficou combinado: ele entraria em estúdio em outubro, depois das férias.

As gravações de *Carcereiros* durariam três meses e, na sequência, Domingos não queria compromisso com a TV, nem com o cinema. Negociou com a direção da Globo que teria o primeiro semestre de 2017 livre para celebrar os 20 anos da companhia La Mínima. Os dois amigos programaram uma comemoração com pompa e circunstância, com a estreia de um novo espetáculo, exposição e mostra do repertório da companhia.

Para alegria de Duma, Fê e Lu, a gerente executiva de cultura do Sesi-SP, Débora Viana, tinha dado sinal verde ao projeto. O Sesi bancaria a produção e cederia o teatro e a sala de exposições na Avenida Paulista para a La Mínima de março a junho de 2017. O dramaturgo Luís Alberto de Abreu, colaborador do roteiro de *Velho Chico*, já trabalhava no texto da adaptação de *Pagliacci*. Chico Pelúcio, o renomado diretor do Grupo Galpão, finalmente cedera às muitas cantadas de Domingos e topou dirigi-lo.

Os ensaios estavam previstos para outubro, momento em que Domingos entraria em estúdio para gravar *Carcereiros*. Por isso, ele ficaria um pouco distante no início do processo, mas a partir de janeiro seria todo da La Mínima. O Nia Teatro, escritório de Luiz Villaça, daria uma retaguarda a Luciana na produção, a mais robusta da companhia em duas décadas. Tudo certo e caminhando.

O galã mais requisitado da TV não abria mão de ser palhaço. A La Mínima continuaria de pé por muitos anos e os diretores de cinema e TV teriam que ceder. Domingos começou a expressar seu desejo publicamente. Quando a assessoria de comunicação da Globo o entrevistou para o site da emissora, nos bastidores do Projac, ele deixou o recado: "Gostaria de fazer muitos personagens. Nunca fiz um vilão, por exemplo. Também nunca fiz comédia na TV, apenas no cinema e no teatro. Acho importante mudar o registro, faz bem para a nossa profissão".

Os convites não paravam, sua mesa já estava cheia de roteiros de cinema, teatro e televisão, não dava tempo de ler tudo. Havia inúmeras propostas – algumas bombas e outros projetos tentadores.

Domingos resolveu se mudar para um bairro mais próximo do Centro de São Paulo. A rotina de ponte aérea seguida de horas de engarrafamento até Embu das Artes ficara insuportável; era preciso encontrar um lugar mais perto do aeroporto de Congonhas. A promessa de uma folga para viajar a Cuba fora uma conquista e uma necessidade. Ele queria viajar mais, desejava ir de moto até a ponta do Chile.

Desde os primeiros meses na Circo Escola Picadeiro, Domingos escolheu levar a vida criando e fazendo arte, reverenciando o circo brasileiro. Ele não desistiria. Mas, calma, havia uma novela no ar no horário nobre e Santo dos Anjos tinha várias questões a resolver. Domingos estava muito feliz com a trama, que recuperou a audiência e recebia elogios nos quatro cantos do país. Ralava um bocado, ensaiando cenas como se estivesse no teatro, mas não reclamava.

A repórter Carla Neves, da revista *Quem*, foi uma das poucas testemunhas de uns resmungos de Domingos, ao conseguir arrancá-lo do set de gravações para fotos. Ele e Camila Pitanga, as principais estrelas da teledramaturgia do momento, estariam estampados na capa da edição do início de julho da revista. Era de manhã cedo, muito cedo, e Domingos trabalhara até tarde na véspera. A assessoria de imprensa da Globo insistiu, ele foi, mas demorou a sorrir para a câmera do fotógrafo Caiuá Franco.

Naquele momento, as intempéries da novela já tinham sido superadas e Luiz Fernando Carvalho achou um jeito especial de comemorar e agradecer à equipe pela entrega. No fim de julho, *Velho Chico* exibiria o seu capítulo número 100. Luiz Fernando preparou uma festa para todo o elenco no teveliê. Os atores foram instigados a se apresentar para os colegas – cantando, dançando, tocando um instrumento, recitando poesia, qualquer performance era bem-vinda.

Domingos escolheu *O jogo do Louco*, um dos jograis de *Mistero buffo*. Subiu ao palco do galpão e avisou que faria "uma peça dos jograis medievais", que considerava "uma homenagem a nós, contadores de história". Sua apresentação foi o ponto alto da noite: Domingos suando a camisa, se desdobrando para fazer o seu papel e também improvisar as falas de Fernando Sampaio. Todos já sabiam de sua origem circense, mas poucos o tinham visto no teatro. Foi aplaudido pela plateia de atores globais e equipe técnica, emocionados ao descobrir de onde vinha a densidade do ator.

Na reta final da novela, Carlos Eduardo, o vil marido de Tereza interpretado por Marcelo Serrado, atira em Santo enquanto ele cavalgava. Seu cavalo o conduz às margens do Rio São Francisco e Santo é levado pelas águas. Quando a cena foi ao ar, no dia 8 de agosto, o público não soube quem foi o autor dos disparos e ficou duas semanas sem ter notícias do destino do herói. Só então é que a personagem de Camila Pitanga descobriria, em sonho, que Santo estava vivo e sob a pajelança de índios de uma aldeia ribeirinha.

Domingos voou para São Paulo para aproveitar com a família o tempo em que seu personagem estaria sumido. Fez dieta, pois Santo precisaria estar mais magro para as cenas em que era encontrado fraco e desacordado pelos índios. A ideia era ficar de bobeira, curtindo os filhos, mas não foi o tempo todo assim. Domingos queria se inteirar sobre a produção de *Pagliacci*. Além disso, ele recebeu um convite que o fez voltar aos tempos de ilustrador na Hang Loose.

Larissa Mrozowski, gerente de atendimento do Instituto Ayrton Senna, era mãe de um amiguinho da escola de Antonio. Ela convidou Domingos a prestar uma homenagem a Senna. Fã do piloto, ele deveria customizar a réplica de um dos capacetes usados em suas vitórias. Mais de 40 personalidades receberam o capacete em branco, para fazer com ele o que bem entendessem. Os trabalhos seriam exibidos no fim do ano, em uma exposição no Shopping Morumbi.

Domingos queria aproveitar a folga, mas não fazia ideia de como usar aquela "tela" branca. Numa tarde de descanso, enquanto o Brasil inteiro se perguntava onde estava Santo, ele se levantou do sofá da sala e disse para Luciana:

– Já sei!

Pegou uma caneta pilot e traçou uma faixa xadrez que evocava a bandeira de Fórmula 1, dividindo o capacete em duas partes. Em seguida, encheu os dois lados da peça com desenhos e nomes, todos de alguma forma ligados à sua relação com Senna. Desenhou o logotipo da McLaren, um motor de carro, uma pista de corrida e até o Mutley, assistente do Dick Vigarista na *Corrida maluca*. Escreveu o nome do Alain Prost, um dos principais rivais de Senna, de Papito, ídolo do Kart paulista, e de outras personalidades do automobilismo. Domingos pôde enfim marcar como resolvido mais um item da sua interminável lista de tarefas.

Durante os dias de folga, ele recebeu das mãos do irmão as chaves de sua nova casa em São Paulo. Um alívio: não precisaria mais enfrentar horas de engarrafamento do aeroporto até Embu. Dico cuidara de tudo: com uma procuração, assinou o contrato de compra e venda e marcou com Mingo em frente à casa para entregar as chaves.

Em seguida, Domingos combinou um jantar na casa de Luiz Villaça e Denise Fraga, para tratar da produção do novo espetáculo da La Mínima. Chegaram felizes ele e Luciana, contando a grande novidade aos amigos: eles se mudariam de Embu para São Paulo. Domingos levou charutos para comemorar com Denise e Villaça. Quando o tema da conversa enveredou para *Pagliacci*, ele sugeriu que o amigo dirigisse um documentário sobre o espetáculo.

A seguir, voltou para a novela. O diretor Carlinhos Araújo seria o responsável pelas cenas de pajelança de Santo, com a participação de índios de diversas tribos, durante três dias de gravação. As tribos ali reunidas não tinham em sua cultura o conceito de dramaturgia, nem de encenação, de forma que os rituais de ressuscitação foram realizados à vera. Foi uma experiência impactante, porque já estavam todos embebidos das lendas e das histórias do Rio São Francisco. O Brasil parou para assistir à revelação do paradeiro de Santo.

A trama de *Velho Chico* seguiu o seu curso, aproximando-se do fim. Domingos recebeu um telefonema da amiga Ingrid Guimarães:

– Domingos, nós vamos lançar o filme agora. Eu preciso da sua ajuda!

– Ingrid, eu tô gravando muito, tenho um monte de convites para participar dos programas da Globo e não faço nenhum. Mas esse filme é muito importante pra mim. Vou dar um jeito.

Domingos foi a São Paulo gravar uma entrevista para o *SPTV*, jornal local da Globo. Dias depois, estavam os dois no Projac, saindo cada um de um dia de gravação, quando Domingos sugeriu:

– Vamos bater no camarim do Faustão agora?

Bateram, e pediram uma força na divulgação do filme. O apresentador prontamente ajudou. Ficaram os três durante uma hora conversando sobre trabalho, férias e viagens. Domingos e Ingrid saíram dali para o estacionamento, cada um pegaria o seu carro. Ao se despedir, deu um abraço em Ingrid:

– Minha estrela, eu vou torcer muito pra que o filme tenha a continuação, viu? Muito obrigado pelo convite. Qualquer coisa que você me chamar pra fazer, eu faço.

No dia do lançamento de *Um namorado para minha mulher*, Domingos foi com a família marcar presença na divulgação, mas não pôde ficar para assistir ao filme. Encontrou-se antes com Ingrid e Caco num hotel próximo ao cinema. Ambos tensos e Domingos tranquilão.

– Você nunca fica nervoso? – perguntou Caco, doido para saber qual era o segredo.

– Não. Nós já fizemos tudo o que podíamos pelo filme, agora só nos resta celebrar. Eu só não dispenso um ritual, uma dose de uísque antes de partir pra festa. Vai?

E tomaram o uísque os três. Papo vai, papo vem, Domingos contou que faria em alguns dias sua última viagem para rodar *Velho Chico* no Nordeste:

– A novela já está na reta final. Eu só quero acabar de gravar, dar um mergulho no rio e tirar férias!

Dias depois, ele levou as crianças para vê-lo atacar de circense na telona. Ao chegar no cinema em São Paulo, viu os copos de pipoca com o cartaz do filme nas mãos de um monte de gente no foyer. Contou a Luciana:

– Eu fiz a Ingrid me prometer que eu estaria nas fotos dos copos de pipoca. Tá aí, ela cumpriu a promessa.

Foi um rebuliço o passeio do elenco de *Velho Chico* pelas ruas de Santo Amaro, no dia 13 de setembro. A turma acabara de rodar as últimas cenas na Fazenda Cajaíba, no município vizinho de São Francisco do Conde.

Luiz Fernando gravou ele mesmo uma cena importante para fechar o arco dramático da novela: o acerto de contas entre Santo e Afrânio, o vilão vivido por Antonio Fagundes.

Já em clima de despedida, a turma resolveu esticar até Santo Amaro para ver as atrações turísticas da cidade do Recôncavo Baiano. Quem passava pela rua e se deparava com algumas das maiores estrelas da TV achava que estava sonhando. Domingos Montagner, Christiane Torloni, Gabriel Leone, Marcos Palmeira, Marcelo Serrado, o diretor Luiz Fernando Carvalho e o autor Bruno Luperi passeando, cicerroneados pela cantora e atriz soteropolitana Mariene de Castro, que fazia parte do elenco. Fagundes e Camila Pitanga, que também estavam gravando ali, preferiram ficar no hotel.

Mariene já fora casada com J. Veloso, sobrinho de Caetano Veloso, filho ilustre da cidade, ao lado da irmã Maria Bethânia. Ela conhecia a família toda e, à noitinha, levou a turma à casa da matriarca Dona Canô, que se tornou ponto turístico informal desde sua morte, em 2012. Lá, recepcionados por Rodrigo Veloso, irmão do cantor, os artistas ficaram batendo papo e tomando cerveja até tarde. Gabriel Leone e Marcelo Serrado tocaram violão, Mariene cantou, Domingos improvisou um bumbo com um balde.

No dia seguinte, Domingos voou com Camila e Gabriel para Olho D'Água do Casado, em Alagoas, para mais uma sessão de gravações. Ao se despedir de Bruno, o autor da novela, ouviu dele um agradecimento emocionado por ter emprestado talento e sensibilidade ao herói que tinha escrito. Falou então a Bruno o quanto batalhou para conseguir fazer o personagem.

Os três atores ficariam dois dias em Olho D'Água, na Fazenda Piatã, residência da família de Santo. As últimas cenas de Domingos no Nordeste seriam feitas ali, pelo câmera Leandro Pagliaro, sob direção de Antonio Karnewale. No dia 15 de setembro, o ator só entraria em cena às dez da manhã. Ele acordou cedinho e foi até uma casa no meio do mato, onde a amiga Lucy Alves gravaria com Karnewale o final de sua personagem, Luzia – a mulher que perdeu Santo para Tereza. Sentou-se numa pedra e ficou assistindo.

Mais tarde, Karnewale reuniu Domingos, Camila e Gabriel para fazer a cena em que pai, mãe e filho se reconciliam. Domingos leu o roteiro à sombra de uma árvore e chamou Karnewale:

— Pô, o Santo não fala nada enquanto a Tereza e o Miguel discutem? Como que eu vou ficar só olhando esse tempo todo?

— Calma, Domingos, vamos fazer um lance bonito.

Karnewale pediu que Santo ficasse um pouco distante de Tereza e Miguel, apenas observando e sentindo o ambiente. Em seguida, ele se aproximaria e daria conselhos ao filho, sobre como cuidar daquelas terras. Assim foi feito: o câmera Leandro, que vinha acompanhando Domingos ao longo de toda a novela, seguiu o caminhar dos atores pelo chão. No fim, os três saíram de braços dados pela estrada de terra da Fazenda Piatã – essa cena não estava escrita, mas Leandro continuou filmando. Depois, se abraçaram e celebraram o final feliz dos personagens e a amizade entre os atores:

— Essa novela bem que podia terminar com essa cena – disse Domingos, empolgado com o resultado do trabalho.

Ele e Camila estavam liberados e só voltariam a atuar no Projac. A atriz mandou uma mensagem de voz para Lucy, convidando para um mergulho no São Francisco, mas a amiga ainda tinha cenas para fazer. Os dois ficaram esperando Gabriel, que estava gravando o nascimento do filho de Miguel, mas a sequência demorou muito e já tinha passado da hora do almoço. Domingos avisou que ia almoçar e depois tomar banho de rio. Karnewale recomendou:

— Ó, cuidado com o rio, esse rio é perigoso!

Partiram então Domingos e Camila para o hotel, do outro lado do rio, já em Sergipe, na cidade de Canindé de São Francisco. Na porta, três policiais militares pediram para tirar fotos com os atores. Eles almoçaram no restaurante Caçuá, ali perto. Resolveram então tomar banho de rio na Prainha, um recanto à beira do São Francisco.

Domingos e Camila entraram no rio e, como a água parecia tranquila, resolveram nadar um pouco mais longe. A atriz viu umas pedras e ficou com medo de se machucar. Ao tentar voltar à margem, nadou com facilidade, mas Domingos não conseguiu. Ele foi sugado por um dos muitos redemoinhos que havia por ali, disfarçados pela calma da superfície do rio. Camila conseguiu subir em uma pedra e chamou o amigo.

— Domingos, vem pra cá, aqui em cima tá tranquilo.

— Eu não estou conseguindo.

Camila desceu para ajudar, mas Domingos não se movia. Ele chegou a submergir uma vez, voltou, mas não resistiu à força do redemoinho. Desceu, e desceu tão fundo que ficou desacordado, e chegou a uma gruta submersa escura. O Anjo Torto então apareceu e disse: "Domingos, vai ficar tudo bem. Não agora, mas vai ficar tudo bem. Haverá uma grande foto sua na sala da sua casa, que os meninos verão com alegria, todos os dias. Você será um grande exemplo de vida para eles. Luciana vai se reerguer, você sabe, ela é forte e será uma ótima mãe. Seu irmão estará presente. Fernando ficará bem. *Pagliacci* vai estrear, com enorme sucesso. A La Mínima e o Zanni vão seguir. Seu trabalho no cinema e na televisão será sempre lembrado. Seus fãs não o esquecerão. Os palhaços vão homenagear você, outros vão se inspirar e ser palhaço por sua causa. Você agora faz parte da história do circo que tanto amou".

✦ EPÍLOGO ✦

"O espetáculo não para!"

Luciana está no ar, pendurada pelo pescoço por uma faixa presa a uma corda, no picadeiro do Circo Zanni instalado no Parque do Povo. A plateia vibra na noite em homenagem a Domingos Montagner. Do chão, Maíra começa a rodar a corda em que Luciana está presa. Ela veste um collant azul, uma longa saia rodada verde e um cinto dourado. Toma impulso e movimenta a corrente que a suspende no ar, de modo que o seu próprio corpo começa a girar velozmente. Sua saia se abre e forma uma linda mandala viva. Ela solta um punhado de purpurinas, que passam por seu vestido rodopiando e depois caem devagar no picadeiro.

O Parque do Povo é o terreno no Itaim Bibi onde Domingos descobriu o circo, aprendeu a voar no trapézio e a fazer palhaçada. Não havia endereço melhor para a homenagem. Luciana vai até a plateia e manda um beijo para seu Roger e Zé Wilson, que estão na primeira fila.

Era 10 dezembro de 2016, Dia do Palhaço. Menos de três meses após a tragédia que tirara do Zanni o seu mestre de cerimônias. A trupe resolveu expurgar a dor cantando, dançando e voando sob a lona. "O espetáculo não para, tem sequência!", Domingos ensinara à trupe, e suas palavras foram honradas com uma linda festa.

Uma hora antes, Denise Fraga dera início ao show, fazendo as vezes de apresentadora no lugar do amigo. Luciana entrou no picadeiro dançando com Maíra, Erica, Lu Menin e Bel, suas companheiras de trupe. O espetáculo seguiu, entre choros contidos e risos rasgados. Fernando Sampaio fez várias entradas, mais poéticas do que escrachadas, era o que a emoção permitia naquele momento.

Chacovachi estava lá, conduzindo um balé de torta na cara com outros palhaços presentes. A palhaça Rubra cantou em homenagem a Domingos, assim como Gabriel Leone, o Miguel de *Velho Chico*. Hugo Possolo, Alê Roit, Carla Candiotto e muitos outros amigos também se apresentaram. Da trupe do Zanni, Marcelo, Nié e Pablo faziam a trilha sonora ao vivo do espetáculo, bem ao gosto de Domingos.

Tudo acabou em samba e a lona inteira cantou *Tristeza*, o clássico de Haroldo Lobo e Niltinho Tristeza, que, apesar do nome, termina com o verso "quero de novo cantar". Antes de apagarem as luzes, Luciana levou ao centro do picadeiro Leo, Antonio e Dante, para receber, em nome do pai, os aplausos do público paulistano.

A homenagem do Zanni a Domingos foi em dezembro, mas Fernando e Luciana estavam trabalhando desde o dia 1º de outubro, apenas 15 dias depois de perdê-lo. Débora Viana, a gerente executiva do Sesi-SP, ligou na semana seguinte à tragédia para dar a Fernando um recado importante:

– Querido, nós vamos entender qualquer que seja a decisão que vocês tomarem. Eu só quero dizer que, da parte do Sesi, o espetáculo está de pé. O teatro, a sala de exposição e os valores acordados, tudo continua à disposição de vocês.

Lu e Fê hesitaram. Não sabiam se teriam forças ou se a ausência da grande estrela seria um fator de desestímulo para os parceiros do projeto. Aquele telefonema foi uma âncora à qual se agarraram. Decidiram montar *Pagliacci*, era o maior desejo de Domingos. Coube a Alê Roit a difícil e honrosa missão de fazer o papel que o amigo de décadas sonhara representar.

A produção começou ainda em outubro. Chico Pelúcio vinha de Minas para dirigir os ensaios. Além de Fernando e Alê, estavam no elenco os dois membros honorários da La Mínima, Fernando Paz e Filipe Bregantim, junto com Carla Candiotto e Keila Bueno. Marcelo Pellegrini compôs a trilha, como tinha feito em tantos outros espetáculos da companhia. Inês Sacay, mais uma colaboradora frequente, assinou os figurinos. Luiz Villaça encampou o projeto em seu escritório e dividiu a produção com Luciana. Villaça produziu em paralelo o documentário que havia prometido a Domingos, em parceria com Chico Gomes, Júlio Hey, Luiza Villaça e Pedro Moscalcoff.

Era um bando de amigos juntando os trapos para levantar o projeto de Duma e Fê. Produzir arte foi o melhor remédio para a dor. O caderno em que Duma anotava as suas ideias para a montagem serviu de guia à equipe. Para adornar o fundo do palco, a trupe preparou um enorme painel com retratos dos palhaços que foram referência para Domingos. No centro, o rosto pintado do palhaço Agenor abençoava o espetáculo.

Pagliacci estreou no dia 30 de março de 2017. Um sucesso arrebatador – não era raro a plateia extasiada aplaudir o elenco de pé por dez minutos no fim da sessão. A peça se manteve no repertório da companhia. A cada vez que é encenada, a presença de Domingos se percebe. A estética do circo clássico recriado à maneira de Duma e Fê segue inspirando os artistas que com eles trabalharam. Junto com a turma que saiu da Escola Picadeiro para brilhar nos palcos de São Paulo e do mundo, Domingos escreveu o seu nome na história do circo. Emprestou sua popularidade estratosférica a essa arte que nunca vai morrer. Os novos artistas que dão os primeiros saltos nos picadeiros de São Paulo e do Brasil aprendem cedo sobre o amor de Domingos Montagner ao circo. Ainda há muito o que fazer.

BIBLIOGRAFIA

ANDREETTA, Beto (org.). *25 anos com Pia Fraus*. São Paulo, 2009.

APRILE, Maria Antonia (org.). *Livro de celebração dos 75 anos da Escola Estadual Visconde de Congonhas do Campo*. São Paulo, 2012.

ARAUJO, Flora A. R. de; CATALAO, Larissa de O. N. *A renovação da linguagem do circo-teatro no Brasil e seu reflexo no teatro contemporâneo*. Revista dos Trabalhos de Iniciação Científica da Unicamp, Campinas, SP, nº 26, 2019.

AVANZI, Roger; TAMAOKI, Verônica. *Circo Nerino*. São Paulo: Pindorama Circus e Códex, 2004.

BARSALINI, Glauco. *Amácio Mazzaropi: crítico de seu tempo* (dissertação de mestrado). Universidade Estadual de Campinas, 2000.

BASTOS, Lilia Nemes. *A Cia. La Mínima e a comicidade no espetáculo A Noite dos Palhaços Mudos* (dissertação de mestrado). Universidade Estadual Paulista Júlio de Mesquita Filho, 2013.

BOLOGNESI, Mário Fernando. *Palhaços*. Unesp, 2003.

CAMINHA, Melissa Lima. *Payasas: historias, cuerpos y formas de representar la comicidad desde una perspectiva de género*. Diss. Universitat de Barcelona, 2016.

CARVALHO, Marcelo Braga de. *Myriam Muniz: uma pedagoga do teatro* (dissertação de mestrado). Universidade Estadual Paulista Júlio de Mesquita Filho, 2011.

DAHER, Katia. *Sob o olhar da Sobrete: a linguagem do circo-teatro brasileiro na Cia. Os Fofo Encenam* (dissertação de mestrado). Universidade de São Paulo, 2016.

DANIEL, Noel (ed.). *The Circus, 1870s-1950s*. Köln, Alemanha: Taschen, 2010.

FO, Dario; RAME, Franca (org.). *Manual mínimo do ator*. Editora Senac São Paulo, 2011.

LA MÍNIMA. *La Mínima em cena: Registro do Repertório de 1997 a 2012*. Sesi-SP Editora, 2012.

MARTINS, Antenor. *Revista Circo Roda – 5 Anos*. São Paulo, 2011.

MATHEUS, Rodrigo Inácio Corbisier. *As produções circenses dos ex-alunos das escolas de circo de São Paulo, na década de 1980 e a constituição do Circo Mínimo* (dissertação de mestrado). Universidade Estadual Paulista Júlio de Mesquita Filho, 2016.

MUCCI, Isabella. *Circo Zanni e Linhas Aéreas: expressões da arte circense na cena contemporânea paulista* (dissertação de mestrado). Universidade Estadual Paulista Júlio de Mesquita Filho, 2013.

RAMOS, Luiz Fernando; FERNANDES, Sílvia (ed.). *Revista Sala Preta, vol. 6.* USP, 2006.

ROMEO, Simone do Prado. *O movimento Arte Contra a Barbárie: gênese, estratégias de legitimação e princípios de hierarquização das práticas teatrais em São Paulo (1998-2002)* (dissertação de mestrado). Universidade Federal de São Paulo, 2016.

SANTOS, Valmir. *Riso em cena: dez anos de estrada dos Parlapatões.* São Paulo: Estampa Editora, 2002.

SEYSSEL, Waldemar. *Arrelia: uma autobiografia.* Instituição Brasileira de Difusão Cultural, 1997.

SILVA, Erminia; DE ABREU, Luís Alberto. *Respeitável público... o circo em cena.* Funarte, Ministério da Cultura, 2009.

STOPPEL, Erica Raquel. *O artista, o trapézio e o processo de criação: reflexões de uma trapezista da cena contemporânea* (dissertação de mestrado). Universidade Estadual de Campinas, 2017.

_____. *Trapézio fixo – material didático.* São Paulo: Circonteúdo, 2010.

TAMAOKI, Verônica. *Centro de Memória do Circo.* São Paulo: Secretaria Municipal de Cultura, 2017.

THÉTARD, Henry. *La merveilleuse histoire du cirque.* Paris: Prisma, 1947.

JORNAIS

Correio Braziliense, O Dia, Diário Oficial da União, Diário Oficial do Estado de São Paulo, O Estado de S. Paulo, Extra, Folha de S.Paulo, O Globo, Tribuna do Norte, Valor Econômico

REVISTAS

Alfa, Caras, Circuito, Claudia, Concerto, Contigo!, Época, Estilo, Go'Where Luxo, IstoÉ, Latin American Theatre Review (Universidade do Kansas, EUA), Lola Magazine, Mais, Minha Novela, Palco Aberto, Quem, Revista Dia-a-Dia, Revista do Tatuapé, Revista Gol, Revista Joyce Pascowitch, Status, Uma, Veja, 29 Horas

WEBSITES
Biblioteca IBGE: biblioteca.ibge.gov.br
Centro de Pesquisa e Documentação de História Contemporânea do Brasil – Fundação Getúlio Vargas: cpdoc.fgv.br
Circodata: circodata.com.br
Circonteúdo: www.circonteudo.com
Circo Zanni: www.circozanni.com
Europa Press: www.europapress.es/cultura
Gshow: gshow.globo.com
La Mínima: www.laminima.com.br
Memória do Imigrante – Arquivo Público do Estado de São Paulo: www.arquivoestado.sp.gov.br/site/acervo/memoria_do_imigrante
Memória Globo: memoriaglobo.globo.com
Petrobras Cultural: ppc.petrobras.com.br
Pia Fraus: www.piafraus.com.br
Sesc São Paulo: m.sescsp.org.br

AUDIOVISUAL
Filme: *Sob(re) a lona*, de Janaina Patrocinio e Sílvia Godinho (2011)
Canais no YouTube: Circo Zanni, Gente de Expressão (entrevista Cacá Rosset), La Mínima Circo e Teatro, Latin American Film Institut (*A noite dos Palhaços Mudos*), Luiz Fernando Carvalho (*Velho Chico*), Panis et Circus, Pia Fraus, Por Trás do Picadeiro (entrevista José Wilson Moura), Primeiro Sinal, Galpão Cine Horto (entrevista La Mínima), Sesi São Paulo (*Mistero buffo*) e XPTO Brasil
Programas de TV: *Diverso*, Rede Minas e TV Brasil (*Palhaços*); *Programa do Jô*, Rede Globo (entrevista Domingos Montagner); *Figuras da Dança – Edson Claro*, Canal São Paulo Companhia de Dança; *Marília Gabriela Entrevista*, GNT (entrevista Domingos Montagner)

DEPOIMENTOS

Alberto Medina, Alexandre Roit, André Caldas, Antonio Fagundes, Antonio Karnewale, Bel Mucci, Beto Andreetta, Bruno Luperi, Cacá Rosset, Camila Pitanga, Carla Candiotto, Carlos Gueller, Cauã Reymond, Cecília Meyer, Chacovachi, Daniel Pedro, Debora Bloch, Duca Rachid, Edson Fabbri, Erica Stoppel, Erminia Silva, Euclydes Marinho, Filipe Bregantim, Fernanda D'Umbra, Fernando Neves, Fernando Paz, Fernando Sampaio, Fernando Yamamoto, Francisco Medeiros, Francisco Montagner, Gabriel Leone, Gustavo Fernández, Helena Varvaki, Henrique Amoedo, Hugo Possolo, Ingrid Guimarães, Ivan Izidorio de Lima, João Carlos Ranção Dias, João Miguel, João Pires, José Alvarenga Jr., José Wilson Moura, Juliana Sevaybricker, Juliana Silveira, Julia Rezende, Juliano Luccas, Laerte Coutinho, Leandro Pagliaro, Leris Colombaioni, Lícia Manzo, Lília Cabral, Luciana Lima, Luciana Menin, Luís Gustavo, Luiz Villaça, Maíra Campos, Marcelle Carvalho, Marcelo Lujan, Marcelo Serrado, Marcia Crespo, Marcos Schechtman, Mário Bolognesi, Mario Canivello, Mário Viana, Maria Fernanda Cândido, Marlene Querubim, Milhem Cortaz, Monica Alla, Muriel Matalon, Nanou Perrot, Neyde Veneziano, Paula Burlamaqui, Paulo Rogério Lopes, Pedro Freire, Raul Barretto, Rodrigo Matheus, Tiche Vianna, Ursula Marini, Verônica Tamaoki, Zeca Bittencourt e Ziza Brisola

CRÉDITOS DAS IMAGENS

FOTOGRAFIAS

Carlos Gueller: páginas 2-3, 4, 10, 100, 177 (*O médico e os monstros; Reprise*), 178 (cena de *À la carte*), 179, 180 (*Cabaré da Central do Circo*), 181, 182 (banda do Zanni), 183, 188 (Domingos de costas), 192 e 246. **Gianfranco Ronca Junior:** p. 163 (carteirinhas escolares), 164 (caderno de catecismo), 166 (fachada do Pilequinho), 168 (fotomontagem cartas de alunos) e 188 (Galpão La Mínima). **Gil Grossi**: p. 74 e 173 (cena de *O malefício da mariposa*). **Luiz Villaça**: p. 187 (Domingos com Denise Fraga) e 304. **Paulo Barbuto**: p. 189 (Exposição La Mínima 20 anos; Luciana Lima no Zanni; cena de *Pagliacci*), 190-191, 206. **Reinaldo Canato/UOL Folhapress**: p. 12. **Sylvia Masini/Secretaria Municipal de Cultura de São Paulo**: p. 188 (com Hugo Possolo). **Tarcísio Motta**: p. 42. **Washington Bezerra**: p. 174 (Domingos, Fernando e Seu Roger). **Sabrina Wurm**: foto do autor

ACERVOS PESSOAIS

Acervo da família: páginas 16, 124, 140, 161-164, 165 (prancha Exército; com a turma), 166 (moto; praia), 167, 168, 169, 170, 171, 172 (*Olho da rua*; recorte jornal, folheto; roteiro), 173 (roteiro; ilustração; croqui), 174 (com Zé Wilson e Fernando; com seu Roger), 175 (Clowns de Shakespeare; Casa da Ribeira), 177 (folder *Piratas do Tietê*), 178 (croqui; figurino), 180 (Luciana e Domingos; santinho), 184 (Luciana grávida; camisas Corinthians; Domingos com os três filhos; desenho), 185, 186 (caderno Cordel; roteiro Divã), 187 (caderno Salve Jorge). **Alberto Medina:** p. 175 (beijo; performance Luciana e Domingos), 176 (ensaio para *Navegadores*; café da manhã; *Farsa quixotesca*), 180 (Cirque de Damain) e 184 (com os dois primeiros filhos). **Beto Andreetta:** p. 172 (trio na Itália; trio com filhos de Andreetta). **Edson Fabbri:** p. 166 (na lancha). **Ivan Izidorio de Lima:** p. 166 (com camisa Corinthians). **João Pires:** p. 165 (dois amigos). **José Wilson Moura:** p. 56, 174 (lonas da Picadeiro; logo da escola). **La Mínima:** p. 177 (*Luna Parke*); 178 (logo La Mínima), 189 (cartaz *Pagliacci*; logo La Mínima 20 anos)

ILUSTRAÇÕES DE DOMINGOS MONTAGNER

páginas 6, 9, 55, 139 e 245

Todos os esforços foram feitos para creditar devidamente os detentores dos direitos das imagens utilizadas neste livro. Eventuais omissões de crédito não são intencionais e serão devidamente solucionadas nas próximas edições, bastando que seus proprietários contatem os editores.

Este livro utilizou as fontes Minion e Alice. A primeira edição foi impressa em papel Pólen Soft 80g, na gráfica Rotaplan, em abril de 2022, quando a companhia La Mínima completou 25 anos.